红楼梦

整本书阅读
与研习手册

钮小桦 主编　　北京二中语文组 编

中华书局

年年岁岁书相似，岁岁年年读不同

——我们为什么要研读《红楼梦》（代序）

北京市第二中学 范锦荣（特级教师）

《红楼梦》这部大书，我读了一辈子，教了一辈子。为什么读，怎么读，也研究了一辈子。

小的时候，读不懂。后来看87版王扶林导演的电视连续剧，跟着演员的演绎，了解各色人物的关系，为贾府中众姐妹的经历、命运，不知流了多少眼泪，同时也对故事情节的改编产生了一些疑问。在了解了演员挑选和培训的过程后，更懂得要读懂这本大书，非下点功夫不可。怎么读，才能读出属于自己的东西；作为语文老师怎么教，才能让学生真正走进这部大书，这是我们一直在研究的未完成的课题。

我读的《红楼梦》版本是北京师范大学出版社1987年11月出版的校注本，而且是竖版的。每次教学时，我都要拿出这个堪称"孤本"的老古董向学生炫耀。它的注释涉及俗语、典故、诗歌骈文，服装式样、器物形状和用途、官制、生活制度和习俗、人物和人物的社会关系等等，且不说史上怎么评价，光看这些注释我就觉得《红楼梦》真是一本有关中国古代文化、古代文学史、古代文学体例、古代贵族社会生活，甚至有关佛教、道教的大百科全书。

我读书的习惯是从不先看他人的评论。并不是自以为高明，而是觉得读书一定要有自己的心得体悟。同时我对红楼人物和书中内容的理解，也是随着年龄的增加、阅历的丰富不断改变提升的。小时读从未认真理解过人物所作的诗词、骈赋、对联、灯谜等文字，遇到时大多跳过去不读。当了老师，也是在试题中出现考查诗歌的题目后，才忽然感到理解人物诗作的重要性。当我真正进入到每一首诗中去一字一句品味时，方才理解这些诗句贴合着人物的性格、彰显了人物的才学，更有命运的暗示；同时也更加佩服曹雪芹以诗达情、达意的深刻。我开始从写诗、写人、人与人的关系多角度进行解读，最终完成了对跛足道人的《好了歌》、甄士隐的解注歌、黛玉的《葬花吟》《五美吟》、宝玉的《芙蓉女儿诔》《姽婳词》等作品的详细解读。我自己最得意的教案是"旷世奇秀，瑰逸令姿——贾宝玉诗作与性格变化解"，在本教案中，我对宝玉的诗做了全面解读与分析阐述，探究了贾宝玉的幼年、少年、成年三个时期，认识了他在家族中的地位以及家族尤其是父亲对他的教育与期许；从父母亲族各色人的眼中看他的性格与发展；从宝玉的书单看他叛逆性格的形成与追求；从他三个时期（十个回目涉及的）创作的诗作梳理他与父亲关系的发展脉络：顺从、压抑、激化到和解、淡化、释然。由点到面连成线，让自己对宝玉形象的认识不再停留在作者提供的两首《西江月》词上，而是更立体、更丰富、更多角度。另外我还完成了"缀语珠玑联诗魅，庭院幽深铸精华——《红楼梦》中结社吟诗的深度解读"教案，对书中大观园姐妹们五次（或曰七次）结诗社做了详细的追踪。阐述诗社的起因、参与者、诗作内容、夺魁人物、诗作赏评等，从而形成了"小小大观园，丰富诗世界；葳蕤弱女子，心怀古今情"的体悟。这些教案不是一时一季短期完成，而是每次教学备课的逐渐累积叠加，这也让我的研读一步步加深与完善。

对书中人物理解的变化更多源自情感的亲疏。比如黛玉，小时候读是不喜欢她的，觉得她心胸狭隘，不大气，对她和宝玉的关系也觉得喜欢一个人如果越是紧逼，反而会更快地失去他。成年后，以恋爱的心态将心比心，开始理解她、同情她；年纪大了后，以母亲的情怀去探寻她、关爱她，则又怜惜她、心疼她。从黛玉的泪中感受到她的忧与惧、伤与悲。她的歉疚担忧之泪，是为宝玉摔玉又挨父亲打而流，充满着自责与劝慰；她的伤悼之泪，是为自身孤单寂寞而流，充满身世悲情、无所依靠的自伤自悼、自我排遣，是对不可知、不可掌控的未来的忧惧；她的感物伤怀之泪，是内心看透世事大悲结局的自然流露，她悲花、悲己、悲千红。这泪是精神痛苦的外化，是真实情感的流露。她还有更多的笑与顽皮，幽默与鬼灵精怪，成熟与老到深刻……这些理解促使我完成教案"尺幅鲛绡劳解赠，彩线难收面上珠——林黛玉的泪与性格解"。由此，每逢教授《红楼梦》专题时，87版电视连续剧中的主题曲、片头曲、"题帕三绝"、"黛玉葬花"等歌曲乐曲都是课前标配。我希望通过播放这些乐曲，让学生进入情境、进入人物内心，让我的心与黛玉与学生紧密相联。

对贾雨村的认识，从教授"葫芦僧判断葫芦案"开始。先是从他的赶考为官开始梳理情节，后又挖掘他在断案中的十多个"笑"背后的心理活动，最后深入研究他在第二回与冷子兴的谈吐。他的一番"应运而生、应劫而生"（大家称为"正邪两赋"）的宏论，所举五十五人，从大仁、大恶、钟灵毓秀角度发掘人与人、人与自然与社会的关系，让我发现了他的文学功底和论述才华，更意识到这番谈论还代表了作者曹雪芹判断事物的价值观，评判褒贬人物的历史观，审视社会发展的哲学观。我带着学生将这个人物的话题引向现实，探究"一张护官符的作用——读贾雨村蜕变的现实意义"。一张护官符，短短五十个字，既揭示四大家族联络有亲的关系，又左右着官员断案的思维，凸显了法律手段的懦弱失衡，也是一个官员由正直转向阿谀的分水岭。贾雨村在强大的关系网下薄情寡义，日后更倚重由这张网赋予他的权柄在官场中蜕变、浮沉。他的为官之路对今天的官员更有一番启示作用。曹雪芹塑造这个人物的深刻性让人叹服！在探究贾雨村作为穿线之人、暗示之人、喻世之人的作用后，我最终形成了教案"因嫌纱帽小，致使锁枷扛——穿线人物贾雨村的诗作与为人解"。这么长时间的探索让我懂得，要想搞清楚一个人物在书中的作用，应从人物在书中的一个点出发，再将各相关情节连成线，再看他在书中的整体作用。

对于刘姥姥的认识也是如此。以前在电视连续剧中看到刘姥姥进大观园吃饭时被王熙凤戏耍，喝醉酒在宝玉床上睡了一觉，听到钟鸣吓了一跳，撞到镜子，莫名其妙，闹出许多笑话的情节，一直不懂一个贵族之家为什么要结交这样一门只为钱财的穷亲戚。难道只是为逗乐、调笑、寻开心吗? 后来仔细阅读了刘姥姥四进荣国府的章节后，一下子恍然大悟。于是在"寻救济攀亲祖孙获利，受恩遇运转因祸得福——刘姥姥四进荣国府解"这个教案中，我梳理了在第六、三十九、四十、四十一、一百十三、一百十九几个回目中刘姥姥四进荣国府的原因、经过、结果，了解她与贾府的渊源。她不但攀上了旧亲戚，而且受到怜老惜贫的贾母的宴请款待。她在席上的笑话，愚拙的举动，逗得贾母及席上所有人捧腹开怀，直笑到岔气，这真是贾府难得一遇的乐事。这个看似愚拙的村妇，还能驱魔辟邪，给熙凤的女儿取名，让熙凤对她信任有加；又能讲述村中逸闻趣事，引得宝玉刨根问底；又能被贾母带着去栊翠庵喝茶，白得了一个成窑的杯子，临走大包小袋收获满满。

仔细揣摩刘姥姥进荣国府的意义作用，可以这样理解：

一进攀亲、救穷，旗开得胜。不但使贾府认下了这门亲戚，让一个小小的庄户人家与赫赫有名的金陵贵族建立了关系，还拿回来二十两银子外加一吊钱的援助，使家人得以渡过难关。从结构上它与第三回"金陵城起复贾雨村 荣国府收养林黛玉"、第四回"薄命女偏逢薄命郎 葫芦僧乱判葫芦案"、第五回"游幻境指迷十二钗 饮仙醪曲演红楼梦"几条线的纲领作用相同，不同的是她以旁观者的身份进入了贾府。这是侧面勾勒，写贾府的荣华富贵。

二进谢恩、受宠，待遇升级。刘姥姥由王家的穷亲戚成了贾母的座上宾，出席了贾府丰盛的家宴，又深入到贾府的许多角落，看到了贾府内部的生活细节，引出了贾府衣、食、住、行、玩等各个侧面。一个村妇在豪宅贵府中接触了众多人物，见到广阔的场面，惊叹感受之深，都胜过了第一次。这是正面交往，写贾府的奢华全貌。

三进报恩、施救，承命托孤。贾府已面临家破人亡，一片萧索凄凉。老祖宗贾母已死，昔日泼辣的凤姐病得骨瘦如柴，神情恍惚，只得把自己的独生女儿托付给这位昔日来打抽丰的穷老婆子。

四进急中生智，救人于火。贾环、王仁将巧姐卖给藩王。平儿与王夫人商议，刘姥姥带巧姐逃出贾府。

电视剧将一百十三回和一百十九回合并，情节上也做了改动，刘姥姥打听到巧姐被亲舅舅王仁与贾环合伙卖到瓜州妓院，自己卖掉田产，把正学戏文的巧姐赎回来，带到乡下，说给了周姓大户人家。巧姐也算有了完美结局。无论怎样改编，都显现出刘姥姥这个穷亲戚在贾府没落时的重大作用。

刘姥姥既善良质朴，又随机应变；既世故精明，又插科打诨无所不能；但她更有明事理、重情义之风采，她是荣国府兴衰的见证人。作者透过刘姥姥的观察、体验、评论，进一步表现了贾府贵族的享乐与奢华，写出了贾府钟鸣鼎食、鲜花锦簇之盛，也为日后贾府一朝败落、巧姐被救埋下了伏笔。以这个朴实无华、头尾着墨的角色为线索，演绎着小人物洞明世事、练达人情、情理兼备的认亲报恩之路。这"草蛇灰线，伏行千里"的创作手法再一次令人惊叹。更让我们感到曹雪芹超前的民主思想，他对最普通、最朴实的平民的肯定。

还要说，我最佩服的人物是王熙凤，最不喜欢的是王夫人、晴雯；我认为贾府中最能干、最受信任的是贾琏；最感缺憾的是黛玉死后宝玉的情感竟是那般冷静甚至冷漠；最搞不懂的是贾政为什么娶了赵姨娘，还生了长相连自己都厌恶的儿子贾环。我从为黛玉换窗纱看到贾母的富贵身世，看到作者曹雪芹的家境背景，看到他对丝绸的熟识到精妙；从薛宝钗对绘画工具的介绍看到曹雪芹知识的丰厚与广博……若是一一道来，我想每个读过这本大书的人都有自己心仪的人物，都有自己感兴趣的那一部分。

促成我对小说人物情节、诗词歌赋等诸多方面进行深入理解的是教材选文的变化。选文与时代发展的需要密切相关。多年的阅读与教学也促成了我教育观、教学理念的形成、发展与突破，从单篇教学向整本书跨越，从人物情节的简单化、碎片化甚至还受电视剧脸谱化解读的影响，走向更全面、更多元，甚至是翻转式的认识飞跃。

其实说到底，读书是件很私人的事，对人物的理解也是见仁见智。时光飞逝，还不待我将所有想写、想详细研究的进行完，这一辈子的教书生涯就已经结束了。更遑论《红楼梦》全书有名字的人物就有四百多，以时间为序，寒暑易节十几个春秋，怎么可能在一个读书阶段让学生都搞明白、记清楚！《红楼梦》又是部百科全书，有人将它视为枕边书，有时间翻即看；有人不理不睬，如果不是在学校老师逼着读，可能一生也不会翻开。因此，教师的阅读指引就更加重要了。北京二中语文组设计了让学生走进《红楼梦》的读书流程，希望在这个学习过程中，学生能够阅读鉴赏自己感兴趣的情节、人物、民俗事件、诗词歌赋、谜语笑话……作为一生的收获留存在记忆深处。

篇幅有限，且为此序。

目　录

作品概述

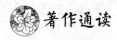

著作通读

前五回阅读及方法指导

六至八十回阅读及方法指导

人物形象梳理

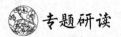 专题研读

人物研读

事件研读

诗词研读

拓展阅读

同龄人研读小论文

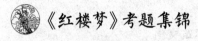《红楼梦》考题集锦

作品概述

梦起红楼叹世态，笔底幽微诉人情。《红楼梦》以一块无情顽石，演绎一段痴情人生。这部不朽名著对高中学生而言具有不可取代的阅读价值和审美价值。它是一部中国古代文学的正典之作，走进它，能够帮助我们理解中国古典小说的典型特点，积累整本书阅读的有效经验。它是一部构思精巧、叙事严谨的章回体小说，解析它，能够锻炼我们的阅读思维，积累写作经验，提升写作水平。它是一部立体展现中国古代社会生活的"百科全书"，触摸它，能够帮助我们理解传统文化内涵，获得文化熏陶。它是一部蕴含了中国哲学思想、东方美学特质的文化经典，品味它，能够帮助我们产生文化共情，积累审美经验。凡此种种，可以说这部小说的每一个切角、每一个元素都值得我们深入研读、反复体味。

但同时，这部著作人物众多，内容丰富，社会信息庞杂，文化内涵厚重深沉，对高中生而言阅读难度着实不低，对同学们阅读长篇著作的能力和抽丝剥茧、前勾后连的思维水平都提出了巨大挑战。面对这样的鸿篇巨制，我们要如何从整体上把握作品包罗万象的内容？如何在通读后形成对小说风貌的初步印象？如何在触摸后萌发对作品的阅读兴趣？

本章试图展现《红楼梦》概貌，聚焦成书背景，勾勒作者身影，整理版本信息，着重概述作品的主要情节、人物形象、主题思想，并对小说的艺术成就、语言特色和文学地位加以阐释。力图使同学们建构起对小说思想内容的总体认识，形成对本书独特文化价值和巨大影响力的清晰印象，带领同学们突破阅读的初始障碍，走进魅力无限的《红楼梦》。

（王胜男　撰）

成书背景

公元1644年，李自成率农民起义军攻陷北京，明王朝顷刻崩塌，中国进入了最后一个封建王朝——清朝。至1681年三藩平定，清王朝经过近四十年的征战，统一了中国。为了巩固政权，清政府采取了一系列安定社会的措施，如任用前朝文臣武将，朝廷的设立沿依明制，并且利用汉族的儒家思想控制社会思想文化。到康熙一朝，特别崇尚朱熹，任用了一批信奉宋代程朱理学的官员，使宋代理学成为清代的官方哲学。但随着皇权的巩固，统治阶级、封建贵族日益腐朽，社会矛盾愈发尖锐，封建礼法也促使阶级矛盾愈加突出。

雍正即位以后，由于受封建统治阶级内部斗争的牵连，曹家屡遭打击，举家迁到北京后,家道从此衰微。家庭的巨大变故,生活的今昔之别,使曹雪芹深感世态炎凉,并且更加清醒地认识到了封建制度的本质。他无力改变现实,只能将心中郁结全部倾注到创作之中。《红楼梦》就在这样的背景下"应运而生"了。

作者剪影

由一本书,而产生了专门的学问——"红学",这足以说明《红楼梦》一书的价值。它是"中国古典小说的巅峰",是"封建社会的百科全书",是"传统文化的集大成者"。鲁迅也曾说:"自有《红楼梦》出来以后,传统的思想和写法都打破了。"(《中国小说的历史的变迁》)正所谓"开谈不说《红楼梦》,读尽诗书也枉然"。而《红楼梦》的作者曹雪芹的经历,更是历来红学家们苦心研究的内容之一。可惜的是,所得到的大多是曹雪芹上世的资料,关于作家本人的却很少,包括他的生卒年,都还未有定论。但这并没有阻挡人们对《红楼梦》的热情,反而吸引着大家更细致、深入地挖掘作品,到作品中找寻作者的踪迹。我们根据现有的资料及《红楼梦》一书,大致可以窥见曹雪芹"生于繁华,终于沦落"的悲剧人生。

曹雪芹,名霑,字梦阮,号雪芹,又号芹圃、芹溪。大约生于康熙五十四年(1715),卒于乾隆二十九年(1764)。清代裕瑞《枣窗闲笔》中说曹雪芹"身胖,头广而色黑,善谈吐,风雅游戏,触境生春,闻其奇谈,娓娓然令人终日不倦",为我们勾勒出了作家的大致轮廓。

曹雪芹的先世原为汉人,远祖曹锡远曾任明朝沈阳中卫的地方官,在清太祖努尔哈赤攻陷沈阳时被俘。后来其子曹振彦被编入旗籍,又入了多尔衮统率的满洲正白旗。至清兵入关时,屡立战功,得到宠幸,至此曹家开始成为显赫一时的世家。曹雪芹的曾祖,亦即曹振彦的长子曹玺,又因战功成为顺治帝的亲信侍臣。

曹氏虽本为汉人,但因在立国之初护驾有功,后来又经过了长期的考验,在当时有了极特殊的身份。也正因如此,曹玺的妻子后来被选入宫中,成为了康熙幼年时期的保姆,曹雪芹的祖父曹寅则成为了少年康熙的"伴读"。后来康熙即位,曹玺被重用,担任江宁织造。"织造"是清代的一种特殊官职,由皇帝亲自委派,监理江宁、苏州、杭州一带的纺织事务,向宫中供应织品、绸缎、果品等。作为皇商,是内务府的要职,更是"肥缺"。除了为宫廷置办御用物品之外,还负责访察吏治民情等社会动态,其实就是皇帝的耳目。曹玺从康熙二年至二十三年连任江宁织造,达二十二年之久,直到去世。

而此前，这一职位是三年改换一次的，朝廷对曹玺的重用和赞许由此可见一斑。

曹氏在曹玺这一代，成功地由"军功之家"过渡为"诗书之族"。曹玺死后，其子曹寅继任江宁织造。曹寅不仅继承了父亲的政治才干，任职期间能够体察民情，而且有很高的文化艺术修养。《康熙上元县志·曹玺传》载他"七岁能四声，长偕弟子猷讲性命之学，尤工于诗，伯仲相济美"。曹寅曾在扬州创办了大规模的编校出版机构——"扬州诗局"，奉旨校刻《全唐诗》，后来又主持刊刻了《佩文韵府》。曹寅为人宽和，不仅能够及时向康熙奏报地方情况，在安抚当时江南一带知识分子反清情绪这一大难题上也有很大功绩。因此康熙对曹寅愈加信任，六次南巡中四次由曹寅接驾，并多次住在曹家，与曹家人相处也如亲人一般。至此，曹氏一族的名望、地位进入了鼎盛时期。

康熙与曹寅的关系，既为曹家带来了显赫，同时也埋下了祸根。四次接驾，造成了曹家经济上的巨大亏空。康熙对此事非常关切，多次在奏折上批示，要曹寅设法将亏空补上，还下令由曹寅和时任苏州织造的李煦轮流监管两淮盐政，但直到康熙五十一年曹寅病死，亏空也没能补完。曹寅死后，他的独子曹颙即曹雪芹的父亲继任江宁织造，康熙对这位"故友"之子颇为赞赏，但可惜的是曹颙接任两年多就病死了。此时曹雪芹还在母腹之中尚未出生，江宁织造一职曹家无人可继，只得将曹寅弟弟曹荃的第四子曹頫过继来，继任江宁织造。曹頫为人忠厚老实，也曾跟随曹寅在江南长大，但并没有多少才干，任职时年纪又小，缺少经验。康熙对他不太满意，曾多次提点过他，但最终还是采取了维护和信任的态度。不过，曹氏家族此时已失去了往日的辉煌。

曹家作为康熙的亲信近臣，其兴衰境遇是与皇室内部的斗争紧密联系的。雍正继位以后，一力排除异己，包括皇室骨肉手足、康熙的亲信，甚至是助他夺位的功臣。而曹頫不仅没能将亏空补上，又有骚扰驿站之行，转移财物之嫌，雍正以"行为不端""织造款项亏空甚多"等罪名将曹頫革职抄家。可以说，康、雍政权的交替，是曹家由盛而衰的转折点，这是曹家的悲剧，也是曹雪芹的悲剧。

雍正五年（1727），也就是曹家被查封家产的这一年，曹雪芹13岁。他虽然没有得到过父亲的疼爱，但被祖母李氏和母亲马氏视为掌上明珠。他生在诗礼士族之家，经历了近于皇室的官僚世家的贵族生活，家学渊深，藏书极多。曹雪芹自幼便深受家庭影响，他博览群书，广见博识，对诸如戏曲、美食、养生、医药、茶道、织造等方面的技艺知识都有较为深入的了解。他虽然失去了接受"正规"封建传统教育的机会，但少了管教约束，有了更多的机会选择自己喜好的事物。这些都为他创作《红楼梦》打下了良好的基础。

曹家被抄之后，曹雪芹即随少数几口人由南京迁到了北京，生活一落千丈。也有研究者认为,乾隆即位以后,旗人的亏空积案一度得到宽免,曹家一时间恢复了官家生活。但是好景不长,这样的生活只维持了四五年,曹家就因皇室政局的巨变再次受到牵连,从此一蹶不振。后来曹雪芹移居至北京西郊,生活更加困窘,心境也更加落寞了。

曹雪芹曾与爱新觉罗·敦诚、爱新觉罗·敦敏兄弟交好,这两位本是皇室贵族,祖辈在顺治年间也曾有过被抄家的经历。共同的境遇和思想基础,使二人与曹雪芹成为了好友,我们也因此得以从二人的诗作中得到一些了解曹雪芹的线索。如敦诚的《寄怀曹雪芹》有"高谈雄辩虱手扪"一句写曹雪芹的健谈,敦敏《题芹圃画石》则说他"傲骨如君世已奇,嶙峋更见此支离","傲骨"二字,既是题画,更是写人。

曹雪芹人格超拔,渴望自由不愿受束缚。但迁居北京西郊以后,生活愈发困顿,乾隆二十八年冬天,幼子病死,这对他的打击极大。不久后,在乾隆二十九年(1764)早春,曹雪芹也在贫病之中与世长辞了。

"曹雪芹的家世从鲜花着锦之盛,一下子落入凋零衰败之境,使他深切地体验着人生的悲哀和世道的无情,也摆脱了原属阶级的庸俗和褊狭,看到了封建贵族家庭不可挽回的颓败之势,同时也带来了幻灭感伤的情绪。他的悲剧体验,他的诗化情感,他的探索精神,他的创新意识,全部熔铸到这部呕心沥血的旷世奇书——《红楼梦》里。"(《中国文学史》,袁行霈主编,高等教育出版社)

曹雪芹善吟好画,但在短促的一生中,少有作品传世,唯有一部不完整的《红楼梦》。《红楼梦》的创作和成书过程,与曹雪芹的生平经历一样少为人知。甲戌本《石头记》第一回有这样一段文字:"后因曹雪芹于悼红轩中披阅十载,增删五次,纂成目录,分出章回,则题曰《金陵十二钗》。"可以看出,《红楼梦》的创作有十年之久。学者们根据《红楼梦》的各种版本及评本,推断出其开始创作的时间在乾隆七八年(1742或1743)左右。大多学者认为,前八十回以后的文稿,曹雪芹生前已基本写完,但因未能及时整理,部分文稿又在借阅过程中遗失,只保存下了前八十回。

《红楼梦》原题为《石头记》,目前市面上通行的为一百二十回本,前八十回为曹雪芹所作,后四十回的文字,一般认为是由高鹗整理。高鹗(1738—1815),字兰墅,祖籍辽东铁岭,属汉军镶黄旗。于乾隆五十三年(1788)中举,乾隆六十年(1795)进士及第。乾隆五十六年(1791)至五十七年(1792),高鹗应友人程伟元之邀共同编辑、整理《红楼梦》。此本在当时可算是风靡天下,盛况空前。但学界对程伟元和高鹗整理这一行为褒贬不一。著名红学家周汝昌就曾指出:"程、高之辈,既要以假乱真,迷惑世人,岂能那么傻瓜,他们十分狡猾,玩弄了不少花招。伪全本不但假托雪芹的名义造出了后面的"残稿"，而且还偷偷地（实质又是放肆地）将前面八十回的原文大加篡改！"（《大家小书：红楼小讲》，周汝昌，北京出版社）后四十回的思想和艺术水平与曹雪芹原作比起来确实逊色很多，很多地方也改变了作者原意，因此遭到后世诟病也是可以理解的。但程、高补作也不是完全无可取，其中心事件、主要人物的悲剧结局都基本符合前八十回的倾向，有的情节描写也很生动精彩。另外也有学者指出程、高二人在《红楼梦》的保存与更广泛地流传方面是功不可没的。

版本流传

《红楼梦》的版本可划分为两大系统："脂评本"和"程高本"。曹雪芹生前和身后一段时间，《红楼梦》前八十回的文稿就已经以抄本的形式在社会上流传了。从亲朋好友到士大夫，皆争相传阅。这些抄本，大都有署名脂砚斋、畸笏叟等人的评语，被习惯性地称为"脂评本"。

"程高本"即程伟元、高鹗补续的一百二十回本系统。程、高二人首先于1791年将前八十回与后四十回合成为一个完整的故事，以木活字排印出版，胡适称之为"程甲本"。由于刊印仓促，错漏较多，二人又于1792年对甲本进行了补充、校订，重新排印发行，胡适称之为"程乙本"。与"程甲本"相比，"程乙本"对曹雪芹原作的改动、破坏更大，颇受诟病。

《红楼梦》在创作及流传的过程中，抄录、点评的人很多。其中最重要的两位，分别是脂砚斋和畸笏叟。他们不仅对《红楼梦》进行了抄录、整理、评注，还通过述说自己的生活经历为曹雪芹提供了创作素材。但这两个人究竟是谁，是不是同一个人，与曹雪芹有怎样的关系，红学界目前还没有统一的看法。

脂砚斋对书稿进行过多次评批，他与曹雪芹合作，使小说的正文与批语共同传世。从脂批的内容来看，脂砚斋与曹雪芹及其家族有着十分密切的关系，与作者有共同的生活经历，甚至熟知作者著书的妙法，常常引导读者步步深入地发现线索。可以说，脂砚斋的加批更多是为读者看的。至于脂砚斋的身份，众说纷纭。主要有四种说法：作者说、妻子说、叔父说、堂兄弟说。因清人裕瑞曾在《枣窗闲笔》中说"曾见抄本卷额，本本有其叔脂砚之批语，引其当年事甚确，易其名曰《红楼梦》"，故"叔父说"的支持者较多。

畸笏叟，自称"畸笏老人""老朽""朽物"，是仅次于脂砚斋的《红楼梦》第二位评批者。他所批的内容多涉及小说素材的来源，常对曹雪芹童年及曹家以往经历的细节抒发感慨。他尤其关心书稿的缺失情况，可以说是曹雪芹书稿的总负责人。曹雪芹死后，书稿也由他保存。他的不少批语是曹雪芹死后才加的。对于他的真实身份，也有几种说法，多数学者认为他应是曹雪芹的长辈。

（以上李培培撰）

情节概要

长篇小说《红楼梦》以金陵贵族名门贾、史、王、薛四大家族的兴衰为背景，以贾府的家庭生活为脉络，以贾宝玉、林黛玉、薛宝钗的爱情婚姻悲剧为主线，以四大家族由鼎盛走向衰亡的历史为暗线，以"金陵十二钗"的命运际遇为纲领，叙述了贾家荣、宁二府父子、兄弟、妻妾、主仆之间在婚姻、道德、文化、教育、财产等方面错综复杂的人事纠葛和矛盾冲突，真实立体地再现了封建社会末期广大的社会生活面貌。

小说的故事主线是贾宝玉、林黛玉、薛宝钗三人之间的爱情婚姻悲剧。贵族公子贾宝玉与父母双亡、寄居在贾府的姑表妹林黛玉青梅竹马、志趣相通、互为知己。在长时间的生活交往中，两人萌发了真挚的恋情。贾宝玉虽被众多可爱动人的女孩子包围，却在一次次的试探和验证中坚定了对林黛玉的情感，感情逐步专一，数次向黛玉袒露心声。然而在当时的社会条件下，他们的婚事却必须服从封建家族的利益，由家长们全盘操控。贾宝玉之母王夫人为了家族的利益和宝玉的前途，更希望宝玉迎娶同样暂住贾府的姨表姐薛宝钗，成就一段"金玉良缘"。薛宝钗出身于皇商富族，聪明贤惠，善于处理大家族中复杂微妙的人际关系，博得贾府上下交口称赞。在后四十回续书中，黛玉焚稿断情，忧病而逝。贾宝玉则在家长们的哄骗安排下，与宝钗成婚。可叹贾宝玉"空对着，山中高士晶莹雪；终不忘，世外仙姝寂寞林"。他不甘于就这样度过家族为他设定的人生，终离家出走，而宝钗只能空守着不幸的婚姻寂寥一生。这段爱情纠葛自第三、四两回，宝黛钗初会开始，在矛盾中不断推进发展。至续书的第九十七、九十八两回，林黛玉和薛宝钗在"悲"与"欢"的强烈对比中，一者"魂归离恨天"，一者"出闺成大礼"，达到高潮。小说后二十二回是高潮的余波、情节的下降和结尾阶段，伴随着贾府内外环境的巨变，贾府被抄，大厦倾颓，群芳离散，最后贾宝玉随僧道离红尘而去，归结"红楼梦"。

除爱情悲剧外，小说还有一条暗线是以贾府的日常生活为中心，展现金陵贵族名门由富贵堂皇走向没落衰败的历程，以及与之相关的古代生活的方方面面。小说深刻细腻地描写了贾府这个贵族大家庭在饮食起居、祝寿治丧、接驾祭祀、宴饮游园等各方面的生活内容，展现了这个钟鸣鼎食的诗礼之家的没落过程。此外，小说也将

笔触伸至贪官滑吏、贩夫走卒，刻画他们的行为心理，全面展现世态人情，并在行文中穿插了大量的诗词歌赋、书籍戏曲、酒令灯谜、对联匾额、医卜星相、花果禽鱼、针黹烹饪、宫闱仪制等内容，全方位展现了中国古代社会的风俗面貌。

纵观全书，我们可以将情节大体概述为以下六部分：

缘起灵河畔，神石历红尘

小说开篇用神话交代作品的来由。女娲炼石补天时共炼制三万六千五百零一块，单余下一块未用，弃置在青埂峰下。此石通灵，为自己不堪入选而自怨自叹，日夜悲号。恰逢一僧一道经过此处，谈起凡世繁华，引得此石凡心大动。二仙将这无缘补天之石刻字，幻化为"通灵宝玉"，携入繁华富贵之地历练。西方灵河岸上三生石畔有一株绛珠仙草，受赤瑕宫神瑛侍者甘露灌溉得以幻成人形，欲用毕生的眼泪来酬报这灌溉之恩，便亦下凡历劫，去了却这段"木石前盟"的姻缘。后来不知历经了几世几劫，空空道人经过青埂峰下，见到石头上刻录着一段悲欢离合世态炎凉的故事，便受石所托，将这故事抄录传世，后辗转至曹雪芹手中，经他批阅十载，增删五次，终成此书。

演说荣国府，权贵四家族

姑苏城有一个乡宦甄士隐，爱女英莲被拐，家中又起大火，他因家中屡遭变故而陷入贫病交加的境地中，后遇跛足道人，受《好了歌》点悟而遁入空门。甄士隐曾资助过一个穷儒贾雨村，此人因贪污被革职后因缘巧合之下成为了林黛玉的家庭教师。一日，贾雨村在扬州郊外偶遇好友冷子兴，冷子兴向他讲述了贾府的内情：当年宁国公和荣国公创下家业，分立宁、荣二府。宁国公长孙贾敷幼年夭折；次孙贾敬袭官后一味好道，便让袭于其子贾珍。贾珍整天寻欢作乐，无法无天，娶妻尤氏，生子贾蓉。荣国公长子贾代善，娶了金陵史家小姐为妻，生长孙贾赦（袭爵为官），次孙贾政（科举为官），孙女贾敏。贾赦娶妻邢氏，生子贾琏（娶妻王熙凤，生女巧姐），生女迎春（庶出）。贾敏嫁林如海为妻，中年病故，独留一女林黛玉。贾政现任工部员外郎，娶妻王氏（王熙凤姑母），生下三男二女。长子贾珠，娶妻李纨，生子贾兰后不幸亡故。次子贾宝玉衔玉而诞，被祖母史太君视为珍宝。贾宝玉生性钟爱女子灵秀，嫌弃男子浊臭。人们多言贾宝玉将来必是酒色之徒，其父贾政因此不太喜欢他，对他管教甚严。三子贾环是赵姨娘所生（庶出）。长女贾元春因贤德选入宫中为妃，次女贾探春（庶出）与贾环同为赵姨娘所生。贾（宁荣二公之后）、史（保岭侯尚书令史公之后）、王（都太尉统制县伯王公之后）、薛（紫薇舍人薛公之后）四大家族之间盘根错节，同气连枝，一荣俱荣，一损俱损。后来贾雨村补授应天府后巧遇一案，事涉英莲，却因惧怕四大家族的滔天权势，不念报答甄士隐之恩，反而为保全薛蟠乱判此案，借此攀附四大家族。薛蟠夺走英莲，逍遥法外，随母亲薛姨妈、妹妹薛宝钗一同进京。

☁ 宝黛钗初会，十二钗聚首

金陵十二钗正册、副册、又副册共三十六位女子，其中既有贾府本家的元春、迎春、探春、惜春、巧姐等小姐，李纨、王熙凤、秦可卿等奶奶，晴雯、袭人、紫鹃等诸多丫鬟，亦有林黛玉、薛宝钗、史湘云这样亲戚家的女子，还有在栊翠庵修行的妙玉，随薛家母子进京的香菱等。

因贾敏病逝，贾母怜惜外孙女林黛玉孤苦无依又多愁多病，便将她接来贾府抚养。林黛玉婉约柔美，腹有诗书，初入府便与表兄贾宝玉一见如故，从此同在贾母房中坐卧，感情比其他姐妹更为不同。后来薛家母子进京，贾宝玉的表姐薛宝钗也来到贾府寄居。薛宝钗端庄丰美，行事豁达，比林黛玉更得贾府众人喜爱。又因宝玉性情淳朴，对钗黛二人都十分亲厚，林黛玉便常含醋意，薛宝钗却浑然不觉。宝黛钗在贾府相会，"木石盟"逢"金玉缘"，由此展开了贯穿全书的情感纠葛。

一日，贾珍妻子尤氏邀贾母等人赏梅，贾宝玉因感困倦，便到秦可卿卧房午睡，梦游太虚幻境，在警幻仙子的指引下，阅览了"金陵十二钗"正册、副册、又副册中众女的判词，对其中诗文和图画的内涵都感不解。他又听了怀金悼玉的《红楼梦曲》，更觉无趣。警幻仙子将妹妹可卿许配给他。他与这仙子柔情缱绻，难舍难分，后入迷津才惊醒。因缘际会，贾宝玉在梦中所看到的这些女子，共同聚首在贾府中，共同演绎了她们的青春与美好。

☁ 众美青春景，群芳大观园

贾元春加封贤德妃，贾府权势达到极盛，煊赫一时。为了迎接元妃省亲，荣国府修建了省亲别院。元宵佳节，元春与家人团聚，享天伦之乐，心中感慨万千，为省亲别院赐名"大观园"，并命宝玉及诸姐妹题咏赋诗，后又传谕宝玉与众姐妹可以入园居住。从此，一众青春女孩在大观园里谈诗论画，昼聚夜饮，泣残红，戏彩蝶，唱《牡丹亭》，读《西厢记》……尽情释放天性中的美好和灵秀，恣意挥洒青春和热情。

大观园里有爱情的萌芽。贾宝玉在十二三岁时，在外结交秦钟、蒋玉菡，在内又有诸姐妹和丫鬟相伴，入大观园后，更是无所不至，快乐非常。无论小姐，还是丫鬟，他都亲近爱敬，在众多女子之间极尽谨慎，唯恐违背了她们的心意。在与众女子相处的

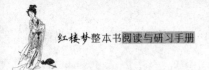

过程中，经过了一次次的试探和考验，他逐渐明晰了自己对林黛玉独特的情感，将黛玉引为知己。宝黛二人具有强烈的精神共鸣，他们会共读《西厢记》，以张生、莺莺自喻，传递爱的信号。贾宝玉会为了紫鹃假说林黛玉要回原籍苏州去的试探就呆症大发，闹得满宅惊乱。两人会因误会反生疏远，闹到砸玉剪穗的地步，又在听到史太君"不是冤家不聚头"的话后宛如了悟禅机，感到情发一心。贾宝玉会在别人规劝他多学仕途经济时坚定地认为林妹妹从不说这样的混账话。林黛玉也会在宝玉挨打后把眼睛哭得桃儿一样肿，心疼哽咽着规劝他从此都改了。二人在精神的契合中明确了彼此的爱情，这美好的情感在大观园的沃土中生根发芽。

大观园里有才情的挥洒。在探春的倡议下，众女子结起海棠诗社，贾宝玉与姐妹们一起，开办了海棠诗会和菊花诗会。后来又有薛宝琴、邢岫烟入府，众人又在雪中争联即景诗。林潇湘夺魁菊花诗，薛蘅芜讽和螃蟹咏，在这些诗会中，她们互赠雅号，争比才高，赏景咏物，佳作连篇。

大观园里有天性的盛放。在园内，一众姊妹喝酒啖肉，踏雪寻梅，吟风弄月。宝钗扑蝶，是她难得的天性释放；黛玉葬花，是她多愁的青春感怀；香菱进入大观园，也有了吟诗的才气；李纨进入大观园，也有了自荐掌坛的热情……栊翠庵品茶，怡红院夜宴场面都极尽风雅，晴雯笑撕扇，探春勇理家，这些青春儿女天性的自由、美好在大观园中竞相开放，大观园也在这一时期达到了极盛时期。

当然，大观园里也有青春的逝去与众芳的离散。伴随着绣春囊的惊现，王夫人下令夜抄大观园，顺势将司棋、晴雯等丫鬟驱赶出园，司棋与表弟双双殉情，晴雯悲惨死去。紧接着宝钗搬出园去，避嫌远离；迎春嫁与孙绍祖，受辱而亡；再至探春远嫁等诸事，大观园众人离散，群芳凋零。大观园这处浪漫与美好的所在不复往昔盛景。

府内争斗繁，府外颓势现

贾府虽然表面上风光无限，煊赫非常，实际上却暗藏着危机。府内人口众多，事务繁杂，开支庞大。主子们又一个个穷奢极欲，贪图享乐，不知节俭。虽然外面的架子还撑着，内部却已腐朽不堪，家族的衰颓已不可避免。父子、母子、兄弟、夫妻、妻妾、主仆间矛盾重重，明争暗斗。因嫡庶矛盾，赵姨娘与马道婆合计陷害贾宝玉，令其中魔发狂，差点死去；贾环故意碰倒油灯烧伤宝玉，还进谗言挑唆贾政鞭笞宝玉。因主仆矛盾，金钏跳井，含冤而亡；晴雯被逐，旋即病逝。即使是母女间，矛盾也无可避免。探春理家，公正利落，众人交口称赞，赵姨娘却也要数次寻衅。更有尤二姐吞金而亡，尤三姐饮剑殉情……满府上下争斗不休，虚弱不堪，悲凉的气氛笼罩全府。

延至府外,贾府的主子和亲戚们常常滥用权力,以势压人,如王熙凤弄权铁槛寺,薛蟠打死冯渊强占香菱等。而贾府的政敌们也在虎视眈眈,忠顺王府上门责问宝玉,索要琪官下落等情节,都能让人感觉到贾府的盛势面临着不可预知的政治危险。

情断木石盟,空对金玉缘

　　小说悲剧性的情节早已在太虚幻境中伏下,而在小说后四十回的续书中更是哀音尽显。元妃薨逝,通灵宝玉丢失,贾宝玉失魂落魄,出现了疯傻的样子。贾政去江西赴任,贾母想在贾政走前给宝玉娶亲冲喜。王夫人属意薛宝钗,恐宝玉不愿,王熙凤便设下掉包计。没想到傻大姐误泄消息,黛玉知晓后五内俱焚,气急攻心,一病不起,终在贾宝玉大婚的鼓乐喧闹中焚稿断情,泪尽而逝。贾宝玉以为自己将要迎娶林黛玉,大喜过望。待到揭起盖头时,却发现林黛玉换成了薛宝钗,惊讶之下旧病复发。病愈后,他来到潇湘馆,听紫鹃说起林黛玉临终情景,悲痛不已。不久,宝琴、湘云相继出嫁,探春更是远嫁,贾宝玉愈发悲恸。贾赦因石呆子古董扇一案被定"交通外官,倚势凌弱"之罪,革职抄家,贾政也遭到牵连。在这样的乱局中,贾母病逝,鸳鸯殉主,妙玉被掳,王熙凤病重失势,郁郁而终。惜春从此带发修行,长伴青灯,紫鹃自愿服侍。巧姐险些为亲舅舅王仁所卖,幸得刘姥姥搭救,到乡村避祸。贾府内凋零不堪。贾宝玉病情加重,癞头和尚引着贾宝玉的魂魄重游太虚幻境,实际上他已经萌生了却尘缘的念头。梦醒后,贾宝玉发奋读书,次年中举。薛宝钗怀孕,却得知贾宝玉在应试后走失了。贾政扶贾母灵柩回南安葬,回京途中船泊毗陵驿,忽见贾宝玉披着大红猩猩毡斗篷,向自己拜了四拜,旋即随着一僧一道飘然而去,闻其作歌"归大荒"。一僧一道将宝玉携至青埂峰下,安放于女娲炼石补天处,便云游而去。从此"天外书传天外事,两番人作一番人"。

人物形象

　　《红楼梦》是中国古代长篇小说中人物最多的一部作品,小说围绕着宝黛钗塑造出一系列大大小小、不同阶层、不同性别和年龄、不同性格面貌的人物形象,着墨或浓或淡,或繁或简,据统计有名有姓的就多达四百五十余人。这些人物既具有典型性,又个性鲜明,令人过目不忘。无论我们从哪个人物深入进去,都会加深对这部作品的理解。可以说,曹雪芹对庞大人物群体的刻画和把控能力在古今小说中都是绝无仅有的,而复杂的人物关系也为我们的阅读增加了不小的难度。

　　关于《红楼梦》中的人物关系,研究者们曾提供了各种划分方法,研究成果丰

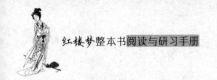

硕。若粗略观之，按照身份大体可将书中人物分为五类：一、贾府主人及其主要亲属：共八十人；二、贾家族人：共三十三人；三、贾府丫鬟侍者：共九十五人；四、两府仆人：共七十三人；五、其他各界社会人士：共一百四十五人。

当然，如果我们在其中筛选出面貌更为清晰的主要人物，进行进一步梳理，又可归谱如下：一、十二金钗：林黛玉、薛宝钗、贾元春、贾迎春、贾探春、贾惜春、李纨、妙玉、巧姐、史湘云、王熙凤、秦可卿；二、十二丫鬟：晴雯、麝月、袭人、鸳鸯、雪雁、紫鹃、碧痕、平儿、香菱、金钏、司棋、抱琴；三、十二贾氏：贾敬、贾赦、贾政、贾宝玉、贾琏、贾珍、贾环、贾蓉、贾兰、贾芸、贾蔷、贾芹；四、十二优伶：琪官、芳官、藕官、蕊官、药官、玉官、宝官、龄官、茄官、艾官、豆官、葵官；五、四春：贾元春、贾迎春、贾探春、贾惜春；六、四宝：贾宝玉、甄宝玉、薛宝钗、薛宝琴；七、四烈婢：晴雯、金钏、鸳鸯、司棋；八、四文辈：贾敬、贾赦、贾政、贾敏；四代辈：贾代儒、贾代化、贾代修、贾代善；九、四玉辈：贾珍、贾琏、贾环、贾瑞；十、四草辈：贾蓉、贾兰、贾芸、贾芹。

当我们观察小说中如此繁杂的人物序列时，将其依照性别加以区分观察似乎是一个不错的选择。《红楼梦》将女性作为与男性相对的一个群体来塑造，并将一众女子视为"水作的骨肉"，让人感到"清爽"，以大观园群芳为代表，构造了一个充满人情美和人性美的女性形象群。这些女子身份、年龄、面貌、境遇各不相同，却都具有"形貌美、才智美、性情美以及不同年龄特有的风神美"（《〈红楼梦〉的女性观与男性观》，《红楼梦十五讲》，刘敬圻，北京大学出版社），可谓各美其美，流光溢彩，而她们"千红一窟（哭）""万艳同杯（悲）"的悲剧结局更是作者美的理想破灭的声声叹息。这其中，"金陵十二钗"毫无疑问是作者精心刻画、用笔最多的人物。而她们各异的性格、命运也与小说的主题紧密交织在一起，成为全书最明艳的存在。本书后面的章节将对众多女子中的佼佼者加以细致分析，此处不再赘言。

与女性社会相对的，在小说中还有一个男性群体。如果说青春女儿是作者美好理想的寄托，那男子们这些"泥作的骨肉"则更像是真实世态的映射。这些男子大体可以分为四类：一、荣耀先祖，如荣宁二公，建功立业，开府建宅；二、不肖子孙，如贾敬、贾珍、贾琏、贾环等，只会败坏家业，奢靡享乐；三、顽固卫士，如贾政，遵循正统，却无法彰扬祖辈的荣光，进退两难；四、叛逆少年，即贾宝玉，不屑仕途经济，具有强烈的反叛精神。在小说中，贾宝玉是一个独特的存在。他似乎是勾连起女性群体和男性群体的桥梁，作为贯穿全书的关键人物，更作为女性世界独特的观察者、欣赏者和评论者，具有别致的性情风貌。在这些男子身上，我们能够看到以贾府为缩影的封建末世景象。

此外，我们也可以再寻找一个观察点，将故事发生核心地"贾府"的人物按照辈分加以区分,在对各代人物各自形象特点的捕捉中,感受小说的悲剧主题。贾府五代人的命运,就是这个大家族盛衰演变的历程,从他们名字的设计中就可看到贾府的枯荣。

贾府第一代:"水"字辈

水,是生命的源头,有滋润、滋养之意,有丰沛之感。贾演和贾源是贾府的缔造者,名字从水。宁荣二公建立功勋,是家族辉煌的源头,奠定了贾氏一族昌耀的根基。

贾府第二代:"代"字辈

代,有接替、承袭之意。"代"字辈是父辈功业的继承者。他们亲历了父辈建功立业的过程,深感家族富贵景象来之不易,传承了父辈的风格,并带领家族走向繁盛。而"化""善"有积善修德的意味。在小说中,贾代化、贾代善也已辞世,唯有贾代善之妻史太君(贾母)仍在世,成为这一代人的代表。

贾府第三代:"文"字辈

文,有文治之意。贾府第三代人姓名以"文"为偏旁,可见这一时期家族已处于由"武功"向"文治"的转型期。这代人圣眷正隆,钟鸣鼎食,权势熏天。但是贾赦、贾敬二人的官职都是袭爵所得,唯有贾政一人科举出身。同时,"文"还有文正之意。这真是对贾府第三代的绝佳讽刺。除贾敏早逝,书中一笔略过外,其余"文"字辈三人都与文正背道而驰,他们或生活混乱,或醉心求仙,或道貌岸然,不但没有完成家族由武转文、诗礼传家的使命,甚至直接或间接推动了家族的覆亡。

贾府第四代:"玉"字辈

玉,意为贵重、美好的玉璧。贾府的第四代得天独厚,一出生便极尽荣华,原应是振兴家族的希望,也是家族发展的中流砥柱,但是这一代人却金玉其外,败絮其中,文不成武不就,满身纨绔气息,只知享乐靡费,"子孙虽多,无可以继业"。贾府经由这一代的败坏,日渐入不敷出,"外面的架子虽未甚倒,内囊却也尽上来了",呈现一派衰败之象。荣国府这边,贾赦之子贾琏只知沉迷酒色,浪费银钱。贾政的嫡长子贾珠早夭,庶子贾环猥琐不成器,唯有贾宝玉一人,形貌俊朗,身世不凡,又是嫡子,被众人寄予厚望。但他却厌恶仕途经济,离经叛道,"于国于家无望"。宁国府那边,贾珍袭爵为官,却荒淫无耻,沉湎声色,与妻妹尤二姐、儿媳秦可卿都关系暧昧,

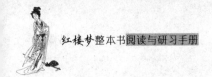

导致了秦可卿之死，把整个宁国府搞得乌烟瘴气，污浊不堪。同时，他又挥霍无度，且看秦可卿死后葬礼的盛大场面，就可见一斑。

在这一代男子的妻室中，贾琏之妻王熙凤"巾帼不让须眉"，可谓出类拔萃。

贾府第四代中还有元春、迎春、探春、惜春四姐妹，这些青春女子青春烂漫，才华横溢，性情各异，是跳跃在衰颓贾府中的亮丽春色，但却终不免悲剧的命运。四春的悲剧结局，也是第四代人在家族衰败过程中的必然。此外，贾府的亲戚林黛玉、薛宝钗、史湘云在辈分上也属这一代，各有其命运遭遇，令人叹惋。

贾府第五代："草"字辈

草，有微末、脆弱、贫贱之意，隐喻草芥平民。贾府的第五代人，有贾蓉、贾蔷、贾芹、贾兰等，在这一代，贾府彻底败落。富贵荣华已被父辈消耗殆尽，偌大家业只剩空架子，整个贾府内忧外患，风雨飘摇。所以第五代人注定只能空有贵公子的虚名，却不得家族庇护，成为家族覆亡的见证者和受害者。贾蓉是宁国府贾珍的嫡子，但自身德行有亏，而且处处受到父亲的钳制，连妻子秦可卿都成为父亲的玩物。荣国府贾珠的嫡子贾兰，生活在叔叔贾宝玉的光环下，待遇不如宝玉之万一，只能跟随寡母生活。这一代的女子中，巧姐为王熙凤之女，身份可谓贵重，但在贾家被抄的乱局中，竟险些被舅舅王仁卖掉，幸得刘姥姥搭救，才得以逃过一劫，也可看出这一代人身世凋零的共同命运。当然，草也有生长、希望之意。所以在续书中，贾兰经历了家破人亡，却科考中举，令家族重新焕发了生机。

当然，围绕着贾府的主子们，还有身份、性别、形象不同的奴仆、优伶、官吏、贩夫等各色人物，无论用哪种方法去分类去解析，都会获得关于红楼人物的生动感受，诚如晚清一位评论家所言："此书才识宏博……其人则王公侯伯、贵妃宫监、文臣武将、命妇公子、闺秀村妪、儒师医生、清客庄农、工匠商贾、婢仆胥役、僧道女冠、尼姑道婆倡优、醉汉无赖、盗贼拐子，无所不备，惟妙惟肖。"（《石头臆说》，《红楼梦卷》第一册，解盦居士）曹雪芹创造出这么多美丽的生命，并以极大的尊重和宽容对待笔下的每一个人物，让这些人物可以穿越时空，焕发出强大的生命力。

> ### 核心主题
>
> "满纸荒唐言，一把辛酸泪。都云作者痴，谁解其中味？"说不尽的《红楼梦》，具有极其丰富的主题意蕴。小说以全面的视野展示社会面貌，以独特的角度书写人生感悟。小说描写了贾宝玉、林黛玉、薛宝钗之间的婚恋悲剧，呈现了悲剧发生的复杂现实原因，深入挖掘了酿成悲剧

的社会原因。贾宝玉与林黛玉二人对美好爱情的向往和追求，闪耀着个性解放、精神自由的光辉。而这份爱情在与封建社会现实的冲突对抗中被残酷扼杀，生动地反映出封建制度的弊端。小说对封建制度的腐朽与禁锢做出了有力批判，对青年贵族反叛者加以热情歌颂，为整个封建社会唱响了穷途末路的挽歌，呈现出婚恋、人生、社会等多重主题。

王国维先生在《红楼梦评论》中说："《红楼梦》一书与一切喜剧相反，彻头彻尾之悲剧也。"这种悲剧，既是宝黛钗的婚恋悲剧，也是"千红一窟（哭）""万艳同杯（悲）"的女性悲剧，更是社会衰颓的时代悲剧，全书展现出一个多层次、相融合的悲剧世界。

🌀 怀金悼玉——宝黛钗婚恋的悲歌

《红楼梦》是贾宝玉与林黛玉爱情破碎、与薛宝钗婚姻不幸的恸人悲歌。三人的婚恋悲剧是全书的主线。小说真实细致地刻画了婚恋悲剧的发生和发展过程，并深刻揭示了造成悲剧的社会根源。贾宝玉与林黛玉的爱情悲剧是反叛者抗争封建礼教制度失败的悲剧。贵公子贾宝玉是贾府的"命根子"，是振兴家族的希望所在，加之他又十分聪慧，家族众人便对他寄予厚望，希望他能走上仕途经济之路，科举中榜，光耀门楣。与此相配，他的理想妻子自然应该是"德言工容"俱全的贤良淑女，能够内持家政，外辅夫婿，帮助宝玉走好仕途。然而实际上，贾宝玉却是个"不肖子孙"。他极恶名利，向往做一个"富贵闲人"，无拘无束，自由自在，"不务正业"，是贾府乃至整个时代的反叛者。这样叛逆的贾宝玉自然不会考虑家族利益、门当户对，更不会喜欢符合传统妇德标准的封建淑女，他追求的是心灵的契合、灵魂的共振。他真正喜欢的是林黛玉。林黛玉才貌出众，与贾宝玉志趣相投，都是自由精神的追求者，也都是封建制度的反叛者。两人先有"木石前盟"，今生又相互引为知己，萌生了纯洁、美好的爱情。但是显然这两个反叛者的爱情既不符合"父母之命，媒妁之言"的封建婚姻制度，也对维护封建家族的利益毫无益处，更是对整个封建社会正统秩序的挑战，故而根本不会被贾府家长们接受，注定只能被扼杀。最终，林黛玉焚稿断痴情，为了保全人格的尊严和爱情的纯洁付出了自己的生命。在贾府掌权者的眼中，薛宝钗才是贾宝玉婚配的理想人选。薛宝钗温婉贤良，是家长们眼中的淑女典范，何况又出身皇商家族，家族实力深厚。若她与贾宝玉结合，有利于巩固贾薛二府的政治联盟，贾家贵，薛家富，贵富相护，才是真正的"金玉良缘"。所以在封建大家长的谋划下，两人完婚。但是这段婚姻完全违背贾宝玉的意愿，他始终意难平，最终离世远遁，两

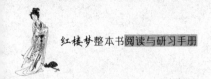

人的婚姻也以悲剧收场。这个悲剧的根源同样是封建制度。因而，观其本质，宝黛钗三人都是封建制度和社会现实的牺牲品。

美质不常——群芳离散的挽歌

《红楼梦》是代表着美善理想的女性世界崩塌之际的叹惋悲歌。围绕着宝黛钗的婚恋悲剧，小说还延展出一个"千红一哭""万艳同悲"的女儿国悲剧，展现了以金陵十二钗为代表的众多女子的人生悲剧。伴随着贾府的衰败，那些纯洁美丽的女性一个一个走向了无可避免的悲剧结局。元春、迎春、探春、惜春四姐妹，不是早夭便是远嫁，不是远嫁便是出家，她们的命运"原应叹息"。金钏投井、晴雯冤死、尤二姐吞金、尤三姐自刎、芳官为尼、湘云守寡、妙玉被劫、鸳鸯自缢、司棋撞壁……也都令人"叹息"。这样一群天真烂漫的女儿在"风刀霜剑严相逼"的险恶环境中，或隐忍苟活，或遁入空门，或魂归地府。每一个人的悲剧，都有各自的特点和原因，既有人生际遇的辗转沉浮，亦有因受到传统思想影响而形成的性格因素，既是命运悲剧，也是性格悲剧。但是，无论如何，这些美好的女子都过早地饱尝了人生的痛苦，无不令人同情和惋惜，由此构成了一个女性世界的整体悲剧。

繁华即逝——时代倾颓的哀音

《红楼梦》是以贾府为代表的封建末世走向覆亡的沉痛哀音。小说着力叙写了贵族大家庭贾府兴衰的历程，展现了贾府衰亡的家族悲剧。贾府的衰败，是在现实生活的摩擦、冲突中渐进而生的。聚焦贾府内部，这个钟鸣鼎食之家虽看似显赫，实则后继乏人，"一代不如一代"；满府上下坐吃山空，"如今外面的架子虽未甚倒，内囊却也尽上来了"；大家族人际关系格外复杂，人们相互倾轧争斗，"恨不得你吃了我，我吃了你"。放眼贾府之外，还牵涉了诸多社会矛盾。小说在叙述中暗示了其与宫廷的微妙联系，以及这些外部因素与贾府兴衰之间的复杂联系。

小说在这个家族悲剧的描述中，铺展出一个无比广阔的社会生活图景，从各个角度立体地展现出王朝末期的社会全貌。联系《红楼梦》产生的时代，贾府的家族悲剧也是时代的悲剧。在十八世纪中叶，中国封建社会的历史进程已经走到了末期。这个时代虽然看似是"康乾盛世"，四海升平，热闹非凡，实际上却正如《红楼梦》中描述的贾府那样："外面的架子虽未甚倒，内囊却也尽上来了。"曹雪芹敏锐地感受到了时代的气息，在自己丰富生活经验的基础上创作了《红楼梦》，全面而深刻地反映了整个社会渐趋衰败崩溃、矛盾重重、黑暗丛生的真实内幕，为时代唱响了挽歌。他以具体的艺术形象共同的命运向世人昭告：这是一个产生悲剧的时代，悲剧的根源就是传统的观念和现存的秩序。作者虽然没能从中看到光明的未来，也没能提出具体的解决方法，但这部鸿篇巨制已经完成了自己的使命。

（以上王胜男撰）

思想内涵

　　从《红楼梦》丰富的主题中，我们可以窥见曹雪芹赋予《红楼梦》的深刻复杂的思想内涵。

　　首先，《红楼梦》以史无前例的广度和深度真实地反映了中国封建社会的真实面貌和人情世态。小说展现家庭关系、社会关系、经济关系、政治关系，真实且深刻地为读者展现了那个时代社会生活的广阔图景，所反映的社会生活面之广，是极其罕有的。从帝妃官绅到贩夫走卒，从公子小姐到婢女优伶都有所展现，这些人物之间的复杂关系，既反映出阶级压迫、贵族豪强的奢靡、下层民众的疾苦，也反映出作者对人物命运、家族命运、文化制度、政治制度等问题的思考。

　　其次，《红楼梦》写尽了"有情人"的热烈与痛苦，也展现了"有情世界"的建构与毁灭。在《红楼梦》的开头，曹雪芹提到这本书"大旨谈情"。他高度肯定感情的价值，追求感情的自由和解放，想要寻求一个"有情世界"，但是现实社会中没有。于是，他便创造了一个"有情世界"——大观园。大观园是一个"有情"的理想世界。院子里有美丽的少女、美好的感情，小说中处处洋溢着对少女人生价值的肯定和赞美。然而，这个理想境地，为恶浊的世界所包围，不断受到打击摧残，正如林黛玉的那两句诗，"一年三百六十日，风刀霜剑严相逼"。这两句诗，不仅是林黛玉个人际遇的写照，也是所有"有情人"和整个"有情世界"的遭遇。在这样的社会里，情感似乎变成了一种罪恶，美也变成了一种罪恶。贾宝玉被贾政毒打，险些送了性命；大观园里的少女也一个一个走向毁灭：晴雯病死了，金钏投井了，司棋撞死了，芳官出家了，黛玉泪尽而逝……这部"千红一窟（哭）""万艳同杯（悲）"的伟大著作，终于层层推进，归于大悲。曹雪芹在《红楼梦》中提出了一种审美理想，但这种审美理想最终在这个社会中幻灭了。

　　再次，《红楼梦》底色悲凉，充满了对生命有限和命运无常的深沉感伤。红楼中人，无论何种身份、何种性别、何种际遇，似乎最终都难以逃脱命运的安排。爱恨情仇到最终都是梦幻泡影。生命无法永恒，命运不可预知，结局终难逃避，盛极必衰，

月满则亏，这些都会给人带来巨大的孤独感和忧患感。小说的两位主人公贾宝玉和林黛玉同样具有这种生命的忧患感，总在繁华中感到凄凉。他们常常惆怅、落泪。这不仅仅是感叹自身爱情生活的不幸，还是对生命、人生的体验与感悟。我们常常能感到贾宝玉的情总带着一种忧郁的调子，带着对未来的恐惧和忧虑，带着"何处是归程"的忐忑与不安。而林黛玉的人生观则可从《葬花吟》中看得分明："一朝春尽红颜老，花落人亡两不知。"诗的主题是：美、生命、春天都是脆弱的、短暂的、易逝的。这也是《红楼梦》中一众个体生命的悲凉感。再看《红楼梦》开篇便设下了一个神话背景。贾宝玉原是女娲补天时被遗弃的石头，也就是说，贾宝玉的存在是被天抛弃的结果，之后"幻形入世"，这就意味着他离开了无限和永恒的"天"，进入到一个有限的、短暂的人生境地。这本身就极具命运感。再到贾宝玉梦游太虚幻境，看到众女的判词，听到《红楼梦曲》，将每个人的命运都预示得清清楚楚，甚至将整个贾府的命运一并点破。《红楼梦》中的所有人就都被拉进了命运的巨型大网。命运的悲凉感充斥在个体、家族乃至整个社会当中。所以，《红楼梦》仿若绵绵不绝的叹息，使整部小说笼罩在忧郁的情调中，也正是这种叹息，这种忧郁，使《红楼梦》弥漫着浓郁的诗意。

小说的思想内涵多重，层层递进，相互联系。《红楼梦》的悲剧性在于作家理想的"有情世界"在当时社会环境中必然要被毁灭。个人的情的悲剧，往往不仅是时代的悲剧，也是人生的悲剧。再合理的社会，也不可能使一切有情人都成眷属。当情的悲剧上升到人生的悲剧，就有了哲理性的意味，就有了对于人生终极意义的追问。小说描绘了一个贾府兴衰的过程，以其中的悲欢离合、是是非非引导着我们体味、思考。

艺术成就　　《红楼梦》是一部精心构撰、超越以往的巨作，是中国古代现实主义文学的最高峰，全书结构严谨，内容丰厚，规模宏伟，人物鲜活，取得了前所未有的艺术成就。鲁迅在《中国小说的历史的变迁》中曾称赞："自有《红楼梦》出来以后，传统的思想和写法都打破了。"

取材：真实丰厚，尽显世情

《红楼梦》善于书写世情，以贵族家庭为中心图景，极为真实、生动地描绘了中国封建社会末期的生活。小说所描述的世界虽然是虚构的，却是以作者曹雪芹的真实生活为基础，因而人物、情节、环境都具有极强的写实性，为全书的宏大叙事打下了现实主义的牢固地基。书中随处可见作者旧时生活的影子，充满作者对自己身世经历、家族变故的感叹。作者在第一回中便明确地表达了这种艺术追求:"至若离合悲欢,兴衰际遇,则又追踪蹑迹,不敢稍加穿凿。"因而,《红楼梦》那些复杂勾连的事件、千姿百态的人物、世情百态的书写都毫无斧凿痕迹,浑然天成。

叙事:网状结构,多线并进

《红楼梦》在采用惯常的章回体的基础上,创造性地设计了故事结构和叙事方式。小说在结构上完全打破了传统小说单线叙事的方式,而是将中心人物和事件放在错综复杂的环境和关系中,各种矛盾线索并进展开,交织互现,形成网状整体,这是其在长篇小说结构上的独特创造。小说前八十回可以分为四个部分。第一至第十八回,介绍故事发生的环境和主要人物;第十九至第四十一回,主要写宝玉的叛逆思想和正统思想的冲突,宝玉、黛玉的爱情试探,并写宝钗、湘云、妙玉、袭人、刘姥姥等人物;第四十二至第七十回,写宝玉、黛玉心意相通、消除猜忌,并写探春、鸳鸯、晴雯、香菱、尤氏姐妹;后十回写王熙凤失宠,贾府衰败,抄检大观园,晴雯冤死,薛蟠错娶河东狮,迎春误嫁中山狼。这四个部分各有重点,又以不同方式与全书主人公贾宝玉联系在一起。小说以主人公的爱情、婚姻悲剧作为贯穿全书的主要情节,同时描写了以贾府为代表的四大家族的衰亡过程。两条线索互相穿插、交织成网。小说构建出网状与"寓真于假"的叙事结构,呈现出作者高妙的叙事能力。

人物:鲜活独特,立体生动

《红楼梦》对人物形象的塑造历来广受赞誉。小说在文学上的贡献之一,便是塑造出一系列鲜活生动、熠熠生辉的典型形象。一方面,小说勇于创造以往文学作品中从未有过的"新"形象,又没有斩断"新"与"旧"的联系,增强了人物的真实感和存在感。例如,贾宝玉与众不同、超越时代的思想是"新",林黛玉冠绝的才情、灵秀的姿容、敏感的个性是"新",两人对美好爱情与自由个性的追求也是"新",他们是历史转型期的"新"人典型,散发出不同于旧时代的"新"的气息。但同时,他们身上仍带着"旧"时代的印记,宝玉有贵族公子的脾性,黛玉有官僚小姐的身份。这就使人物没有失去历史的真实感。另一方面,小说打破了原有的"好人一切好""坏人一切坏"的刻板写法,将小说人物深植于真实的社会环境和具体的个人际遇中,人物活动受到复杂社会关系的影响,性格风貌被各种客观因素制约,展现出复杂性、立体性。比如,作为荣国府管家奶奶的王熙凤,玲珑潇洒,机智权变。薛宝钗的精明能干并不逊于王熙凤,但她独具封建伦理规范的温良贤淑,言行举止显得更为温婉、内敛、庄重。又如，薛宝钗和林黛玉同样才华横溢、聪颖灵秀，但是林黛玉由于寄人篱下，性情就更加敏感。想到林黛玉的特殊处境，她的脆弱、伶俐与时而展现出的略显刻薄就都变得可以理解也值得怜惜。"可恶"与"可爱"，"可喜"与"可悲"，这些性格侧面在人物身上交织辉映，形成性格迷人的真实。整部小说中的人物，无论是主角还是配角，都生动传神，真实可爱，可谓千人千面，摇曳生姿。

☁ 风格：诗化表达，意蕴典雅

《红楼梦》综合运用了各类中国文学艺术形式，如书法、绘画、音乐、舞蹈、诗词、曲赋、医药等等。作品处处流露出典雅蕴藉的审美意蕴。小说营造了许多诗意盎然的场景：共读《西厢记》，独赏《牡丹亭》，群芳夜宴，诗社赋咏，黛玉葬花，宝钗扑蝶，湘云醉卧，宝琴立雪，晴雯补裘，香菱苦吟……小说对这些看似平凡的、日常的生活场景加以艺术化描绘，使之具备了独特的审美意义。小说塑造人物也充满诗意，如黛玉翩然的身影，含情的眉目，淡然的微笑，动人的低泣，潇洒的文采，脱俗的情致……她具有丰厚的文化艺术素养，周身荡漾着诗情画意的雅韵，飘散出东方美的芬芳。及至小说中的众多细节，如布置陈列、人物命名、服饰搭配、楹联匾额等，无处不显现作者深厚的古典文化功底，无处不蕴含匠心独具的审美特质。此外，小说对有情世界的构建，对命运天道的思考等等，更体现出东方哲学、美学的深层意蕴。整部作品诗意盎然，构建出一种独特的审美境界。

> **语言特色**

《红楼梦》在语言方面出色地继承了中国古典小说的优秀传统，并推动了新的、创造性的发展。可以说，曹雪芹不仅是一位小说家，还是一位造诣极高的语言大师。

☁ 语言风格：通俗明畅，自然生动

《红楼梦》虽然不是中国文学史上第一部用白话文写成的小说，却是第一部把白话文运用得纯熟圆融的小说。白话文是口头语言，比文言文易读易懂，但是进行写作却并不容易。作者要完成从口头语言到艺术语言的转换，需要筛选和锤炼。这一过程，无疑是艰辛的。《红楼梦》的出现早于"新文化运动"约一个半世纪的时间，语言竟能达到如此纯熟、富于艺术表现力的境地，我们不得不惊叹于曹雪芹作为语言艺术大师的超人才华。

《红楼梦》的语言源自现实生活，明白晓畅、纯熟精练，富于表现力。有人说，《红楼梦》是用北京话写成的。但是，阅读《红楼梦》的人却可以不分南北、不论何方地读懂它，不仅在阅读时感到明白晓畅，还能够领会其语言的美妙和生动。这是因为，《红楼梦》不仅是用北京话创作（北京话也有一些词汇是其他地方的人不能无障碍理解的）的，还是用其他许多地方的语言创作的。

当然，仅仅采用不同地区的方言，并不能使《红楼梦》成为一部经典作品，作者还必须对丰富的地方语言材料进行筛选、提炼，乃至进行必要的加工。如果不加取舍地一并写入小说，不仅会给不同生活环境、不同语言区的读者带来理解上的困难，也背离了小说采用白话文写作的初衷。

人物语言：贴合个性，情趣盎然

《红楼梦》塑造了四百多个人物形象，这些人物生活在相同的时代环境中，因而具有某些相同的特点，同时，他们也因具有不同的社会地位、社会关系、人生阅历而独具特色。

曹雪芹根据人物所处的时代环境和各自的性格特点设计人物的语言，使得这些人物既有共同的时代特点，又能够体现出不同的社会地位及角色。例如：在荣国府、宁国府的主子和奴仆，身份地位虽然不同，但是在对外人说话时，常会说"我们府里""我们奶奶""我们爷"；在表达时间上常用"今儿""明儿""这早晚"；在称呼他人或合称时会用"爷儿""爷儿们"……这些表达能够展现出那个时代特有的气息和人物生活的环境。

此外，随着主子、奴仆身份地位的不同，语言表达特点也有变化。比如第四十四回中，贾琏和鲍二家的奸情被王熙凤发现，贾琏和王熙凤都拿平儿出气。平儿不仅被冤枉、挨了打，还被贾母警告："今儿是他主子的好日子，不许他胡闹。"这一句话，便看出作为主子的特权，可以横行霸道，然而奴才只能忍气吞声，讨主子开心，不仅不能得到应有的待遇，还要给主子磕头赔罪："奶奶的千秋，我惹了奶奶生气，是我该死。"平儿作为丫头，是永远没有道理可讲的，这也正反映着封建社会的等级制度。正是这一主仆同时出现的场景，展现出不同的社会地位及角色特点。

语言剪裁：精准凝练，韵味无穷

曹雪芹非常善于对语言进行剪裁。小说中有许多诗词作品，基本上都达到了多一字不可、少一字不够的效果。即便是人物日常的简单对话，也经过了作者的高度锤

炼。比如小说第六十四回中，宝玉去探望病中的黛玉，进门的第一句便是："妹妹这两日可大好些了？气色倒觉比先静些。"这里一个"静"字用得十分传神。一方面，黛玉生病后相比平时更加容易伤感，常常以泪洗面，使人看了心里发慌，而此时的黛玉比较安静，让人悬着的一颗心放了下来。另一方面，黛玉的病也牵动着宝玉的心，让他无法静下心来。于是，在看到黛玉的身体稍稍好一些时，他的心也终于"静些"。正是这样一句话、一个字，表现出了黛玉在宝玉心中的位置，宝玉对她的心心念念。虽然在当时的社会环境下，宝玉与黛玉之间有太多的阻碍，不能明确、直白地表达心意，但就是这高度锤炼的一个字，传递出彼此的真心。不论他们的爱情能否有美好的结局，这种真情的流露，都是打动人心的。

此外，小说语言也具有典雅隽永的文化气息。小说中大量运用生动丰富的成语，体现出中国语言文化的魅力。而对联、酒令等富有文化韵味的语言形式的使用，不仅显示出作者语言运用方面的造诣，也提升了小说的文学价值。小说中诗、词、曲等文学作品显示了作者的超人文学才能与古典文化修养。

文化地位

《红楼梦》是曹雪芹在继承中国优秀文学传统的基础上，以细密、精致而又深沉、阔大的现实主义笔力，描绘亲身经历、耳闻目睹的平凡生活，从而真实地展现出社会风貌、人生道路和生活理想的一部伟大作品。小说甫一现世，就被当世之人传抄，视若珍宝。在作品流传过程中，欣赏者、评论者、研究者络绎不绝，逐渐形成了一门专门的学问"红学"，因一部书而成一门学问，这在中外文学史上都是十分罕见的。

《红楼梦》是中国文学发展史上一座划时代的里程碑，在思想内涵、艺术成就、社会意义等方面都具有无与伦比的重要价值。它是中国封建社会的百科全书，是中国传统文化硕果的集中展现，也是独具东方韵味的美学典籍，包含着丰富的文化价值，对后世作家的创作，从思想到艺术都产生了潜移默化的影响。

《红楼梦》的博大深邃世所罕有。它反映着"在别处找不到或者不能这么方便地找得到的中华民族的心灵和她所创造的文化财产，而且那一反映的真实度和生动度都是如此之高，以致在世界文学上也是不多见的"。如今，世界人民正在不断深入探索《红楼梦》这一独特的宝库。说不尽的《红楼梦》，值得我们一读再读。

（以上李倩男撰）

著作通读

整本书阅读，先做通读。一部红楼，洋洋洒洒，描绘了世家大族兴衰浮沉、个体生命悲欢离合的末世图卷。读黛玉进贾府，我们叹高门之显赫；读葫芦僧断案，我们怒雨村之奸猾；读香菱学诗，我们赞女儿之灵慧；读抄检大观园，我们悲大厦之将倾……教材选读章节虽可以点带面，却不免窥豹一斑之嫌。

张爱玲将"红楼未完"列为人生三大憾事之一，文学界对高鹗续写的后四十回褒贬不一，曹雪芹所著虽只余前八十回，却对了解全书面貌有着举足轻重的作用：前五回在《红楼梦》全书中有着怎样的特殊地位？警幻仙姑的太虚幻境、荣国府内的大观园及贾府外的大千世界如何交错映照？花团锦簇的盛世繁华下潜藏着多少家族内外的危机？一次激烈的矛盾冲突背后牵扯出多少千丝万缕的利益勾连？……通读是从头到尾的浏览，更应为"读通"完成必要的准备，进而读出"满纸荒唐"背后的个中三昧。

本章关注《红楼梦》前八十回的通读过程，分前五回与其他章回两部分进行解读，借助示例呈现章节阅读方法，引导同学们循序、有效地完成作品通读，进而为深入研读阶段积累素材。

（王锡婷 撰）

前五回阅读及方法指导

《红楼梦》全书开篇用五个回目、三个神话故事作为全书总纲，展现了社会风貌，暗示出人物命运的结局，也预示了全书情节的发展。前五回是整部小说的一个"总纲"，而且叙述是时空错乱的顺序。故事充满魔幻主义色彩，同时又映射着真实的社会生活。其中包括"作品由来""'引子'甄士隐""宁荣二府介绍""人物总论""主人公亮相""社会关系网""主要人物和故事的暗示"等，内容纷繁复杂，头绪纵横交错，情节虚实相生，景象扑朔迷离。前五回在微观上设置了无数引人遐想的悬念，埋伏下无数伏脉千里的隐线（草蛇灰线），以此激发读者无穷无尽的阅读兴趣。它既是全书的总序，又是后面每个事件来龙去脉之因，也道出了小说中各种事件的结果。其中每个人物、每段故事都相互贯通，连环勾牵，交织成一张巨大密实的网。在阅读这五回时同学们应该特别注意三个神话（"女娲补天遗石""木石前盟""太虚幻境"）、几段歌词（《好了歌》《西江月》"护官符"）和十二则判词及相应的曲子。同学们在阅读时要注意解读以上重点内容，更要深入分析其中的各种隐喻和写作意图。

细读隐喻

隐喻（Metaphor）又称暗喻，是一种多见于西方诗歌的创作手法。隐喻是用一种事物暗喻另一种事物，在彼类事物的暗示之下感知、体验、想象、理解、谈论此类事物的心理行为、语言行动和文化行为。现代诗歌喜欢运用隐喻表达内心的诗意，而《红楼梦》中的隐喻形式种类更是多样，包括人名、地名、物名、诗歌等等。

比如地名中的隐喻：大荒山无稽崖——荒谬无稽（女娲补天的处所）、青埂峰——情根（石头未能补天，落堕"情根"）、十里街——势利、仁清巷——人情、葫芦庙——糊涂（十里街、仁清巷、葫芦庙——此处为甄士隐居所）、湖州——胡诌（贾雨村诞生地）。再比如人名隐喻：甄士隐——真事隐、贾雨村——假语存，元春、迎春、探春、惜春——原应叹息，英莲——应怜、娇杏——侥幸、冯渊——逢冤。还有小说中情节事物的隐喻：绛珠草——绛珠二字为"血泪"之意；木石姻缘——黛玉前身为木，宝玉前身为石；万艳同杯——万艳同悲；千红一窟——千红一哭（宝玉在警幻处所品茶名）。更多的是诗歌、判词中的隐喻：《好了歌》、十二钗的判词等。

三个神话传说的作用

1. 补天遗石——家族衰败的社会悲剧

在"补天遗石"的故事中，作者特意描写了一块"无材补天，幻形入世"的顽石。它是贾宝玉的前世，对贾宝玉的叛逆性格有隐喻的作用。"补天遗石"的主要功能是补天，可是，《红楼梦》中却写它不补天。一方面暗示他无"补天"之才，是个不符合封建社会要求的"蠢物"；另一方面暗示他与封建制度相对立的思想性格，具有像从天而降的顽石一样的"顽劣"性，难以为世俗所改变。这与第三回中的《西江月》两首词的涵义也很吻合，同时也为第三十三回"手足耽耽小动唇舌　不肖种种大承笞挞"中宝玉挨打和人物性格体现设置了伏笔。

西江月·批宝玉二首

　　无故寻愁觅恨，有时似傻如狂。纵然生得好皮囊，腹内原来草莽。　潦倒不通世务，愚顽怕读文章。行为偏僻性乖张，那管世人诽谤！

　　富贵不知乐业，贫穷难耐凄凉。可怜辜负好韶光，于国于家无望。　天下无能第一，古今不肖无双。寄言纨绔与膏粱，莫效此儿形状。

这两首词字面上句句是对宝玉的嘲笑和否定，实质上句句是对他的赞美和褒扬。以封建阶级伦理道德标准衡量，宝玉是个被否定的人物；可是从作者的人生观和社会观来看，他却是个和那些国贼禄蠹完全相反的、保持着人类善良天性的真正的人。作者选"女娲补天遗石"作为自己的开篇，有着深刻的涵义。

2. 木石前盟[注]——宝黛二人的爱情悲剧

《红楼梦》第一回"甄士隐梦幻识通灵　贾雨村风尘怀闺秀"中的描写就说明了"木石前盟"的来由。神瑛侍者在太虚幻境时曾以甘露灌溉绛珠仙草，使其得以久延岁月，后来绛珠仙草脱去草木之形，幻化成人，修成女体。绛珠仙草为酬报灌溉之恩，决定随神瑛侍者下世，将一生所有的眼泪偿还给他。正因为有这段前生之盟的隐喻，在小说第三回"金陵城起复贾雨村　荣国府收养林黛玉"一回中，林黛玉初见宝玉时才有"好生奇怪，倒像在那里见过一般"的感觉，贾宝玉也觉得"这个妹妹我曾见过的""看着面善，心里就算是旧相识，今日只作远别重逢"。至于"还泪"之说，正与"只怕他的病一生也不能好的了。若要好时，除非从此以后总不许见哭声"相照应。木石前盟亦照应后文第五回"游幻境指迷十二钗　饮仙醪曲演红楼梦"中《枉凝眉》曲词，曲词中"想眼中能有多少泪珠儿，怎经得秋流到冬尽，春流到夏！"也暗示着宝黛之间的爱情必然以悲剧收场。

3. 太虚幻境——千红一窟（哭）的人生悲剧

小说在第五回"游幻境指迷十二钗　饮仙醪曲演红楼梦"中通过贾宝玉梦游太虚幻境，利用画册、判词及曲词的形式，含蓄地将《红楼梦》众多主要人物和次要人物的发展和结局交代出来。第五回实际上是前四回的总结，是在前四回所写的主要人物思想性格、人物关系、小说的典型环境及社会背景的基础之上，在整体上对全书的布局结构，包括故事情节的发展结局以及书中主要人物的命运归宿做了总体安排，可以说《红楼梦》所写的内容就是按照它所描述的轨迹发展的。因为曹雪芹所写《红楼梦》只流传下来前八十回，所以很多人对《红楼梦》中人物的命运，基本上是依据这些隐喻揣摩出来的。《红楼梦》的后四十回据说是清人高鹗所续，在贾宝玉和林黛玉的爱情故事上以悲剧结束，是遵循曹雪芹原旨的，但写贾府的结局为"兰桂齐芳"，家道复初，却似乎违背了曹雪芹的原意。同学们在阅读时可以按照第五回的判词，也可以借鉴脂砚斋批注的《红楼梦》，展开想象，设计一个符合曹雪芹创作初衷的结局。

《好了歌》及其"解注"的隐喻

《红楼梦》前五回其主旨就是用甄士隐家庭的小枯荣，来映射后面小说主体贾家的大枯荣。在小说第一回"甄士隐梦幻识通灵　贾雨村风尘怀闺秀"中，甄士隐家业

注："木石前盟"中，"木"指林黛玉的前世为绛珠仙草，"石"的具体所指"脂评本""程高本"中并不相同，且众说纷纭，有兴趣的同学可以做一探究。本书依"脂评本"说，认为甄宝玉的前世为神瑛侍者，贾宝玉的前世为补天遗石。贾宝玉与林黛玉为伪"木石前盟"。

破败后，夫妻俩到乡下田庄里生活。又赶上"水旱不收，鼠盗蜂起"，不得安身，只好变卖了田产，投奔到岳父家。其岳父又是个卑鄙贪财之人，把他仅剩的一点银子也半哄半赚地弄到自己手里。甄士隐"急忿悲痛""贫病交攻"，走投无路。一天，他拄着拐杖走到街上，突然见一个"疯狂落脱、麻屣鹑衣"的跛足道人走过来，叨念出这首《好了歌》：

> 世人都晓神仙好，惟有功名忘不了！
>
> 古今将相在何方？荒冢一堆草没了。
>
> 世人都晓神仙好，只有金银忘不了！
>
> 终朝只恨聚无多，及到多时眼闭了。
>
> 世人都晓神仙好，只有娇妻忘不了！
>
> 君生日日说恩情，君死又随人去了。
>
> 世人都晓神仙好，只有儿孙忘不了！
>
> 痴心父母古来多，孝顺儿孙谁见了？

甄士隐听后随即做了解注：

> 陋室空堂，当年笏满床；衰草枯杨，曾为歌舞场；蛛丝儿结满雕梁，绿纱今又糊在蓬窗上。说什么脂正浓、粉正香，如何两鬓又成霜？昨日黄土陇头送白骨，今宵红灯帐底卧鸳鸯。金满箱，银满箱，展眼乞丐人皆谤。正叹他人命不长，那知自己归来丧！训有方，保不定日后作强梁；择膏梁，谁承望流落在烟花巷！因嫌纱帽小，致使锁枷扛；昨怜破袄寒，今嫌紫蟒长。乱烘烘，你方唱罢我登场，反认他乡是故乡。甚荒唐，到头来都是为他人作嫁衣裳！

《好了歌》及其"解注"，是带有纲领性的一支"悟歌"。正确地理解它，是探索《红楼梦》题旨的关键之一。它是对功名利禄、妻儿子嗣等人生观的否定。一是对以"功名"为代表的功利主义人生观的否定，对以功名富贵、出将入相为人生目标的"仕途经济"之路报以傲岸的一瞥，并以"陋室空堂，当年笏满床；衰草枯杨，曾为歌舞场""因嫌纱帽小，致使锁枷扛；昨怜破袄寒，今嫌紫蟒长""古今将相在何方？荒冢一堆草没了"对这样瞬忽荣枯的戏剧人生表达出鄙夷。二是对以"金银"为代表的拜金主义人生观的否定，并以"金满箱，银满箱，展眼乞丐人皆谤""及到多时眼闭了"坐而实之，讥而讽之。三是对以"娇妻"为代表的享乐主义人生观的否定，并以"说什么脂正浓、粉正香，如何两鬓又成霜？昨日黄土陇头送白骨，今宵红灯帐底卧鸳鸯""君生日日说恩情，君死又随人去了"坐而实之，讥而讽之。四是对以"儿孙"为代表的未来主义人生观的否定，并以"训有方，保不定日后作强梁。

择膏粱,谁承望流落在烟花巷""痴心父母古来多,孝顺儿孙谁见了"坐而实之,讥而讽之。

《好了歌》及其"解注"形象地刻画了人类社会的人情冷暖、世事无常。阅读时要由表及里读懂歌词背后的社会写照。在传统的"人治"社会中,伦理道德变得虚伪、败坏,人们普遍丧失了对古典人文主义的信仰,人性恶劣的方面开始扩张,又加上政治环境的动荡、变幻,人们对现存秩序的深刻怀疑、失望都表现得十分清楚。这种"乱烘烘你方唱罢我登场"的景象,是传统中国社会内部兴衰荣枯转递变化过程大为加速的反映。作为艺术家的曹雪芹是伟大的,他给我们留下了一幅极其生动的封建末世社会的讽刺画。当他尝试着对这些世态加以解说,并试图向陷入"迷津"的人们指明出路的时候,他走向了超越之路,走向了哲学与宗教形式上真正的"大自在"解脱。所谓"好",便是对世俗欲望的反讽,也是对这种追求的警告;所谓"了",则是他给世俗之人引出的出路,劝告世人繁华皆有尽头,万事最后皆空。

甄士隐姓甄,名费,谐音"废",字士隐。"甄士隐"取意为"真事隐"。书中有"因曾历过一番梦幻之后,故将真事隐去"一句,正如贾雨村是"假语村言"一样,甄士隐是和贾雨村相对照而写的,作者在开卷第一段里就明确表示他撰拟这两个名字的寓意,即"甄士隐"取意为"真事隐","贾雨村"取意为"假语存"。这也是作者想通过这样的谐音告诉读者,此作是根据不可明示的原型写出来的。写甄士隐是为了写一个经历了骨肉分离、家遭火灾、下半世坎坷而终于醒悟出世的人物形象。他可能是作者自身的影子,同时也是提系着《红楼梦》全书主题的一个线索。

甄士隐这一人物在《红楼梦》中起到了"一石三鸟"的作用,在结构上作者用他来作全书的引子;在塑造人物时,用他来为自己笔下的人物预言,为这些人物制定命运的框架;又通过他具体传达作者表现在作品中的主旨。同学们在阅读的时候要认真思考以甄士隐来做全书开头的作用。

1. 他是巨著的"引子"

小说先从与贾府无联系的乡宦甄士隐一生的兴衰经历起笔。脂砚斋批道:所谓真(甄)不去,假(贾)焉来也。这就是说,甄士隐这一人物在《红楼梦》中是作引子出现的。"禀性恬淡,不以功名为念,每日只以观花修竹,酌酒吟诗为乐,到是神仙一流人品。"这段对甄士隐生活的描写,也是贾宝玉与众女孩在大观园中的生活缩影。其实甄士隐的悲剧是贾府这个大悲剧的缩影,写他是为了塑造一个经历了乐享天伦到遭遇飞来横祸,骨肉分离,半世坎坷落魄,最后终于大彻大悟出世的人物形象,他可能是曹公自身的影子，也是小说主人公贾宝玉的影子。他的彻悟也预示着贾宝玉未来相同的经历和结局，通过预演他的雏形故事，第一次把《红楼梦》由盛到衰后彻底败落的必然这一主题传达给读者。

2. 他是《红楼梦》人物命运的预言者

甄士隐虽然亦是曹雪芹笔下所塑造的《红楼梦》人物之一，但他不参与《红楼梦》正戏，始终游离于情节发展之外。当他在《红楼梦》序幕中演完他自己的兴亡悲剧后，便隐身幕后，成为"红楼梦"正戏的清醒旁观者，以旁观者的身份注视着经历"红楼梦"正戏的主角、配角的命运。

《红楼梦》的开篇虚实相生，先是以女娲补天和石头的故事开始，属于神话范畴；《石头记》则是以甄士隐的故事开始，属于现实范畴。让两者自然地衔接有机地结合的是甄士隐的梦。这是古典小说中惯用的手法，通过梦来交代事情。这一梦就为后面的故事提供了发挥空间。僧、道携石投胎又是从神幻入手，整个梦将现实世界拉回神话世界，使得仙界与人间这两者的故事产生联系，从而引出僧、道携石头入红尘，神瑛与绛珠的前世情缘等。而在现实中又以他的女儿甄英莲（真应怜）引出贾雨村的葫芦案，成功带出另一个重要角色薛宝钗，最后甄士隐遭遇女儿被拐，家中失火，投靠岳父，半世坎坷的他贫病交加尝遍人间冷暖，在解注了跛足道人的《好了歌》后与其飘然而去，所以他是个穿梭于神话世界与现实中的人物，是两者的链接。至此甄士隐退场，他在八十回前没有再出现过。贾雨村的登台，是由他带出林黛玉进贾府与薛宝钗进京的故事，让宝黛钗三大主角相会，并通过冷子兴的演说将故事的叙述一步步带往现实世界中的贾府，也借冷子兴之口让读者对贾府有了一个大致的了解。到这里故事的叙述已经成功地将读者带到了故事围绕的中心——贾府中来。这便是甄士隐已去（真事已隐去），假语村言的开始。另外贾雨村在书中会有多次客串，都有其作用，这两个人绝不是仅仅作为配角出场那么简单，他们是《红楼梦》中关于真假主题的隐喻。"金满箱，银满箱，展眼乞丐人皆谤"，富贵繁华到头来不过是一场空，真真假假、假假真真，什么是真什么是假，最好的解释莫过于太虚幻境门口那副对联：假作真时真亦假，无为有处有还无。

3. 他是作者在作品中的代言人

作者从甄士隐的所见、所闻、所言、所悟淋漓尽致地表现了"空"这一主题，因此可以说甄士隐是作者在作品中的代言人。

甄士隐在《红楼梦》中虽是个不起眼的角色，但作者却用他无形地操纵了《红楼梦》的结构、人物、主题，令读者不得不叹服作者对这个人物独具的匠心。《红楼梦》

用"末世"来隐喻明末时代背景。在贾雨村出场时作者写道:"这贾雨村原系胡州人氏,也是诗书仕宦之族,因他生于末世(甲戌本侧批:又写一末世男子),父母祖宗根基已尽,人口衰丧,只剩得他一身一口,在家乡无益,因进京求取功名,再整基业。"透露了《石头记》正文出场的第一个男子甄士隐也出生在末世。这个人物是一个表现历史阶段的形象,他之后被贾雨村接替,正是因为"真不去,假焉来也"(脂评)。脂砚斋的这一评注,对于《红楼梦》的立意所属,作出了点睛,证明了假对真的掩盖,是现实,同时,也是变异,从真到假的质量变异。这是一个由量变到质变的渐变过程,是一种恶劣的人情世故从低级向高级发展的过程,表现了历史的变数。在《风月宝鉴》的部分里,脂砚斋用秦可卿、贾天祥这两个具体的人物,再次点明了历史的变数。这倒也是作者最想借作品传达给读者的意思,可以说甄士隐这一人物是作者的代言人。

(以上陈惠莲撰)

判词、曲词的解读

宝玉在太虚幻境内殿看到许多匾额对联,其中写有"痴情司""结怨司""朝啼司""夜怨司""春感司""秋悲司",警幻仙子告诉他说:"此各司中皆贮的是普天之下所有的女子过去未来的簿册。"二人一起来到"薄命司",匾额两边写着一副对联——"春恨秋悲皆自惹,花容月貌为谁妍?"这里的"花容月貌"和"春恨秋悲"指的是如黛玉般容貌美丽的女子们,看到春花飘零、秋雨敲窗之景,很容易就会触景伤情,引发因自身不幸遭际而生出的无限悲愁。

中国古代称女子为"裙钗"或"金钗","金陵十二钗"就是生活在金陵城(贾府所在地)的十二个女子。贾宝玉在薄命司看到贴有"金陵十二钗正册"封条的大橱,心存疑惑问道:"金陵极大,怎么只十二个女子?如今单我家里,上上下下,就有几百女孩子呢。"警幻答曰:"不过择其紧要者录之,下边二橱则又次之。馀者庸常之辈,则无册可录矣。"依据人物的"紧要"程度,有正册、副册、又副册之分。"金陵十二钗正册"收录的有:林黛玉、薛宝钗、贾元春、贾探春、史湘云、妙玉、贾迎春、贾惜春、王熙凤、贾巧姐、李纨、秦可卿,都是贵族小姐或媳妇。(此处只有妙玉一人的身份不符合"正册"入选标准)"又副册"是丫头,如晴雯、袭人等。"副册"人物身份介于两者之间,如香菱,虽生于官宦人家却沦落为妾。

书中对前六个司虽只提及名称,读者却不难发现它们和"薄命司"的共同特点——天下女子的命运普遍是不幸的。作者从她们中选择了十几个有代表性的人物,用判词、画作和曲词的形式,演绎了她们短暂而多样的"薄命"人生。这些判词、画作和曲词，蕴含着作者对封建宗法制度下女性生存处境的深刻理解和同情，且体现了他精心巧妙的艺术构思。在原稿残缺的情况下，这一部分内容是我们窥探小说人物命运和情节发展的重要依据。

1. 薛宝钗

> 【判词】
> 可叹停机德，堪怜咏絮才。玉带林中挂，金簪雪里埋。
> 【画作】
> 两株枯木，木上悬着一围玉带，又有一堆雪，雪中一股金簪。

钗黛二人的判词和画册是合二为一的。这里"可叹停机德"和"金簪雪里埋"两句是宝钗的判词，"又有一堆雪，雪中一股金簪"是画册中关于宝钗的内容。"停机德"语出《后汉书·列女传·乐羊子妻》，故事讲的是乐羊子外出求学，因为想家就中断学业回家，妻子停下织布机，并拿刀割断已经织好的布，以此来劝勉丈夫坚持求学。后人就把符合封建道德标准的女人称为具有"停机德"的女人。这里是说薛宝钗有着合乎孔孟之道标准的女德。"金簪雪里埋"一句谐音薛宝钗的名字——"雪"即"薛"，"金簪"即"宝钗"（"簪"和"钗"在古代是外形和功能都相差无几的两种头饰），也暗示了她的性格和命运——虽贵为皇商，千金之躯，却不喜奢华，为人冷淡，房间如"雪洞"般素冷，长年服食"冷香丸"，连婚姻也因为利益的驱使而变得冰冷无情，如同画册所示——"金簪"埋在"雪堆"里。"可叹"二字寄寓了作者对她虽有"停机之德"，最终却徒劳无功的同情。

> 【曲词】
> [终身误]都道是金玉良姻，俺只念木石前盟。空对着，山中高士晶莹雪，终不忘，世外仙姝寂寞林。叹人间，美中不足今方信。纵然是齐眉举案，到底意难平。

这首曲子写宝钗徒有"金玉良姻"的虚名，实则孤独寂寞。曲名"终身误"意思是白白耽误了一生。"金玉良姻"指的是宝钗与宝玉的婚姻。"金"指薛宝钗的锁，上面錾了"不离不弃，芳龄永继"八个字，据说"等日后有玉的方可结为婚姻"；"玉"指贾宝玉的通灵宝玉，上面錾了"莫失莫忘，仙寿恒昌"八个字，刚好与金锁上的字相契合。"金"与"玉"的结合，也符合封建贵族家长利益联姻的需求。"木石前盟"指的是林黛玉和贾宝玉的爱情。"木"与"石"相互倾心的自由爱情，注定难容于封建家族的利益需求，所以作者一开始就以"还泪"之说暗示其悲剧性。"雪"谐音"薛"，"仙姝"指林黛玉本为仙子，也指她死后归仙。"齐眉举案"语出《后汉书·梁鸿传》——梁鸿家贫,但妻子孟光对他十分恭顺,每次送饭给他时都把食盘举到眉毛的高度,所以后人把"举案齐眉"作为封建妇道的楷模。后面几句意思是说宝玉虽与宝钗结为夫妻,表面上维持着相敬如宾的婚姻,心中却始终挂念黛玉。这里,金玉成空的谶言,体现了曹雪芹对封建社会压抑自由人性的深刻反思和大胆批判。

2.林黛玉

> 【判词】
>
> 可叹停机德,堪怜咏絮才。玉带林中挂,金簪雪里埋。
>
> 【画作】
>
> 两株枯木,木上悬着一围玉带,又有一堆雪,雪中一股金簪。

这里"堪怜咏絮才"和"玉带林中挂"两句是黛玉的判词,"两株枯木,木上悬着一围玉带"是画册中关于黛玉的内容。"咏絮才"语出《世说新语》,用东晋谢道韫因作"未若柳絮因风起"诗文而引得叔父谢安大为赞赏的典故,表明林黛玉的才华,"堪怜"二字寄寓了作者对其命运的同情。"玉带林中挂"一句,前三字倒读即谐音林黛玉其名,亦如画册所示——"两株枯木(双"木"为"林"),木上悬着一围玉带"。

> 【曲词】
>
> [枉凝眉]一个是阆苑仙葩,一个是美玉无瑕。若说没奇缘,今生偏又遇着他;若说有奇缘,如何心事终虚化?一个枉自嗟呀,一个空劳牵挂。一个是水中月,一个是镜中花。想眼中能有多少泪珠儿,怎经得秋流到冬尽,春流到夏!

这首曲子写黛玉爱情理想破灭、泪尽而逝。曲名"枉凝眉"意思是一生悲愁也枉然。"阆苑仙葩"的意思是神仙世界的花木,这里指林黛玉,她本是灵河岸上三生石畔的绛珠仙草。"美玉无瑕"指贾宝玉。二人之间因为前世有缘,今生才会相遇,但是现实种种,却让这"奇缘"最终化为乌有。"枉自嗟"指黛玉悲伤叹息毫无用处,"空劳牵挂"指宝玉牵挂对方也是白费心思。"水中月""镜中花"是说宝黛的爱情如镜花水月一样,在贾府和时代的大环境中如同幻象,根本不可能实现。"想眼中能有多少泪珠儿,怎经得秋流到冬尽、春流到夏"是黛玉一生多愁善感的真实写照,也是她对自己"还泪"诺言的实践。黛玉最终恩断情绝,泪尽而亡。

3.贾元春

> 【判词】
>
> 二十年来辨是非,榴花开处照宫闱。三春争及初春景,虎兔相逢大梦归。

【画作】

一张弓，弓上挂着香橼。

"二十年"一句是说元春入宫多年，通达人情世事。"榴花开处照宫闱"是说榴花似火，明艳照人，喻元春光耀后宫。册子上所画的"弓"谐音"宫"，"橼"谐音"缘"，也喻指着元春和深宫的关系。"三春争及初春景"暗指迎春、探春、惜春三个妹妹都不及姐姐的荣华富贵。关于"虎兔相逢"的说法很多，但是结合"大梦归"（即死亡）来分析的话，基本都指向元春的死期，此处不做深究。

【曲词】

[恨无常] 喜荣华正好，恨无常又到。眼睁睁，把万事全抛。荡悠悠，把芳魂消耗。望家乡，路远山高。故向爹娘梦里相寻告：儿命已入黄泉，天伦呵，须要退步抽身早！

这首曲子写元春"荣华"短暂，盛年早逝。元春是贾府最大的靠山，一次"省亲"的场面，让我们看到了贾府"烈火烹油，鲜花着锦之盛"。但是，"荣华"的背后却是骨肉生离的惨状。元春把皇宫说成是"不得见人的去处"，正是深宫囚徒般失去自由的生活，让她盛年早逝。元春的显贵带来贾府的盛况，元春的死亡预示着贾府大厦将倾。更值得深思的是，元春的死因不明不白，仅靠"虎兔相逢"四个字不仅无法推断死因，甚至连死亡时间也不确定。但有一点是明确的，她死后还托梦告诉父亲"须要退步抽身早！"，让贾政抽身官场，其实正是因为败亡的丧钟已然敲响。元春的离世，让我们看到了一个封建贵族家庭的盛衰遭遇，而这背后就是封建统治集团内部的勾心斗角、争权夺势。在元春和贾府的"荣华"与"无常"中，曹雪芹对政治的隐晦揭示不言自明。

4. 贾探春

【判词】

才自精明志自高，生于末世运偏消。清明涕送江边望，千里东风一梦遥。

【画作】

两人放风筝，一片大海，一只大船，船中有一女子掩面泣涕之状。

"才自精明志自高，生于末世运偏消"两句指出了探春不同于其他女子的志向和能力，同时也表达了作者对她生不逢时的际遇的同情。她诨名"玫瑰花"，精明能干，连凤姐都畏她几分。她工诗善书，趣味高雅，是大观园中的一位大才女；她有经世致用之才，代凤姐理家时，锐意革新，处事决断有魄力；抄检大观园时，痛心疾首，怒不

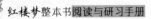

可遏，一语道出家族衰败的内患。但是，她不幸生在封建末世，还是庶出女儿，所以她要在贾府立足异常艰难，想挽回家族颓势更是力不从心。"清明"两句暗示了探春最后远嫁的命运，册子上所画掩面泣涕的女子即探春。放风筝象征有去无回，正如她在二十二回所制的风筝灯谜——"游丝一断浑无力，莫向东风怨别离"。大海、大船的画面和"千里东风一梦遥"的意思一样，都表明天长路远，不能与家人相见。

【曲词】

［分骨肉］一帆风雨路三千，把骨肉家园齐来抛闪。恐哭损残年。告爹娘，休把儿悬念。自古穷通皆有定，离合岂无缘？从今分两地，各自保平安。奴去也，莫牵连。

这首曲子写探春远嫁他乡，与亲人分离。这里"爹娘"指的是贾政和王夫人（不是自己的亲生母亲赵姨娘）。探春是庶出，是贾政的小妾赵姨娘所生，但她不承认自己的生身母亲，她在人前说："我只管认得老爷、太太两个人，别人我一概不管。""穷通"指的是穷困和显达，这两句话表明她对贾府的盛衰有着清醒的认知，对自己的远嫁也是清楚缘由的。

5. 史湘云

【判词】

富贵又何为，襁褓之间父母违。展眼吊斜晖，湘江水逝楚云飞。

【画作】

几缕飞云，一湾逝水。

"富贵"二句的意思是：富贵有什么用呢？还在襁褓之时父母就去世了。史湘云虽贵为"金陵世勋史侯家"的千金小姐，但是由于父母早亡，她是由叔父和婶娘抚养长大的，不仅得不到真心的疼爱呵护，生活上也是非常清苦的，"富贵"于她而言，近在咫尺却又远在天涯。也许恰恰是因为生在富贵人家，反而看到了更多的勾心斗角，感受到更多的世态炎凉。"斜晖"是傍晚的太阳，但"展眼"（也写作"转眼"）二字强调时间短暂，让这句话有了"夕阳无限好，只是近黄昏"的意思。从后面《红楼梦曲》中我们知道湘云后来是"厮配得才貌仙郎"的，只是好景不长，丈夫可能早卒，所以情感才会落在"吊"（伤怀）上。"湘江水逝楚云飞"一句中藏"湘云"两字，点其名。这一句和画中"几缕飞云，一湾逝水"都是喻幸福生活的短暂。

【曲词】

［乐中悲］襁褓中，父母叹双亡。纵居那绮罗丛，谁知娇养？幸生来，英豪阔大

宽宏量，从未将儿女私情略萦心上。好一似，霁月光风耀玉堂。厮配得才貌仙郎，博得个地久天长，准折得幼年时坎坷形状。终久是云散高唐，水涸湘江。这是尘寰中消长数应当，何必枉悲伤！

这首曲子写湘云命途多舛。曲名"乐中悲"是幸福生活不得长久的意思。"绮罗丛"指富贵家庭的生活环境。"霁月光风"本指雨过天晴的景象，这里比喻史湘云胸怀开阔。"厮配得才貌仙郎，博得个地久天长，准折得幼年时坎坷形状"三句，是根据脂评本提到，史湘云嫁与贵族公子卫若兰（曾出现于十四回），如果能婚姻长久，或许可以抵消幼年失去父母寄人篱下的不幸。但"云散高唐，水涸湘江"两句却打破了这样的美好幻想，这是湘云的宿命，更代表了当时整个社会所有女性无可避免的悲剧！

6. 妙玉

【判词】

欲洁何曾洁，云空未必空。可怜金玉质，终陷淖泥中。

【画作】

一块美玉，落在泥垢之中。

"洁"既是清洁，又是佛教所标榜的"净"，"空"是皈依佛门的意思。妙玉尽管已经遁入空门，但她的精神世界却是复杂的，想要干净却干净不了，想要逃离红尘却始终沉沦于红尘。所以说她"欲洁何曾洁，云空未必空"。"金玉质"喻指妙玉的身份，贾家仆人说她"祖上也是读书仕宦之家……文墨也极通，经典也极熟，模样又极好"。

"终陷淖泥中"与册子中所画"一块美玉，落在泥垢之中"是同一意思，暗示妙玉"金玉之质"最终遭到玷污的命运。高鹗在第一百一十二回写到妙玉在贾府遭盗的时候，被贼人迷晕后劫持而去，"或是甘受污辱，还是不屈而死，不知下落，也难妄拟"，其结局的悲剧性基本遵从了曹雪芹第五回的构思。

【曲词】

[世难容] 气质美如兰，才华复比仙。天生成孤癖人皆罕。你道是，啖肉食腥膻，视绮罗俗厌；却不知，太高人愈妒，过洁世同嫌。可叹这，青灯古殿人将老；辜负了，红粉朱楼春色阑。到头来，依旧是风尘肮脏违心愿。好一似，无瑕白玉遭泥陷。又何须，王孙公子叹无缘。

这首曲子写妙玉难容于世。"孤癖"二字概括了妙玉的性格特点，"太高人愈妒，过洁世同嫌"指出了妙玉在红尘俗世的遭际，"到头来，依旧是风尘肮脏违心愿"暗示了妙玉最后的悲剧结局，和"无瑕白玉遭泥陷"以及判词、画作的内容相呼应，最后一句中的"王孙公子"指的是贾宝玉。妙玉带发修行，原来也是仕宦家小姐，到贾府后住在大观园中的栊翠庵。她依附红尘，受贾府供养，却又自称"槛外人"；她标榜清高，目下无尘，却独独喜欢和宝玉往来；她素有洁癖，刘姥姥喝过的茶杯都嫌脏，却特意用"自己常日吃茶"的绿玉斗招待宝玉；她自称家道中落，流落京城，却珍藏着比贾府用度更奢侈的古玩奇珍；她与贾府非亲非故，且是佛门出家人，却位列"金陵十二钗正册"之六，排位先于当家主母王熙凤。这个人物身上有太多难解之谜，值得我们关注和思考。

7. 贾迎春

【判词】
子系中山狼，得志便猖狂。金闺花柳质，一载赴黄粱。

【画作】
（一）个恶狼，追扑一美女，欲啖之意。

"子""系"合而成"孙"，即指迎春的丈夫孙绍祖。"中山狼"语出寓言故事《中山狼传》，说的是一只狼即将被杀时遇东郭先生而获救，危险过去后它反而想吃掉东郭先生，后来人们就把忘恩负义的人叫作"中山狼"。野蛮毒辣的孙绍祖就是这样的"中山狼"，他家曾巴结过贾府，后来一朝得志便狂妄嚣张，虐待迎春。"花柳质"喻迎春身娇体弱，"赴黄粱"与元春册子中"大梦归"一样是死去的意思。这两句是说迎春经受不住夫家摧残，嫁到孙家一年就被折磨致死。画册里恶狼扑食美女，就是孙绍祖和迎春婚姻关系的写照。

【曲词】
[喜冤家]中山狼，无情兽，全不念当日根由。一味的骄奢淫荡贪欢媾。觑着那，侯门艳质同蒲柳；作践的，公府千金似下流。叹芳魂艳魄，一载荡悠悠。

这首曲子写迎春婚姻不幸。曲名"喜冤家"是说嫁人是喜事，但是与丈夫却是冤家对头。"中山狼，无情兽，全不念当日根由"，与判词中"子系中山狼，得志便猖狂"意思一样，指迎春丈夫孙绍祖忘恩负义。"一味的骄奢淫荡贪欢媾。觑着那，侯门艳质同蒲柳；作践的，公府千金似下流"是说孙绍祖好色无度，打骂欺辱迎春，不把她当作侯府千金小姐对待。最后两句和判词中"金闺花柳质，一载赴黄粱"都指迎春婚后一年受虐而亡，可悲可叹。

迎春是贾赦的庶出女儿，但是她和同为庶出的探春性格完全相反，唯唯诺诺，胆小怕事，诨名"二木头"，连丫头们都不把她放在眼里。抄检大观园时，她的贴身丫头司棋被逐，求她去说情，她却"连一句话也没有"。虽贵为侯府千金，却因为庶出的身份，从小忍气吞声，对父母言听计从，她符合封建礼教对女性"贤良淑德"的全部要求，她也是大观园中被封建包办婚姻吞噬的典型代表。她的不幸，是作者对封建礼教压抑人性、包办婚姻荒唐无情的深刻揭露和控诉。

8.贾惜春

> 【判词】
> 勘破三春景不长，缁衣顿改昔年装。可怜绣户侯门女，独卧青灯古佛傍。
> 【画作】
> 一所古庙，里面有一美人在内看经独坐。

"勘破三春"字面上说看到春光短暂，实际是说惜春的三个姐姐（元春、迎春、探春）都好景不长。"缁衣"是黑色的衣服，一身僧尼打扮，和"独卧青灯古佛傍"意思一样，都表示她最后出家为尼了。画册里在古庙"看经独坐"的美人就是惜春。

> 【曲词】
> ［虚花悟］将那三春勘破，桃红柳绿待如何？把这韶华打灭，觅那清淡天和。说什么，天上天桃盛，云中杏蕊多。到头来，谁把秋捱过？则看那，白杨村里人呜咽，青枫林下鬼吟哦。更兼着连天衰草遮坟墓。这的是，昨贫今富人劳碌，春荣秋谢花折磨。似这般，生关死劫谁能躲？闻说道，西方宝树唤婆娑，上结着长生果。

这首曲子写惜春皈依佛门。曲名"虚花悟"意思是悟到荣华如镜中花般虚幻。"将那三春勘破"和判词中"勘破三春景不长"意思相同；"桃红柳绿"喻荣华富贵，"韶华"指美好青春，"清淡天和"指养性修道。"说什么……谁能躲"以草木变化象征人世盛衰，自然规律于草木无情，末世衰亡于个人家族也一样是无可逃遁。"西方"二句喻指皈依佛教，与判词中"缁衣顿改昔年装""独卧青灯古佛傍"一样，都暗示惜春最终出家为尼。

惜春在众姊妹中年龄最小，且只有她是宁国府的小姐，虽然养在荣府，但是自小的生活环境造成她孤僻冷漠的性格，是个"心冷嘴冷的人"。抄检大观园时，她为了自证清白，狠心撵走毫无过错的入画，其冷酷无情可见一斑。当贾府一败涂地的时候，她并无伤心难过，而是选择了出家为尼，用这样的方式保全了自己。曹雪芹没有把惜春的皈依佛门写成是看破红尘的大彻大悟，而是现实所迫的无奈逃离，所以才用"可怜"二字表达对这个"绣户侯门女"过上"缁衣乞食"生活的同情。

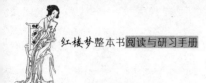

9.王熙凤

【判词】

凡鸟偏从末世来,都知爱慕此生才。一从二令三人木,哭向金陵事更哀。

【画作】

一片冰山,上面有一只雌凤。

"凡""鸟"合起来是"凤"("鳳")字,暗含王熙凤的名字。"偏从末世来"和探春判词中"生于末世"的意思一样,强调王熙凤虽有才干却生不逢时的无奈。对于"一从二令三人木"一句有多种解说,吴恩裕先生《有关曹雪芹十种·考稗小记》中分析:"凤姐对贾琏最初是言听计'从',继而对贾琏可以发号施'令',最后事败终不免于'休'之,故曰'哭向金陵事更哀'。""金陵"王家是王熙凤的娘家,"哭向金陵"也契合了她被休弃的命运。画册中的"雌凤"就是王熙凤,"冰山"喻独揽大权的地位难以持久。

【曲词】

[聪明累]机关算尽太聪明,反算了卿卿性命。生前心已碎,死后性空灵。家富人宁,终有个家亡人散各奔腾。枉费了意悬悬半世心,好一似荡悠悠三更梦。急喇喇似大厦倾,昏惨惨似灯将尽。呀!一场欢喜忽悲辛。叹人世,终难定!

这首曲子写王熙凤聪明反被聪明误。曲名"聪明累"的意思就是受聪明连累的意思,语出苏轼《洗儿戏作》诗:"人皆养子望聪明,我被聪明误一生。惟愿孩儿愚且鲁,无灾无难到公卿。""机关算尽太聪明,反算了卿卿性命"是说王熙凤聪明过头、机关算尽,反倒赔上了自己的性命。"意悬悬"是说她时刻劳神,得不到片刻休息。"急喇喇似大厦倾,昏惨惨似灯将尽",形容贾府大厦将倾,油尽灯枯,荣华似梦。

王熙凤是贾府的实际管理者。她是个精明能干的人,更是个贪婪无度的人。她在荣国府一手遮天,对人情、金钱、权力,都表现出十足的控制欲和贪婪之心。即便是这样"强大"的女性,最终也不免悲剧的结局。按照曹雪芹在第五回的判词、画作和曲词里的构思,王熙凤的结局是非常悲惨的:婚姻不幸,被贾琏休弃;恶行败露,获罪在身;短命而亡,托孤无人。她"聪明"一时,却误了一世。

10.巧姐

【判词】

势败休云贵,家亡莫论亲。偶因济刘氏,巧得遇恩人。

【画作】

一座荒村野店，有一美人在那里纺绩。

"势败""家亡"指贾府最后一败涂地，家破人亡，子孙流散。在这样的时候，出身显贵无济于事，骨肉亲人翻脸无情。巧姐出身贵族，但是家族败落后，却被亲舅舅谋划着卖掉，可见富贵之虚妄，亲情之凉薄。因此说"势败休云贵，家亡莫论亲"。后两句说的是刘姥姥进荣国府时受了王熙凤二十两银子的恩惠，后来巧姐遭难，幸得她救助，才逃离了舅兄的魔爪。画册中"荒村野店"指的是巧姐跟刘姥姥离开后的生活环境，纺绩的美人就是巧姐。

【曲词】

[留馀庆]留馀庆，留馀庆，忽遇恩人；幸娘亲，幸娘亲，积得阴功。劝人生，济困扶穷，休似俺那爱银钱忘骨肉的狠舅奸兄！正是乘除加减，上有苍穹。

这首曲子写巧姐劫后余生。"留馀庆"指先代为后代留下福泽，这里和判词中"偶因济刘氏"说的是同一件事，指王熙凤曾资助刘姥姥。"狠舅奸兄"指的是巧姐在王熙凤死后被舅舅王仁等人谋划卖掉。"正是乘除加减，上有苍穹"说的是"善恶有报"的道理，这当然是应该剔除的迷信思想。

巧姐是贾琏和王熙凤的独生女儿，作为国公府的千金小姐，因家族衰落而过上纺纱织布的贫苦生活，无疑是充满悲剧性的。但是在"千红一窟（哭）""万艳同杯（悲）"的时代背景下，巧姐的出路也许是众多女性悲剧中最为幸运的一种了。时代的毁灭性是巨大的，贵族阶层的衰落无可避免，曹雪芹让巧姐以一个平凡村妇的身份继续活下去，是对这个人物的厚爱，也是对自身所处时代的反思与期盼。

11. 李纨

【判词】

桃李春风结子完，到头谁似一盆兰？如冰水好空相妒，枉与他人作笑谈。

【画作】

一盆茂兰，傍有一位凤冠霞帔的美人。

"桃李春风"指代李纨和贾珠的婚姻生活就像春风中的桃李花一样非常短暂，一旦结果（生下贾兰），花也就凋谢了。这一句还暗含着李纨的名字，"桃李"藏"李"字，"完"谐音"纨"。"到头谁似一盆兰"是说贾府的子孙到后来都不行了，只有贾兰"爵禄高登"。画册中的"茂兰"和"凤冠霞帔的美人"就是贾兰和李纨。"如冰水好空相妒，枉与他人作笑谈"两句表达了作者对李纨的评价和情感态度。她年轻守寡，恪守礼教，谨言慎行，终于"守得云开见月明"，等到儿子功成名就，得享晚福。但是在作者眼里，却只是徒招嫉妒，白白做了人家的谈资笑料。

> **【曲词】**
>
> ［晚韶华］镜里恩情，更那堪梦里功名！那美韶华去之何迅！再休提绣帐鸳衾。只这带珠冠，披凤袄，也抵不了无常性命。虽说是人生莫受老来贫，也须要阴骘积儿孙。气昂昂头戴簪缨，光灿灿胸悬金印；威赫赫爵禄高登，昏惨惨黄泉路近。问古来将相可还存？也只是虚名儿与后人钦敬。

这首曲子写李纨荣华迟来。曲名"晚韶华"强调说荣华到来为时太晚。"镜里恩情……再休提绣帐鸳衾"几句，意思是说丈夫早死，夫妻恩情空有其名。后面几句都是说晚年虽守得儿孙之福，但是却时日无多，荣华富贵同样只是虚名而已。

李纨是贾府孙辈的长媳，且育有贾兰。但是，她在任何场合都只是可有可无的"边缘人"——一个恪守封建礼法的寡妇，谨言慎行、与世无争。在他人眼里，"如槁木死灰一般，一概无见无闻，唯知侍亲养子，外则陪侍小姑等针黹诵读而已"。她是封建社会"三从四德"的妇道化身，也唯有她在寿终前得到了"凤冠霞帔"的荣耀，然而曹雪芹却将她入了"薄命司"，称其苦守一生不过"枉与他人作笑谈"，实在是对传统礼教最无情的讥诮。

12. 秦可卿

> **【判词】**
>
> 情天情海幻情身，情既相逢必主淫。漫言不肖皆荣出，造衅开端实在宁。
>
> **【画作】**
>
> 高楼大厦，有一美人悬梁自缢。

"情天情海幻情身，情既相逢必主淫"两句紧扣"太虚幻境"中秦可卿的身份来说，她是"孽海情天"中幻化出的象征着风月之情的女身，引导宝玉领略男女之情。"漫言不肖皆荣出，造衅开端实在宁"两句的意思是不要说不肖子孙都出于荣国府（指宝玉），坏事的开端其实在宁国府，小说初稿《秦可卿淫丧天香楼》的内容也证明了这句话。初稿中写到贾珍与其儿媳妇秦氏私通，撞见此事的丫头出于畏惧而自杀，事发后秦氏也羞愤自缢于天香楼。虽然这一部分内容后来被删了，但是作者却在第五回的判词和画册中都留下了痕迹，画册中的高楼就是天香楼，悬梁自尽的美人就是秦可卿。

【曲词】

[好事终]画梁春尽落香尘。擅风情,秉月貌,便是败家的根本。箕裘颓堕皆从敬,家事消亡首罪宁。宿孽总因情。

这首曲子写秦可卿多情惹罪。"画梁春尽落香尘"暗指秦可卿在天香楼悬梁自尽。"擅风情,秉月貌"是说她美貌多情,家族衰败的根本也是因为这一点。"箕裘颓堕"指儿孙不能继承祖业,这里指向贾敬颓堕家教,养了个与儿媳私通的不肖子贾珍,实是宁府之祸根。

秦可卿是个弃婴,营缮郎秦业从养生堂抱养了她,后来嫁与贾蓉为妻。在贾母眼里,她是个"极妥当的人,生得袅娜纤巧,行事又温柔和平,乃重孙媳中第一个得意之人"。上有三重公婆,下有大小仆役,宁府的关系本就不好处理,秦可卿却能获得合族上下的同声赞美,可见她聪明能干不亚于王熙凤,为人处世更胜其一筹。但是在判词和曲词里,秦可卿似乎都被认定为贾府衰败的开端和祸根,她在小说中死得很早,而且她死后贾府还迎来元妃省亲的盛况,何以把一切罪责都归根于她,归根于"情"呢?此中关键或许就是因为秦可卿"擅风情,秉月貌",因此才会生出后面种种事端。其一,如判词和画册内容所示,秦可卿和公公贾珍之间有着不正常的暧昧关系,这成为宁府甚至整个贾府众人心照不宣的秘密,焦大醉酒后大骂"爬灰的爬灰",说的就是这件事。其二,秦可卿是"太虚幻境"里警幻仙子的妹妹,是钟情的首坐,管世间风情月债。宝玉初见她,觉其"鲜艳妩媚,有似乎宝钗;风流袅娜,则又如黛玉",后在警幻仙姑授意下与之有了肌肤之亲。秦可卿有现实和仙境的双重身份,这双重身份分别和荣宁二府孙辈的核心人物纠缠在一起,不可不说是"宿孽总因情"!秦可卿是"十二钗"里第一个死去的,尽管死时贾府正当"烈火烹油、鲜花着锦之盛",她却托梦给王熙凤,说出"盛筵必散"的谶语,预示了贾府的衰败如"月满则亏、水满则溢"的自然规律,无可避免。同时,她的丧礼极尽奢华,光是一个棺材就已严重逾越礼制规格,这也成为贾府后来被抄家的一个重大隐患。所以,秦可卿在作品中虽然戏份不多,却是千头万绪中的重要一线。围绕她的生死,整个贾府当下的"乱"和未来的"败"都可窥见一斑。

13.红楼梦引子

【曲词】

[红楼梦引子]开辟鸿蒙,谁为情种?都只为风月情浓。趁着这奈何天、伤怀日、寂寥时,试遣愚衷。因此上,演出这怀金悼玉的《红楼梦》。

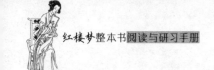

"鸿蒙"是天地之初的原始浑沌状态。"情种"指感情特别深挚的人。"奈何天"语出"良辰美景奈何天",指良辰美景却令人无可奈何的日子。"试遣愚衷"是一种自谦之词,说明《红楼梦曲》是为排遣情怀而作。"怀金悼玉"中的"金"和"玉"分别指代薛宝钗和林黛玉,同时也包括了以薛林二人为代表的所有入籍"薄命司"的女子,表达了作者对她们身世命运的同情和叹惋。

这首曲子是《红楼梦曲》的引子,表面是在概说《红楼梦曲》的创作缘由,实则借"风月情浓"的手段造成一种假象,让读者相信此书"非伤时骂世之旨""毫不干涉时世",只为"闺阁昭传""大旨不过谈情",以隐藏其批判现实,甚至政治影射的锋芒。

《红楼梦曲》有十二支,加上前面的引子和后面的尾声,共十四支曲子。中间十二曲分咏金陵十二钗,暗寓各人的身世遭际。这些曲子和"金陵十二钗图册"一样,为了解人物命运、情节发展和主题思想提供了重要线索。

14.红楼梦收尾

【曲词】

［红楼梦收尾——飞鸟各投林］为官的,家业凋零;富贵的,金银散尽;有恩的,死里逃生;无情的,分明报应。欠命的,命已还;欠泪的,泪已尽。冤冤相报实非轻,分离聚合皆前定。欲知命短问前生,老来富贵也真侥幸。看破的,遁入空门;痴迷的,枉送了性命。好一似食尽鸟投林,落了片白茫茫大地真干净!

这首曲子是《红楼梦曲》的总结,内容虽是以写十二钗的结局为主,但并不是简单重复前面的内容,也无需一一对应到每个人。它甚至不是单纯总结了贾府女性的悲剧,而是概括地写出了以贾府为代表的贵族阶层迅速走向灭亡的历史趋势,具有时代的普遍性。曲子最后以食尽鸟飞、大地苍茫的悲凉图景作束,向读者明确揭示了整部作品、所有人事彻头彻尾的悲剧性,续书中"兰桂齐芳"的美好愿景,实未能忠实于原著者的心意。

(尹波 撰)

🌀 图表再现

《红楼梦》中四大家族盘根错节,人物关系错综复杂,荣国府和大观园的建筑集中体现了中国古代府邸严守礼法的规划原则和贵族园林设计的高超手法。单纯的文本阅读不容易梳理清楚,而建立一目了然的人物关系图和建筑布局图,就可以把复杂的人物关系和建筑布局清晰化,对于我们通读全书是一个简单有效的辅助手段。

四大家族人物关系图

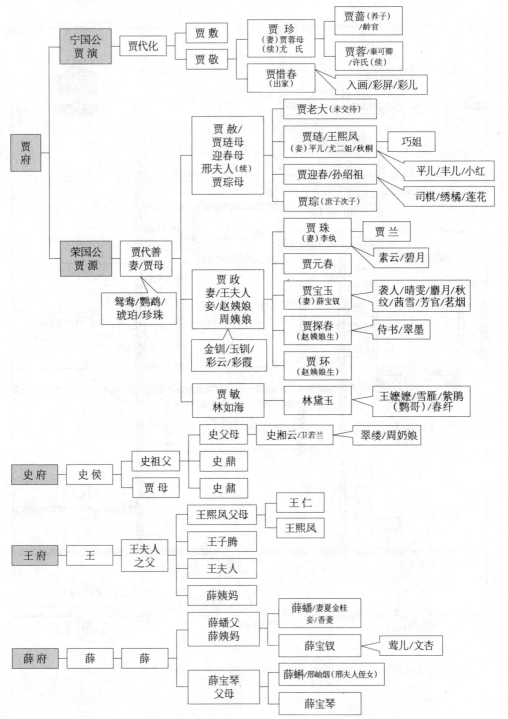

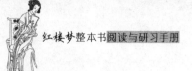

荣国府布局图

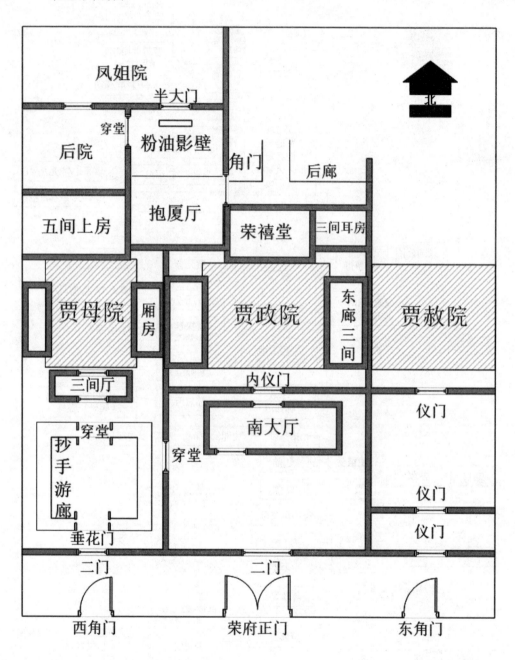

（谢金宏绘图）

大观园布局图

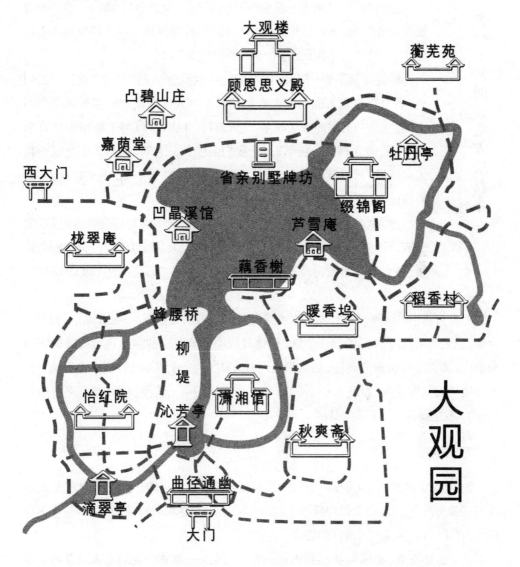

（谢金宏绘图）

鲁迅先生在《中国小说史略》中提出了"世情书"的概念,这类小说极摹人情世态,备写悲欢离合,《红楼梦》正是世情小说发展至顶峰的代表作品,被誉为"中国封建社会的百科全书"。

相信阅读了上一部分,同学们已经找到解读《红楼梦》前五回的门径,曹雪芹在前五回借助太虚幻境与繁华人世编织起一张笼罩全书的大网,天上与人间的虚实映射、"贾雨村"(假语存)与"甄士隐"(真事隐)的真假之辨……接下来,让我们跟随曹公之笔,假借顽石之眼一起去阅历那"昌明隆盛之邦,诗礼簪缨之族,花柳繁华地,温柔富贵乡"的炎凉世态、浮沉变迁。

进入《红楼梦》六至八十回,当盛世望族的画卷缓缓打开,当宁荣二府的日常娓娓道来,我们需要寻找串联场场聚会宴饮、诗词酬唱的脉络;我们需要重绘再现幕幕"千红一窟(哭)""万艳同杯(悲)"场景的轨迹……

要将长篇小说读薄、读透,提取和组合信息的能力至关重要。一部作品中,情节、环境、人物等都属于作品的显性信息,通读过程中必须对这些信息进行有效的提取和整合。本部分将从章节概述、信息筛选两种方法入手,介绍通读过程中进行情节与人物梳理的操作要点,为进入《红楼梦》整本书阅读的第三阶段搜集、整理必要的资料,为"专题研读"打下坚实基础。

章节通读

《红楼梦》是2019年9月投入使用的部编版高中《语文必修(下)》教材指定的整本书阅读书目,《高中语文课程标准》(2017版)提及"整本书阅读"任务群的学习目标与内容时对通读提出了这样的要求:

> 通读全书,整体把握思想内容和艺术特点……梳理小说的感人场景乃至整体的艺术架构,理清人物关系……

一般说来小说的感人场景基于读者的阅读感受和审美水平,在通读环节中我们需要关注能留下深刻印象的情节。《课程标准》进一步提出梳理"整体的艺术架构"的要求,从能力层级上显然高于梳理感人场景。因为小说整体的艺术架构与小说的情节架构有着密不可分的关系。

经过上一部分的分析,我们可以形成这样的认识:虽然曹雪芹所著的《红楼梦》

只保留了前八十回，但依然可以呈现曹雪芹对作品的大致架构。纵向看情节推进，作者动笔之际已然成竹在胸，在兼顾现实逻辑与主题表达的前提下，精心设计，巧妙勾连，将一个宏大的故事分解为若干情节组合，形成彼此扣合的有机整体。横向看情节铺展，具体到情节组合，作者又将大情节组合拆分出更细致的情节段落，进入具体章回借助伏脉千里、补遗、横云断岭等手法连缀成文。从架构方式而言，《红楼梦》突破了传统小说的单线结构，设计贾府盛衰与宝黛爱情两条线索，两条线索或明或暗，时明时暗，交织众多事件、人物，形成"筋络相连、纵横交错但又主次分明、井然有序的艺术世界"。

六至八十回的情节架构

长篇小说动辄百回的篇幅，展现的社会生活的广度和深度决定了作品架构的复杂程度，因此通读过程中如何划分情节段落，如何将情节组合衔接进而形成具有内在关联的情节链条，都是考验读者阅读能力的关键之处。

1. 王希廉二十一段情节划分法

清代著名《红楼梦》三大评点家之一王希廉最先对《红楼梦》全书的整体结构进行了分析。王评本《总评》第一条说："《红楼梦》一百二十回，分作二十一段看，方知结构层次。"按照王希廉的划分，有的一回为一段，有的数回为一段，主要依据情节段落，关注贾府盛衰的变化历程。

第一段：第一回，讲述写作缘由，类似于传奇中的楔子。

第二段：第二回，交代宁荣二府的家世以及与之相关的王、史、林、甄等家族关系。

第三段：三、四回，叙述宝黛钗初会的缘由。

第四段：第五回，全书的总纲，呈现人物命运的走向，是情节发展与人物命运的暗示。

从第六回开始，进入真正贾府生活的描写。

第五段：六至十六回，叙述秦可卿由病至死的过程，兼叙王熙凤毒设相思局、宝玉秦钟交往以及王熙凤协理宁国府等情节。

第六段：十七至二十四回，叙述元妃省亲、众姐妹移居大观园之事，对应荣国府家世正盛之时。

第七段：二十五至三十二回，叙述宝玉第一次受魇，暗示贾政妻妾之间的利益争斗；后叙述黛玉与宝玉之间的情感发展，穿插与蒋玉函互赠汗巾、挑逗金钏导致金钏被撵等情节。以上情节为三十三回宝玉挨打埋下伏笔。

第八段：三十三至三十八回，叙述宝玉第二次受责，宝玉挨打后与黛玉情感更进

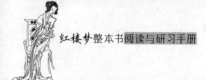

一步，赠帕定情。

第九段：三十九至四十四回，叙述刘姥姥二进荣国府，深得贾母欢心，同游大观园，兼叙凤姐庆生泼醋。

第十段：四十五至五十二回，叙述诗社活动，兼叙鸳鸯抗婚、香菱学诗、晴雯补裘等情节，隐寓盛极必衰、泰极必否之意。

第十一段：五十三至五十六回，叙述宁荣二府祭祠家宴，探春整顿大观园之事，是荣府极盛之时。

第十二段：五十七至六十三回上半回，叙述大观园内主子与奴才、奴才与奴才之间的诸多矛盾冲突，多由探春理家引发。

第十三段：六十三回下半回至六十九回，叙述尤二姐、尤三姐姐妹的故事。

第十四段：七十至七十八回，叙大观园中风波迭起，抄检大观园后晴雯病亡、芳官出家。贾氏宗祠先灵悲叹，是宁荣二府将要衰败的预兆。

第十五段：七十九至八十五回，叙述薛蟠悔娶夏金桂，迎春误嫁中山狼，大观园众姐妹即将风流云散。

第十六段：八十六至九十三回，叙述薛家、贾府牵连官司、匪祸，预示败家之祸。

第十七段：九十四至九十八回，叙述通灵宝玉凭空消失、元妃薨逝、黛玉夭亡，呈现荣府气运将终之象。

第十八段：九十九至一百三回，叙述大观园离散一空，了结夏金桂公案。

第十九段：一百四至一百一十二回，叙述宁荣二府一败涂地，不可收拾，及妙玉结局。

第二十段：一百一十三至一百一十九回，交代凤姐、宝玉、惜春、巧姐诸人结局。

第二十一段：一百二十回，总结《石头记》因缘始末。

2. 姚燮大开大合情节划分法

晚清文学家姚燮将《红楼梦》一百二十回划分为"缘起""大开""大合"和"余波"四大部分，从甄士隐出家说起，至贾宝玉出家收笔，前后照应，形成浑然一体的通体大结构。

缘起部分：一至四回，叙述甄士隐故事，暗伏后文宝玉出家、贾府盛衰之事。借冷子兴演说荣国府呈现以贾府为核心的庞大的家族体系，黛玉进荣国府、宝黛钗初会为后文情节展开做出铺垫。

大开部分：五回，借宝玉梦游太虚幻境引出诗、画、曲，揭示小说中主要女性形象的命运，可视为主要人物的人生缩影，并将大观园与太虚幻境形成对照映射，对情节展开有提纲挈领之效。

大合部分：六至一百一十六回，根据前五回敷衍故事，将隐喻暗示一一落实，第五回所预言的人物命运基本呈现明确的结局。姚燮在回后评中说："是书欲唤醒世人，故作迷离幻渺之谈，然皆实情实理。河汉荒唐，何可挽入？托诸梦中，自无妨碍。起于梦，结于梦，不自知其梦也，觉而后知其梦也。"第五回借宝玉之梦展开，一百十六回（倒数第五回）"得通灵幻境悟仙缘，送慈柩故乡全孝道"则借梦收束，《红楼梦》主体情节告一段落。

余波部分：一百十七至一百二十回，整部作品尾声，叙述宝玉、巧姐、袭人等人的结局，暗示贾府兰桂齐芳，家道复初。

章回通读方法介绍

中华书局出版的《红楼梦》为百二十回本，高中阶段"整本书阅读"首先希望同学们能够完成整部作品的通读，但从艺术成就来看，曹雪芹所著显然要高于高鹗续写部分，因此本部分主要介绍六至八十回通读采用的方法。

通读首先需要概括情节，而章回小说的回目往往就是章节主要内容的浓缩，我们的通读可以从回目阅读开始。

1. 化零为整，组合情节段落

《红楼梦》作为章回小说，每一回开头首先列出回目。梳理前八十回回目，有五十八回的回目中出现了本章回所涉及主要人物的名称。这种含有人物名称的回目往往采取主谓结构，主语由人物充当，谓语则是与人物有关的核心事件，即主要情节。我们在阅读时可以关注回目中反复出现某一人名的章节，组合成情节段落。

小的情节段落一般由三四回组成。

如三十九至四十二回：

第三十九回回目：村姥姥是信口开合　情哥哥偏寻根究底
第四十回回目：史太君两宴大观园　金鸳鸯三宣牙牌令
第四十一回回目：栊翠庵茶品梅花雪　怡红院劫遇母蝗虫
第四十二回回目：蘅芜君兰言解疑癖　潇湘子雅谑补馀香

这四回围绕刘姥姥二进荣国府展开，叙述了闲谈、宴饮、醉卧、戏谑等内容，四个章回对应起承转合，有头有尾，其中设置的两个小高潮——两宴大观园、醉卧怡红院，趣味横生，为大观园送来一股带有田园气息的野趣。

2. 串点成线，梳理情节脉络

稍大一些的情节段落一般在十回左右，其中会链接小情节，然后回归情节主线。王希廉也曾注意到这些小的情节段落，他说："至于各大段中尚有小段落，或夹叙别事，或补叙旧事，或埋伏后文，或照应前文，祸福倚伏，吉凶互兆，错综变化，如线穿珠，如球走盘，不板不乱。"面对这样的情节段落，我们需要首先提炼出情节发展主线，并整合"横生"的次情节，梳理出情节推进的脉络。

如七至十六回：

第七回回目：送宫花贾琏戏熙凤　宴宁府宝玉会秦钟

第八回回目：比通灵金莺微露意　探宝钗黛玉半含酸

第九回回目：恋风流情友入家塾　起嫌疑顽童闹学堂

第十回回目：金寡妇贪利权受辱　张太医论病细穷源

第十一回回目：庆寿辰宁府排家宴　见熙凤贾瑞起淫心

第十二回回目：王熙凤毒设相思局　贾天祥正照风月鉴

第十三回回目：秦可卿死封龙禁尉　王熙凤协理宁国府

第十四回回目：林如海捐馆扬州城　贾宝玉路谒北静王

第十五回回目：王凤姐弄权铁槛寺　秦鲸卿得趣馒头庵

第十六回回目：贾元春才选凤藻宫　秦鲸卿夭逝黄泉路

这十回讲述了宝玉与秦钟初会、同学、交往乃至阴阳相隔的过程，期间穿插了宝玉探病、贾瑞病亡、秦可卿身后事、王熙凤弄权等情节段落。如果我们以宝玉、秦钟为关键词，显然贾瑞、林如海、北静王等人与两人交往无关，属于主线脉络上连缀的枝节，比较这些情节的处理，我们发现有的情节一笔带过，有的情节却占据了相当的篇幅。

第八回以整回内容叙述宝玉探病的内容，一方面借莺儿之口透出"金玉"之说，照应前五回中"木石前盟"的神话和太虚幻境中《红楼梦引子》《终身误》两支曲词，引出后文宝黛之间诸多误会与争吵。另一方面借探病引出冷香丸，展现薛宝钗性格中冷与热的矛盾，进一步丰富人物形象。

第十二回叙述贾瑞病亡，追溯前文探寻缘由，发现可卿患病，凤姐宝玉前去探病，才有宝玉秦钟的相识、贾瑞熙凤的偶遇。因贾瑞心存不轨，才有熙凤毒设相思局导致了贾瑞之死。这段情节展现的王熙凤，与十三回协理宁国府时位高权重、杀伐决断的春风得意和十五回铁槛寺玩弄权术、见钱眼开的贪婪狠毒一脉相承又不断丰富，呈现了立体人物形象的丰满过程。

第十六回前半部分叙述元春晋封为凤藻宫尚书，加封贤德妃，贾府阖府欢庆。这段内容与秦钟之死本无关联，但曹雪芹借宝玉为好友病情怏怏不乐，被贾府众人嘲笑"越发呆了"将两段情节链接在了一起。然后叙述贾琏凤姐闲谈，借赵嬷嬷之口回忆了江南甄家接驾四次的盛况。其后又叙述了宁荣二府建造大观园、筹备元妃省亲的诸多事宜。直至十六回最后部分才说到秦钟之死,将宝玉、秦钟的交往告一段落。由此看来第十六回主要情节是元春封妃,秦钟之死却是略之又略的部分了。究其原因,是因为这一部分情节组合即将进入尾声,围绕元春省亲的新情节组合必须开始铺垫蓄势了。

3. 连线成网,构建情节网络

汤显祖的《牡丹亭·惊梦》一折中有一句唱词:"则为你如花美眷,似水流年。"这句曲词很能概括大观园内美好的人、事、物,世外桃源中芳华就应永存,盛筵自然常开。然而这样的美好中又暗伏着各种危机。《红楼梦》前八十回中大冲突不多,集中的矛盾爆发如宝玉挨打、抄检大观园等都是多方因素共同作用的结果,因此这样的重点情节往往暗藏数条线索,需要费心铺垫汇聚,直至各种矛盾不可调和,最终爆发。

以第七十四回"惑奸谗抄检大观园 矢孤介杜绝宁国府"为例,抄检大观园涉及邢夫人、王夫人与晴雯、大观园中仆妇婆子与丫鬟等多方矛盾,这些矛盾都在前文的章回中得到了或明或暗的呈现。

抄检的直接导火素是第七十三回的绣春囊事件,而绣春囊则是第七十二回中鸳鸯无意撞破司棋大观园内私会潘又安,司棋二人慌乱中遗留在山石之上的。

抄检中第一得力的是邢夫人的陪房王善保家的,她应邢夫人之命将香囊送至王夫人处,又被王夫人委以抄检重任。心中所想却是"正因素日进园去,那些丫鬟们不大趋奉他,他心里大不自在,要寻他们的故事又寻不着,恰好生出这事来,以为得了把柄"。所以当王夫人询问他时,他立刻进言:"不是奴才多话,论理这事该早严紧些的。太太也不大往园里去,这些女孩子们,一个个倒像是受了诰封似的,他们就成了千金小姐了。闹下天来,谁敢哼一声儿! 不然,就调唆姑娘们的丫头们,说欺负了姑娘们了,谁还耽得起!"这番话怨气冲天,正揭开了贾府仆妇与丫鬟之间的重重矛盾。搜寻前文,第五十八回"杏子阴假凤泣虚凰 茜纱窗真情揆痴理"、第五十九回"柳叶渚边嗔莺咤燕 绛云轩里召将飞符"、第六十回"茉莉粉替去蔷薇硝 玫瑰露引来茯苓霜"等都会涉及此类争斗。

抄检还涉及邢王二夫人之间的矛盾。邢夫人无意间得到傻大姐手中的绣春囊,立即将绣春囊封好派亲信陪房送给王夫人,本身就是一种姿态。王夫人、王熙凤主理荣府事务,因此绣春囊在大观园出现就是对其管理能力的否定,邢夫人抓住这一把柄实质就是质疑王夫人、凤姐的管家能力。搜寻前文,邢王二夫人的争斗早有端倪。第七十一回"嫌隙人有心生嫌隙 鸳鸯女无意遇鸳鸯"中老太太生日两个婆子得罪尤氏，凤姐处理这两个婆子时，邢夫人当着众人给凤姐没脸，正是心中"着实恶绝凤姐"。再向前搜寻，第四十六回"尴尬人难免尴尬事 鸳鸯女誓绝鸳鸯偶"中贾赦看上了鸳鸯，邢夫人一味惧怕贾赦，将此事交由贾琏凤姐二人私下处理，凤姐心知此事不可行，借故不接手此事，并告诫平儿不可参与。邢夫人无奈，只能借鸳鸯的兄嫂逼迫鸳鸯就范，此事被鸳鸯当着贾母、薛姨妈、王夫人众人揭破，贾母大怒，当即申斥了邢夫人、王夫人。后又在探春劝说下，委婉向被无辜牵连的王夫人道歉，邢夫人羞愧难当，在贾母面前几无立足之地，自然不免对王夫人、凤姐心生怨恨。

　　如果我们将邢王二夫人间后宅管事之权的争斗推及至贾赦、贾政兄弟间的关系，就会发现背后潜藏的长房与次房间的矛盾。第二回冷子兴演说荣国府时曾介绍荣国府的情况。他说：

　　　　自荣公死后，长子贾代善袭了官，娶的也是金陵世勋史侯家的小姐为妻。生了两个儿子，长子贾赦，次子贾政。如今代善早已去世，太夫人尚在。长子贾赦袭着官。次子贾政，自幼酷喜读书，祖父最疼。原欲以科甲出身的，不料代善临终时遗本一上，皇上因恤先臣，即时令长子袭官外，问还有几子，立刻引见，遂额外赐了这政老爹一个主事之衔，令其入部习学，如今现已升了员外郎了。

　　长子贾赦袭了官，可贾母却和小儿子贾政一起住着正房，让贾赦另居别室，日常起居也是二房侍奉更为亲密。第七十五回"开夜宴异兆发悲音 赏中秋新词得佳谶"中，贾赦就当众讲了一个父母偏心的笑话。这个笑话是这样的：

　　　　"一家子一个儿子最孝顺。偏生母亲病了，各处求医不得，便请了一个针灸的婆子来。婆子原不知道脉理，只说是心火，如今用针灸之法，针灸针灸就好了。这儿子慌了，便问：心见铁即死，如何针得？婆子道：不用针心，只针肋条就是了。儿子道：肋条离心甚远，怎么就好？婆子道：不妨事，你不知天下父母心偏的多呢。"众人听说，都笑起来。贾母也只得吃半杯酒，半日笑道："我也得这个婆子针一针就好了。"

　　而王夫人与晴雯的矛盾则是直接借王夫人之口揭出。王善保家的在王夫人面前说晴雯"大不成个体统"，王夫人听后，"猛然触动往事"，说"我的心里狠看不上那狂样子""我一生最嫌这样人。况且又出来这个事，好好的宝玉，倘若被这蹄子勾引坏了，那还了得"。王夫人心存此种想法，可以预见晴雯无论如何表现都不会得到王夫人的认可，因此必然会面临被赶出大观园的命运。

　　由此可见，一次抄检，展现出贾府上层之间、下层之间乃至上下层之间的重重矛盾，所谓簪缨世族的确已从内里朽烂，难怪探春慨叹："你们今日早起不曾议论甄家，自己家里好好的抄家，果然今日真抄了。咱们也渐渐的来了。可知这样大族人家，若从外头杀来，一时是杀不死的。这是古人曾说的'百足之虫，死而不僵'，必须先从家里自杀自灭起来，才能一败涂地！"

许多红学家在评论《红楼梦》结构时都以蛇为喻。脂砚斋说"草蛇灰线，伏脉千里"，又说"常山之蛇，击首则尾应，击尾则首应，击腹则首尾俱应"。立松轩则说曹雪芹用笔"怒蛇出穴，蜿蜒不驯"。通读过程中的"连线成网"正是旨在发现作品章节间的潜在联系，为继续研究提供更充分的支撑。

单章阅读方法介绍

上一部分我们重点关注了《红楼梦》的作品架构和章回间或隐或显的关系，打个比方，就像梳理人体经络、骨骼的架构。这一部分我们将进入具体章回的阅读，去关注深入肌理的内部结构。阅读具体章回也需要建筑在对情节的梳理与概括基础上。

《红楼梦》的具体章回一般由回目与正文组成，回目基本由七言对句组成，前文已经提及前八十回中绝大部分回目为主谓结构，点出人物、事件，如：第二十一回"贤袭人娇嗔箴宝玉　俏平儿软语救贾琏"，回目中明确指出袭人劝说宝玉，平儿为贾琏遮掩的主体情节，还透露出行为方式、人物个性等信息。又如第二十七回"滴翠亭杨妃戏彩蝶　埋香冢飞燕泣残红"，回目中以杨妃体丰代宝钗体态丰腴，以飞燕身姿轻盈代黛玉怯弱不胜。有意思的是第三十回写宝钗借扇机带双敲时，难得写到宝钗的大怒，起因正是宝玉造次，说宝钗"体丰怯热"，暗合了杨妃之比。回目浓缩了红楼中浓墨重彩的人物描写，"宝钗扑蝶""黛玉葬花"也将人物形象定格在了大观园众女儿的画廊之中。

回目的另一种类型则是以事件为核心，如：第三十一回"撕扇子作千金一笑　因麒麟伏白首双星"、第三十七回"秋爽斋偶结海棠社　蘅芜苑夜拟菊花题"、第四十三回"闲取乐偶攒金庆寿　不了情暂撮土为香"、第四十九回"琉璃世界白雪红梅　脂粉香娃割腥啖膻"等。

回目只是章回内容的基本概括，在阅读过程中会发现章回包括的内容远远超过回目的范畴，而能够搭建与其他章回关系的情节自然也不可能只是局限于首尾部分。这就需要我们对章回内容进行更为细致的梳理。

1. 章回内部情节组合方式

（1）并行式

这类章回内部各情节层次分别承接前文不同头绪，一段叙述告一段落，另起一层次照应前文另一头绪，各层次间呈现并行关系。

以第四回"薄命女偏逢薄命郎 葫芦僧乱判葫芦案"为例，薄命女指从小被拐卖的甄士隐之女甄英莲，自小离家，不记得爹娘，不记得家乡，甚至不知自己姓甚名谁、年纪几何。薄命郎则指因与薛蟠争夺英莲被打丧命的公子冯渊，如果英莲真的被冯渊买下，结局自然好过"自从两地逢孤木，致使香魂返故乡"。葫芦僧是当年甄士隐家隔壁葫芦庙中的沙弥，后还俗蓄发，在金陵应天府充任门子。葫芦案则指贾雨村为报贾府起复之恩，不顾当年甄士隐赠金送考之惠，糊涂了结冯渊一案，使得杀人真凶逍遥法外的故事。回目中看似涉及英莲、冯渊、门子三人，但实际上牵连起第一回、第二回、第三回等回目的内容。

整个章回一共四个部分，我们来看每一部分的开头：

第一部分起句"却说黛玉同姊妹们至王夫人处，见王夫人与兄嫂处的来使计议家务，又说姨母家遭人命官司等语"。首先承接第三回收尾"黛玉虽不知原委，探春等却都晓得是议论金陵城中所居的薛家姨母之子——姨表兄薛蟠——倚财仗势，打死人命，现在应天府案下审理。如今母舅王子腾得了信息，故遣他家内的人来告诉这边，意欲唤取进京之意"。但第一部分主要内容是介绍寡嫂李纨及贾兰的情况。

第二部分起句"如今且说雨村。因补授了应天府，一下马就有一件人命官司详至案下。乃是两家争买一婢，各不相让，以至殴伤人命"。补授应天府，照应第三回林如海为酬谢贾雨村教女之劳，写信请托内兄贾政代为安排贾雨村之事。贾雨村在贾政的协助之下，轻松谋得了金陵应天府的补缺机会。这一段还包含原告申诉——雨村大怒——门子叙旧——解说护官符——门子说案——门子断案——案件了结，门子补充诸多情节。其中门子说案一节又照应了第一回甄士隐家祸起元宵、英莲被拐的公案，牵连起甄士隐家的兴衰起落。"护官符"的情节又照应"冷子兴演说荣国府"的相关内容。

第三部分起句"当下言不着雨村。且说那买了英莲打死冯渊的薛公子，亦系金陵人氏，本是书香继世之家"。这一段又改换了陈述对象，转而说起薛家的情况。先介绍薛蟠及其寡母薛姨妈、妹妹薛宝钗，接着解说薛家进京缘由，又陈说了借助贾府的考虑，才有了宝黛钗三人初会。

第四部分起句"那时王夫人已知薛蟠官司一事，亏贾雨村就中维持了结，才放了心"。本部分作为整章的收束，此句一是照应第一段提及的官司，一是收束二段叙述的断案过程，又进一步叙述薛家进京后，王夫人安置的细节和薛家与贾府诸人相处的细节。

四个部分四个头绪,各与前后文衔接照应,头绪间又彼此有关,回目所概括的仅是其中某一部分情节而已,这种结构类似于说书者口中的"花开两朵,各表一枝",只是这里的头绪更多一些。

(2)串联式

这类章回一般围绕核心事件展开叙述,章回内各事件之间存在较为鲜明的先后关系,往往由一件事引出另一件事,前后顺序分明,丝毫不乱。

以第三十七回"秋爽斋偶结海棠社 蘅芜苑夜拟菊花题"为例,这一回叙述了大观园内公子小姐起诗社并进行诗社活动的过程。一回中涉及两次诗社活动,一次以海棠社为主,一次为菊花社进行了筹备。

这一章回围绕起社及诗社活动展开,两次活动有先有后,海棠社引出菊花社,与后文螃蟹宴引出螃蟹咏有相似之处。探春引出宝玉,白海棠引出海棠社,袭人引出湘云,湘云引出菊花社,层次分明,推进过程清晰。与此结构类似的章回还有第五十回"芦雪庵争联即景诗 暖香坞雅制春灯谜"、第五十四回"史太君破陈腐旧套 王熙凤效戏彩斑衣"等。

(3)辐辏式

辐辏式情节组合借用了意象组合的术语,指以一个核心情节为构思中心,其他次要情节如同车轮上的辐条都向车毂集中一样,从四面八方指向核心事件,从而促使核心事件爆发。此类情节一般出现在作品情节高潮部分,即矛盾激烈冲突之处。《红楼梦》前八十回中可以称得上这样的高潮共有两处:一为第三十三回"手足眈眈小动唇舌 不肖种种大承笞挞",一为第七十四回"惑奸谗抄检大观园 矢孤介杜绝宁国府"。这两个核心事件在后文研读部分都有专门篇幅进行论述,此处不再赘述。

2.情节卡片的使用

为了帮助大家快速梳理章回情节,我们建议同学们使用情节卡片助力通读。完成情节卡片的填写,是读者将阅读信息加以组织,保存有效信息的过程。一个回目从叙事角度讲,是由许多"情节点"组成的,数个"情节点"组成一个"情节段落",数个"情节段落"组成一回完整的章节,而一般一至两个章回就会完成一件较为复杂事件的叙述。正如俞平伯先生所述:"《红楼梦》里许多事情互相关联,互为因果,大事包着小事,小事又引起大事,此起彼伏,形成波澜。"

情节卡片填写的主要内容属于情节概括。相较于七言对句式的回目,内容概括填写、情节点切分都需要对内容有更为细致的把握。卡片中设置的"前后勾连"旨在引导同学们发现章回内部或章回之间的情节联系。要想发现情节点之间的勾连，特别是暗藏在文字中的伏笔，必然要对章节中的情节点进行细致梳理。观察《红楼梦》的章回，情节点与自然段并不是一一对应的关系，这也是同学们在阅读中必须要注意的问题。

【情节卡片示例一：适用于一般章回阅读 】

第（二十七）回情节卡片

回目名称：滴翠亭杨妃戏彩蝶 埋香冢飞燕泣残红		阅读时长：20分钟
内容概括	黛玉夜访被拒，见宝玉等将宝钗送出怡红院，一夜伤感难眠。 次日大观园内祭花神送春，宝钗来寻黛玉，见宝玉进了潇湘馆，为避嫌改寻其他姊妹。路遇一双蝴蝶，宝钗玩心大起，一路扑蝶至滴翠亭。宝钗无意听到红玉、坠儿关于贾芸与红玉私相传递的对话，用"金蝉脱壳"之法脱身离开。红玉担心黛玉走露风声却也无奈。熙凤派红玉传话办事，红玉办事利索，口齿伶俐，颇得熙凤赏识。 黛玉冷淡对待宝玉，宝玉心中不解，追随黛玉时与探春、宝钗相遇。探春与宝玉交谈，请宝玉帮她带些玩物回来，许诺以鞋相赠。宝玉说起上次探春赠鞋后贾政、赵姨娘反应，探春为赵姨娘动气。宝玉不见黛玉，准备替她葬花，无意中听闻黛玉哭诉《葬花吟》。	
前后勾连	1. 章回起笔上回收尾：黛玉误以为宝玉被贾政叫走，担心一天，晚间来怡红院探访。正逢晴雯对宝钗来访不满，误将黛玉拒之门外。 2. 红玉、坠儿私谈照应二十四回"痴女儿遗帕惹相思"、二十六回"蜂腰桥设言传心事"贾芸与红玉的交往过程。 3. 赵姨娘不满探春与宝玉亲近，不照顾亲兄弟贾环，与后文探春理家时赵姨娘寻事撒泼勾连，可见赵姨娘与探春母女关系紧张及赵姨娘为人令人不齿。 4. 宝玉葬花照应前文二十三回"西厢记妙词通戏语"中的黛玉首次葬花。	
阅读感受	1. 宝钗扑蝶、黛玉葬花、湘云醉眠、晴雯撕扇……曹雪芹用文字绘形写神，千人千面，栩栩如生。 2. 一曲《葬花吟》，字字含泪，是感怀身世的悲叹，是清高自持的坚守，亦是对风刀霜剑的抗争，落红漂泊，人亦飘零，且看今朝侬葬花，不知他年孰葬侬。	

【情节卡片示例二：适用于推荐章回阅读】

第（五十六）回情节卡片

回目名称：敏探春兴利除宿弊　时宝钗小惠全大体		阅读时长：35分钟
	情节切分	内容概括	前后勾连

	情节切分	内容概括	前后勾连
情节点梳理	情节点1	探春、平儿商议蠲除姑娘们的重复开支。	照应上回蠲除宝玉、贾环等的家学银子。
	情节点2	探春等商议派遣老妈妈专人监管修理园中事务，凤姐赞同。	照应上回凤姐、平儿商议。
	情节点3	探春等三人圈定人员，分派任务，商定利益分配。	照应五十九回"柳叶渚边嗔莺咤燕"，大观园中仆妇与丫鬟间的矛盾逐渐尖锐。
	情节点4	江南甄家送礼请安，与贾母闲谈。借仆妇之口以甄宝玉引出贾宝玉，两人年纪、模样、淘气及形式都有相似之处。	太虚幻境对联：假作真时真亦假。
	情节点5	贾宝玉梦遇甄宝玉，梦醒。	太虚幻境对联：假作真时真亦假。

情节点框架图	一、探春理家 情节点1：蠲除姑娘重复开支 情节点2：派专人管理园中事务——情节点3：确定名单及分配方案 二、甄家来访 情节点4：甄家仆妇拜见贾母 　　发现甄宝玉、贾宝玉相似——情节点5：贾宝玉梦遇甄宝玉
内容概括	探春与平儿商议蠲除姑娘们每月八两的重复开支，平儿赞同。探春受赖大家花园的启发，与李纨、宝钗一并提议将大观园各项打理事务交由专人负责，授之以权，动之以利，开源节流。此举得到凤姐支持，三人圈定名单，并制定了分配制度。大观园内仆妇一片欢欣。 　　江南甄家有人来访，与贾母相谈甚欢。贾母让宝玉前来拜见客人，甄家人惊叹宝玉与甄宝玉的相似。贾宝玉半信半疑，梦中来到甄家，与甄宝玉相遇。
阅读感受	1.来自凤姐的认可和惋惜展现出探春的才干和出身局限。探春理家展现出探春卓越的管理才能，这也是贾府的中兴阶段。 2.甄宝玉、贾宝玉又一次呈现真假之辨。

说明:

1.每个情节点是一个小情节。

2.前后勾连可以是与前后章回间的勾连,亦可是本章回内部情节间的联系。

3.在梳理章回情节主线基础上梳理情节副线或情节枝节。

4.确定每个章回的核心情节,犹如画龙点睛之睛,赋予龙以精神和生命,由此构建章回情节层次。

5.阅读感受包括印象深刻的地方、有疑问的地方或是对未来情节发展走向的猜测。

附录:前八十回推荐阅读章回

(以上王锡婷撰)

人物形象梳理

方法介绍

《红楼梦》人物众多,盘根错节。高中阶段同学们统整众多材料的能力还有限,列表法可以将众多繁杂信息进行整理,帮助同学们快速把握内容重点。

表格梳理人物形象的具体做法是:分类+举例+阐释。首先,将人物分类,按照被解读人物的自身、亲人圈和社交圈列出三张表格;其次,梳理相关人物的具体情节和描写;最后,用概括的语言阐释具体情节中人物的形象及特点。

这种方法要求同学们提取相关信息,按照新的形式重新组合并呈现。这有利于同学们全面、细致、立体地解读人物。

人物表格设计示例

下面以香菱为例设计表格。

香菱的世界

	林黛玉			
袭人	薛蟠（夏金桂）	甄士隐 / 香菱 / 薛宝钗	薛姨妈	众姐妹
	史湘云			

香菱本名甄英莲（真应怜），是姑苏阊门外乡宦甄士隐的独生女儿。本是书香门第的掌上名珠，却在四岁那年元宵看社火花灯时因家奴霍启（祸起）看护不当而被拐子拐走，养到十一二岁卖给金陵公子冯渊（逢冤），中途却又被薛蟠抢走。薛宝钗给她起名叫香菱。起初是薛姨妈的丫鬟，后成为薛蟠之妾，但为蟠妻夏金桂所不容。

香菱是《红楼梦》第一个出场的女子，却也正是全书领头的第一个薄命之人。她"有命无运""平生遭际实堪伤"，是全书众多女子的代表和象征。正如《脂砚斋重评石头记》四十八回中批者所言："细想香菱之为人也，根基不让迎、探，容貌不让凤、秦，端雅不让纨、钗，风流不让湘、黛，贤惠不让袭、平。所惜者青年罹祸，命运乖蹇，至为侧室，且虽曾读书，不能与林、湘辈并驰于海棠之社耳。"

由此观之，香菱的不幸皆来自于"亲人圈"：来自幼时失去父亲甄士隐的疼爱庇护；来自丈夫薛蟠（夏金桂）的始乱终弃、侮辱迫害；来自婆婆娇惯儿子时把她当成"甜枣"和"祸根"。薛宝钗对香菱虽有回护，却碍于体面不便多管；虽与她同庚且同住蘅芜苑，却多有管束少有交流。作为生活在深宅大院的女子来说，亲人本应是朝夕相守，最可依赖的，可香菱却仿佛生活在情感的孤岛，得不到温暖、关爱，甚至是一点尊重。

相反，香菱的快乐皆来自于"朋友圈"。薛蟠南下经商后，薛宝钗把她带进大观园同住。在这里,香菱学诗、猜谜、观鱼、斗草……才美外现,青春绽放。在这里,更是得到了来自林黛玉、史湘云、袭人等众姐妹的关心和帮助。因此,娇憨天真的香菱总是"笑嘻嘻"地走来,即使弄脏了石榴裙可能被薛姨妈说,也始终是笑着的。(前八十回中她只在亲人面前哭过两次:第一次是薛蟠被柳湘莲打伤,她哭肿了眼睛,第二次是薛姨妈因夏金桂要卖掉自己时痛哭哀求。)

但是,幸福总是短暂的。薛蟠回京之后,香菱在"抄检大观园"之前就搬出了大观园,回到了污浊的世俗社会,面对粗鄙险恶的嘴脸人心,以致过早的凋零(依判词"自从两地生孤木,致使香魂返故乡"看,当被夏金桂虐待致死)。香菱的命运就是大观园中女子们命运的先兆与缩影。所以有人说,香菱是寓意全书的总纲领。

香菱其人

	信息摘录	回目	人物形象
相貌	门子道:"……他眉心中原有米粒大小的一点胭脂痣,从胎里带来的……"	四	样貌出众 端庄标致
	只见香菱笑嘻嘻的走来。周瑞家的便拉了他的手,细细的看了一会,因向金钏笑道:"到好个模样儿,竟有些像咱们东府里蓉大奶奶的品格儿。"	七	
	贾琏笑道:"……方才我见姨妈去,不防和一个年轻的小媳妇子撞了个对面,生的好齐整模样。……名叫香菱的,竟与薛大傻子作了房里人,开了脸,越发出挑的标致了。"	十六	
	虽在薛蟠房中几年,皆因血分中有病,是以并无胎孕。今复加以气怒伤感,内外折挫不堪,竟酿成干血之症,日渐羸瘦作烧,饮食懒进,请医诊视服药亦不效验。	八十	羸弱不堪 形容憔悴
才情	香菱笑道:"怪道我常弄一本旧诗偷空儿看一两首,又有对的极工的,又有不对的,又听见说'一三五不论,二四六分明'。看古人的诗上亦有顺的,亦有二四六上错了的,所以天天疑惑。如今听你一说,原来这些格调规矩竟是末事,只要词句新奇为上。"	四十八	兰心蕙质 悟性颇高
	(黛玉)"你又是一个极聪敏伶倒的人,不用一年的工夫,不愁不是诗翁了!"……香菱拿了诗,回至蘅芜苑中,诸事不顾,只向灯下一首一首的读起来。宝钗连催他数次睡觉,他也不睡。……黛玉笑道:"共记得多少首?"香菱笑道:"凡红圈选的我尽读了。"		

	信息摘录	回目	人物形象
才情	香菱笑道："领略了些滋味，不知可是不是，说与你听听。"黛玉笑道："正要讲究讨论，方能长进。你且说来我听。"香菱笑道："据我看来，诗的好处，有口里说不出来的意思，想去却是逼真的。有似乎无理的，想去竟是有理有情的。"黛玉笑道："这话有了些意思，但不知你从何处见得？"香菱笑道："我看他《塞上》一首，那一联云：'大漠孤烟直，长河落日圆。'想来烟如何直？日自然是圆的：这'直'字似无理，'圆'字似太俗。合上书一想，倒像是见了这景的。若说再找两个字换这两个，竟再找不出两个字来。再还有'日落江湖白，潮来天地青'，这'白''青'两个字也似无理。想来，必得这两个字才形容得尽，念在嘴里倒像有几千斤重的一个橄榄。还有'渡头馀落日，墟里上孤烟'：这'馀'字和'上'字，难为他怎么想！我们那年上京来，那日下晚便湾住船，岸上又没有人，只有几棵树，远远的几家人家作晚饭，那个烟竟是碧青，连云直上。谁知我昨日晚上读了这两句，倒像我又到了那个地方去了。"	四十八	兰心蕙质 悟性颇高
	香菱忙道："不止时事，这也有出处。"湘云道："'宝玉'二字并无出处，不过是春联上或有之，诗书纪载并无，算不得。"香菱道："前日我读岑嘉州五言律，现有一句说'此乡多宝玉'，怎么你倒忘了？后来又读李义山七言绝句，又有一句'宝钗无日不生尘'，我还笑说他两个名字都原来在唐诗上呢。"	六十二	博闻强识
性格	香菱听了，默默的回来，越性连房也不入，只在池边树下，或坐在山石上出神，或蹲在地下抠土，来往的人都诧异。李纨、宝钗、探春、宝玉等听得此信，都远远的站在山坡上瞧看他。只见他皱一回眉，又自己含笑一回。宝钗笑道："这个人定要疯了！昨夜嘟嘟哝哝直闹到五更天才睡下，没一顿饭的工夫天就亮了。我就听见他起来了，忙忙碌碌梳了头就找颦儿去。一回来了，呆了一日，作了一首又不好，这会子自然另作呢。"宝玉笑道："这正是'地灵人杰'，老天生人再不虚赋情性的。我们成日叹说：可惜他这么个人竟俗了！谁知到底有今日！可见天地至公。"	四十八	勤奋刻苦 用心专一

信息摘录	回目	人物形象
因见他姊妹们说笑，便自己走至阶前竹下闲步，挖心搜胆，耳不傍听，目不别视。一时探春隔窗笑说道："你闲闲罢。"香菱怔怔答道："'闲'字是十五删的，你错了韵了。"众人听了，不觉大笑起来。宝钗道："可真是诗魔了。"		
各自散后，香菱满心中还是想诗。至晚间对灯出了一回神，至三更以后上床卧下，两眼鳏鳏，直到五更方才朦胧睡去了。一时天亮，宝钗醒了，听了一听，他安稳睡了，心下想："他翻腾了一夜，不知可作成了？这会子乏了，且别叫他。"正想着，只听香菱从梦中笑道："可是有了，难道这一首还不好？"……原来香菱苦志学诗，精血诚聚，日间做不出，忽于梦中得了八句。梳洗已毕，便忙录出来。……（写出了）"精华欲掩料应难，影自娟娟魄自寒""博得嫦娥应借问，缘何不使永团圆"（的精彩诗句）。	四十八	勤奋刻苦 用心专一

性格

| 宝玉跌脚叹道："若你们家，一日糟蹋这一百件也不值什么。只是头一件既系琴姑娘带来的，你和宝姐姐每人才一件，他的尚好，你的先脏了，岂不辜负他的心。二则姨妈老人家嘴碎，饶这么样，我还听见常说你们不知过日子，只会糟蹋东西，不知惜福呢。这叫姨妈看见了，又说一个不清。"香菱听了这话，却碰在心坎儿上，反倒喜欢起来了，因笑道："就是这话了。我虽有几条新裙子，都不和这一样的，若有一样的，赶着换了，也就好了。过后再说。"宝玉道："你快休动，只站着方好，不然连小衣儿膝裤鞋面都要拖脏。我有个主意：袭人上月做了一条和这个一模一样的，他因有孝，如今也不穿。竟送了你换下这个来，如何？"香菱笑着摇头说："不好。他们倘或听见了到不好。"宝玉道："这怕什么？等他们孝满了，他爱什么难道不许你送他别的不成？你若这样，还是你素日为人了！况且不是瞒人的事，只管告诉宝姐姐也可，只不过怕姨妈老人家生气罢了。"香菱想了一想有理，便点头笑道："就是这样罢了，别辜负了你的心。我等着你，千万叫他亲自送来才好。" | 六十二 | 纯真爱笑 善良体贴 |

	信息摘录	回目	人物形象
性格	宝玉冷笑道："虽如此说，但只我听这话，不知怎么倒替你耽心虑后呢！"香菱听了，不觉红了脸，正色道："这是什么话！素日咱们都是厮抬厮敬的，今日忽然提起这些事来，是什么意思！怪不得人人都说你是个亲近不得的人。"	七十九	不谙世事 天真专一
	香菱道："不独菱角花，就连荷叶莲蓬，都是有一股清香的。但他那原不是花香可比，若静日静夜或清早半夜细领略了去，那一股香比是花儿都好闻呢。就连菱角、鸡头、苇叶、芦根得了风露，那一股清香，就令人心神爽快的。"金桂道："依你说，兰花、桂花倒香的不好了？"香菱说到热闹头上，忘了忌讳，便接口道："兰花、桂花的香，又非别花之香可比。"	八十	情趣高雅 毫无心机
评价	(癞头僧)指着他大笑，口内念了四句言词，道是：惯养娇生笑你痴，菱花空对雪澌澌。好防佳节元宵后，便是烟消火灭时。	一	有命无运 时乖命蹇
	宝玉看了，不解。遂掷下这个，又去开了"副册"厨门，拿起一本册来，揭开看时，只见画着一株桂花，下面有一池沼，其中水涸泥干，莲枯藕败。后面书云：根并荷花一茎香，平生遭际实堪伤。自从两地生孤木，致使香魂返故乡。	五	性本高洁 一生蒙尘
	(王熙凤)"我心里可惜了的。"	十六	命运不济 惹人怜惜
	宝玉听了，喜欢非常，答应了忙忙的回来，一壁里低头心下暗算："可惜这么一个人，没父母，连自己本姓都忘了，被人拐出来，偏又卖与了这个霸王。"	六十二	

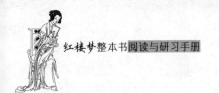

香菱的亲人圈

亲人	信息摘录	回目	人物形象
甄士隐（父亲）	（甄）士隐见女儿越发生得粉妆玉琢，乖觉可喜，便伸手接来，抱在怀中，斗他顽耍一回。…… 夫妻二人，半世只生此女，一旦失落，岂不思想？因此昼夜啼哭，几乎不曾寻死。看看一月，士隐先就得了一病。当时封氏孺人也因思女构疾，日日请医疗病。	一	父母疼爱
薛姨妈（婆婆）	凤姐道："……姨妈看着香菱模样儿好还是末则，其为人行事，却又比别的女孩子不同，温柔安静，差不多的主子姑娘也跟他不上呢，故此摆酒请客的贵事，明堂正道的与他作了妾。过了没半月，也看的马棚风一般了……"	十六	温柔安静 丈夫冷落
	（薛姨妈）"他既不好，你也不许打，我即刻叫人牙子来卖了他，你就心净了。"说着，命香菱"收拾了东西跟我来"，一面叫人去："快叫个人牙子来，多少卖几两银子，拔去肉中刺，眼中钉，大家过太平日子。"……"留着他还是淘气，不如打发了他干净。"宝钗笑道："他跟着我也是一样，横竖不叫他到前头去。从此断绝了他那里，也如卖了一般。"香菱早已跑到薛姨妈跟前痛哭哀求，只不愿出去，情愿跟着姑娘，薛姨妈也只得罢了。	八十	婆婆嫌弃 错当祸根
薛蟠（丈夫）	贾母等回来各自归家时，薛姨妈与宝钗见香菱哭得眼睛肿了。问其原故，忙赶来瞧薛蟠时，脸上身上虽有伤痕，并未伤筋动骨。	四十七	温柔专一
	薛蟠好容易圈哄的要上手，却被香菱打散，不免一腔兴头变作了一腔恶怒，都在香菱身上，不容分说，趕出来啐了两口，骂道："死娼妇，你这会子作什么来撞尸游魂！"香菱料事不好，三步两步早已跑了。薛蟠再来找宝蟾，已无踪迹了，于是恨的只骂香菱。至晚饭后，已吃得醺醺然，洗澡时不防水略热了些，烫了脚，便说香菱有意害他，赤条精光赶着香菱踢打了两下。香菱虽未受过这气苦，既到此时，也说不得了，只好自悲自怨，各自走开。	八十	含羞忍辱 逆来顺受
	薛蟠更被这一夕话激怒，顺手抓起一根门闩来，一径抢步找着香菱，不容分说便劈头劈面打起来，一口咬定是香菱所施。香菱叫屈，薛姨妈跑来禁喝说："不问明白，你就打起人来了。这丫头伏侍了你这几年，那一点不周到，不尽心？他岂肯如今作这没良心的事！你且问个清浑皂白，再动粗卤。"		

亲人	信息摘录	回目	人物形象
薛宝钗（小姑）	宝钗道："妈既有这些人作伴,不如叫菱姐姐和我作伴去。我们园里又空,夜长了,我每夜作活,越多一个人岂不越好。"……一面说,一面命香菱收拾了衾褥妆奁,命一个老嬷嬷并臻儿送至蘅芜苑去,然后宝钗和香菱才同回园中来。	四十八	陪伴小姑不得自由
	香菱笑道："好姑娘,你趁着这个工夫,教给我作诗罢。"宝钗笑道："我说你'得陇望蜀'呢。我劝你今儿头一日进来,先出园东角门,从老太太起,各处各人你都瞧瞧,问候一声儿,也不必特意告诉他们说搬进园来。若有提起因由,你只带口说我带了你进来作伴儿就完了。回来进了园,再到各姑娘房里走走。"		
	香菱听了,喜的拿回诗来,又苦思一回作两句诗,又舍不得杜诗,又读两首。如此茶饭无心,坐卧不定。宝钗道："何苦自寻烦恼。都是颦儿引的你,我和他算账去。你本来呆头呆脑的,再添上这个,越发弄成个呆子了。"香菱笑道："好姑娘,别混我。"一面说,一面作了一首,先与宝钗看。宝钗看了笑道："这个不好,不是这个作法。你别怕臊,只管拿了给他瞧去,看他是怎么说。"		
夏金桂	日日忙乱着,薛蟠娶过亲,自为得了护身符,自己身上分去责任,到底比这样安宁些;二则又闻得是个有才有貌的佳人,自然是典雅和平的:因此他心中盼过门的日子比薛蟠还急十倍。好容易盼得一日娶过了门,他便十分殷勤小心伏侍。	七十九	纯洁温和毫无心机逆来顺受
	(夏金桂)又见有香菱这等一个才貌俱全的爱妾在室,越发添了"宋太祖灭南唐"之意,"卧榻之侧岂容他人酣睡"之心。		
	一日金桂无事,因和香菱闲谈,问香菱家乡父母。香菱皆答忘记,金桂便不悦,说有意欺瞒了他。		

亲人	信息摘录	回目	人物形象
夏金桂	香菱笑道："奶奶有所不知,当日买了我来时,原是老奶奶使唤的,故此姑娘起得名字。后来我自伏侍了爷,就与姑娘无涉了。如今又有了奶奶,益发不与姑娘相干。况且姑娘又是极明白的人,如何恼得这些呢!"金桂道："既这样说,'香'字竟不如'秋'字妥当。菱角、菱花皆盛于秋,岂不比'香'字有来历些。"香菱道："就依奶奶这样罢了。"自此以后遂改了秋字。	八十	纯洁温和毫无心机逆来顺受
	香菱正因金桂近日每每的折挫他,不知何意,百般竭力挽回不暇。听了这话,忙往房里来取。不防正遇见他二人(薛蟠和宝蟾)推就之际,一头撞了进去。		
	香菱无奈,只得抱了铺盖来。金桂命他在地下铺睡。香菱无奈,只得依命。刚睡下,便叫倒茶,一时又叫捶腿,如是一夜七八次,总不使其安逸稳卧片时。		

香菱的朋友圈

朋友	信息摘录	回目	人物形象
林黛玉	话说林黛玉正自情思萦逗、缠绵固结之时,忽有人从背后击了一掌,说道："你作什么一个人在这里?"林黛玉到唬了一跳,回头看时,不是别人,却是香菱。……香菱嘻嘻的笑道："我来寻我们的姑娘的,我他总我不着。你们紫鹃也找你呢,……"一面说着,一面拉着黛玉的手回潇湘馆来了。	二十四	活泼可爱
	香菱因笑道："我这一进来了,也得了空儿,好歹教给我作诗,就是我的造化了!"黛玉笑道："既要作诗,你就拜我作师。我虽不通,大略也还教得起你。"香菱笑道:"果然这样,我就拜你作师。你可不许腻烦的。"	四十八	爽朗率直得人怜爱
	香菱又逼着黛玉换出杜律来,又央黛玉、探春二人："出个题目,让我诌去;诌了来,替我改正。"黛玉道:"昨夜的月最好,我正要诌一首,竟未诌成,你竟作一首来。十四寒的韵,由你爱用那几个字去。"		

朋友	信息摘录	回目	人物形象
史湘云	宝琴想了一想，说了个"老"字。香菱原生于这令，一时想不到，满室满席都不见有与"老"字相连的成语。湘云先听了，便也乱看，忽见门斗上贴着"红香圃"三个字，便知宝琴覆的是"吾不如老圃"的"圃"字。见香菱射不着，众人击鼓又催，便悄悄的拉香菱，教他说"药"字。黛玉偏看见了，说："快罚他，又在那里私相传递呢。"哄的众人都知道了，忙又罚了一杯，恨的湘云拿筷子敲黛玉的手。于是罚了香菱一杯。	六十二	爽朗率直 得人怜爱
袭人	袭人又本是个手中撒漫的，况与香菱素相交好，一闻此言，忙就开箱取了出来折好，随了宝玉来寻着香菱，他还站在那里等呢。袭人笑道："我说你太淘气了，足的淘出个故事来才罢。"香菱红了脸，笑说："多谢姐姐了，谁知那起促狭鬼使黑心。"……袭人道："把这脏了的交与我拿回去，收拾了再给你送来。你若拿回去，看见了也是要问的。"香菱道："好姐姐，你拿去不拘给那个妹妹罢。我有了这个，不要他了。"袭人道："你到大方的好。"香菱忙又万福道谢，袭人拿了脏裙便走。		
众姐妹	大家说着，往前迈步正走，忽见史湘云、平儿、香菱等在山石边掐凤仙花呢。	三十五	娇憨天真 无拘无束
	因近日将园中分与众婆子料理，各司各业，皆在忙时……香菱、湘云、宝琴与丫鬟等都坐在山石上，瞧他们取乐。	五十八	
	说着，来到沁芳亭边，只见袭人、香菱、侍书、素云、晴雯、麝月、芳官、蕊官、藕官等十来个人都在那里看鱼作耍。	六十二	
	外面小螺和香菱、芳官、蕊官、藕官、荳官等四五个人，都满园中顽了一回，大家采了些花草来兜着，坐在花草堆中斗草。	六十二	
	大家来敬。探春那里肯饮，却被史湘云、香菱、李纨等三四个人强死强活灌了下去。	六十三	

（戚锋 撰）

专题研读

　　"通读"指向对作品的整体认知,"研读"则是对作品更深入的理解。《红楼梦》代表了中国古典小说创作的最高峰,呈现出极为卓越的艺术成就和丰富深刻的思想内涵。面对如此卷帙浩繁的巨著,我们需要在通读和泛读的基础上进行有目的、有步骤的精读与研读。

　　研读,是以专题研究为中心的阅读活动。我们可以在通读基础上,对材料做进一步的分析整理,围绕专题开展有目的的研究,从而提高阅读品质,把自己的思维引向深入,从感性认知上升到理性分析。

　　小说研读的核心可以围绕人物与情节两专题展开,这有助于深入理解作品主题及时代意义。本章将带领大家围绕红楼人物及主要事件展开研讨,借助通读过程中搜集的材料(人物表格、事件卡片)进行专题研读实践,丰富作品阅读体验。

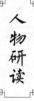

人物研读

🌥 研读目的

　　文学即人学,以叙事为主的小说更是以写人为中心。小说的核心任务就是刻画人物,并通过塑造典型的人物形象来揭示社会生活的某些本质。所以,分析人物形象是读懂小说的关键。研读人物要准确把握主要人物的性格,发掘各色人物的善恶美丑的精神世界,进而挖掘出作者在人物形象上积淀的爱憎之情。

🌥 研读内容

揣摩人物形象,概括人物特点

1. 身份地位、成长环境、现实处境

2. 人生经历、命运结局

3. 外在——教养、气质、风度、仪态

4. 内在——思想性格、精神品质、情感心理、生活态度、人生追求、价值取向

明确形象意义,客观公正评价

通过对作品的整体阅读,透视各种人物的思想及品质,对各色人物做出自己客观公正的评价,进而准确把握作品深刻的主题与内涵。

🌥 研读方法

借助人物塑造方法来分析人物

熟悉小说塑造人物的方法,就可以尝试借助手法分析来认识人物、理解人物。常

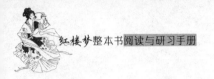

见手法如下：

角度	手法
正面描写——直接描写	概括介绍、细节刻画
	肖像（外貌）、服饰、神情、语言、动作、心理
侧面描写——间接描写	通过其他人物的言行、对话、心理活动等烘托

　　小说人物描写关键在于以形传神，做到形神兼备。如作品写林黛玉"两弯似蹙非蹙罥烟眉，一双似喜非喜含情目。态生两靥之愁，娇袭一身之病。泪光点点，娇喘微微。闲静时如姣花照水，行动处似弱柳扶风。心较比干多一窍，病如西子胜三分"。这段描写显示出少女黛玉的楚楚风韵及多愁善感的特点，同时也刻画出黛玉容貌娇美、体弱多病的形象。

　　再看凤姐服饰着装："头上戴着金丝八宝攒珠髻，绾着朝阳五凤挂珠钗；项上带着赤金盘螭璎珞圈；裙边系着豆绿宫绦、双衡比目玫瑰佩；身上穿着缕金百蝶穿花大红洋缎窄裉袄，外罩五彩刻丝石青银鼠褂，下着翡翠撒花洋绉裙。"服饰的整体色调"彩绣辉煌"，以金色为主，显示出她的富贵与奢侈，暗示了她在贾府中的显赫地位和咄咄逼人的气势。

在情节发展与矛盾冲突中把握人物

　　情节，指由人物间的矛盾冲突所产生的一系列生活事件。情节一般是通过描写人物思想性格和情感欲望的冲突，以及由此引起的人物关系、人物命运的变化来展开的。在情节的展开中，作品通过人物的外貌、行为和心理状态，再现活生生的鲜明个性。所以，欣赏人物形象，应从情节入手，据情论人。把握好故事情节，是读懂小说的关键，是欣赏小说艺术特点的基础，也是整体感知人物的起点。

　　阅读《红楼梦》一方面可以借助多个事件来分析一个人物，如可从进贾府、宝黛初会、共读西厢、联社作诗、题帕葬花等众多典型事件来看黛玉的性格。另一方面，可以从一个矛盾冲突中去看人物的众生相，如宝玉挨打这一情节集中了贾政、宝玉、王夫人、贾母、宝钗、黛玉、袭人等众多人物，展示了父子、母子、夫妻等方方面面的矛盾冲突，分析表层的人与人的冲突可以窥见人物间在思想、意识、观念等方面的深层矛盾。

在典型环境中分析典型人物

　　环境描写是小说艺术的重要内容，是整个作品中不可分割的构成部分，对于增强故事的真实性至关重要。环境（包括自然环境和社会环境），是人物活动的舞台，是形成人物性格、促使人物行动的指定场所和范围。环境描写跟人物的塑造与表现主旨有极其重要的关系。我们在阅读中始终把环境、情节和人物联系起来，才能更好地把握人物特征。

《红楼梦》故事背景虽隐去了具体的时代，但从创作时间看大体可以反映清代康熙、雍正、乾隆时代的社会生活画面，这一时期正是历史上所谓的康乾盛世，在王朝鼎盛的背后存在着种种的矛盾，也隐藏着重重的危机。作品借塑造众多人物展现了王朝末世的众生相，因而分析人物要联系一定的社会背景。

《红楼梦》中人物居所环境的描写，甚至名称的设置都具有明显的象征意义，它们既是人物性格的写照，同时也是人物命运的暗示。如：薛宝钗（蘅芜苑），林黛玉（潇湘馆），贾宝玉（怡红院），李纨（稻香村），贾迎春（缀锦楼），贾探春（秋爽斋）等。

再如林黛玉居住的潇湘馆，"一带粉垣，数楹修舍，有千百竿翠竹掩映……进门便是曲折游廊，阶下石子漫成甬路。上面小小三间房舍……"还有"凤尾森森，龙吟细细""湘帘垂地，悄无人声""一缕幽香""满地下竹影参差，苔痕浓淡"。这份清幽雅致与多情孤高的林黛玉极为和谐一致，是凄美绝伦的黛玉形象的背景衬托，可谓"亦景亦人"。

关注人物的身份地位与背景经历

人，不是孤立的，总是环境中的人，所以说"环境造就人"不无道理。不同的出身地位，不同的家世背景，不同的生活处境有时会造就人物不同的性格。

比如黛玉，她年少丧母，没有兄弟姐妹，她到贾府不是客居，而是寄居。在贾府，她不是名正言顺的主子，也不是嫡亲正宗的小姐，处境尴尬而艰难。初进贾府时父亲林如海虽还在世，但在贾府看似和睦的大家庭背后处处是明争暗斗，黛玉虽被包裹在外祖母浓浓的慈爱中，但依然感到"一年三百六十日，风刀霜剑严相逼"，所以林黛玉时时在意，处处小心，持这种谨慎态度是她寄人篱下思想的反映。

关注人物之间的映衬与对比关系

人物研读可以单个人物分析，也可以将人物分组，通过人物间的关系分析人物性格。如宝黛钗一组，可以通过"金玉良缘"和"木石前盟"看人物的性格；再如钗黛间，既双峰对峙又相映相衬；分析晴雯和袭人可以分别参照黛玉和宝钗；还有"原应叹息"四春姐妹等等。

领会诗词曲赋、图画传说的寓意

首先，红楼诗词不但文采出众，且其中暗含了大量的隐喻和象征。关注前五回画册、判词、红楼梦曲、神话传说可以看出众多主要人物和次要人物的发展和结局。其

次,对比分析人物个性化诗歌创作,更是把握人物特点的有效途径。如黛玉的《葬花吟》《题帕三绝》《咏菊》《秋窗风雨夕》等。

(李楠 撰)

 研读示例

贾宝玉

【贾宝玉其人】

贾宝玉的前世为补天遗石,因凡心大动,被一僧一道携入繁华富贵之地历练,转世为人,即荣国府贾政与王夫人所生的次子。因出生时口衔通灵宝玉,且是贾府玉字辈嫡孙,故取名贾宝玉,人称宝二爷。他与前世为神瑛侍者的甄宝玉形容相同,故与前世为绛珠仙草的林黛玉结下伪"木石前盟"。

【贾宝玉形象】

《红楼梦》第三回曹雪芹以两首《西江月》明贬实褒,总写了贾宝玉的形象。(见著作通读部分)"无故寻愁觅恨,有时似傻如狂"明写其如痴似狂,实赞其多情任性。"纵然生得好皮囊,腹内原来草莽。潦倒不通世务,愚顽怕读文章""于国于家无望""天下无能第一,古今不肖无双"明写其徒有其表,无可用之才——于国非贤臣良相之任,于家无光耀门楣之能;实赞其有奇才且不同流俗——能诗会文,博学杂收,鄙弃世故,厌恶仕途。"行为偏僻性乖张,那管世人诽谤"明写其性情乖张、为人诟病,实赞其特立独行、追求自由。

两首词都是以封建统治阶级评定人才的标准来评定贾宝玉的,实则是作者激愤、讽刺之语,表达其对当时社会的不满。作为封建大家族里的"异类",贾宝玉是一个俊美多情、才华出众、率真任性、不同流俗的反叛者。

一、贾宝玉的俊美

《红楼梦》第三回借林黛玉进贾府,描绘了黛玉眼中英俊多情的少年宝玉——

> 头上戴着束发嵌宝紫金冠,齐眉勒着二龙抢珠金抹额;穿一件二色金百蝶穿花大红箭袖,束着五彩丝攒花结长穗宫绦,外罩石青起花八团倭缎排穗褂;登着青缎粉底小朝靴。面若中秋之月,色如春晓之花,鬓若刀裁,眉如墨画,面如桃瓣,目若秋波。虽怒时而若笑,即嗔视而有情。项上金螭璎珞,又有一根五色丝绦系着一块美玉。

这样的宝玉令黛玉"吃一大惊","像在那里见过一般",扣合二人"木石前盟"的前世因缘。转身拜见王夫人归来，宝玉又换了一身装束：

> 头上周围一转的短发，都结成小辫，红丝结束，共攒至顶中胎发，总编一根大辫，黑亮如漆，从顶至稍，一串四颗大珠，用金八宝坠角；身上穿着银红撒花半旧大袄，仍旧带着项圈、宝玉、寄名锁、护身符等物；下面半露松花撒花绫裤腿，锦边弹墨袜，厚底大红鞋。越显得面如敷粉，唇若施脂，转盼多情，语言常笑。天然一段风骚，全在眉稍；平生万种情思，悉堆眼角。

这是全书对宝玉气度样貌最为详尽的两处描写。这样的好人物、佳公子在家受到万般宠爱，在外也着实让人仰慕。北静王初次见他就有如此评语："名不虚传，果然如'宝'似'玉'……真乃龙驹凤雏，……将来'雏凤清于老凤声'，未可量也。"

二、贾宝玉的多情

1. 对黛玉：眼里心里都是她

主要情节：木石前盟、宝黛初见、共读西厢、黛玉葬花、赠帕定情、宝玉挨打

从小"一桌吃，一床睡"的黛玉对宝玉来说是玩伴，是知己，是恋人。二人的爱情既有世俗男女的暧昧、朦胧、猜忌、吃醋，又超越了世俗男女的情欲，上升到精神世界的交汇与相知。

林黛玉的前身是绛珠仙草，宝黛二人前世有"木石前盟"的因缘，故而第三回宝玉初见黛玉就有"这个妹妹我曾见过"的熟悉。他对黛玉用情至深，处处留意、事事用心，生怕黛玉受委屈。这在很多情节中都有体现。

第十八回，黛玉误会宝玉将自己做的荷包送人，气恼之下剪坏新做的荷包，宝玉上赶着哄林妹妹，并告诉她荷包珍藏在怀里，二人又重归于好。第二十回，因为吃宝钗的醋，黛玉与宝玉拌嘴怄气，说出"我为的是我的心"的话，宝玉当然明白黛玉的心思，就回她："我也为的是我的心。难道你就知你的心，不知我的心不成？"第二十二回，贾母为宝钗过生日，大家一起听戏。心直口快的湘云将黛玉比戏子，宝玉立刻给湘云递眼色，不让她说，生怕黛玉难过，结果却得罪了湘云也惹恼了黛玉。第三十二回，湘云劝宝玉上进，却遭他抢白："林姑娘从来说过这些混账话不曾？若他也说过这些混账话，我早和他生分了。"门外黛玉听了是又惊又喜，"素日认他是个知己，果然是个知己"。随后，宝玉出门望见黛玉便赶上来同她说话，黛玉却故意气他："你死了到不值什么，只是丢下了什么金，又是什么麒麟，可怎么样呢？"一句话又把宝玉说急了，瞅着黛玉半天，方说出了一句"你放心"。这简单却情意深重的话让黛玉眼泪直流，不能自禁，转身离开。宝玉一时恍惚，错把后来的袭人当成了黛玉，向她倾诉衷肠："只等你的病好了，只怕我的病才得好呢。睡里梦里也忘不了你！"宝玉对黛玉

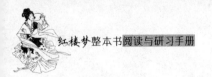

用情至深由此可见。第三十四回，宝玉因"私交戏子、调戏母婢"遭到贾政毒打，贾母、王夫人、王熙凤、宝钗等皆来探问，却独不见黛玉。待众人散去，宝玉于睡梦中听见哭声，醒来只见黛玉"两个眼睛肿的桃儿一般，满面泪光"，宝玉心疼不已，责怪她冒着暑气来，宽慰她自己是装疼不是真疼。到晚间又惦记着黛玉怕她为自己担心，支走袭人，特地让晴雯给黛玉送了两块自己家常用过的旧帕子，黛玉心领神会，二人以帕定情。

宝玉懂得黛玉的孤独、不安、敏感、率真，欣赏黛玉的敏捷才思和独立人格。所以宝玉对黛玉的爱情就不仅仅是男女之爱，更是知己之爱。

第二十三回宝玉原想避开众人读"禁书"《西厢记》，不曾想恰巧被黛玉撞见，于是二人一起并肩共读。林黛玉"接书来瞧，从头看去，越看越爱看，不到一顿饭工夫，将十六出俱已看完，自觉词藻警人，馀香满口。虽看完了书，却只管出神，心内还默默记诵"。张君瑞与崔莺莺一见钟情、终成眷属的爱情让宝黛二人都心生向往，这种不拘身份、不顾礼法的自由平等的情感，在等级森严、礼法严苛的时代多么可贵、多么不易！《西厢记》读罢，意犹未尽，二人不忘收拾落花，掩埋妥帖。读《西厢记》之前，林黛玉原是来葬花的，而宝玉原也是不忍落花遭踏而欲将其付诸流水的。所以，对于美和生命，对于青春和爱情，他们有相同的感受，都为此迷恋或伤感；所以，虽未署名，宝玉也知道那首《桃花行》出自颦儿之手，不由得眼泪掉下来。他们是真正的灵魂和精神相通的知己。

2. 对宝钗：发乎情止乎礼

对宝钗这个姨表姐，宝玉也是动了情的，不过是"发乎情，止乎礼"。

第八回宝钗生病，宝玉去探望，二人并肩赏通灵宝玉，又引出了宝钗幼时得病所得的金锁。通灵宝玉上镌刻的"莫失莫忘，仙寿恒昌"与宝钗所戴金锁上的"不离不弃，芳龄永继"恰是一对，这就是"金玉良缘"了。此时他眼中的宝钗"唇不点而红，眉不画而翠，脸若银盆，眼如水杏"，真真也是个美人坯子。宝钗的美和身上的香气吸引了青春年少的宝玉，这就怪不得随后进来的黛玉生出一段醋味十足的调侃了。

第二十八回宝玉要看宝钗的红麝串子，"宝玉在傍看着雪白一段酥臂，不觉动了羡慕之心"，"再看看宝钗形容，只见脸若银盆，眼似水杏，唇不点而红，眉不画而翠，比林黛玉另具一种妩媚风流，不觉就呆了"，结果被黛玉看在眼里，骂他"呆雁"。这种爱慕纯乎是对美好事物的喜爱。

但对宝姐姐的爱慕却是远远敌不过对林妹妹的至情。这在第三十六回中明白清楚地表达出来。当时袭人不在，宝玉午睡，宝钗在床边绣鸳鸯并摇扇为其驱蚊虫，却"忽见宝玉在梦中喊骂说：'和尚道士的话如何信得？什么是金玉姻缘，我偏说是木石姻缘！'薛宝钗听了这话，不觉怔了"。聪明如宝钗，从此断了对宝玉的念想。宝钗貌美、多才又持重周全，为何宝玉却对她敬重多于爱恋？最关键的原因是宝玉与宝钗缺少精神上的契合与相知：宝钗劝他在经济学问上上进些，而林妹妹绝不说这"混账话"；金钏投井，宝钗宽慰王夫人说金钏不过是个丫头，而林妹妹对花草尚且有情，更不会对活生生的一个人冷漠……

可以说，宝钗用她的沉稳、大方赢得了宝玉的敬重、爱慕，但真正走进宝玉内心的却是黛玉。

3. 对湘云：怜惜疼爱

心直口快、乐观豪爽的史湘云从小与宝玉厮混长大，宝玉心里自是一时不见挂着念着的。听闻史湘云有金麒麟，他从众多礼物中偷偷藏起一个金麒麟准备给她，结果被黛玉臊着了脸。第三十三回，大家忙着联诗，宝玉与湘云却一拍即合，大啖鹿肉。湘云自小失了父母疼爱，宝玉有好吃好玩的就给她留着。这个"爱哥哥"对湘云的情感是怜惜，是疼爱。但也有冷脸相对的时候，那就是不能跟他谈仕途经济，因为那是宝玉所深恶痛绝的。第三十二回，湘云劝他多会会为官做宰的，谈谈仕途学问，他立刻变脸："姑娘请别的姊妹屋里坐坐，我这里仔细污了你知经济学问的。"

4. 对袭人：依赖敬重

袭人是贾母派来服侍宝玉的通房丫头，后来升成王夫人默认的宝玉的妾。她为人细致、体贴，思虑周全。服侍贾母时心里眼里都是贾母，服侍宝玉则心里眼里都是宝玉。而宝玉对袭人的情感是既依赖又敬重，如长姐如慈母。第十九回写袭人回家才半日，宝玉就亲自去探望。袭人故意拿离开贾府试探宝玉，竟惹得他泪痕满面。

5. 对晴雯：赤诚相待

晴雯美貌聪慧、心灵手巧、言语伶俐，有个性，不流俗，样貌与个性都与黛玉相似，故而宝玉常常是纵着她的：晴雯生病，他忙着嘘寒问暖、请医用药；晴雯气恼，他搬来匣子，陪着撕扇以博美人一笑；晴雯被逐，他一心挂念、私下探望；晴雯死了，他撰《芙蓉女儿诔》，焚香供奉，亲自读与她听。正如袭人所说，晴雯人不在了，这名字却是不会轻易忘记的。为何宝玉对晴雯用情如此？除了她的样貌性情与黛玉相类之外，最关键的是在宝玉心中晴雯是美好的存在：曾铺床叠被，也曾病中补裘，聪明伶俐是她，自由自在是她……

6. 对丫头：平等爱护

对丫头们，宝玉没上没下地胡闹、吃酒、打牌，尤其是还有吃女孩子嘴上胭脂的癖好，抓周的时候专拿脂粉钗环之类，难免让人误会宝玉是好色之徒、风流浪子了。可

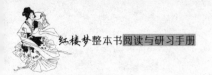

是贾母也说，原以为宝玉"只和丫头们闹，必是人大心大，知道男女的事了，所以爱亲近他们。既细细查试，究竟不是为此"。究竟是为何呢？因为他有颗多情悲悯的心。

地位卑微的戏子，他也当作一个可爱的生命去怜惜。看见龄官在地上画"蔷"不止，他心里就想："这女孩子一定有什么话说不出来的大心事，才这样个形景。外面既是这个形景，心里不知怎么熬煎。看他的模样儿这般单薄，心里那里还搁的住熬煎。可恨我不能替你分些过来。"

看龄官画"蔷"被雨淋湿，急回怡红院却叫不开门，宝玉气恼之下误伤了袭人，正懊悔不已。晴雯偏又跌坏了扇子，宝玉要赶晴雯出园，闹得众丫头纷纷跪下替晴雯求情，宝玉却说了这样一句话："叫我怎么样才好？这个心使碎了也没人知道！"这样说着，竟流下泪来。

他确实是为别人操碎了心，书中有很多这样的情节足以证明。他怕晴雯手冷，便替她暖着；薛蟠要娶妻，宝玉替香菱忧虑；妙玉要丢刘姥姥用过的成窑杯，他劝其送给刘姥姥卖钱度日；他自己烫了手不觉，反倒问人疼不疼；自己被大雨淋得水鸡似的，却反告诉龄官快避雨去罢；麝月晚上给他倒茶，他也要嘱咐："披上我的袄儿再去，仔细冷着"……

日常里，宝玉房里的丫头即使做了出格的事儿或者闯了祸，宝玉每每都将错揽在自己身上，即使丢了通灵宝玉也谎称自己弄丢，生怕丫头们受罚；看见花开花谢，也要思虑女孩子们嫁人会不会失了灵性，生怕大观园里如花的女孩子们走散开去。

生在富贵人家的贵公子，却平等待人、真心爱人，这是贾宝玉的真性情，也是这个人物的可贵动人之处。

7. 对同性：清浊有别

"女儿是水作的骨肉，男人是泥作的骨肉。我见了女儿，我便清爽；见了男子，便觉浊臭逼人"，这是被传为笑谈的宝玉名言。贾宝玉为什么讨厌男性？

其一，他身边聚集的男性丑恶。长辈中贾赦妻妾成群、寻欢作乐，而自己的父亲动则训斥、道貌岸然；同辈中，贾珍与儿媳私通，贾琏拈花惹草、放高利贷、干扰司法、行贿受贿；亲戚里，薛蟠草菅人命、无恶不作……这样的男性世界自然让他心生厌恶。

其二，他身边聚集的女性美好。多情的黛玉，聪慧的宝钗，率真的晴雯，为人做事不输男子的熙凤，各美其美的"四春"……她们是大观园中的百花，各有各的好，各有各的美。

但是，男性终究是世界的主宰。于是大观园里美好的女性们或死或走，她们的命运仍然掌握在主宰世界的男性手里。因而对男性世界的厌恶实则表达了贾宝玉对当时社会的不满和批判,对美好的女性世界的肯定则表达了对这样的社会的向往。所以,从这个意义上说,宝玉作为一个觉醒的个体,必然不会去拯救已经朽烂的家族,因为那是他所痛恨的、厌恶的所在。

贾宝玉厌恶所有的男性吗? 并非如此。秦钟、柳湘莲、蒋玉菡、甄宝玉、北静王皆为他所欣赏的男性。秦钟之死让宝玉悲戚多日,不能自已;柳湘莲与蒋玉菡虽是卑微戏子,然宝玉平等交之、意气相投;见了甄宝玉,恨自己是生在富贵之家的浊物;而对北静王,宝玉素闻他的贤德,"且生得才貌双全,风流潇洒,每不以官俗国体所缚。每思相会"……显然,这些男性与宝玉气度相似,气味相投,是污浊男性世界的一股清流,宝玉对他们自然也会有知音相遇、惺惺相惜之感了。

宝玉反叛传统,不同流俗,注定不是家族的传承者和复兴者。

8. 对万物: 心怀悲悯

花草入目,万物动情。在宝玉眼里心里,自然界的花儿草儿就如同鲜活的青春年少的人一样都是值得珍视的生命,都是值得他为之忧喜动情的。

第三十五回,傅秋芳家的两个婆子见了他之后,有这样一段对话:"大雨淋的水鸡似的,他反告诉别人'下雨了,快避雨去罢'……看见燕子,就和燕子说话;河里看见了鱼,就和鱼说话;见了星星月亮,不是长吁短叹,就是咕咕哝哝的。"

第二十三回,宝玉携一本《西厢记》坐于沁芳闸桥边的桃花底下,一阵风"把树头上桃花吹下一大半来,落的满身满书满地皆是。宝玉要抖将下来,恐怕脚步践踏了,只得兜了那花瓣,来至池边,抖在池内"。而恰遇黛玉,又得了以花冢葬花之法。二人情投意合、爱花惜花。第二十七回宝玉"看见许多凤仙、石榴等各色落花,锦重重的落了一地",叹着气将落花收拾了,"登山渡水,过树穿花,一直奔了那日同林黛玉葬桃花的去处来",不想却听闻了林黛玉的悲歌。宝玉"听到'侬今葬花人笑痴,他年葬侬知是谁','一朝春尽红颜老,花落人亡两不知'等句,不觉恸倒山坡之上,怀里兜的落花撒了一地"。由此想到黛玉、宝钗、香菱、袭人等如这些花儿一样终归有无可寻觅之时,而自身尚不知身在何处,不由悲痛大哭起来。

总之,多情是贾宝玉最突出的形象特点,这种多情源于他对人对物的悲悯情怀。他珍视身边那些美好的人和物,但这些人和物都不可避免地走向或即将走向毁灭,这带给他无尽的忧伤。他为黛玉哭、为可卿哭、为金钏哭、为晴雯哭、为龄官哭……晴雯死后,宝玉想到司棋、入画、芳官等人的命运,不由悲从心起:"大约园中之人不久都要散的了"。这种对万物对生命的悲悯,到了世人眼里就是无缘无故的寻愁觅

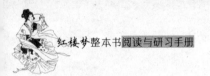

恨、似傻如狂了。从这一层面上想，贾宝玉又是孤独的。唯一的知己就是黛玉，故而也就像生命一样珍视了。鲁迅先生评宝玉"宝玉亦渐长，于外昵秦钟蒋玉菡，归则周旋于姊妹中表以及侍儿如袭人晴雯平儿紫鹃辈之间，昵而敬之，恐拂其意，爱博而心劳，而忧患亦日甚矣"。

三、贾宝玉的多才

《红楼梦》第十七、十八两回，大观园建成，贾政借为园内各处景观题匾额之机考查宝玉才情。宝玉不仅应对敏捷，而且所拟匾额、对联新颖别致，皆有来源典故解说。这让平日里难见笑影、让宝玉惧怕不已的贾政也"点头微笑"，对其颇为满意。晴雯死后，他为其所写的《芙蓉女儿诔》读来令人动容，黛玉夸赞其新奇，甚至"可与曹娥碑并传的了"。第七十八回贾政现场命题，宝玉写就《姽婳词》，众人听罢连连称妙，无论才情还是思想都远超贾环、贾兰。大观园里众姐妹历次结社写诗，宝玉虽不及钗黛，却也有诸多佳作可圈可点，连薛宝钗都说他"每日家杂学旁收的"。所以说，宝玉的才学极高，只不过不在仕途学问上下功夫而已。

【贾宝玉结局】

1. 爱情悲剧：依据《红楼梦》八十回本，宝玉婚恋结局未明，但曹雪芹早已在第五回借宝玉梦游太虚幻境听到的《终身误》预言了他的爱情结局：

> 都道是金玉良姻，俺只念木石前盟。空对着，山中高士晶莹雪，终不忘，世外仙姝寂寞林。叹人间，美中不足今方信。纵然是齐眉举案，到底意难平。

惺惺相惜、互为知己、情投意合终敌不过家族、世俗与天命，世人眼中令人艳羡的金玉良缘，却是宝玉心底深深的叹惋与遗憾，他终是难忘世外仙姝林妹妹。

2. 个体悲剧：多情、自由、富有才情与生命力的少年终究辜负了家族复兴的使命，"究竟是到头一梦，万境归空""赤条条来去无牵挂"。他无力改变那个时代，却也如流星划过，带来光芒。

（赵莲峰 撰）

林黛玉

【林黛玉其人】

林黛玉美丽多情，才华卓著，品格才学超人一等。在大观园的诸多女子中，她遗世独立的孤高品格，多愁善感的独特性格，让她成为一众女子中的翘楚，给我们留下了深刻的印象。前尘过往，她是神瑛侍者灌溉下的一株仙草；今时今日，她是宝玉在大观园中的一位知己。在林黛玉身上，我们也许可以看到作者理想的寄托。而她丰富多变的性格，数百年来也成为人们津津乐道的话题。那就让我们一起来走近林黛玉，细细品味这个复杂而又富有魅力的人物。

【林黛玉形象】

一、神妃仙子——林黛玉的美丽

林黛玉的外貌无疑是美丽而且极具特点的。书中并没有直接进行林黛玉的外貌描绘，而是通过王熙凤的口和贾宝玉的眼将黛玉的外貌生动刻画出来。

书中第三回"金陵城起复贾雨村 荣国府收养林黛玉"有林黛玉进贾府和宝黛初会这两个经典情节。精明能干的王熙凤在初次见到林黛玉时，虽说揣度贾老夫人对待林黛玉的态度，但也发自内心的这样称赞道："天下真有这样标致人物，我今儿才算见了！"

> 这熙凤携着黛玉的手，上下细细打谅了一回，仍送至贾母身边坐下，因笑道："天下真有这样标致人物，我今儿才算见了！况且这通身的气派，竟不像老祖宗的外孙女儿，竟是个嫡亲的孙女。怨不得老祖宗天天口头心头一时不忘。只可怜我这妹妹这样命苦，怎么姑妈偏就去世了！"

而宝玉更是以他独特的方式，表达了对黛玉的赞美。

> 细看形容，与众各别：
>
> 两弯似蹙非蹙罥烟眉，一双似喜非喜含情目。态生两靥之愁，娇袭一身之病。泪光点点，娇喘微微。闲静时如姣花照水，行动处似弱柳扶风。心较比干多一窍，病如西子胜三分。

王熙凤看到的是黛玉容貌之形，那么宝玉则看到的是黛玉容貌之神。通过熙凤的口，我们也许可以想象出一个容貌精致姿态妍丽的黛玉；但只有通过宝玉的眼，我们才真正看到黛玉美丽容貌的神魂——愁怨，病弱，聪慧。这是一个美丽却愁苦、娇弱的女孩，她就此走进了我们的视野。

二、才华卓绝——林黛玉的才情

在大观园的一众女儿中，林黛玉无疑是最具才华的，而且她从不掩饰自己的才情，她的生命也满是诗情画意。诗词是她品味生命，体会生活，表达内心的一种形式。超越常人的见识，让她敏锐地体察到自己寄身贾府，看似荣华实则无依的凄凉，以及生命转瞬即逝的悲哀。这是她的幸运，也是她的不幸。

在初入贾府的时候，黛玉就已经表现出非同寻常的才华。被贾母问及读了什么书，黛玉一开始实话实说，说已经读完了四书。这可非同小可，要知道，黛玉初入贾府时，也不过十岁的稚龄，而读完了四书，并非随意翻阅，是要听老师讲解并熟识于心的。再联系贾雨村曾做过林家的西席，教导的就是林黛玉，林家也是打小就把黛玉充作男儿教养的。由此可见，黛玉从小聪慧，她的才华，也并不止于诗词。她欣赏有才华的人和物，并不拘泥于闺阁女儿的标准。她还有一目十行，过目不忘的才能。所以，在元妃省亲的时候，黛玉很不满只让女儿家简短作上一首诗词，一挥而就完成了自己的作品之后，还有余力替宝玉捉刀代笔，帮助宝玉在规定时间内交上了诗作。足可见黛玉才华卓著，且锋芒毕露。（第十七、十八回）

黛玉虽然不常带头起诗社，可是回回诗社，黛玉作诗又快又好，名次被大家公推三甲之内。而且，她不仅自己诗写得好，还很会做先生。黛玉教香菱学诗，期间自有对诗歌独到的见解，足可见黛玉才华高绝，有过人之处。（第三十七、三十八回）

黛玉的才华，并不是刻意显露出来的，而是与生俱来刻入骨髓的。黛玉从来不把诗词当作生活的消遣，更不是她身价的粉饰，而是当作生命的吟唱，灵魂的舞蹈。所以，她会写下《葬花吟》，表达自己内心的凄惶与无奈；会在宝玉差晴雯送来的旧帕之上，题诗三首写尽自己内心的情绪。这些都是她生命的感悟与记录。（《葬花吟》见第二十七回，"题帕诗"见第三十四回）

黛玉的才华在大观园的群芳齐艳中是超逸绝伦的。

三、敏感多疑——林黛玉的"小性儿"

正是因为林黛玉才情卓逸，见识非常，她才更为自尊自强，要求人格的平等与独立。但她年幼失怙，虽有贾母的疼爱，但终归是上无父母护佑下无兄弟扶持的孤女，在贾府中寄人篱下。因而，她自尊要强的底气是不足的，所以才拿出所有的尖刺和铠甲武装自己脆弱的内心。她不愿意让人看轻了去，对情感的追求更是容不得些许瑕疵。这在旁人看来，就表现为敏感多疑，尖酸刻薄，爱使小性子。

林黛玉的敏感多疑，在送宫花这一情节上表露无遗。而她那随手的一抛，随口的一句更显示出她对于自己寄居的身份、在主家不受重视的在意，以及她不愿意受人施舍的心态。（第七回）而且，黛玉受不得别人拿她来和戏子比较。闲聊调侃的一句玩笑，却让黛玉怒意横生，很是吵闹了一番。她疑心别人在内心轻贱她飘零无依的身份，强硬地维护自己的尊严。（第二十二回）

黛玉是宝玉的知己，两人在情感上是志同道合的。只是在宝玉挨打以旧帕相赠之前，黛玉对两人之间青梅竹马的感情，一直是不自信的。她尊重宝玉，倾慕宝玉，把宝玉视作自己的知己和同道。同时，她也期待，宝玉也能这样看待自己。但是，黛玉对从小厮混在脂粉堆里的宝玉，并无十足的信心。她并不能确定，宝玉是否也真的将自己视作知己和同道,像自己尊重他一样,他也能平等地看待自己。所以,黛玉对宝玉的任何轻慢和忽视,都表现出十分的愤怒。因为她猜疑,宝玉慢待自己,不尊重自己。

宝玉的无心之语,无心之失,往往会引来黛玉的伤心难过。往往是两个人大闹一场,结果以宝玉的赔不是收场。一次黛玉疑心宝玉把荷包给了别人,一气之下,将马上要做好的荷包也剪了去。这就是黛玉无法忍受宝玉对自己所赠之物的轻慢之心。(第十七、十八回)第二十九回中,只因些许误会、丁点猜疑,本是互相担心的两人却是着实吵闹得惊天动地。(第二十九回)还有一次,两个人赔不是赔来赔去,闹得连一向宽和的宝钗都看不下去了,出言讥讽二人。(第三十回)

由此看来,林黛玉的确敏感多疑,好使小性儿,但这源自于她的自尊与真实。

四、孤标傲世——林黛玉的清高

黛玉是孤傲清高的,正如她在《问菊》中所言"孤标傲世偕谁隐",这正是她自己的真实写照。黛玉就是那世外仙姝,不落入凡尘俗世之中。她既不愿也不屑在凡俗事务中纠缠,只遗世独立,冷眼旁观。她不愿与世相俯仰,只停留在自己的一方小天地中。有时看起来,这似乎有些不近人情。因而王夫人在金钏死后,需要准备入殓的新衣时,才会有那样一番感慨:

> 宝钗叹道:"姨娘也不必念念于兹,十分过不去,不过多赏他几两银子发送他,也就尽主仆的情了。"王夫人道:"刚才我赏了他娘五十两银子,原要还把你妹妹们的新衣服拿两套给他妆裹。谁知凤丫头说可巧都没什么新做的衣服,只有你林妹妹作生日的两套。我想你林妹妹那个孩子素日是个有心的,况且他也三灾八难的,既说了给他过生日,这会子又给人妆裹去,岂不忌讳。因为这么样,我现叫裁缝赶两套给他。要是别的丫头,赏他几两银子也就完了,只是金钏儿虽然是个丫头,素日在我跟前比我的女儿也差不多。"口里说着,不觉泪下。宝钗忙道:"姨娘这会子又何用叫裁缝赶去,我前儿到做了两套,拿来给他岂不省事。况且他活着的时候也穿过我的旧衣服,身量又相对。"王夫人道:"虽然这样,难道你不忌讳?"宝钗笑道:"姨娘放心,我从来不计较这些。"一面说,一面起身就走。王夫人忙叫了两个人来跟宝姑娘去。

在王夫人眼中,黛玉是个有心之人,不如宝钗那般宽容大度,但是黛玉似乎并不是很在意这些。所以,我们在贾府众多事务当中,几乎是看不到黛玉的身影。她也从不对经济事务有什么样的态度和看法。她只像她的《葬花吟》中所说的那样"质本洁来还洁去",像她在《咏白海棠》中说的那样"碾冰为土玉为盆",像她在《问菊》

中说的那样"孤标傲世偕谁隐，一样花开为底迟"。

黛玉的清高，就像她潇湘馆里的竹子，有节有品，独立于世外，不为尘世所累。

五、善良真诚——林黛玉的"多情"

这个美丽多才的女子，其实也是善良而多情的。她待人以诚，几乎没有心机城府。她重情重义，从来不以身份论交。她细腻敏感，总会在别人注意不到的地方，体验出幽微的深意。

她待紫鹃情同姐妹，紫鹃甚至僭越丫鬟的身份，因为担忧她，而代她去试探宝玉。香菱想要学习作诗，宝钗有所顾忌不愿教，黛玉却当仁不让，自愿做起了教导香菱的老师。（第四十八回）黛玉不以情感论亲疏，不以身份别差距。她是赤子心性，待人待事问心无愧。

所以，尽管因为宝玉，黛玉总是对宝钗诸多挑剔，但是宝钗不计前嫌，把她当作妹妹一般教导的时候，黛玉也是真心感激她的，将宝钗当作亲姐姐一般敬佩。而当宝钗细致体贴帮她解决燕窝补品难题之时，林黛玉更是感怀在心，前嫌尽释。（第四十五回）

因为性格不合，细致敏感的林黛玉和豪爽人气的史湘云有过颇多口角，却也在独有史湘云安慰她的时候，心中感念，不忍拂了她的豪气，两人在凹晶馆月下联诗。（第七十六回》）

黛玉多思易感，她的情感世界，远比别人丰富细腻。她对情的追求更纯粹，在她的世界里，情是最重要的。

她会为春天掉落的繁花而哭泣悲哀。细心打扫，埋葬落花，立冢哀悼。立于院墙之外听到《桃花扇》的唱词时，她会联想到自身处境而潸然泪下。她会在宝玉送来旧帕时，惊喜忧惧，五味杂陈，千回百转，一言难尽。

黛玉善良真诚，她重情痴情却又伤于情。

六、任情任性——林黛玉的真性情

正是因为黛玉重情，她才会任情任性。在她看来，情感是高于一切的准则，本心是大于一切的要务。黛玉并不是一个不知进退、不知礼仪的蠢钝女子。恰恰相反，她知礼守仪，进退有度。从第三回林黛玉第一次进入贾府的几处细节就可以看出。

在先后拜会了两位舅舅，王夫人留饭的时候，黛玉的回答既表现出了对于王夫人殷勤留饭的感谢，也委婉表达了首次进府需回贾母处用餐的必要。虽是客套话，却十分得体。

和姐妹们一起用餐，当她发觉贾府的习惯与自家习惯不同时，她先仔细观察，而后按部就班地照做，既未显出与众不同，也没表现得怯懦小气。

贾母和宝玉先后问"读过什么书没有"时，黛玉不同的回答，表现出她对于世事人心的洞察。第一次贾母问她，她照实回答，然而当她问起姐妹们读什么书时，贾母却说不过是睁眼瞎子罢了。这时黛玉敏锐地抓住了贾母对待女子读书的态度。因而当宝玉再度问起时，她就很见机地改为不过些许认得几个字罢了。这样顺着贾母的意愿而为，着实表现出林黛玉对于世事的明悟和对于人心的敏锐。

从这些事例可以看出，黛玉从来不是一个不知世情的单纯女子。她并非不能够长袖善舞，在世事凡俗中如鱼得水，而是不愿意让自己违背本心去做虚与委蛇的事儿。实在是"非不能也，实不为也"。

所以黛玉很少去做讨人欢心的事情，不开心就是不开心。当她和宝玉闹别扭的时候，使小性子就是使小性子。哪怕闹得满府不宁，连贾母都为他们着急上火，黛玉也从未想过要改变。因为在她看来本性如此，何须改变。

同样，如果真心痛惜，真情流露，黛玉也从来不会去加以掩饰。宝玉挨打之后，黛玉心痛难当，一改默默流泪的形象，一双眼睛哭得如同桃儿一般，她担心宝玉，想去探望，也就顺从本心悄悄去了，丝毫没想过要找一个理由来加以遮掩。

她爱《西厢记》《桃花扇》的语词华美，读来满齿留香。那就顺心意读了，不去考虑这样的书，是否有违闺阁礼仪。

香菱想要学诗，黛玉只看香菱是真心实意想学，是真心热爱诗歌，就全不顾及女子无才便是德的闺阁训诫，也不在意香菱作为婢妾奴仆的卑微身份，就认认真真地做起了老师。

林黛玉，任情任性，遵从本愿，顺心而为，她并非不了解这个世界的规则，而是不愿意为了屈从世界的法则，扭曲了自己的本心。她是遗世独立于尘俗之外的。

七、离经叛道——林黛玉的叛逆性

林黛玉是那个时代天然的叛逆者，这并不是说她清楚明白地认识到那个时代的局限与落后，从而作为一个完全的觉醒者，与当时的社会彻底决裂，而是说林黛玉性格和认知当中的一些特点，本身就与当时的"经"和"道"相背离。

林黛玉任情重情，但那个时代却更重礼守制。所以宽和有度、进退守礼、不逾规矩的宝钗，显然要比随性而为、只求痛快、不讲规矩的黛玉更符合那个时代的要求。女子无才便是德，林黛玉显然是有才而失德的。

林黛玉求真纯、重本心，而那个时代却求功名、重利禄，甚至为了利禄功名、仕途经济，可以折损本心、扭曲本性。贾雨村一路发迹的过程，再明白不过地说明了这

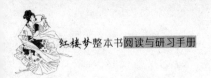

一点。从一开始还顾念恩人，到后来甘为四大家族驱使，指鹿为马糊涂判案，贾雨村着实代表了被那个时代所认可的价值取向。所以，林黛玉必然会被那个时代压抑和束缚。她无法挣脱，就只能被抛弃或吞噬。林黛玉是那个时代天然的叛逆者，在这点上她和贾宝玉一样。

林黛玉是飘忽云端、误落凡间的世外仙草，她是纯粹的。她追求的是精神上的通透与契合。她是一个理想的想象，是一种纯粹而绝对的精神情感的寄托，她更像可望而不可即的梦，并不属于现实。

【林黛玉结局】

在一百二十回本中，林黛玉最终因为王熙凤的调包计，含恨焚稿断情，在宝玉娶宝钗的时辰病逝于潇湘馆中。虽然根据钗黛的判词和《红楼梦曲》，黛玉最终应该是泪尽而逝，但是，续书的情节却让黛玉无可避免的命运悲剧变成了一场闹腾的世俗悲剧。

我们从《红楼梦曲》的《终身误》和《枉凝眉》中，大体可以推测黛玉的结局。《终身误》从宝玉的视角来看宝钗。"都道是""俺只念""空对着""终不忘"足可看出金玉良缘已成，只是宝玉却始终念念不忘黛玉。宝玉宝钗虽结为了夫妻，有"举案齐眉"之谊，但也只是相敬如宾。宝玉"到底意难平"，难以在与宝钗的婚姻中寻到和黛玉那样灵魂契合的相知相得。所以可以推测，木石终是"前盟"，黛玉应该在金玉已结良缘之前便病逝了吧。这才让宝玉即便对着聪颖高洁的宝钗，即使成就了人人称道的"金玉良缘"，依然抱憾感慨"人间美中不足"啊！《枉凝眉》则从黛玉的视角来看"木石前盟"，直说两人是有缘无分，虽是牵念情深，却最终只是"镜中花""水中月"的一场虚妄。而林黛玉又有多少眼泪可以经得起春夏秋冬成年累月的流淌呢？自然是泪尽而逝了。绛珠仙草终是还了神瑛侍者一世的眼泪。

林黛玉是误落凡间的世外仙草，她是纯粹的。她追求的是精神上的通透与契合。她是一个理想的想象，是一种纯粹而绝对的精神情感的寄托，她更像可望而不可即的梦，并不属于现实。

（胡艳彬 撰）

薛宝钗

【薛宝钗其人】

薛宝钗一直是《红楼梦》中最有争议的一个人物，有人说她虚伪、世故，笔者不敢苟同。宝钗和黛玉合为一个判词，有人认为是曹雪芹把心目中完美的女子形象通过她二人合二为一了，倒是很有道理。

在宝钗的判词中，"可叹停机德"表明宝钗有着与乐羊子妻同样的品格，判词结尾"金簪雪里埋"也交代了宝钗的悲剧结局。

【薛宝钗形象】

薛宝钗是一个既热心又冷淡的人，两种截然相反的性格在宝钗身上一点都不矛盾。因为宝钗既是最接地气的俗世之人，又是看透一切的高人。

宝钗生的病是"胎里带来的一股热毒"，脂批说"凡心偶炽，是以孽火齐攻"，体内的热毒需要服用冷香丸缓解。冷香丸的配方中，要用春、夏、秋、冬四季的白花之蕊。"蕊"者，花之精髓也。牡丹、荷花、芙蓉、梅花分别象征了高贵、淡雅、娇艳、坚贞四种品性。蜂蜜、白糖味甘，黄柏性苦，合起来就是"甘苦"二字。所以一副"冷香丸"就是象征宝钗"历着炎凉，知着甘苦，虽别离亦能自安"的特点。

第五回宝钗出场，曹雪芹便迫不及待地直接出来把宝钗和黛玉做对比，宝钗的特点一目了然，而从这段描述中，我们更能看到曹雪芹对宝钗的正面评价。

> 不想如今忽然来了一个薛宝钗，年岁虽大不多，然品格端方，容貌丰美，人多谓黛玉所不及。而且宝钗行为豁达，随分从时，不比黛玉孤高自许，目无下尘。故比黛玉大得下人之心，便是那些小丫头子们，亦多喜与宝钗去顽。

黛玉是曹雪芹心中超凡脱俗、清高孤傲之人，这里却拿来与宝钗比较，体现了二人各自的优势和弱点。青春小儿女天真单纯，在大观园里他们度过了最美好的青春年华，同样，大观园的衰亡昭示了他们美好的青春即将走向凋零。青少年的相处，是自然单纯的。有人说宝钗老练圆滑，其实这也跟她的经历有关。小小年纪就要经历选秀入宫担负"家道中兴"的责任，在贾府寄人篱下看人颜色，又要为母亲保面子，又要为惹事的哥哥薛蟠收拾烂摊子，这些担子担在一个少女身上似乎过于残忍，宝钗是个受害者，所以我们称她成熟识大体更公平。

一、容貌丰美

第五回中曹雪芹写道："宝钗，生得肌骨莹润，举止娴雅。"第八回有："唇不点而红，眉不画而翠，脸若银盆，眼如水杏。"

第六十三回，签上画着一枝牡丹，题着"艳冠群芳"四字。

二、才气过人

1.智商高

宝钗从小就饱读诗书，天资聪慧，在《红楼梦》中，薛宝钗所作诗达十几首，才情

与黛玉不分高下，其中以咏白海棠诗、咏菊诗、咏螃蟹诗最为有名。其中咏白海棠诗被李纨评为第一，认为"这诗有身分""含蓄浑厚"，探春表示赞同，黛玉只能屈居第二。咏白海棠诗如下：

珍重芳姿昼掩门，自携手瓮灌苔盆。胭脂洗出秋阶影，冰雪招来露砌魂。

淡极始知花更艳，愁多焉得玉无痕。欲偿白帝凭清洁，不语婷婷日又昏。

在诗歌创作方面她提出了很多高明的见解，如力求创新。第七十回《林黛玉重建桃花社　史湘云偶填柳絮词》有这样一段描述：

宝钗笑道："终不免过于丧败。我想，柳絮原是一件轻薄无根无绊的东西，然依我的主意，偏要把他说好了，才不落套。

于是她作了一首《临江仙》，新颖别致：

蜂团蝶阵乱纷纷。几曾随逝水，岂必委芳尘。　万缕千丝终不改，任他随聚随分。韶华休笑本无根，好风凭借力，送我上青云！

宝钗也反对作诗过于求新巧，在第三十七回她对湘云说：

"诗题也不要过于新巧了。你看古人诗中那些习钻古怪的题目和那极险的韵了，若题过于新巧，韵过于险，再不得有好诗，终是小家气。诗固然怕说熟话，更不可过于求生，只要头一件立意清新，自然措词就不俗了……"

书中这样的例子有很多，就不一一赘述了。

不单如此，她对文学、艺术、历史、医学以至诸子百家、佛学经典，都有广泛的涉猎。她知识渊博，如元妃归省的时候，对宝玉诗中"绿玉"改"绿腊"的指点，宝玉连声赞她是"一字师"。还有，贾宝玉信口说《鲁智深醉闹五台山》是热闹戏，薛宝钗马上背出戏文中的一套《寄生草》……

她对艺术创作也有着深刻的理解。在第四十二回，惜春要画大观园，众人七嘴八舌没个主意，薛宝钗从绘画时要考虑的园子布局、远近疏密、人物穿插，乃至用笔、原料方面做了指点。曹雪芹用大量的笔墨列举了宝钗为惜春列的绘画用具的单子，光要用的笔就有上百种，着实考究，充分体现了她在绘画方面的造诣。

2.管理能力强

在第五十六回，探春和宝钗共同制定园子的改革措施，缓解贾府的经济危机。在探春提出公开竞标的创意措施时，宝钗大力支持，但同时也指出片面求利带来的后果。薛宝钗建议，承包者年终时拿出若干吊钱来分给在园中辛苦的老妈妈们，让她们也能分享改革的成果。薛宝钗这一"小惠"主张，不仅兼顾了大多数人的利益，同时也为承包者的经营提供了新的保证，的确是一个符合"惠而不费"原则的双赢策略。

宝钗还进行了治安管理,每晚加强巡查,保证改革成果。在她的建议下,探春的改革大获成功,人们对宝钗也心服口服。

宝钗还深谙商业用人管理之道。如第六十七回:

> "那同伴去的伙计们,辛辛苦苦的来回几个月,妈妈和哥哥商议商议,也该请一请,酬谢酬谢才是。别叫人家看着无理似的。"

三、为人处世周到热心

说她是最接地气的俗世之人,是因为薛宝钗对每个人都尽最大可能照顾,总是在别人最需要帮助的时候伸出援手,因此得到了从上到下各色人的喜欢、赞扬。

1.对失去双亲的湘云

她能体会失去双亲寄人篱下的湘云的难处,多次伸出援手。

一次,袭人想让湘云做针线活,宝钗知道后,马上说湘云"在家里竟一点儿作不得主","做活做到三更天","家里累的狠"的苦衷,责怪她"怎么一时半刻的就不会体谅人情",并主动接去了要湘云做的活计。

在史湘云搬进大观园却没钱起诗社时,她懂得湘云的难处,替其出钱助她办螃蟹宴。为了照顾湘云的面子,她私下和湘云说:"你家里你又作不得主,一个月通共那几串钱,你还不够盘缠呢。这会子又干这没要紧的事,你婶子听见了,越发抱怨你了。"她想到的是湘云的情况和这样做的后果,也顾及到了湘云的自尊心。

因此,这位性情豪爽的湘云,这样称赞宝钗:"这些姐姐们,再没一个比宝姐姐好的,可惜我们不是一个娘养的——我但凡有这么个亲姐姐,就是没了父母,也是没妨碍的。"

2.对充满敌意的黛玉

对于黛玉的敌意,宝钗往往采取回避的态度。但在关键时刻,宝钗又会为其着想。在第四十二回行酒令时,黛玉不小心说出《西厢记》中句子,宝钗把黛玉叫到蘅芜苑,说了许多语重心长劝告和提醒的话。

在第六十七回,哥哥薛蟠买了很多礼物给贾府里的人,宝钗特意为黛玉挑选礼物,不仅与众不同,且又加厚一倍。因为这是黛玉家乡的特产。宝钗了解黛玉的心思,对她很是用心,这不是装出来的。

第四十五回,在黛玉生病时,也是她及时送燕窝去看黛玉。此时一向讽刺宝钗的黛玉,主动认错,感激之情溢于言表。

3.对待被打的宝玉

宝玉挨了打,宝钗来探望,并送来了一丸药,叮嘱袭人"晚上把这药用酒研开,替

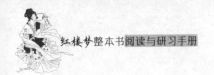

他敷上，把那淤血的热毒散开，可以就好了"。可见关心备至。

4. 对待传递私情的下人

在第二十七回，宝钗扑蝶时不小心听到红玉和坠儿关于红玉与贾芸互相传递情物的对话。被发现时，宝钗谎称是来寻黛玉的。有人认为是宝钗嫁祸给黛玉，心机虚伪。其实宝钗本来也是去找黛玉的，情急之下假装黛玉藏起来了，也实属正常，这是为了不让别人也不让自己尴尬。况且宝钗听到了她们的谈话，虽然认为他们是"奸淫狗盗的人"，也没有泄露或利用，又哪能说她心机虚伪呢？

在探春兴利除弊之时，众婆子对于宝钗对大观园的管理方案心服口服，交口称赞："姑娘说的狠是。从此姑娘、奶奶只管放心，姑娘、奶奶这样疼顾我们，我们再要不体上情，天地也不容了。"

5. 对待喜欢听戏的贾母

在听戏时，虽然是宝钗自己的生日，但她为了让贾母高兴，故意点了贾母爱听的，体现了她的高智商，更体现了高情商。

宝钗的雪中送炭，周到细心，怎能不令人动容？

四、有时又冷淡"无情"

第六十三回，宝钗抽到牡丹签，背面写道："任是无情也动人。"这里的无情更可以理解成是一种理智，她比别人更能看透一切，所以她是看透一切的高人。

第六十七回，薛姨妈和薛蟠正为尤三姐自尽、柳湘莲入道感到惊讶和惋惜时，宝钗的一席话极为冷静。生死不可逆，怜惜眼前人，在别人眼里是不是近似无情的理智？不过，人生本来就是这样，只是大家不愿承认而已。

【薛宝钗结局】

爱情悲剧：《红楼梦曲》中的《终身误》暗示宝钗嫁给了宝玉，"空对着，山中高士晶莹雪；终不忘，世外仙姝寂寞林。……纵然是齐眉举案，到底意难平"。即使"金玉良姻"是前世的注定，二人做了夫妻，也改变不了宝玉心里只有一个黛玉的事实，宝钗也只能落得空对无言的结局。又如第二十二回中，宝钗写谜语"朝罢谁携两袖烟，琴边衾里总无缘"二句更加印证了这一悲剧命运。谜语还写到："焦首朝朝还暮暮，煎心日日复年年。"女子嫁人，寻找的是归宿，宝钗却独守空房，无法倚仗，更无法互诉衷肠，煎熬日日年年，何其悲也。

个人悲剧：曹雪芹塑造的宝钗虽不是奸恶之人，但宝钗绝顶聪明，能看透世事，她虽知道封建大家庭内藏的毒瘤，却不反抗，甚至有推波助澜之嫌，虽有所改革，但一切也只能是杯水车薪。所以她注定替代不了宝玉心中那个高傲清冷、富有反抗精神的林妹妹。

社会悲剧：曹雪芹塑造了不合儒家道统的林黛玉，又塑造了符合儒家礼教、可审时度势的薛宝钗，就是要通过二人的悲剧命运体现社会的悲剧性。

（韩伟燕 撰）

王熙凤

【王熙凤其人】

王熙凤是金陵世族王家的女儿，贾琏之妻，贾母的孙媳妇，王夫人的内侄女。深得贾母的宠爱和王夫人的赏识，是贾府赫赫有名的管家，贾府的实际掌权者。

她是贯穿整个《红楼梦》的重要人物之一，在《红楼梦》的所有人物中，她的形象最完整，也最丰满。如果说《红楼梦》中四百多个人物组成了一张错综复杂的人际关系网的话，那么，作为贾府管家的王熙凤就处在这张网的中心，将贾府内外长幼、尊卑、亲疏、嫡庶、主奴各色人等联结在了一起。因而，这个人物形象具有独特的艺术价值。

王熙凤到底是个怎样的人呢？

书中第二回冷子兴向贾雨村演说荣国府，提到王熙凤时，说了这样一段话："谁知自娶了他令夫人之后，到上下无一人不称颂他夫人的，琏爷到退了一射之地。说模样又极标致，言谈又爽利，心机又极深细，竟是个男人万不及一的。"王熙凤的容貌、才干、性情从中可见一斑。

【王熙凤形象】

一、端庄美丽又泼辣俗气

身为大家闺秀，王熙凤外表标致，容貌美丽。而日常生活中，她喜欢穿金戴银，常穿大红大绿的衣服，于华贵艳丽中又略显俗气张扬。

第三回林黛玉初进贾府，在见过的众人中，王熙凤的穿衣打扮给黛玉留下了深刻的印象。

> 这个人打扮与众姑娘不同，彩绣辉煌，恍若神妃仙子：头上戴着金丝八宝攒珠髻，绾着朝阳五凤挂珠钗；项上带着赤金盘螭璎珞圈；裙边系着豆绿宫绦、双衡比目玫瑰佩；身上穿着缕金百蝶穿花大红洋缎窄裉袄，外罩五彩刻丝石青银鼠褂；下着翡翠撒花洋绉裙。一双丹凤三角眼，两弯柳叶吊梢眉；身量苗条，体格风骚；粉面含春威不露，丹唇未启笑先闻。

相似的描写还有一处。刘姥姥一进荣国府时，去见王熙凤，一进屋里，看见"那

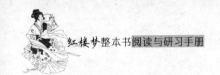

凤姐儿家常带着秋板貂鼠昭君套，围着攒珠勒子，穿着桃红撒花袄，石青刻丝灰鼠披风，大红洋绉银鼠皮裙，粉光脂艳，端端正正坐在那里，手内拿着小铜火箸儿拨手炉内的灰。"（第六回）

从以上描写可见，王熙凤模样标致，楚楚动人，的确不同凡响；穿戴打扮精雕细琢，通身珠光宝气，华贵异常，又格外俗气。

除了正面描写，书中还有侧面表现。例如，关于王熙凤的美貌，我们能侧面从贾瑞对待王熙凤的态度中得到印证。贾瑞正是在宁国府庆寿辰的家宴上见到了王熙凤的美貌，开始有了非分之想，从此迷恋沉溺其中，难以自拔，最后落得个害相思病而死的结局。

作为贾府"一人之下，万人之上"的管家，她仰仗着贾母和王夫人的信任，行事做人都极其张扬泼辣。在贾母面前，贾府众人包括邢、王夫人在内，"个个皆敛声屏气，恭肃严整"，王熙凤却人未到而笑先闻，"一语未了，只听后院中有人笑声，说：'我来迟了，不曾迎接远客！'"连黛玉都不禁纳罕"这来者系谁，这样放诞无礼"？"心下想时，只见一群媳妇丫鬟围拥着一个人从后房门进来。……黛玉连忙起身接见。贾母笑道：'你不认得他，他是我们这里有名的一个泼皮破落户儿，南省俗谓作'辣子'，你只叫他'凤辣子'就是。'"接着，她又叮嘱林黛玉"在这里不要想家，想要什么吃的、什么顽的，只管告诉我。丫头、老婆们不好了，也只管告诉我。"（第三回）王熙凤的张扬和泼辣由此可见一斑了，而且从贾母和众人习以为常的表现来看，这也是王熙凤为人处事的一贯作风。

二、精明强干又心狠手辣

1. 精明强干，能力卓越

王熙凤精明强干，能力卓越。虽然身为女子，却巾帼不让须眉，一般的男人也比不上她，是贾府乃至当时社会当之无愧的"女强人"。

首先，王熙凤口才好，有非凡的语言表达能力。

冷子兴说她"言谈又爽利"；周瑞家的说她"要赌口齿，十个会说话的男人也说他不过"；说书的女艺人夸她"奶奶好刚口，奶奶要一说书，真连我们吃饭的地方也没了"；尤氏等人取笑她是"吃了猴儿尿"的，才如此这般伶牙俐齿。由此可见王熙凤非凡的语言才能，不仅得到贾府及其亲朋的公认，就连说书的女艺人也对她佩服赞叹不已。她一气儿说出的"祖婆婆、太婆婆、婆婆、媳妇、孙子媳妇、重孙子媳妇、亲孙子、侄孙子、重孙子、灰孙子、滴滴搭搭的孙子、孙女儿、外孙女儿、姨表孙女儿、姑表孙女儿……"，让众人听她说着就已经笑了；她还能一面斟酒，一面笑说《掰谎记》，

"未曾说完,众人俱已笑倒。"(第五十四回)这些都说明了王熙凤口才极佳,表达能力极强。不仅如此,即便是身边的丫鬟,王熙凤也对她们有口才的要求。她对李纨说:"嫂子你不知道,如今除了我随手使的几个丫头、老婆之外,我就怕和他们说话。他们必定把一句话拉长了作两三截儿,咬文咬字,拿着腔儿,哼哼唧唧的,急的我冒火,他们那里知道! 先时我们平儿也是这么着,我就问着他:难道必定妆蚊子哼哼就是美人了? 说了几遭才好些儿了。"她对红玉的赏识和提拔,也是始于红玉口才好,能利索齐全地说清楚四五门子的话,夸她"这一个丫头就好。方才两遭,说话虽不多,听那口声就简断。"(第二十七回)萌生了向宝玉要人的念头,实现了红玉"飞上高枝"的愿望。

其次,作为"大管家",王熙凤还有非凡的领导管理才能。偌大的荣国府,被二十来岁的她管理得井井有条,秩序井然。不仅如此,第十三回中,当秦可卿去世,宁国府一片混乱之时,在贾珍的央告下,她前去协理宁国府,更是她管理才华的集中体现。

她考虑周全,赏罚分明,令行禁止,保证执行效率。在纷繁复杂的事件中,她能一针见血地发现问题的实质,找到宁国府管理混乱的根源所在。

> 这里凤姐儿来至三间一所抱厦内坐了,因想:头一件是人口混杂,遗失东西;第二件,事无专执,临期推委;第三件,需用过费,滥支冒领;第四件,任无大小,苦乐不均;第五件,家人豪纵,有脸者不服钤束,无脸者不能上进。此五件实是宁国府中风俗。

发现问题后,能找到妥善的解决方案,制定相应的管理制度。她将所有人员进行明确分工,令其各司其职,难以互相推诿,宁府众人"不似先时只拣便宜的做,剩下的苦差没个招揽。各房中也不能趁乱失迷东西。便是人来客往,也都安静了,不比先前一个正摆茶,又去端饭,正陪举哀,又顾接客。如这些无头绪、荒乱、推托、偷闲、窃取等弊,次日一概都蠲了"。真正做到了威重令行,秩序井然。当有违纪现象时,又有分明的惩罚制度,保证了制度的有效性,实现了令行禁止的管理效果。刚到宁国府时,她就三令五申,给众人打好"预防针":

> "既托了我,我就说不得要讨你们嫌了。我可比不得你们奶奶好性儿,由着你们去。再不要说你们'这府里原是这样'的话。如今可要依着我行,错我半点儿,管不得谁是有脸的,谁是没脸的,一例现清白处治。"

一天有人因睡迷糊而迟到了,她的处置办法是:"'明儿他也睡迷了,后儿我也睡迷了,将来都没了人了。本来要饶你,只是我头一次宽了,下次人就难管,不如开发的好。'登时放下脸来,喝命:'带出去,打二十板子! '一面又掷下宁国府对牌:'出去说

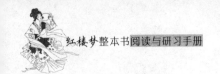

与来升，革他一月银米！'众人听说，又见凤姐眉立，知是恼了，不敢怠慢，拖人的出去拖人，执牌传谕的忙去传谕。那人身不由己，已拖出去挨了二十大板，还要进来叩谢。凤姐道：'明日再有误的，打四十，后日的六十，有要挨打的，只管误！'"（第十三回）正是因为有如此令行禁止、赏罚分明的严格管理，才保证了宁荣两府之人能兢兢业业，不敢有丝毫的偷闲躲懒。

2.心狠手辣，阴险狡诈

在精明强干之外，王熙凤又有着心狠手辣、阴险狡诈的一面。贾琏的贴身小厮兴儿评价她："嘴甜心苦，两面三刀，上头一脸笑，脚下使绊子，明是一盆火，暗是一把刀：都占全了。"（第六十五回）在对贾瑞"毒设相思局"和将尤二姐"赚入大观园"并借刀杀人两件事上，就充分体现了她的这一特点。

当王熙凤知道贾瑞对自己有非分念想时，她一方面明里假意挑逗、虚情承诺；一方面暗里又耍弄折磨、威胁恐吓，将贾瑞玩弄于股掌之间，使其身体和精神都受到巨大创伤，最终一病不起，后又一命呜呼。虽说贾瑞的所作所为有悖伦理，他的悲剧有其咎由自取之处，但罪不至死，而王熙凤却偏要陷贾瑞于"相思局"中，不可谓不阴险歹毒。

在对待软弱的尤二姐时，王熙凤的阴险狠毒更是表现得淋漓尽致。当她得知尤二姐住处后，假装满腹委屈，哭哭啼啼，赚取尤二姐的信任，跟随她来到大观园。接着，她调开尤二姐的丫鬟，换上自己的人，在生活上虐待尤二姐。故意带尤二姐去见贾母，让其失去贾府中最高统治者的信任和喜爱，令其产生羞愧之心。同时，广泛制造舆论，让人知道尤二姐品行有亏，而自己却是宽宏大量。此外，还借刀杀人，在贾琏娶秋桐为妾后，天天煽动秋桐辱骂尤二姐，对其进行精神上的折磨。最终，在饱受身心的双重戕害后，尤二姐饮恨吞金自杀，走向了人生的绝路。作为这个悲剧的设计者和操纵者，王熙凤真可谓是"机关算尽"，阴险狡诈、心狠手辣得令人发指。

三、奉承迎合又弄权作势

1.八面玲珑，善于逢迎

为了巩固自己在贾府的地位，王熙凤察言观色，奉承迎合，处处讨取兄弟姐妹、妯娌长辈，特别是贾府最高统治者贾母的欢心。

刚见到林黛玉时，她夸赞林黛玉"这通身的气派，竟不像老祖宗的外孙女儿，竟是个嫡亲的孙女"，一句话既恭维了贾母，又夸了黛玉，还顺带夸了在座的探春、惜春。再比如逛大观园的时候，贾母说她小时候摔了一跤，头上落下一个疤，有一个窝，凤姐马上就说："寿星老儿头上原是个窝儿，因为万福万寿盛满了，所以狠凸高出些来了。"（第三十八回）如此吉利喜庆的话，贾母听来当然高兴受用。当贾母因为贾赦强娶鸳鸯而生气的时候，凤姐儿道："谁教老太太会调理人，调理的水葱儿似的，怎么怨得人要？我幸亏是孙子媳妇，若是孙子，我早要了，还等到这会子呢。"她的这种假贬真褒的奉承，自然让贾母心里美滋滋、热乎乎的，不快也就烟消云散了。

正是王熙凤的八面玲珑和善于逢迎，让她赢得了贾母的喜爱、包容和大力支持，使她贾府管家的地位牢不可破。

2. 贪财好利，玩弄权势

王熙凤贪财好利，欲壑难填。靠着手中荣国府管家的权力，她克扣下人的月钱，拖延主子月钱的发放，即便是贾母、王夫人的月钱，她也敢扣着不发放，让心腹拿着这些钱到外面去放高利贷，为自己谋取了不少私利。书中对这一点虽着笔不多，但却反复提到，耐人寻味。

第十六回就通过平儿告诉凤姐来旺嫂子来过的事，提到了王熙凤在外放债的事，后来又借平儿跟袭人的对话将这件事情明明白白地说了出来。当袭人问起"这个月的月钱，为什么还不放"时，"平儿见问，忙悄悄说道：'迟两天就放了。这个月的月钱，我们奶奶早已支了，放给人使了。等利钱收齐了才放呢。你可不许告诉一个人去。'袭人笑道：'难道他还短钱使，何苦还操这心？'平儿笑道：'这几年拿着这一项银子，他的月例、公费放出去，利钱一年不到，上千的银子呢！'袭人笑道：'拿着我们的钱，你们主子、奴才赚利钱，哄的我们呆呆的等着。'"（第三十九回）王熙凤就是这样利用贾府众人的钱财，谋取一己私利，从而中饱私囊的，从中不难看出她追求金钱的强烈欲望。

如此贪妄的举动引起了贾府上下广泛的不满。且不说一干下人和赵姨娘等，就连高高在上的王夫人也曾多次问过凤姐关于月钱发放的事。如第三回林黛玉刚进荣国府时，王夫人就问"月钱放过了不曾"，第三十六回，王夫人再次问起这事："正要问你，如今赵姨娘、周姨娘的月例多少？""可都按数给他们？""前儿我恍惚听见有人抱怨，说短了一吊钱，是什么原故？"虽然王熙凤每次都能巧妙地蒙混过关，但由此可见，关于月钱的闲话已经传到了王夫人的耳中，甚至引起了王夫人的不满。面对众人的不满，她不反思自己的行为，却企图用谩骂恐吓来堵住悠悠众口。王熙凤"冷笑道：'我从今已后到要干几样毒事了。抱怨给太太听，我也不怕。糊涂油蒙了心、烂了舌头、不得好死的下作东西，别作娘的春梦！明儿一裹脑子扣的日子还有呢。如今裁了丫头的钱，就抱怨了咱们。也不想一想是奴儿，也配使两三个丫头！'一面骂，一面方走了"。（第三十六回）这是何等的嚣张跋扈！

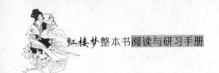

为了追求金钱，王熙凤不仅在内克扣，还在外弄权。她玩弄权势，不惜草菅人命。在铁槛寺中，当老尼静虚求她干预金哥和守备之子婚姻时，她赤裸裸地说："你叫他拿三千银子来，我就替他出这口气。"（第十五回）之后，命令仆人旺儿"假托贾琏所嘱，修书一封，连夜往长安县"，让节度使云光办理此事，逼得一对小情侣为之殉情。可是，凤姐不仅没有感到不安，反而坦然地"坐享了三千两"，且自此"胆识愈壮，以后有了这样的事，便恣意的作为起来"。（第十六回）为了金钱，王熙凤人性泯灭，全然丧失了敬畏之心。正如她自己所说："从来不信什么是阴司、地狱、报应的，凭是什么事，我说要行就行。"（第十五回）

有这样一个贪财好利，喜欢玩弄权势的管家，贾府又怎能避免衰败的结局呢！所以，从某种意义上说王熙凤是偌大贾府的蠹虫，她加速了贾府"大厦将倾"的败落进程。

【王熙凤结局】

王熙凤的结局是悲惨的，在贾府被抄家后，本就生着病的王熙凤，病情益发严重，最后病死。而结合整部作品来看，她的死有身心双方面的原因。

首先是身体原因。王熙凤本就有妇科病，因为要强，操劳而小产，落了个下红之症，对身体损伤很大。其次，贾府败落使得王熙凤每天忧心忡忡；失去贾母这座靠山后，她的内心也不免惊惶。而贾府被抄时，王熙凤放高利贷以及与官府勾结草菅人命之事彻底败露，由此所带来的恐惧才是对她最致命的打击。病重的身体，忧惧的内心，最终让王熙凤年纪轻轻就命丧黄泉。正如《聪明累》所说："机关算尽太聪明，反算了卿卿性命。"

（成颖 撰）

元 春

元春在《红楼梦》中是一条隐线，若有若无，既似神龙雾隐，又如鹤唳九霄，但她在宫中的升沉荣辱，又和贾府的盛衰紧紧相依。也正因如此，《红楼梦》中所有涉及到元春的情节，其实都带着浓浓的无力的悲凉气息。

元妃"才选凤藻宫"，但其实她的才并不十分高。省亲时她对诸姊妹说"我素乏捷才，且不长于吟咏"实非虚言，所以脂批评她作的绝句："诗却平平，盖彼不长于此也，故只如此。"而论作文，她说"异日少暇，必补撰《大观园记》，并《省亲颂》等文，以记今日之事"。然而日后差人送来的，却是一首"无甚新奇"的灯谜诗，宝钗等人

"一见就猜着了"。由此可见，其才实在平平，至少比不上大观园里的众多姊妹。

说到底，元妃入选，凭的全是她温柔恭顺、"朝乾夕惕"的"贤德"。我们从《红楼梦》里冠以"贤"字的"贤袭人""贤宝钗"就可以明白，所谓的贤德，无非就是封建制度下，女子归驯于男子，所谓柔顺迎合的德行罢了。元春之"贤德"，全在她之恪守国法家规，谨小慎微。所以她极力避免奢华太过，"忙命换'省亲别墅'四字"，在外人面前，也全是一副谨守仪范的模样。

然而这全出于其自愿么？只有在面对至亲时，元春才"满眼垂泪""呜咽对泣""半日，方忍悲强笑"，说出"当日既送我到那不得见人的去处……一会子我去了，又不知多早晚才来……"这番话后，"不禁又哽咽起来"。这一刻，权力、等级失去了威严，人性、亲情支配着人的行为。也只有这时候，我们才看到了作为人而非工具，或者封建制度下皇帝附庸的元春。然而终究只是暂时，当太监启奏请驾回銮，元春再难过，再抓住贾母、王夫人的手不忍释放，"怎奈皇家规范，违错不得"，也"只得忍心上舆去了"。

因元春被加封为贤德妃，宫里太监先后传贾政、贾母等入宫时，贾府众人的表现是"不知是何兆头""惶惶不定"，直到确认消息，才又"欣然踊跃"起来。命运系于一人，而悲喜同样系于一人，是何等的悲哀与讽刺。至元妃正式省亲，面对父亲贾政，隔帘含泪，说出"田舍之家，虽齑盐布帛，终能聚天伦之乐；今虽富贵已极，骨肉各方，然终无意趣"这番话时，又蕴含了多少说不出的酸辛与苦楚。个人运命与家族盛衰相系的无奈，深在其中了。然而，面对这样深情的剖白，贾政却以"谨慎恭肃以侍上"这样的话对之。于是元春也只能嘱以"只以国事为重，暇日保养，切勿记念"。幻梦破灭，也只好收起温情，"忍心"如此。——终于是要"业业兢兢、勤慎恭肃以侍上"，永远不得解脱、不得宽慰。

作为家族的大姐，元春承担着本不属于自己的、荫庇家族的责任。她或许不愿，但最后竟然就这样在宫里待下去了，甚至得了"贤德妃"的称号。她难道不想如大观园里诸姊妹一样，逞才作诗，优游卒岁么？她难道不想任凭自由，想哭便哭，想留便留么？可是她不可以，她是"元妃"，她承担着贾府的盛衰，她之安危升沉，决定了诸位姊妹是否还能过那样优游的日子。于是她只好"忍悲强笑""忍心上舆"。

"二十年来辨是非，榴花开处照宫闱。三春争及初春景，虎兔相逢大梦归。"宫中沉浮二十载，又不知付出多少心力，勤慎恭肃，以"贤德"侍上待人，忍了多少悲容，背地里流了多少眼泪。大观园里的"三春"纵然才高吟咏，得一时之自由，又哪里比得上宫闱深处的"初春"呢？无她含垢忍辱，何来大观园里短暂的荣华安宁？这样的荣华

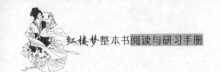

安宁终于也不长久，"虎兔相逢"，元春死在宫闱，再无力荫庇家族了。当然，也终于得了解脱——不再需要背负着整个家族的期待与兴亡了。

迎 春

在《红楼梦》众多光彩夺目的女性形象中，贾府"四春"的二小姐迎春显得十分黯淡，甚至有些平庸。她没有显赫的身世，本是贾赦之妾所生，母亲又早亡，未曾得到父兄的任何关心；她没有出众的外表，只是"温柔沉默，观之可亲"，给人留下的唯一印象就是神恬意静、不声不响的公府千金；她也没有引人瞩目的才华，大观园中种种热闹的"文娱活动"似乎都与她无关。比起煊赫耀眼的元春、机敏好强的探春，以及黛玉、宝钗、湘云等众多才学不输须眉的姐妹，包括在绘画上独有一技之长的小妹惜春，迎春都显得很普通——她猜错了元妃的灯谜，行酒令出韵，就连大观园中最热闹的诗社活动，也由于"不大会作诗"被李纨安排做了"誊录监场"，园中姐妹私下的集会活动，她也很少积极出席。

家世、品貌、才学上毫不出众的迎春，在性格上也显得平庸失色。她既没有黛玉、探春那样的棱角，也不像宝钗那样处世圆润。她唯一的特征就是没有个性，也没有任何对于自身利益的诉求，就连自己的财物累金凤被奶妈偷去，她也只对责问她的邢夫人说"只有他说我的，没有我说他的"；司棋试图帮她出头的时候，她只能拿出《太上感应篇》默默躲在一边；甚至贴身丫鬟司棋被逐的时候，她也只好无可奈何地任凭周瑞家的处置，"连一句话也没有"。就这样，迎春成了那个不经意就会被人忽略的存在。在旁人看来，她就是个软弱的"懦小姐"，是个"戳一针也不知嗳哟一声"的"二木头"。

没有为自己说过一句话，没有为自己争取过一样好处，处处都在逃避冲突，普通得有些平庸的公侯千金贾迎春，是金陵十二钗中最先迎来悲剧命运的一位。这样从不生事、温柔沉默的她，不声不响地被父亲当作财物赔送给了祖上军官出身、攀附贾家的孙绍祖，而她的出嫁也和她的人一样没有存在感，在众人已经自顾不暇的大观园中，只有宝玉一人来到她曾经的居所紫菱洲，"信口吟成一歌"为她送行。

迎春的出嫁，拉开了"三春去后诸芳尽"的序幕。然而故事还没有结束，"中山狼"孙绍祖"全不念当日根由"，不仅骄奢淫逸，还对她恶语相向"你老子使了我五千银子，把你准折卖给我的"。从判词中我们得知，迎春不堪这样的羞辱和折磨，一年后便香消玉殒，结束了她平凡而不幸的一生。然而，即便是这样不中用的"二木头"，也是位有感情、有知觉的善良女子,她曾对王夫人哭诉"我不信我的命就这么不好!从小儿没了娘,幸而过婶子这边过了几年心净日子,如今偏又是这么个结果"。看到全书中迎春唯一的一次倾诉,恐怕无人不会为此唏嘘吧?她何尝不知道自己的处境呢,只是无可奈何而已。甲戌本在迎春的曲子《喜冤家》后有脂批:"题只十二钗,却无人不有,无事不备。"迎春这样的形象,也是那个时代众多毫无自主性、任人摆布的平凡女性的一个缩影。

探 春

探春是荣国府贾政与奴婢出身的妾室赵姨娘所生的女儿,贾府众人口中的"三姑娘"。她名列金陵十二钗正册第四位,先于其二姐迎春,蕴含了曹雪芹对这个人物不同寻常的寄托。

探春生性要强,自尊且敏感,又有独特的襟怀抱负。她志高才精,虽然是庶出,但受到贾母的重视,初次出场就获得了"顾盼神飞,文采精华,见之忘俗"的评价。她亲近王夫人,对待生母赵姨娘却疏离冷漠,一方面表现出嫡庶制度下的功利观念,一方面也反映出她强烈的自尊心。搬入大观园后,探春居于秋爽斋,门前是"桐剪秋风"的匾额,"正中设大理石大案","案上设着大鼎",无一不透出探春身上与大观园众女子不同的简爽大气。她发起海棠诗社,并说出"孰谓莲社雄才,独许须眉;直以东山之雅会,让余脂粉"这样超迈时代的惊人之语。抄检大观园一夜中,只有探春态度坚决,严厉拒绝抄检,保护了自己的丫鬟。双方争执时王善保家的伸手翻开了探春的衣裙,探春"登时大怒",毫不犹豫地打了王善保家的一掌,果敢刚毅的个性一览无余。

在贾府"四春"之中,探春向来被认为是最具有政治家气魄和才干的一位,正如脂砚斋赠她的"敏""识"二字评语。探春拥有着非凡的才能和警醒的眼光,在这个表面花团锦簇的封建大家族中扮演着"觉醒者"的角色。王熙凤病倒时,探春被选中暂时管理贾府,她改革条例,奖惩下人,雷厉风行,公私分明,力图革除贾府之中的弊端。抄检大观园时,探春"秉烛而待"前来抄检者,愤而发出"百足之虫"之论,先于众人意识到贾府"烈火烹油"的繁华之下是各人心怀鬼胎、逐渐腐朽的结局。虽然探春短暂的改革和清醒的认识没能拯救贾府的命运,但她依然无愧于王昆仑先生"大观园中唯一具备政治风度的女性,是行将没落的侯门闺秀中的改革者"的评价。

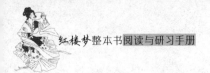

纵然不凡如此，在众芳凋落的大观园中，探春收获的只能是骨肉分离、哭损残年的破碎幻象。在太虚幻境里，探春同样隶属薄命司，判词写道："才自精明志自高，生于末世运偏消。清明涕送江边望，千里东风一梦遥。"第五回中，《分骨肉》已经预示了她远嫁的结局。在第六十三回众人抽花名签的夜宴上，探春抽到"杏花"签，题诗为"日边红杏倚云栽"，且有"得此签者，必得贵婿"的注。看似富贵安乐，然而王妃之尊也不过是系于游丝的单薄风筝。第二十二回中探春作元宵节灯谜："阶下儿童仰面时，清明妆点最堪宜。游丝一断浑无力，莫向东风怨别离。"谜底的"风筝"和探春其他诗词内反复出现的"丝"的意象正是她身不由己、飘摇异乡的命运隐喻。

惜　春

在贾府"四春"中，惜春年龄最小，也是最容易被人忽略的一个。林黛玉初进贾府时，曹雪芹只写她"身量未足，形容尚小"，并无外貌上的细节描写。之后大观园中关涉惜春的情节也不多，因她在诗文上无过人之处，很难引人注目，只有刘姥姥进大观园时，贾母提到过惜春会画画。她的性格孤僻内敛，不喜与众人往来——"天生成一种百折不回的廉介孤独僻性"（第七十四回）。这一人物，在大观园众女子中无疑是独特的存在。

惜春的判词已明白地预示了其命运——"可怜绣户侯门女，独卧青灯古佛傍"，出家为尼是她最终的结局。作者在第七十四回《惑奸谗抄检大观园　矢孤介杜绝宁国府》中对惜春着墨相对较多。王熙凤在抄检大观园时，发现惜春的大丫头入画箱中有一大包金银锞子、一副玉带板子和男人的鞋袜等物，原来是入画的哥哥为防父母挥霍赏银，悄悄递进来托她帮忙保存。尽管不是大错，但私自传递毕竟违反了府上的规矩，其实稍微惩罚以防下次再犯即可。但惜春却说："这些姊妹，独我的丫头这样没脸，我如何去见人……我今日正要送过去，嫂子来的恰好，快带了他去。或打，或杀，或卖，我一概不管！"惜春自小身边便是入画在服侍，参考黛玉与紫鹃、宝钗与莺儿之间的深厚情谊，她们应当至少存有主仆之情才是。惜春说出这样无情的话，不仅入画伤心欲绝，连身为嫂子的尤氏都看不下去，劝惜春看在自小服侍的情分上留下她。然而惜春执意如此，不带丝毫怜悯。她说："古人说得好，'善恶生死，父子不能有所勖助'，何况你我二人之间。我只知道保得住我就够了，不管你们。从此以后，你们有事别累我！"年纪轻轻，已经冷面无情到令人惊讶的地步。的确，"冷"与"无情"正是惜春人格中的关键词。父母早逝，兄长贾珍德行不堪，她几乎与孤女无异。宁国府的荒唐景象不断在自己眼前上演，惜春过早地感受到了繁华表象之下的衰败。那首《虚花悟》中有这样的曲词："昨贫今富人劳碌，春荣秋谢花折磨。似这般，生关死劫谁能躲？"冯其庸先生评道："写惜春勘破世情，皈依佛门，现世一切均已无望，故而思西方宝树也。"正因惜春是贾府中最早"勘破"的一个，她的言行才透着一股彻底的"冷"。她独好与智能儿、妙玉等人来往，也是这种心态的典型表现。

惜春对世俗人情早已失望乃至绝望。她对众人命运的悲剧性有深刻的体悟，知道眼前的富贵只是过眼云烟，到大厦倾倒时，再多的深情厚谊都将了无依托，因此主动割舍自己的情感，不再有所挂碍。与其将她的无情理解为一种自私，不如将其看作一种宗教式的抽身，接近于佛家"空"的境界。惜春抽身得早，于是常人的七情六欲在她那里也就消失得早。她不保护入画，因为主仆之情对她而言早已没有意义。不同于其他人经历繁华后的落魄凄惨，惜春的悲剧正在于她的清醒。过早看透世事的虚妄，知道深挚的情感将来必定成为负累，于是主动割舍人情，变得"心冷口冷"。她其实何尝不痛苦，只不过是主动弃绝了对痛苦的感知。这种心情难道不是作者自己的某种投射？心知盛极必衰，回天无力，只好置身事外冷眼旁观悲剧的发生。一个本该感受到人间美好的侯门之女，却在荒唐腐坏的环境中选择断绝俗情、遁入空门。惜春的命运，又使整部《红楼梦》的悲剧色彩变得浓重了几分。

史湘云

可以说，在众多读者的心中，史湘云是《红楼梦》女子中最让人心生感慨、情生怜爱的一位。无论是其凤遭悯凶、出身悲苦，还是其爽直性格、敏捷才思，都使得这个人物充满了浪漫色彩与豪杰意味，令人读来颇觉酣畅，又感喟深长。

湘云的命是苦的。湘云的判词是："富贵又何为，褓襁之间父母违。"虽出身于保龄侯尚书令史家，家世显赫，却因自幼父母早亡，早早就成了没有父母疼爱的孤儿。后来由叔叔婶婶抚养长大，过着寄人篱下的悲惨生活。可以说其人命途多舛。此时史家已经显露出败落的势头，而叔叔婶婶显然又没有把她放在心上。虽说有小姐身份，但还要做女红一类的针线活，甚至做到夜半三更。这一切遭际，对于四大家族出身的名门小姐而言，着实是令人同情悲悯的。

但是，这种婴儿时期就少人疼爱的心理创伤、成长过程中受到的欺侮与轻慢，并没有让她成为自怨自艾的压抑者。从湘云的诸多表现来看，我们可以说，这种阴影反而从另一种意义上造就了湘云内心中对温暖的渴求，或者说，这种缺失反而让她多了一份突破自我寻找自由的追求，造就了她不受束缚、明媚如春的心境，虽然这种造就的过程是痛苦非常的。通篇看来，湘云趁兴时热爱大块吃肉，忘形时酣畅地划拳挥手，评价他人时不藏心思快人快语。而其装扮也往往与众不同：大雪天中，身穿里外发烧的大褂子，头上戴着大红猩猩昭君套，又围着大貂鼠风领。进而引得黛玉评价她为"孙行者"，她却兴奋异常。再有"憨湘云醉卧芍药茵"等，这些看似出格实则洒脱的行为，使得湘云顾盼间神采飞扬，甚至有几分男子的英气和果敢。这些不拘小节的行为背后，是一种追求真我的心意传达。

在史湘云的世界里，古道热肠、直爽善良是其生命底色。家族门楣的高低贵贱，封建礼教的男女之别，她都不以为意。湘云与人相交，全是一片本色，毫无功利之心。这点恰是整个红楼女性世界中最独一无二、令人赞佩的。无论是在群芳射覆的游戏中对香菱的帮助，还是对平民女子邢岫烟的细致关注。应该说，史湘云率真的外在性格背后，洋溢着的是对他人生命的浓烈关切。虽为一弱女子，史湘云却真正做到了传统侠义世界中最受人赞扬的古道热肠。这种对他人的竭力相助、仗义纾难，使得湘云的形象既有了潇洒飘逸的风度，又有了情义满满的温度。

在金陵十二钗中，曹雪芹往往是将人情与才情相提并论的。论及诗情满溢、才思敏捷，除了身为主角的钗黛之外，首推湘云。对于诗社的建立，历来活泼直爽的湘云是非常积极主动的，甚至直言"容我入社，扫地焚香，我也情愿"。史湘云的文学功底是极为深厚的，思维也是极其敏捷的，这种深厚与敏捷表现在芦雪庵、凹晶馆以及历次赛诗联句中。而在芦雪庵一役中，湘云更是有鹿肉助兴，诗思敏捷，独战宝琴、宝钗、黛玉。更为可贵的是，在史湘云所作诗词中，我们大多可以真切体会到她率真豁达的性格与神采飞扬的英气。这种气质，与黛玉才高命蹇的自怜和宝钗细腻积极的沉稳相比，更有一种盛唐的气象洋溢其间，令人读来往往击节而叹。

纵观红楼全书，史湘云的设置更多的是为了表达美好人格的消殒与率真个性的被压抑。在沉重的封建时代背景下，较之于黛玉为爱而生的追求与宝钗对于俗世规则的循规蹈矩，这种追求自我的美好人性的凋零更凸显了本书的悲剧意味，她的消逝本身就是悲剧。

（以上翁盛撰）

平 儿

平儿是凤姐的陪嫁丫鬟，相貌俏丽、聪慧伶俐。后凤姐将其给了贾琏做通房丫头。因其对凤姐忠心，又善理家，所以深得凤姐信任与倚重。平儿的身份特殊，既是凤姐情敌，又是凤姐心腹。

宝玉眼里的平儿："是个极聪明、极清俊的上等女孩儿。"李纨眼里的平儿："你就是你奶奶的一把总钥匙。"兴儿眼里的平儿："平姑娘为人狠好，虽然和奶奶一气，他倒背着奶奶常作些个好事。"曹雪芹笔下的平儿俏丽而聪慧，忠诚而隐忍，善良而体贴，是个思虑周详、顾全大局的人。

关于平儿的情节主要分布在第二十一回"俏平儿软语救贾琏"，第四十四回"变生不测凤姐泼醋"，第五十二回"俏平儿情掩虾须镯"，第六十一回"判冤决狱平儿行权"。

一、聪慧周全

第四十九回众人在芦雪庵联诗，平儿见湘云与宝玉正在烤鹿肉吃，也就褪下镯子大吃起来，然而事后却少了一只镯子。此事直至第五十二回方才"破案"。众人私下苦寻镯子不见，后来宋妈说是宝玉房里的坠儿偷走了镯子。平儿思前想后，要照章办事就伤了宝玉，要纵容坠儿则失了规矩。于是便假说镯子是自己在雪地里寻见的，瞒过了熙凤，保全了宝玉，寻个错处打发了坠儿，不声不响平息了事端。平儿对此事的处理可谓妥帖周全。

同样的，第六十、六十一回中一瓶玫瑰露牵涉了王夫人与赵姨娘、贾宝玉与贾环之间的嫡庶矛盾，柳嫂子与众婆子的利益冲突，平儿深知其中利害。查访真相、告诫彩云，苦劝熙凤"得放手时须放手"，最终将大事化小，小事化无。平儿的聪慧、决断，顾全大局得以展现。

二、隐忍忠诚

平儿的处境其实比袭人、鸳鸯要艰难得多。正如宝玉所说，她"并无父母兄弟姊妹，独自一人，供应贾琏夫妇二人。贾琏之俗，凤姐之威，他竟能周全妥贴"，实在是非常人所能。平儿对凤姐忠心耿耿、能忍别人所不能忍，周全各方利益，方能生存下来。

第四十四回熙凤生辰，贾琏与鲍二家的鬼混被凤姐发现，因提及要把平儿扶正的话，凤姐回身打了平儿。平儿气恼去打鲍二家的，又被贾琏踢了一脚。平儿两头受气，心下自是委屈气恼。但第二日，熙凤要给她赔罪，她却说："奶奶的千秋，我惹了奶奶生气，是我该死。……我伏侍了奶奶这么几年，也没弹我一指甲。就是昨儿打我，我也不怨奶奶。"平儿为何如此隐忍？第三十九回平儿曾对李纨说了这样一句话："先时赔了四个丫头，死的死，去的去，只剩下我一个孤鬼了。"聪慧如平儿深知自己的身

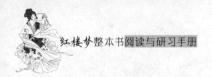

份和处境，唯有隐忍，方能生存。

三、心地善良

平儿在熙凤、贾琏身边，有较之别的丫鬟更多的权力，也见识了大家族背后的诸多龌龊肮脏的交易。但无论处境如何，无论有权无权，却能保有心底的善良，平和待人，同情弱者，为他人着想。在第六十八、六十九回，贾琏在外偷娶尤二姐，凤姐知晓后心生毒计，趁贾琏巡边在外接尤二姐入府同住。凤姐表面上与尤二姐姐妹相称，暗中处处刁难，怂恿秋桐侮辱尤二姐，最终导致尤二姐吞金自杀。平儿为自己告知凤姐尤二姐的事深感愧疚，在尤二姐处境艰难时偷偷去探望、安慰，给了尤二姐最后的温暖。

平儿之美，与众不同。不同于袭人之贤、晴雯之勇，平儿自有其俏。所谓"俏"，不单在容貌，更在其内在：待人接物思虑周全、审时度势。但难得的是她"俏也不争春"，既能容人，也能容于人。其忠、其才、其善，成就了一个独具魅力的俏平儿！

（赵莲峰 撰）

袭人

袭人的判词这样写道：

枉自温柔和顺，空云似桂如兰。堪羡优伶有福，谁知公子无缘。

判词点出她的主要性格"温柔和顺"，"枉自""空""谁知"等语点出了袭人与公子无缘的结局。袭人的性格特征主要有以下几个方面。

一、体贴、周到

1.对黛玉

袭人在全书的第三回同黛玉一先一后出场，足以看出其在全书的重要性，书中说道：

这袭人亦有些痴处，伏侍贾母时，心中眼中只有一个贾母，如今服侍宝玉，心中眼中又只有一个宝玉。只因宝玉性情乖僻，每每规谏宝玉，心中着实忧郁。

从介绍中我们可以看出她的性格及她在贾母、宝玉心目中的位置。也从"规谏"这个词中看出了宝玉和袭人在做人做事上的不同态度。

黛玉正为宝玉摔玉一事不能安寝，伤心流泪时，袭人过来安慰，文中说到：

是晚，宝玉、李嬷嬷已睡了，他见里面黛玉和鹦哥犹未安息，他自卸了妆，悄悄进来，笑问："姑娘怎还不安息？"……袭人道："姑娘快休如此，将来只怕比这个更奇怪的笑话儿还有呢！若为他这种行止你多心伤感，只怕你伤感不了呢。快别多心！"黛玉道："姐姐们说的，我记着就是了。"

这第三回的出场正是为黛玉一进贾府就遇到的尴尬情形解围，这是曹雪芹刻意为之的，只有她能在黛玉刚入贾府时就细心观察到黛玉的流泪。

2. 对宝玉

第十九回袭人的母亲接袭人回家去吃年茶，宝玉过来看望，花母和儿子两个百般照顾怕宝玉冷，又让他上炕，又忙另摆果桌，又忙倒好茶。

> 袭人笑道："你们不用白忙，我自然知道。果子也不用摆，也不敢乱给东西吃。"一面说，一面将自己的坐褥拿了铺在一个炕上，宝玉坐了，用自己的脚炉垫了脚，向荷包内取出两个梅花香饼儿来，又将自己的手炉掀开焚上，仍盖好，放与宝玉怀内，然后将自己的茶杯斟了茶，送与宝玉……说着，便拈了几个松子穰，吹去细皮，用手帕托着送与宝玉。

一小段文字四个"自己的"，三个动词"拈""吹""托"把一个伺候主子细心周到、无微不至的袭人写得淋漓尽致。

自从跟了宝玉，在任何时候，她最先考虑的都是宝玉。如第十九回袭人假装要被赎，要求宝玉答应她三个条件：第一不要说狠话，第二在老爷面前做出喜欢读书的样子，第三不要吃胭脂。这三个条件没有一个是为了她自己。袭人最了解宝玉，所以她不会像宝钗、湘云那样劝宝玉去读书，而是让他至少做出个喜欢读书的样子来，不要惹得父亲生气，这无疑比宝钗等的直谏多了变通，也使得宝玉更容易接受。

二、顾全大局、智慧通达

袭人为顾全大局，宁愿自己吃亏。在第十九回，宝玉的奶母李嬷嬷吃了宝玉留给袭人的酥酪，宝玉知道后才要说话，袭人谎称自己前几天吃多了闹肚子，吐了才好，反说李嬷嬷吃得好，要不就糟蹋了，又用剥栗子转移宝玉的注意力。袭人随机应变将大事化小，小事化了，轻描淡写地把事情摆平了。

而在第八回，李嬷嬷吃了宝玉留给晴雯的一碟豆腐皮包子，晴雯的反应却截然不同，牙尖嘴利的晴雯向宝玉告了状，再加之李嬷嬷喝了宝玉为黛玉准备的枫露茶，引起了宝玉的怒火，最后以丫鬟茜雪的无辜被撵而收场。

性质相同的两件事，袭人处理得风平浪静，晴雯引起了轩然大波。袭人的处世通达、情商之高可见一斑。

三、稳重、老练

在王夫人面前，袭人考虑问题全面周详，体现了她稳重、老练的一面。在宝玉挨

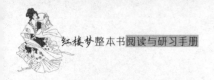

打之后，袭人劝谏王夫人：

> 如今二爷也大了，里头姑娘们也大了，况且林姑娘、宝姑娘又是两姨姑表姊妹，虽说是姊妹们，到底是男女之分，日夜一处起坐不方便，由不得叫人悬心，便是外人看着也不像……二爷素日性格，太太是知道的。他又偏好在我们队里闹，倘或不防，前后错了一点半点，不论真假，人多口杂，那起小人的嘴有什么避讳，心顺了，说的比菩萨还好，心不顺，就贬的连畜牲不如……都是平常小事，但后来二爷一生的声名品行岂不完了？

这番话完全是为宝玉的名声品行着想，分析现状，分析人心，未雨绸缪，说到了王夫人的心坎里。王夫人非常感激袭人，并再三称其"我的儿"，袭人显然得到王夫人的信任，确定了妾的地位。

袭人是出了名的好脾气，但她为了宝玉也曾一反常态。第五十七回紫鹃试探宝玉对黛玉的情意，把宝玉试得半死过去，袭人冲进潇湘馆质问紫鹃，举止大变，连黛玉都因她的这一反常行为一下子慌了，刚喝的药都吐了出来。是怎样的力量让一个处事懂得变通的袭人做了这么鲁莽的事？是因为对宝玉的深情。

当然，对袭人的看法也众说纷纭，褒贬不一。如在晴雯被遣的事件上，袭人有在王夫人面前告状的嫌疑，曹雪芹写得也比较隐晦，但曹雪芹写大观园里的女儿都是充满爱意的，他也称其"贤袭人"，我们更希望她身上没有尔虞我诈，只有超越年龄的成熟，和对大家的一片深情。

晴 雯

晴雯的判词这样写道：

> 霁月难逢，彩云易散。心比天高，身为下贱。风流灵巧招人怨，寿夭多因毁谤生，多情公子空牵念。

"霁月难逢"：雨过天晴为"霁"，点"晴"字，喻晴雯人品出众，但命运多舛。"彩云易散"："彩云"指"雯"字，暗指晴雯遭受摧残而寿夭。"心比天高，身为下贱"，指一个地位低下的奴仆竟然心比天高，这是在判词中道破晴雯最终命运的根源——与世俗等级制度格格不入，非要和公子、夫人、小姐比平等，这种叛逆的性格在封建社会必然遭到厄运。"寿夭多因毁谤生"，道出了她因心比天高带来的遭受毁谤乃至夭亡的结局。晴雯的性格特征体现在以下两方面。

一、叛逆

她是宝玉的丫鬟，也是《红楼梦》中最具叛逆性格的丫鬟。晴雯的叛逆主要体现在对小丫鬟、宝玉、王夫人的态度上。

1.对小丫鬟

她蔑视王夫人为笼络小丫头所施的小恩小惠。如第三十七回中宝玉叫秋纹送两瓶鲜花到贾母、王夫人处，贾母、王夫人为贾宝玉的孝心感到高兴，心情好，就赏了秋纹几百钱和几件衣服。几百钱、几件衣服，不值当什么，秋纹却觉得这是很光荣的事，回到怡红院里向晴雯等人洋洋得意地来夸耀自己的"收礼经历"。

> "你们知道，老太太素日不大同我说话的，有些不入他老人家的眼的。那日竟叫人拿几百钱给我，说我可怜见的，生的单柔……太太越发喜欢了，现成的衣裳就赏了我两件。衣裳也是小事，年年横竖也得，却不像这个彩头。"

晴雯看不过讽刺她。

> 晴雯笑道："呸！没见世面的小蹄子！那是把好的给了人，挑剩下的才给你，你还充有脸呢。"秋纹道："凭他给谁剩的，到底是太太的恩典。"晴雯道："要是我，我就不要！若是给别人剩下的给我，也罢了。一样这屋里的人，难道谁又比谁高贵些？把好的给他，剩下的才给我，我宁可不要，冲撞了太太，我也不受这口软气！"

曹雪芹在这里通过两个丫鬟对主子赏赐的不同态度，凸显了晴雯叛逆、反抗的性格。晴雯早已超越了那个时代，她看到了自上而下的颐指气使，也看到了身为奴仆卑躬屈膝、屈辱却不自知的可悲。她的平等意识也正是曹雪芹超越时代的认识，可敬！可叹！

2.对宝玉

对待同龄人宝玉，她不以自己是奴仆的身份而卑躬屈膝，遇到不公平的对待时仍要据理力争。如第三十一回，端午节期间，宝玉因为金钏的事，心情很不好，晴雯在给宝玉换衣时失手把他的扇子摔断了，宝玉便训斥她："蠢才，蠢才！将来怎么样？明日你自己当家立事，难道也是这么顾前不顾后的？"晴雯的自尊心受到伤害，猛烈还击："晴雯冷笑道：'二爷近来气大的狠，行动就给脸子瞧。前儿连袭人都打了，今儿又来寻我们的不是。要踢要打凭爷去。就是跌了扇子，也是平常的事。先时连那么样的玻璃缸、玛瑙碗，不知弄坏了多少，也没见个大气儿，这会子一把扇子就这么着了。何苦来！要嫌我们就打发我们，再挑好的使。好离好散的，到不好！'"不仅把宝玉"气的浑身乱战"，而且连来劝架的袭人也遭了一番数落："姐姐既会说，就该早来，也省了爷生气。自古以来，就是你一个人伏侍爷的，我们原没伏侍过。因为你伏侍的好，昨日才挨窝心脚，我们不会伏侍的，到明儿还不知是个什么罪呢！"袭人落得个又恼又

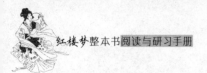

愧。最后晴雯将宝玉、麝月的扇子撕了才罢休。

3. 对王夫人

晴雯对宝玉，不顾主仆身份，率性而为，如果说这是一种两小无猜的小儿女情感，我们可以理解，但对贾府中位高权重的王夫人也顶撞，这不能不说是极其有胆量的。

如第七十四回，绣春囊事发，王善保家的告了园子里晴雯的状，晴雯被叫来问话，面对出言尖刻、威严不可侵犯的王夫人，晴雯说道：

> 我原是跟老太太的人。因老太太说园里空大人少，宝玉害怕，所以拨了我去外间屋里上夜，不过看屋子。我原回过我笨，不能伏侍。老太太骂了我，说："又不叫你管他的事，要伶俐的作什么？"我听了这话才去的。不过十天半个月之内，宝玉闷了，大家顽一会子就散了。至于宝玉饮食起坐，上一层有老奶奶、老妈妈们，下一层又有袭人、麝月、秋纹几个人。我闲着还要作老太太屋里的针线，所以宝玉的事竟不曾留心。太太既怪，从此后我留心就是了。

晴雯不卑不亢的回应，真可谓是反叛到了极点。她这一机智的回答既说清了与宝玉的关系，又暗示了她是老太太派去的丫鬟，句句藏有玄机。

在抄检大观园时，只有她"挽着头发闯进来，豁一声将箱子掀开，两手捉着，底子朝天，往地下尽情一倒，也将所有之物尽都倒出"，还当众把狗仗人势的王善保家的痛骂了一顿。在封建社会，她的反抗，也遭到了报复。王夫人在她病得"四五日水米不曾沾牙"的情况下，把她从炕上拉下来，硬给撵了出去。

二、重情重义

第五十二回写"勇晴雯病补雀金裘"，表现了晴雯非常动人的一面——关键时古道热肠，就是拼上性命也要帮。大家总觉得是袭人一直在尽心尽力地照顾宝玉，晴雯是多余的，可是在抱病补裘的这个晚上，我们会看到晴雯待人是那种可以把自己的生命心血耗尽的投入，这是袭人不具备的。请看第五十二回：

> 一面说，一面坐起来，挽了一挽头发，披了衣裳，只觉头重身轻，满眼金星乱迸，实实撑不住。若不做，又怕宝玉着急，少不得狠命咬牙捱着……织补两针，又看看，织补两针，又端详端详。无奈头晕眼黑，气喘神虚，补不上三五针，伏在枕上歇一会……晴雯已嗽了几阵，好容易补完了，说了一声："补虽补了，到底不像，我也再不能了！"嗳哟了一声，便身不由主倒下。

晴雯被赶走后，宝玉偷偷来看他，晴雯用尽最后一点力气把精心留的指甲剪下来放在宝玉的手里，做最后的告别。这一段不禁让人泪目。

她的深情让作为少爷的宝玉为他细心地倒茶、试茶，为晴雯做了他从未做过的事，其实在这里曹雪芹写的是一种忏悔，是为封建大家庭的罪恶忏悔，也是为这摧毁人性的制度忏悔！

晴雯死后，宝玉还为晴雯写了悼词《芙蓉女儿诔》，这也是宝玉对青春的告别。这种自由的、逍遥的青春逝去了，宝玉用"金玉不足喻其贵""冰雪不足喻其洁""星日不足喻其精""花月不足喻其色"来形容这位惊世骇俗的姑娘！

（以上韩伟燕撰）

鸳　鸯

鸳鸯是贾母身边的大丫鬟。她美丽，善良，聪慧，忠心耿耿，是贾母身边第一得意的人。贾母的大小事务，包括生活起居，全都经由她一手操持。可以说，最会哄贾母开心的是王熙凤，最受贾母疼爱的是贾宝玉，而贾母最离不开的却是鸳鸯。更难得的是鸳鸯作为备受倚重的大丫鬟，却从不恃宠而骄。

她美丽聪慧，颇有才华。贾母喜热闹，饮酒必行令，而做令主的一定是鸳鸯。行酒令是为了活跃酒桌上的气氛，令主既得有涵养，又得有急智。尤其是刘姥姥二进荣国府，贾母大观园摆宴一节，真切具体地展示了鸳鸯作为令主的从容不迫。足可见其深具才华，但却引而不发。

她清醒明慧，刚烈自持。鸳鸯对自己的身份有着清醒的认识，但对自己的命运，也有着异常的执着。她知道自己作为贾府的"家生子"，打从一出生，就没有自由的权利。但面对贾赦逼她做妾的境遇，她拼死抗争，不畏惧贾赦的威逼利诱，不认同家人的为虎作伥，以死相胁，暂时逃过一劫。而最终，在贾母死后，鸳鸯也果断自杀，保全了自己的清白。她刚烈至此，虽然以生命为代价，却保全了尊严，没有落入与人做妾的不堪境地。同时，也保全了她和贾母之间的主仆忠义。

（胡艳彬　撰）

贾　政

作为贾府明面上的政治核心，贾政寄寓了曹雪芹对封建社会典型知识分子的深入认知与反思。封建社会发展到高度中央集权的时代之后，塑造出的社会中坚力量往往都具有一定的性格异化。与盛唐时代知识分子的朗明挥洒不同，贾政身上更多

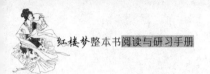

呈现的是"私品有嘉，大才全无"的谨小慎微与纠结矛盾。

作为典型的儒家知识分子，他自幼深受儒家思想熏陶，具有鲜明的性格特点：热爱阅读儒家经典，以封建正统思想作为为人处世的法则。为人厚道正直，生活节俭，孝顺谦恭。同时，儒家正统知识分子的呆板与迂腐在贾政身上也得到了鲜明呈现：身为人子，他无原则地孝顺贾母；身为人父，他以三纲五常之法严厉管教子女；身为官员，他想做好官，但可惜不谙官场世事人情，除了家族身份与祖先军功，别无倚仗，根本无法在污浊黑暗的封建官场中生存下去。在本该成为社会中坚力量的价值期许面前，贾政空有自我的道德要求，而实际上缺乏真正的责任感和解决实际问题的能力。

在贾府中，他是整个家族的权力中枢，这点从林黛玉进贾府时所见"荣禧堂"的奢华与尊贵便可清晰体现。而当林黛玉转身进入内室，所见装饰的清雅朴素，又似乎是贾政作为自我道德期许甚严的儒家知识分子的明证。以如此地位与如此性格，本该是继承并发扬家业的有力支撑。但是面对贾府的悲剧与衰落，他却没有真正解决问题的能力。作为权力中枢，却不理也没有能力管理府中大小俗务，每日只是看书下棋，同一众清客闲聊，除了彰显自己的儒家知识分子表象上的特质外，在面对复杂的家庭问题时一无是处。这样的清客式的知识分子，只能在家族兴盛的时候享受家族福利。一旦家道中落，就只能眼看着家族楼塌屋倒而手足无措了。

作为史老太君的儿子，贾政对贾母完全做到了身为孝子的恭恭敬敬，唯命是从。在日常生活方面，他高度关注母亲的具体需求，好吃的、好玩的、有意思的，他总是让母亲先尝、过目。安排家宴之时，平日里不苟言笑的他，也都会自降身份讲个笑话，以博贾母欢颜。而作为父亲，他对宝玉充满儒家式的期待。贾宝玉作为荣府的嫡传男性，在贾家拥有至高无上的地位。在众人眼里，宝玉是不容有失的唯一希望，是贾府命根的所在。贾政从贾宝玉出生就为他设计了一条"读书科举、光耀门楣"的青云大道。贾政在这点上其实也是封建时代的被割裂者，年轻时他也曾诗酒放诞，后来为了光宗耀祖，也就顺了正道——读书科举，走了一条封建知识分子都会走的"正道"。很自然地，身为父亲的贾政，对宝玉的期许也不会脱离这样的道路。

可是对母亲的孝与对儿子的严，恰恰又在贾政的身上形成了一对无法开解的矛盾。面对宝玉的叛逆，贾政以封建家长的权威，狠打了宝玉一顿。原本是为了行家长权威，严惩宝玉，期待以这种方式让宝玉归于正途，将来好继承光大贾家的荣耀。在三纲五常的封建伦理体系中，这是非常正当的管教权利。但在贾母溺爱孙子的背景之下，贾政面对母亲的严斥，无可奈何。为了成全自己的孝，不违母意，贾政只能放弃自己的期待。这样的矛盾体现在整个贾府的管理之中，贾政身上的无能由此可见一斑。这种性格的贾政，虽一心想做好贾府的传承工作，希望宝玉能对家族兴衰担起自己的责任，光耀贾家门楣，却在自己的迂腐死板中渐行渐远，最终也无力拯救贾家。

而在为官方面，贾政遵循着儒家知识分子的道德标准，从其行为举止来看，绝对算得上清廉。但道德上的自我要求是无法解决从官路上的具体问题的。在极需官场智慧的工部郎中职务上，他的表现完全是糊涂而迟钝的，整日也不过只知道打躬作揖，终日臣坐，形同泥塑，全无为官者应有的能力与视野。他自己一贯秉持勤俭谨慎的道德要求，不去贪污纳贿。但面对下属，他却不能有效管束手下人奉公执法，更无法做到以自己为表率，循循善诱，知人善任。结果属下借用他的旗号为非作歹，背着他收受贿赂。面对这一切，他却浑然不知，最后身败名裂。面对罪名，他对皇上的忠心也表现为一种封建知识分子自杀式的愚忠。当皇帝令锦衣军抄没贾府家产时，贾政虽心生悲郁，但对这种皇权表现出绝对的顺从。面对锦衣军翻箱倒柜、逞凶施威，贾政还能面朝北面，含泪谢恩。其性格中的诸多矛盾，在封建伦理道德体系中体现得清晰深入。

面对盛极而衰的贾府，贾政无能为力。而封建时代中的那些儒家知识分子，面对社会的变迁与发展又何尝不是如此呢？

（翁盛 撰）

贾　母

贾母，人称"史太君"，出嫁前是金陵世家史侯的小姐。她是贾代善之妻，贾赦、贾政、贾敏之母。她是贾家荣、宁两府年纪最高的长辈，被众人尊为"老祖宗"。

她从嫁进贾府就一直是当家人，直到晚年，才慢慢把家政大权交给王熙凤，但仍有着最高的权力。贾母一生可谓享尽了荣华富贵，只可惜没有享福到终老，最后在对贾府衰败的忧戚中去世。

贾母是贾府的精神领袖，贾府上下唯贾母马首是瞻，几乎所有活动都围绕着她而展开，她是这个封建家族保持内部稳定的重要因素。

具体而言，贾母的主要形象特点可以概括为以下两个方面。

一、精明能干，仁慈善良

1.洞察敏锐，精明能干

贾母出身贵族，一生阅历丰富。她在贾家从重孙媳妇做起，一直到有了重孙媳妇。几十年间，经历过大风浪，见识过大场面，有丰富的理家之才和治家之威。正是

凭借着精干的才能，她成为了贾府最高统治者。即便聪明强干如王熙凤，在她面前也得小心翼翼，不敢有丝毫逾越。

她见微知著，精明能干。在日常小事中能发现大问题，目光深远，才智非常人能比。第七十三回中，她能从大观园各处上夜的人要钱这样的小事中，想到如果任其发展，将导致藏奸引盗、祸害家宅的严重后果。她教导探春等人，"你姑娘家，如何知道这里头的利害！你自为要钱常事，不过怕起争端。殊不知夜间既要钱，就保不住不吃酒，既吃酒，就免不得门户任意开锁，或买东西，寻张觅李。其中夜静人稀，趁便藏贼、引奸、引盗，何等事作不出来？况且园内的姊妹们起居所伴者皆系丫头、媳妇们，贤愚混杂，贼盗事小，再有别事，倘略沾带些，关系不小！这事岂可轻恕？"接着，"贾母命即刻查了头家赌家来，有人出首者赏，隐情不告者罚"。发现问题，即刻命人查办，毫不拖延。当查出结果后，她处置起来也是雷厉风行，果敢决断。"贾母便命将骰子、牌一并烧毁，所有的钱入官分散与众人。将为首者每人四十大板，撵出，总不许再入。从者每人二十大板，革去三月月钱，拨入圊（qīng）厕行内。又将林之孝家的申饬了一番。"当黛玉、探春等姐妹为迎春的乳母求情告饶时，平时随和的贾母却毫不留情地一口回绝，而且还从中看出了更深的问题，杜绝了后患。她说："你们不知。大约这些奶子们，一个个仗着奶过哥儿姐儿，原比别人有些体面，他们就生事，比别人可更恶，专管调唆主子护短偏向。我都是经过的。况且要拿一个作法，恰好果然就遇见了一个。你们别管！我自有道理。"这样的见识和才智的确非寻常人能比！

2.怜老惜贫，仁慈善良

贾母有着菩萨一般的心肠，对人宽厚仁慈。在贾府，她是慈祥的祖母，无微不至地关心爱护着孙子孙女们，尤其是对宝玉，她把这个孙子当作"心肝""命根子"一样来珍视。就连对远房的诸如喜鸾、四姐、秦钟等也是极尽一个老祖母的关心和疼爱。对外人，她是仁厚的长者。第二十九回，贾府去清虚观打醮，一个十二三岁的小道士因剪烛花躲避不及，在贾母等人进来时，一头撞在王熙凤怀里，被她扬手照脸狠打了一巴掌，众人也都齐叫着喊打。这时，贾母连忙吩咐："快带了那孩子来，别唬着他。小门小户的孩子，都是娇生惯养的，那里见的这个势派。倘或唬着他，倒怪可怜见的，他老子娘岂不疼的慌？"说完又叫贾珍去把孩子带来，好语安慰，让他别怕。叮嘱贾珍"给他些钱买果子吃，别叫人难为了他"。从对待这个小道士的态度上，我们可以看到贾母的悲悯情怀，这也是她仁慈善良的体现。

最值得一提的是贾母对待刘姥姥的态度。两人的第一次相见，是在刘姥姥二进荣国府时。虽然身份悬殊，但贾母一声"老亲家"一下就拉近了两人的距离。闲聊中，贾母始终以平等的口吻，主动问长问短，让刘姥姥穿自己的衣服，领着刘姥姥兴致勃勃地游大观园，让这位终日忙碌农活的穷苦老妇着实开了眼界。家宴时，她把自己的菜端给刘姥姥吃，还不时提醒凤姐等人刘姥姥年纪大了，是乡屯里的人，不要取笑、打趣她。刘姥姥离开时，贾母还慷慨地赠银送物。这次近距离的接触，让刘姥姥真切感受到了贾母的真诚善良，并深深为之感动。所以，当初平儿劝刘姥姥去见贾母时就说："你快去罢！不相干的。我们老太太最是惜老怜贫的，比不得那个狂三诈四的那些人。"（第三十九回）

对家里的那些丫鬟小厮，她也是极尽爱护之意。当她得知长子贾赦要强娶丫鬟鸳鸯时，臭骂了他一顿，保全了鸳鸯。她宁愿为了一个丫头，而得罪自己的大儿子，而鸳鸯的亲嫂子却为了一己私利劝说胁迫鸳鸯就范。两者相比，贾母才是真正具有爱护之心的人，而这也是缘自贾母内心的仁慈善良。

二、乐观开朗，品位高雅

1. 活泼开朗，乐观豁达

贾母从小就活泼好动。在游大观园时，她亲口对众人说："我先小时，家里也有这么一个亭子，叫做什么'枕霞阁'。我那时也只像他们这么大年纪，同姊妹们天天顽去。那日谁知我失了脚掉下去，几乎没淹死，好容易救了上来，到底被那木钉把头碰破了。如今这鬓角上那指头顶大一块窝儿就是那残破了。"（第三十八回）因为贪玩而掉水里，这不正是活泼好动的天性使然嘛！

即便是年纪大了，贾母仍然葆有年轻人的热情和活力。她从不摆"老祖宗"的架子，喜欢跟年轻的孙子孙女们一起说说笑笑；遇到好玩有趣的事情，也喜欢去凑个热闹。听凤姐约姐妹们去清虚观打醮，便笑道"我同你去"，因为担心凤姐不自在，还特别说："到明儿，我在正面楼上，你在傍边楼上，你也不用到我这边来立规矩。"（第二十九回）当听说大雪天姐妹们在芦雪庵赏梅作诗的时候，贾母也玩性大发，悄悄赶了过来。告诉大家"我也来凑个趣儿"，还说："你们也会乐，我来着了。"（第五十回）

面对贾府衰败、家运不济，贾母能保持乐观豁达的态度，表现出处变不惊的大将风度。这一点在贾府被抄家时表现得最明显。宁国府被抄后，两府人丁惶惶不可终日，奴见主败，也趁机搞鬼，贾府陷于一片混乱之中。当贾政还在一筹莫展、抱怨叹息的时候，贾母迅速恢复了理智和镇定。她"同了鸳鸯等，开箱倒笼，将做媳妇到如今积攒的东西都拿出来，又叫贾赦、贾政、贾珍等一一分派"，她嘱咐贾琏"将林丫头的棺材送回南去"，叮嘱贾政要减省奴仆、清理房地田产、送还甄家寄存的银两，对自己的后事和身边的丫鬟都做了安排。

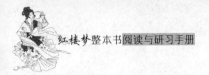

2.品位高雅，富有情趣

出身于诗礼簪缨之家的贾母，从小受到良好教育，有极高的艺术鉴赏力和审美品位，生活充满了情趣。

在潇湘馆，"贾母因见窗上纱的颜色旧了，便和王夫人说道：'这个纱新糊上好看，过了后来就不翠。这个院子里头又没有个桃杏树，这竹子已是绿的，再拿这绿纱糊上反不配。我记得咱们先有四五样颜色糊窗的纱呢，明儿给他把这窗上的换了'"。到了蘅芜苑，看到宝钗的屋子"雪洞一般，一色玩器全无"，"就命鸳鸯取些古董来"，亲自替她收拾。还说"我最会收拾屋子的，如今老了，没有这些闲心了。他们姊妹们也还学着收拾的好，只怕俗气，有好东西也摆坏了。我看他们还不俗。如今让我替你收拾，包管又大方又素净。"（第四十回）从以上两处可以看出，贾母很讲究居室环境的美感。

第五十回中，她在大雪天于"四面粉妆银砌"中，"忽见宝琴披着凫靥裘站在山坡上遥等，身后一个丫鬟抱着一瓶红梅"这样一幅图景，觉得比仇十洲画的《双艳图》还美，表现了极高的审美鉴赏力和艺术修养。这点在她欣赏音乐时表现得更为突出。她要在藕香榭的水亭上摆上条桌，铺上红毡子，隔着水听曲，因为她觉得"借着水音更好听"。如果没有极高的艺术修养和审美能力，是根本想不到这一点的。

王夫人

王夫人是贾政之妻，金陵世族王家的小姐，王熙凤的亲姑姑。她育有两子一女，女儿元春做了皇妃，长子贾珠早逝，身边只有次子宝玉。

虽然贾府的管家是王熙凤，但王夫人还是荣国府实际的掌权者之一，很多事情王熙凤都要向她汇报请示，并要随时接受她的询问。

王夫人平时少言寡语，贾母说她老实、笨笨的。刘姥姥跟女婿说起王夫人时，是这样评价的："他们家的二小姐着实响快，会待人，到不拿大。如今现是荣国府贾二老爷的夫人。听得说，如今上了年纪，越发怜贫恤老，最爱斋僧敬道、舍米舍钱的。"从贾母和刘姥姥的评价看，王夫人似乎是个老实善良之人。王夫人果真如此吗？答案是否定的，贾府中真实的王夫人是伪善冷酷、自私无情的。

一、伪善冷酷

无论什么事情，只要损害到宝玉的利益，王夫人立刻就展现出她伪善残酷的一面。伺候她多年的丫头金钏，只是因为言语略有轻浮，和贾宝玉说了一句玩笑话，就触怒了王夫人，被她一个巴掌打得"半边脸火热"，骂金钏是"下作小娼妇，好好的爷们，都叫你们给教坏了"（第三十回），要把金钏赶出贾府。尽管金钏跪地哭求，王夫人也丝毫没有动恻隐之心，到底唤她妈来将她带走了。逼得金钏含羞忍辱、投井自尽。金钏死后，王夫人却流下了伪善的眼泪，还向宝钗谎称是金钏弄坏了她的一件东西，她在气头上打了几下而已，没想到金钏会投井。她的这番说辞掩盖了事件的真相，洗脱了自己的罪责，将责任全归于金钏，充分暴露了她伪善的真面目。

而将宝玉房中的晴雯撵出大观园，则更加暴露了她的冷酷无情。在王夫人眼中，伶俐活泼、长得美便是罪过，所以漂亮女孩一定就是"狐狸精"，会勾引、带坏她的宝玉，通通都要撵出大观园去，就连自幼被贾母赏识，聪明能干又尽心服侍宝玉的晴雯也不放过。晴雯因为标致、伶俐、争强、爱打扮，就被当作祸害妖精，成了王夫人一生最嫌恶的人，必欲除之而后快。当时晴雯正生着病，王夫人让人把她直接从炕上拉了下来，全然不顾其死活。晴雯被撵后，她在回禀贾母时还诬蔑晴雯得了"女儿痨"，只能让她出去养病，可见王夫人的虚伪冷酷。

二、冷漠自私

王夫人是冷漠的，在贾府她从未热心地对待过任何人。她和李纨的婆媳之情极其冷淡，《红楼梦》中，几乎找不到王夫人和李纨的对话，连贾母都会念及李纨青年守寡，"可怜见的"，而王夫人却从未表达过任何的同情和怜惜。即便对唯一的孙子贾兰，她也显得漠不关心。第二十二回，贾兰因未被邀请，没有出席荣国府正月的家宴。贾政一到宴席就发现了贾兰的缺席，立刻命人去请，而早已在场的王夫人却对此始终没有任何表示。

王夫人在贾府中唯一关心的人就是宝玉，她把宝玉看作自己的命根子，不允许任何人威胁伤害到宝玉，而这份看似令人感动的母爱也充满了自私。她保护宝玉是为了自保，她爱宝玉是为了控制宝玉，从而保住她在贾府的权力和地位。她的长子贾珠已经死了，如果没有了宝玉，她在贾府的地位将会沦落到不如赵姨娘的地步，所以当宝玉挨打时，她哭着对贾政着说："今日越发要他死，岂不是有意绝我。"因哭"苦命儿"，"忽又想起贾珠来，便叫着贾珠哭道：'若有你活着，便死一百个我也不管了。'"从中可见，她保护宝玉其实是为了保住自己在贾府的地位。这点从她对待宝玉婚姻的态度上能更清晰地显现出来。她不顾宝玉和黛玉的感情，极力促成"金玉良缘"，甚至暗中动用宫中元春的力量，来与支持"宝黛姻缘"的贾母抗衡，以巩固自己在贾府的地位，防止大权旁落，将贾府的家政大权牢牢地掌握在自己手中。

（以上成颖撰）

贾 赦

作为长子，贾赦本该是振兴家族光耀门楣的希望；身居高爵，贾赦本该是朝廷栋梁。不过，在红楼的悲剧世界里，这一切都是不存在的。贾赦，纨绔子弟的典型，败家亡国的主角。贾赦性格上昏聩无知、量小识短，为人处事上好色无能、不务正业。

贾赦的出场是很有典型意味的。林黛玉初见之下，并未得见其人。只是从居住环境和生活特点进行了侧面揭示。随处可见树木山石的庭院布置与"一时进入正室，早有许多盛妆丽服之姬妾丫鬟迎着"的生活环境，将贾赦生活中的审美趣味与爱好特点揭示得颇为细致。那种不务正业的生活取向与骄奢淫逸的心理需求在他的生活中得到了充分的体现。对贾母身边丫鬟鸳鸯的强要和对石呆子古扇的豪夺，更加证明这种纨绔子弟内心的龌龊与残忍。无论从人品还是性格，贾赦应该是贾府男性形象中极为突出的坏与恶的典型。

相较之于贾政的呆板与无能，贾赦算是彻底昏聩无知了。作为贾府嫡子，贾赦享有了贵族家庭长子的地位，袭一等将军爵位，却终未能得到贾府的权力核心贾母的认可，只能偏居别院。在贾母眼中，这样一个整日不知进取、只知与女人厮混的儿子，实在无法彰显荣国府的脸面。在宁荣二府赏中秋家宴玩击鼓传花的游戏中，贾赦对贾环的大加赞赏，充分表现了其认知水准。"想来咱们这样人家，原不比那起寒酸，定要'雪窗荧火'，一日蟾宫折桂，方得扬眉吐气。咱们的子弟都原该读些书，不过比别人略明白些，可以做得官时就跑不了一个官的，何必多费了工夫，反弄出书呆子来！所以我爱他这诗，竟不失咱们侯门的气概。"此番言论，除了能看见贵族子弟的骄奢与傲慢，竟无半点知识分子对于知识的理解与尊重。而且这样的认知充满了对贾府当下危机的无知，从这个角度而言，贾赦对时局与形势的判断也是极其昏聩的。这样的纨绔子弟，定然无法承担起光耀门楣的家族使命，更不用期待他们作为国家栋梁，承担起真正的社会责任了。

贾赦的恶还集中体现在身为父亲的强权与失责上。迎春误嫁孙绍祖的生命悲剧，其第一责任人便是贾赦。贾赦因贪图五千两银子把迎春嫁给了恶狼般的孙绍祖，最终导致迎春"金闺花柳质，一载赴黄粱"的悲剧结局，可以说，贾赦亲手杀死了自己的女儿。应该说这种恶不仅是强权，更是对亲人生命的冷漠。

如果说贾政无力挽救贾府的命运是一种无奈，那么贾赦就应该是贾府衰亡悲剧的直接造就者和推动者。可以说正是这样一个个社会蛀虫将整个封建时代蛀得千疮百孔，摇摇欲坠。

（翁盛　撰）

刘姥姥

刘姥姥是繁华似锦的荣国府和花团锦簇的大观园中的异类,她不属于这个世界,却为这片繁华锦绣地打开了通向另一个世界的窗口。她来自于社会底层,却有着属于自己的生存智慧和处事原则。刘姥姥三入荣国府,见证了整个贾府由盛转衰的过程,让读者透过她的眼换了另一个角度看贾府的兴衰。

一、刘姥姥的胆气和智慧——一进荣国府

在生存的困境和压力面前,刘姥姥显示出底层小人物的胆气和智慧。她的女婿王狗儿,祖上曾与王夫人凤姐儿的娘家连宗。家中生计难捱,刘姥姥便想出上门打秋风的主意,并自告奋勇前往。相较于无所作为只会乱发脾气的王狗儿,刘姥姥寻出这一桩能得些银钱的主意,很是显示出普通劳动者的胆气和智慧。

进入荣国府,见到王熙凤的过程,也显示了刘姥姥质朴的智慧。她通过周瑞家的见到王熙凤。耐心等待,细说因由,原本以为得助无望,最终王熙凤还是给了二十两银子和一吊钱,这令她欢欣鼓舞。刘姥姥一进荣国府,可以说是满载而归,得偿所愿。

二、刘姥姥的真诚和质朴——二进荣国府

刘姥姥二进荣国府,可以看出她作为底层劳动者知恩图报、真诚质朴的品性。

为了报答王熙凤的慷慨资助,生活刚刚好转的刘姥姥带了新鲜的瓜果再次来到贾府。这次惊动了贾母,老太太亲自设宴款待。筵席上,众人拿刘姥姥取乐。刘姥姥感戴贾府对他们的恩德,也并不以为意,反而一心一意地想哄贾老太太高兴。她真诚,质朴,毫不作伪,给贾府众人带来了不一样的愉悦。刘姥姥临走的时候,得了许多的银子和衣服。她二进荣国府,见证了贾府的辉煌鼎盛。

三、刘姥姥的仗义和忠直——三进荣国府

刘姥姥三进荣国府时,贾府已被抄,贾母去世,王熙凤病重。这时可以看到刘姥姥作为一个底层普通劳动者的仗义和耿直。

贾府已经全然没有了昔日的荣光,王熙凤病笃,时日无多。这时她见到刘姥姥,已经预感到自己和贾府必然衰颓的命运,将自己的女儿托付给刘姥姥。最后,刘姥姥也果然重信守诺,在王熙凤病逝后、亲人算计巧姐儿时,第四次进贾府,仗义帮助了巧姐儿,将她救出。

刘姥姥虽为乡野村妇,却重信守诺,仗义耿直,难能可贵。

(胡艳彬 撰)

妙 玉

妙玉是大观园中的特殊人物，她不是贾家人，而是贾府请来在栊翠庵中带发修行的尼姑。书中第十七、十八回是这样介绍妙玉的："外有一个带发修行的，本是苏州人氏，祖上也是读书仕宦之家。因生了这位姑娘自小多病，买了许多替身儿皆不中用，到底这位姑娘亲自入了空门，方才好了，所以带发修行，今年才十八岁，法名妙玉。如今父母俱已亡故，身边只有两个老嬷嬷、一个小丫头伏侍。文墨也极通，经文也不用学了，模样儿又极好。因听见'长安'都中有观音遗迹并贝叶遗文，去岁随了师父上来，现在西门外牟尼院住着。他师父极精演先天神数，于去冬圆寂了。妙玉本欲扶灵回乡的，他师父临寂遗言，说他'衣食起居不宜回乡，在此静居，后来自然有你的结果'。所以他竟未回乡。"贾府就遣人备车马将她请了来，这样的身世遭遇令人同情。

我们可以从以下三个方面分析妙玉的主要形象特点。

一、才华馥比仙

出身于读书仕宦之家的妙玉，是一个天资聪颖、才华非凡的女子。虽然没有多少展示的机会，但她的才情却不输于贾府的黛、钗、湘三人，《红楼梦曲·世难容》中形容她是"才华馥比仙"。

黛玉、湘云中秋夜的联句给了妙玉展示自己才华的机会。她将二十二韵续成了三十五韵，不仅将内容归结到题目的本来面目上，还将先前的凄楚之句翻转过来，使内容不至于过于悲凉。"黛玉、湘云二人皆赞赏不已，说：'可见我们天天是舍近而求远。现有这样诗仙在此，却天天去纸上谈兵。'"

二、孤高自傲

妙玉心性高洁，但过于孤高自傲。本是佛门女尼，却喜欢庄子，"常赞文是庄子的好"（第六十三回），自称是"畸人"。早年在蟠香寺修行，因不合时宜，为权势不容，所以最终投奔到了贾府。

佛门本讲究众生平等，但在妙玉这里，人是分三六九等的。偌大的贾府，只有黛玉、宝钗、宝玉三人能入得了她的眼，即使高贵如贾母，她也只是表现出礼节上的恭敬而已。第四十一回，贾母带刘姥姥游览大观园，一行人来到栊翠庵品茶休息。品茶过程中，妙玉并没有向权贵献殷勤，就连贾母也只吃到用雨水煮出来的二等茶，她只悄悄带着黛玉、宝钗去后面吃用梅花上的雪水煮的"体己茶"。贾母她们走后，她嫌脏，要打水来洗地，命婆子别收刘姥姥用过的杯子，后来被宝玉讨去送给了刘姥姥，她还说幸亏这个杯子她没用过，否则就是砸碎了也不能给人。就连一向以孤高自诩的黛玉，也觉得她天性怪癖，不好跟她多说，不好在她那儿多坐。

三、美丽多情

妙玉外貌美丽，气质如兰。但孤傲的性格让妙玉看上去总是冷冷的，但她内心里也有如火的热情，只是一直被迫压抑在心里。她钟情于宝玉，却不得不极力加以掩饰。她用自己的茶具"绿玉斗"给宝玉喝茶；只有宝玉能乞来栊翠庵的梅花；特别是宝玉生日，妙玉送来了一张粉笺子，上面写着"槛外人妙玉恭肃遥叩芳辰"，从妙玉这些隐幽、微妙的举动中，我们不难发现她视宝玉为知己，内心隐藏着对宝玉的深情。

总之，妙玉的一生，处境尴尬，际遇悲凉：青春貌美却被迫遁入空门，孤高自傲却被迫寄身贾府，心仪宝玉却被迫百般掩饰，心性高洁却被迫沦落风尘。可怜可叹！正如判词中所说"欲洁何曾洁，云空未必空。可怜金玉质，终陷淖泥中"。（第五回）

（成颖 撰）

事件研读

《红楼梦》一书，以荣国府为主，林林总总叙述了不知多少事！且不说秦可卿之死、元妃省亲、探春理家、抄检大观园这样的大事，单说日常的衣食住行，少说一天也有几十件事需要打理。有些事作者不惜笔墨，细致地叙述、描绘；有些事则点到即止。无论是浓墨重彩、精描细刻，还是一笔带过、蜻蜓点水，都能见出作者的匠心与功力。

那么，面对如此纷纭错综的事件，我们如何能读出来龙去脉，看得清楚明白？这些事件对研读人物、分析主题又有怎样的意义和价值？

本章从选取贾府中的一件事进行细致阅读和多件事情进行比较阅读两方面进行阅读示例，引导同学们深入阅读文本。

（刘智清 撰）

☁ 细致阅读一件事

红楼故事支线繁多，其中的各个事件又相互交织，形成了一个复杂的网状结构。面对这样一个庞大的故事群，我们不妨化繁为简，以某一个事件为切入点进行深度阅读，找到读懂《红楼梦》的方法和途径。那么，应该选择什么样的事件进行研读呢？我们可以从曹公的安排和笔墨中找到些门道。简单地说，那些与小说主要线索

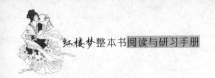

有关的, 曹公着墨较多, 还有一些 "与众不同" 的事件, 往往值得我们去单独分析和品味。

红楼故事实际上也是大观园儿女们的故事。大观园是宝玉和红楼群芳生活的最重要场景, 在这里, 红楼儿女们吟诗结社、赏戏宴饮、嬉戏玩闹, 好不快活! 在众多事件中, 有两桩 "特殊" 事件, 我们应当予以关注。一为 "兴建大观园", 元妃省亲, 此时正是贾府繁盛之时; 二为 "抄检大观园", 贾府已呈危机四伏的败落之象, 抄检一事实为其后抄家的一场预演。通过深入阅读这两个事件, 我们可以感受作者在刻画人物与设置情节上的精湛技巧, 从而更深地体悟《红楼梦》深刻的主题思想。

在聚焦一件事的阅读过程中, 我们应当掌握基本的事件阅读方法, 除了明确事件的起因、经过、高潮和结果之外, 还要学会在具体事件中分析人物形象, 并能够通过对细节的研究, 发现事件背后蕴含的深意、事件与主题的关系等, 从而提高对整本书的阅读与思辨能力。

元妃省亲

【事件意义】

《红楼梦》第十六、十七、十八回主要叙述了 "元妃省亲" 这一贾府头等大喜事。理解这一事件对于分析小说的人物形象、叙事安排和主题表达有着重要意义。其一, 无论是省亲前 "大观园试才题对额", 还是省亲宴上宝玉和诸姐妹赋诗, 都是曹公首次集中笔墨写宝玉和各姐妹的诗才, 同时也在此情节中刻画了他们各异的性格特点。此外, 宝钗和黛玉助宝玉改诗、作诗这一细节, 也展现了三人间微妙的关系。其二, 从谋篇布局的角度看, 全书最重要的场景大观园因元妃省亲而得以建造。之后随着宝玉和众姐妹的入住, 大观园成为书中人物活动的主要场所, 为后续情节的展开提供了一个重要的环境。同时, 为迎接元妃, 贾府请来了妙玉, 还从姑苏买了十二个女孩, 后来便延伸出许多关于她们的故事。其三, 曹公通过描绘省亲时的繁华奢靡, 极写 "烈火烹油、鲜花着锦" 之盛, 可以说是贾府兴盛的顶点, 但同时它又以财用之短、元妃之悲、戏文之伤等情节暗写贾府的衰败, 暗示贾府由盛转衰的境况, 预示了《红楼梦》的结局, 烘托出了主题。

基于此, 在研读 "元妃省亲" 这一事件时, 应当注意分析人物迥异的形象以及微妙的人际关系, 并从整体阅读的角度, 关注这一事件对小说后续情节的铺垫作用, 且不可忽略繁盛景象背后暗含的悲音, 以更好地读懂言外之意, 理解主题。

【事件概述】

贾政之女贾元春晋封凤藻宫尚书，加封贤德妃，获恩准回贾府省亲。为了迎接元妃，贾府耗巨资兴建奢华气派的省亲别院大观园。大观园落成，贾宝玉奉贾政之命为大观园各处拟题匾额、对联。元宵节，元妃回家省亲，与贾母、王夫人及诸亲人姐妹相见，叙离别情景、家务私情，感伤泪流。随后，元妃在众人的陪同下游园、开宴，并为大观园各处院落赐名。元春又命众姐妹各展才华，各题一匾一诗，并命宝玉为"潇湘馆""蘅芜苑""怡红院""浣葛山庄"四处各赋五言律诗一首。宝钗、黛玉所作诗获元春赞赏。宝玉题诗遇难，宝钗替宝玉出主意改"绿玉"为"绿蜡"，黛玉则替宝玉写诗一首，又获元妃盛赞。元妃赏戏并赐物于众人后，省亲时辰到，与亲人挥泪而别。

【研读重点】

一、元妃省亲中的贾府众生

元妃省亲是小说开篇至此贾府的头等要事。元妃驾临，每个人自然都要参与到这一头等大事中去。因此，我们阅读元妃省亲一事，应注意在这一典型事件中分析贾府众人的不同形象。这里，我们就其中较为重要的元春、宝玉和红楼群芳进行研读。

1. 贤孝才德——贾元春

在《红楼梦》第二回中，曹公借冷子兴之口谈及元春"因贤孝才德，选入宫中作女史去了"。元妃省亲这一事件，作为全书中元妃出场最隆重、最关键的一次，集中展现了元春的"贤孝才德"，而这份贤孝才德也成了"贤德妃"元春的牢笼，将她禁锢在"不得见人"的宫闱之中，书写了她的人生悲剧。

为迎接元妃元宵省亲，贾府自是大费金银，极尽奢华，园内一派说不尽的"太平气象、富贵风流"。面对这样的豪华景象，元春"默默叹息奢华过费"，足见其贤德。她这种"崇节尚俭"的态度贯穿在整个省亲过程中：看到石牌坊上的"天仙宝境"四字，元春急忙命换"省亲别墅"四个字，后又定名为"大观园"；在游园的过程中，虽极加奖赞，但也劝"以后不可太奢，此皆过分之极"；别时，又再次叮嘱倘再有归省，"万不可如此奢华靡费了"；在第二十三回中，为免大观园寥落废弃，元妃下谕令宝玉和诸姐妹入住大观园。元妃之贤德，在知俭省、明分寸。

除了作为皇妃的贤良淑德，作为贾府女儿的元春也在省亲时的五次落泪中表现出了孝心与亲情。一见贾母、王夫人，"满眼垂泪""呜咽对泣"，欲行家礼，却徒让长辈行君臣之礼，"跪止不迭"，即使是元春那一句宽慰的话："当日既送我到那不得见人的去处，好容易今日回家娘儿们一会，不说说笑笑，反到哭起来。"也满是悲意。二

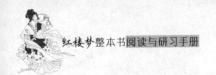

见各个亲眷，又免不了"哭泣一番"，满是久别重逢的苦涩与凄楚。三见父亲贾政，又是一番"含泪"的肺腑之言：田舍之家，虽是粗茶淡饭、生活清苦，好歹一家人能尽享天伦之乐。而富贵之极的元春，却必须承受骨肉分离的痛楚，终无意趣可言。父亲的回答却中规中矩：感皇恩，表忠心，再嘱咐元春勤谨奉上。此言又一次印证了元春的苦楚：父女谈话，不是闲碎的家常话，而是一些不犯错误、彰显皇权的体面话。四见宝玉，"泪如雨下"，这泪里有对自小便视若幼子的宝玉的眷念，也有对宝玉成长进益的欣慰、感慨。第五次泪流在别离时，贾母已哭得哽咽难言了，但皇家规矩不得违背。元妃出园，对贾府是不舍，对宫闱生活是苦楚难言，对再次与家人相见是渺茫期盼。五次落泪，见元妃之孝。

　　元春有德亦有才。在"大观园试才题对额"中，我们初见宝玉的才华，而元春还是宝玉入学塾前的"启蒙老师"，教授过宝玉"几本书，数千字"，自是比宝玉高明。省亲当天，元春审改宝玉拟题的匾额、对联以及评点宝玉与众姐妹诗才高下，也可见她的才情与鉴赏力。见宝玉所作的"蓼汀花溆"，元春便笑道："'花溆'二字便妥，何必'蓼汀'？"改后较之前确实更蕴藉有味。再看她改"红香绿玉"为"怡红快绿"（名曰怡红院），保留了蕉、棠两种植物的特征，又将直白描摹景象色彩和形态的"红""玉"这样的俗艳辞藻改为"怡""快"这样描摹人情的明快辞藻，由景及人，融情入景，更为生动活泼。此外，元春还为"有凤来仪"赐名"潇湘馆"，"蘅芷清芬"赐名"蘅芜苑"，"杏帘在望"赐名"浣葛山庄"，又作"藕香榭""紫菱洲"等名，又有四字匾额十数个，如"梨花春雨""桐剪秋风"等，绝大多数生动应景，足见元春腹有诗书，才思敏捷。在评诸姐妹的诗作时，尤其赏识宝钗、黛玉两位才女的诗，从侧面显出了元春的才识。

　　因为贤孝才德的元妃，贾府的儿女们才有了一个可以起诗社、葬落花、吟诗作对、月下联句、嬉笑玩闹的"世外桃源"。而元春却只能守在"不得见人"的宫墙之中，谨守着君臣之分，承受着骨肉分离之苦。因此，"元妃省亲"这场对贾府来说的大喜事，揭开的是元春的悲剧。"千红一窟，万艳同悲"的悲剧中，元春自是占据一席。而元春的人生，又因为她帝王妃子的身份，紧密地与贾府的兴衰联系在一起，一荣俱荣，一损俱损。在阅读后续的情节时，也应当注意元春与贾府休戚相关的命运。

　　2. 灵性诗才——贾宝玉

　　未读至"元妃省亲"这两回前，我们对宝玉的印象可能不过是嚷着痴话"女儿是水作的骨肉，男人是泥作的骨肉"的"情痴"，或是见黛玉无玉便"无故寻愁觅恨，有时似傻如狂"的摔玉"狂徒"，甚至会真的相信宝玉"纵然生得好皮囊，腹内原来草莽"。但在元妃省亲这一事件中，我们通过"大观园试才题对额"看到了宝玉的才思和识见。

"大观园试才题对额"也可以说是贾政给宝玉出的一套"情境式诗文测试题"，要求宝玉给竣工的大观园各处建筑、景点拟定匾额对联。而在这个情境之中，有宝玉、贾政，还有一批围着贾政的清客。因此，想读懂宝玉之"才"，就要在他与贾政和众清客的对照中进行研读。贾政一开始便声明，自己"案牍劳烦"，对这种"怡情悦性文章"是生疏的；而宝玉恰恰相反，他厌烦那些有关仕途经济的文章，却在这种需要灵性的文章上别有一番"歪才"。

我们首先可以把这一回中贾政唯一的题词"泻玉"与宝玉所题的"沁芳"进行比较。当时，众人所见之景是"一带清流，从花木深处曲折泻于石隙之下"，再往平阔处走，有桥，桥上设亭，亭压水而成。清客所引欧阳修的"翼然"，只描摹了亭的形状，未写出水的情状。贾政则用了欧阳修题酿泉所用的"泻"字，突出水景。针对贾政所题二字，宝玉指出"泻"字用于应制，未免不雅，改"沁芳"更为含蓄蕴藉，也确实得到了贾政"拈髯点头不语"的认可。再看第一处行幸之处，即后文中黛玉居住的满是翠竹的"潇湘馆"。众清客或道"淇水遗风"，或道"睢园雅迹"，都是些被用滥了的俗套话。宝玉选了"有凤来仪"四字，一语双关，既是指翠竹引凤，又暗指元春省亲乃凤凰驾临，颇有情思韵味。贾政那句"畜生，畜生，可谓'管窥蠡测'矣"，是谦虚，也是赞许的"责备"。到颇有农家风情、满是杏花之处时，听得众清客取名为"杏花村"，宝玉不等贾政之命，便直接说出"杏帘在望"四字，杏帘远望、招客归农，颇有意趣。下一处水声潺潺、落花飘浮之处，众人的"武陵源""秦人旧舍"又落了窠臼，不如宝玉的"蓼汀花溆"。再到无花却满是异草之处，众人不识香草名，宝玉颇为自得地向众人解说其香来自杜若、蘅芜、清葛等，又引《离骚》《文选》等书中的名称，解释香草名不为人所知的原因，再题匾额"蘅芷清芬"，题对联"吟成豆蔻才犹艳，睡足酴醾梦也香"，言辞生动活泼。"大观园试才题对额"显出了宝玉的"歪才"。他对科举八股这些板正的学问没兴趣，对香草美人这些美丽诗文却有所研读，擅长"作""没大用"的美文，这就是宝玉的灵性诗才。

当然，曹公写宝玉有灵性、有才识，也并没有一味地拔高宝玉的才华。毕竟曹公明写了清客们早知贾政要考宝玉，所以故意说出些俗套之语来敷衍。此外，元春驾临后，也确实改了"蓼汀花溆""红香绿玉"等名称，使之更为蕴藉和明快。加之在省亲宴上，宝玉所赋的四首诗中，有两首是借着宝钗和黛玉之才"作弊"而来的，也显出了宝玉之短处。所以，我们从省亲这一节看到了宝玉颇有灵性、小有才华的一面，但也

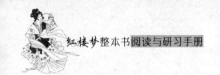

见到了他捉襟见肘、才气不足的一面。通过曹公的刻画，一个偏才、歪才，带着点小聪明的宝玉形象跃然纸上。

3. 省亲"诗词大会"——红楼群芳

元春初见黛玉、宝钗，便觉二人"比别姊妹不同"，如"姣花软玉"一般，自有一番风流态度。随后，元春命众姐妹及宝玉作诗。值得注意的是，这是红楼才子才女们的第一次"诗词大会"，与后文诗社里那些直抒性灵的诗歌不同，这次他们作的是"应制诗"，因此读这些诗要从应制的角度去看，粗略地感受红楼儿女们的才华与性格。

还未写诗，曹公已直接点明诸姐妹才华之高下。迎、探、惜之中，探春才气最高，却难与宝钗和黛玉争衡，李纨也只是"勉强凑成一律"。元春看完姐妹们的诗后，也坦言薛林二妹与众不同。所以，从才貌两方面看，黛玉和宝钗比之其他姐妹，都是更胜一筹。自然，我们还可以通过剖析这些诗作中的只言片语来对这些姐妹的性格做个简单的判断。例如，迎春的"奉命羞题额旷怡"与探春的"奉命何惭学浅微"构成了一个有趣的对照。迎春的"羞题"明显是不够自信的表现，而探春的"何惭"则洋溢着自信与大胆。当然，应制诗自有体例形式的制约，所以并不能鲜明地表现人物形象。再看宝钗和黛玉。宝钗的《凝晖钟瑞》，首联"芳园筑向帝城西，华日祥云笼罩奇"，起笔便是一个更大的空间"帝城"，境界较其他姐妹更为阔大；颔联中的"高柳喜迁"暗写元妃省亲之喜，更化用匾额"有凤来仪"，巧妙别致；颈联与尾联中的"文风""孝化""睿藻仙才"更是全方位地称颂元妃及省亲一事，确是技高一筹。而黛玉的《世外仙源》，一方面暗示黛玉"仙姝"的身份，另一方面展现出黛玉和其他姐妹"万象争辉""文采风流"等不同的风格，"借得""添来"，两个动词把大观园写活了，而"融""媚"巧用拟人，别有意趣。比起诗来，更有趣的是黛玉的心理活动：她原想大展奇才，压倒众人，不想元春命只命一匾一咏，只好胡乱作一首罢了。人们读红楼，总说宝钗是入世的，黛玉是出世的，但是细读又会发现，宝钗的入世里带着疏离的冷气，而黛玉的出世里却又带着渴望被理解和认可的热望。曹公笔下的人物从不简单，我们阅读时也应当从那些微小的细节感受人物的多面性。

如果作诗之事到此结束，那么宝黛钗这条全书中的感情线就不会横生枝蔓，妙趣迭出了。曹公偏偏安排元春命宝玉连作四首诗，这才有宝钗、黛玉为宝玉"作弊"之事。先是宝钗瞥见宝玉的一句"绿玉春犹卷"，便急忙提醒宝玉，元春既不喜"红香绿玉"，自不能再用"绿玉"违拗其心意了，并给宝玉以"绿蜡"的建议，说笑间怕耽误宝玉功夫，抽身走开。宝钗的种种言行既是关心宝玉，也顾及了元春的心意，真真是个体贴周全的可人儿。而黛玉见宝玉大费心思，便悄悄问他是否完成，待宝玉说差

"杏帘在望"一首时,黛玉低头一思,便写成一首,再"搓成个团子",掷给了宝玉。整个"打小抄"的过程生动有趣,写足了天真可爱又自负有才的小女儿情态,也写尽了宝黛二人的憨态可掬和亲密无间。再看宝黛二人所写的诗,也能清晰地看出他们二人性格和诗才上的不同。宝玉的诗描摹具体的一景一物,又满是"好梦昼初长""谢家幽梦长"这样的辞藻,关注的是小小的自我,颇有些少年不识愁之感,整体格局并不开阔。而黛玉的诗,以山庄、菱荇、鹅燕、桑榆、韭菜、稻花这一系列景物描摹了美好的田园风光;结尾一句"盛世无饥馁,何须耕织忙",称颂盛世之景,符合应制诗的要求,格局较宝玉诗更自然开阔,因此被元春定为四首诗中的第一。由此看来,研读诗词也是解读人物的好办法。

二、元妃省亲中的盛世悲音

元妃省亲是贾府的大喜事,曹公自然极尽浮华奢靡之笔,渲染了"烈火烹油、鲜花着锦"之盛。但正如小说第十三回中秦可卿托梦预告省亲这件"非常喜事"时,还曾言"登高必跌重""月满则亏,水满则溢",在大喜之中,曹公暗藏了一些"悲"的细节。我们应该抓出这些"悲",来读懂曹公的言外之意,从而更好地理解小说主题。

1.奢靡背后的财用短缺

秦可卿托梦给王熙凤,述及省亲之事时,道出这只是"瞬息的繁华,一时的欢乐",并且叮嘱王熙凤多置田庄、房舍、地亩,以备祭祀、供给之费。在第十七、十八回中,喜事应验,同时,秦可卿所担心的财用短缺状况也随之而来。

省亲消息刚传来、工程还未开始时,在王熙凤与赵嬷嬷的对话中,曹公已经借别家省亲或从前接驾之事,"预告"了省亲将耗费巨资:先借贾琏口提及周贵人的父亲在家中修盖省亲别院,吴贵妃的父亲也往城外踏看地方;再借赵嬷嬷口谈及太祖皇帝巡游之事,虽只接驾一次,却也"把银子都花的淌海水似的";王熙凤又说起王府接待各国进贡朝贺之事,当时王府要养活所有外国来的人,又备办了所有的洋船货物;王熙凤又和赵嬷嬷谈起江南的甄家,说甄家的四次接驾那真是"银子成了土泥"。曹公借三人的东拉西扯,实际上想告诉我们,甄家即是贾家,王府也是贾府,周贵人、吴贵妃和元妃亦是一样,不过都是皇室的附庸和爪牙。而贾府自然也要耗费一大笔钱财,才能办好这趟省亲的差使。

再看具体备办省亲的花销:先是用"三里半大"的地盖造一个占地面积极大的省亲别院。再是下姑苏采买女孩子,聘用教女孩演戏的师傅,置办乐器、行头等,贾蔷谈及的价钱是先去甄家存着的五万银子里"支三万","剩两万"等着置办花烛彩灯、帘栊帐幔。再看具体修建过程,从大处着眼,要修建省亲殿宇,挪植竹树山石,修建

亭榭栏杆等等，从贾政与贾琏、贾珍的对话中我们又得知，还要陈设玩器古董，另置办了各色绸绫、大小幔子一百二十架，帘子、猩猩毡帘、金丝藤红漆竹帘、墨漆竹帘、五色线络盘花帘各二百挂，椅搭、桌围、床裙、桌套，各一千二百件。省亲日将到时，又提及聘买的尼姑、道姑，请来带发修行的妙玉，以及采办的各种鸟雀、鹿、兔、鸡、鹅等。

曹公通过这些散见于各处的零零碎碎、或粗或细之笔，渲染了备办省亲的耗费之大。元妃省亲是贾府在经济上穷奢极欲、挥霍腐败、入不敷出的一个典型事件，这也为小说结尾贾家的败落埋下了伏笔。正如秦可卿所言，不早做打算，继续沉溺于元妃省亲的盛大迷梦之中，贾家必至"树倒猢狲散"的结局。

2. 伴君如虎的生存境况

元妃省亲自是圣上的恩典，但曹公也时不时在骨肉团聚、共叙天伦的美好时刻中，掺杂一些笔墨，点出元春与亲人间早已因君威有了一道无法逾越的鸿沟，暗示元春及贾府"伴君如伴虎"的险象迭生的生存境况。

贾政生辰那日，六宫都监夏守忠奉口谕而至，宣贾政入朝，贾府上下不得宫中消息，心中皆惶惶不定。我们看此处曹公的笔法：喜事的开头不是喜事，都监传旨不直接给个痛快，而非要来一处曲笔，让读者跟着贾府之人一道担忧惶恐。如此大费周章地设计这一大喜事的开头，绝非闲笔，而是告诉读者，元春在宫中的境况是微妙的，而贾府的祸福也取决于皇家心意，贾府并非高枕无忧。

元宵在即，先有太监来"视察"省亲工作，并告知安排省亲当日的种种细节，何处更衣，何处燕坐，何处受礼，何处开宴，何处退息，一一按照规矩，绝不容半点差错。元宵当日，元妃未初刻用过晚膳，未正二刻到宝灵宫拜佛，酉初刻进大明宫领宴看灯方请旨，约戌初起身，丑正三刻准时回銮，时时事事都谨遵安排，不得有些许延误。省亲过程中，贾母等迎接时须于路旁跪候；至贾母正室时，贾母等须行国礼，而非元春行家礼；两府掌家执事人须在厅外行礼；父女隔帘说着生分的客套话；元妃见幼弟宝玉还须传谕方可见。如此种种，哪里是省亲，完完全全的是一场君恩、君威的展演，告诉贾府诸人与读者，元春与"娘家人"之间等级森严，身份有别。以小见大，元春在宫中的日子可见一斑，贾府的命运系于君主之一念也可窥见，元春与贾府盛衰的关系也从中可知。

在小说第二十二回中，元春差人送来一个灯谜："能使妖魔胆尽摧，身如束帛气如雷。一声震得人方恐，回首相看已化灰。"贾政猜到谜底却心沉不乐，因为爆竹乃"一响而散"的不祥之物。这一回与元妃省亲一事相照应。元妃省亲便是那"一响"，

"一响"之后便是"散"。及至八十回后元妃染疾、病殁，都与贾府运势的衰颓相关。总之，元春的一言一行皆暗示着贾府潜在的政治危机。

3. 省亲四曲的弦外之音

小说与戏曲的互文关系是《红楼梦》研究中一个重要而有趣的命题。在元妃省亲这一回中，演了四出戏。虽然原文只提及了戏名，未说四出戏的具体内容，但若我们稍加了解，便会感到奇怪，为何在如此喜庆日子里，曹公偏偏安排了这样四出极悲之戏？

第一出《豪宴》，出自清代李玉的传奇剧本《一捧雪》。《一捧雪》讲述的是明嘉靖年间，严世蕃为霸占莫怀古传家玉杯"一捧雪"而陷害莫怀古，莫怀古儿子为父伸冤昭雪的故事。《豪宴》是剧本第五出，写的是莫怀古赴严世蕃所设之宴，在宴席上将精于古董鉴定、字画装裱的汤勤介绍给严世蕃，从而埋下祸根的情节。脂砚斋本夹批认为《一捧雪》伏贾家之败。对此，我们可以进行合理的猜测和理解。比如，贾雨村、孙绍祖这类冷漠无情、恩将仇报的"中山狼"式的人物不就是《一捧雪》中的汤勤吗？"元妃省亲"喜气洋洋的背后不也是危机四伏吗？落败的贾家不就是四处逃难的莫怀古一家吗？

第二出《乞巧》，出自清代洪昇创作的传奇剧《长生殿》，讲述的是唐明皇与杨贵妃的爱情故事。前半部分写李杨二人长生殿盟誓，"安史之乱"爆发，贵妃殒命；后半部分写安史乱后，玄宗思念并上天入地寻觅芳魂，贵妃也想念玄宗，忏悔罪行，二人之心感动上天，终在月宫团圆。《乞巧》一出在剧中原名《密誓》，唐明皇与杨贵妃在这一出戏里对天盟誓"在天愿作比翼鸟，在地愿为连理枝"，但接下来几出戏便是"陷关""惊变"和"埋玉"，可见，美好只在顷刻间。也难怪脂砚斋本夹批"伏元妃之死"。帝王的恩宠从不稳固，保得住今日，不见得有明日，这正是元春在宫闱中的生存状况。

第三出《仙缘》，出自明代汤显祖的《邯郸梦》。《邯郸梦》演绎的是"黄粱一梦"的故事，写卢生做了一场娶千金、中状元、受尽陷害、建功立业又享尽荣华的黄粱梦，梦醒后卢生悟道。《仙缘》一出写的是吕洞宾度化卢生，与众仙相会。《邯郸梦》通过在梦中展演纸醉金迷、花团锦簇又暗流涌动的官场生活，揭示了科举与官场的黑暗腐败。而《红楼梦》也通过宝玉这一性灵人物，对贾政、贾雨村之流所代表的仕途和官场生活进行了否定。而《仙缘》中的度化情节，又很容易让我们联想、猜测宝玉的结局。一切都是黄粱一梦，于宝玉是这样，对贾府众人也是如此，人生无常，世事变迁，今日的繁华，明日也许转瞬便逝。

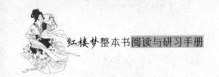
第四出《离魂》，出自汤显祖的《牡丹亭》，讲述杜丽娘因梦生情，情不可得而死，又因柳梦梅之情而复生的故事。《离魂》一出讲述的是杜丽娘因梦中之情生病将死，画下画像，临终慨叹的情节。脂砚斋批"伏黛玉之死"。大概因为《离魂》和黛玉之死写的都是美好女子生命的终结以及爱情的消亡。

回看这四出戏，写满了家庭破败、帝王薄情、功业虚无、情爱短暂的悲音。阅读元妃省亲，我们要抓住这些悲音，深挖出文本内部的信息，从而理解《红楼梦》的主旨。

【专家解读】

由元春省亲为引线牵动一个庞大家族的命运是曹雪芹小说构思的关键。省亲作为小说的枢纽，也是贾府败落的先声，如此鸿篇巨著却用元妃所点之戏文，将草蛇灰线埋伏于千里之外，不能不说是曹雪芹的功力所在。（顾春芳《细读〈红楼梦〉"省亲四曲"》，《红楼梦学刊》2019年第一辑）

元春贵为皇妃，她令"光彩生门户"，随她而来的是说不尽的太平气象，道不完的富贵风流。因为有了她，十二钗中多了一位"穿黄袍的"美人；因为有了她，贾府与皇宫建立起联系；因为她要回娘家，荣宁二府周边平添了一座省亲别墅；因为她的一道口谕，宝黛钗等有了一处展现青春和诗情的场所。元春形象的塑造，为《红楼梦》的故事背景拓展了社会阶层和空间场所。同时，元春本人也在她有限的活动范围内，在《红楼梦》的三重悲剧中扮演了重要的角色。即家族悲剧中，她是由盛转衰的肇事者；人生悲剧中，她是诗意人生的倡导者；婚恋悲剧中，她是金玉良缘的支持者。（曹立波《〈红楼梦〉中元春形象的三重身份》，《红楼梦学刊》2008年第六辑）

由于元春具有以贵族小姐而晋封皇妃的特定身份，她的主要经历直接联结着皇家生活，因而这个形象如同三棱镜一样，能够折射出封建社会最高统治阶层的若干本质属性，从而使她具有其他形象不可取代的社会认识价值。（陶剑平《元春论》，《红楼梦学刊》1986年第二辑）

（屠琳盈 撰）

抄检大观园

【事件意义】

抄检大观园是《红楼梦》中非常重要的一个事件，主要内容在书中第七十四回"惑奸谗抄检大观园 矢孤介杜绝宁国府"中展现。大观园是贾府为迎接贤德妃元春回家省亲而修建的别墅，是作者精心构建的一座人间仙境，也是宝玉和红楼群芳的人间乐园，但大观园毕竟只是理想化的存在，它无法避免世俗的侵扰，大观园的最终命运是被毁灭，而抄检大观园就是毁灭的开始。

抄检之前，贾府已经矛盾蜂起，主仆上下，争权夺利，尔虞我诈；抄检之后，矛盾更加公开化、多样化、复杂化，可以说抄检大观园是《红楼梦》前八十回中最惊心动魄的章节，也是贾府内部矛盾的总爆发，是贾府未来被抄家的预演。

阅读这一部分内容，大家需要聚焦抄检过程中人物的行为和心理，思考抄检大观园怎样发生、如何进行、有何影响；领会《红楼梦》情节的精妙、人物的鲜活、主题的深刻。

【事件概述】

傻大姐在大观园捡到了一个绣春囊并交给了邢夫人，邢夫人又把绣春囊这件淫秽之物交给了王夫人，王夫人既惊且怒地来找王熙凤，王熙凤一番辩白后提议暗中查访，此时邢夫人的陪房王善保家的向王夫人告密，说宝玉的丫鬟晴雯很不安分，这一来更是火上浇油，于是王夫人命王熙凤和王善保家的带人在晚上趁人不备时搜查大观园。她们先是在怡红院宝玉处搜查一番，遇到了晴雯的反抗，她把一箱子东西都倒了出来，也没发现什么违禁之物。随后在潇湘馆黛玉处搜到的只是宝、黛二人小时的手帕等玩物，没有什么不妥。抄检大队到探春那里遭遇了探春激烈的抵抗，她不允许搜查丫鬟们的物品，并且声泪俱下地痛斥这次搜查，不惜顶撞凤姐，还打了王善保家的一个耳光。之后众人在惜春处从她的丫鬟入画的箱子里搜出一大包银子，尽管事出有因，惜春还是下了狠心驱逐了入画。接着她们到迎春那里后发现迎春的丫鬟司棋箱子里有男人的靴子等物，致使司棋和她的表弟潘又安私会之事被揭穿，王善保家的本来一心想争功，没想到却拿住了自己的外孙女司棋，简直无地自容，而迎春也无法改变司棋被撵出大观园的命运。抄检过后王夫人把晴雯、司棋、芳官等人赶出了贾府。

【研读重点】

一、邢夫人的怨念

傻大姐捡到了绣春囊，交给了邢夫人，邢夫人一看惊恐异常，连忙嘱咐傻大姐不要告诉别人，然后把绣春囊塞在袖子里，心里奇怪，不知这件东西从何而来。小说写到这里便岔开了笔墨，绣春囊再次出现就是王夫人怒气冲冲拿来质问王熙凤时了。原来此前邢夫人派了自己的陪房王善保家的把绣春囊交到了王夫人手中，才有王夫人后面的怒气冲天。而邢夫人为什么要把绣春囊交给王夫人呢？这要从贾府的权力布局说起。

荣国府中邢夫人是大太太，却不当家，而王夫人是二太太，却当家，还把娘家侄女王熙凤拉来协助管家，没有当家权力的邢夫人对王夫人和凤姐一直心怀不满，这次拿到绣春囊正好借机发起进攻。小说没有写邢夫人送绣春囊时捎了什么话，但实际上她是想质问王夫人："大观园里有这样的淫秽之物，你是怎么当家主事的？荣国府让你管理出了个什么结果？"这一来可把王夫人气了个半死。

另外，邢夫人此举也有整治王熙凤的意思。在她眼里，这个儿媳妇胳膊肘往外拐，一心讨好贾母和王夫人，不帮公公婆婆说话。此前贾赦想讨鸳鸯做妾时王熙凤就没有帮忙，邢夫人心存怨念，这次正好借绣春囊之事整治她。所以邢夫人拿了绣春囊没有直接找管家的王熙凤，而是绕开她找了王夫人，一来向王夫人挑战，二来向王熙凤示威。

二、王夫人的愤怒

王夫人见到绣春囊登时大怒，气急败坏地来找王熙凤。她先把平儿赶了出去，拿出绣春囊，质问王熙凤，她怀疑这东西是贾琏从外面弄来给王熙凤的，而王熙凤又不小心丢在了大观园。凤姐听罢泪如雨下，震惊之余迅速理出头绪，用五条理由反驳王夫人，这段话十分精彩：

> 太太说的固然有理，我也不敢辩我并无这样的东西。但其中还要求太太细详其理：那香袋是外头雇工仿着内工绣的，带子穗子一概是市卖货。我便年轻不尊重些，也不要这劳什子！自然都是好些的，此其一。二者，这东西也不是常带着的。我纵有，也只好在家里，焉肯带在身上各处去？况且又在园里去，个个姊妹我们都肯拉拉扯扯，倘或露出来，不但在姊妹前，就是奴才看见，我有什么意思？我虽年轻不尊重，亦不能糊涂至此。三则，论主子内我是年轻媳妇，算起奴才来，比我更年轻的又不止一个人了。况且他们也常进园，晚间各人家去，焉知不是他们身上的？四则，除我常在园里之外，还有那边太太常带过几个小姨娘来，如嫣红、翠云等人，皆系年轻侍妾，他们更该有这个了。还有那边珍大嫂子，他不算甚老外，他也常带过佩凤等人来，焉知又不是他们的？五则，园内丫头太多，保的住个个都是正经的不成？也有年纪大些的知道了人事，或者一时半刻人查问不到偷着出去，或借着因由同二门上小幺儿们打牙犯嘴，外头得了来的，也未可知。如今不但我没此事，就连平儿我也可以下保的。太太请细想。

这五条理由可谓条条有理，句句有力，道出贾府的年轻侍妾、丫鬟婆子都可能有这绣春囊，而我王熙凤不可能有，滴水不漏的分析、诚恳恭敬的态度让王夫人不能不相信。

　　王熙凤辩白后劝王夫人别太生气，建议"平心静气暗暗访察"，以查赌为名悄悄查探绣春囊的来历。这样既不会惊动园中诸人，也不会惊动贾母，应该说是一个相当合适的办法，但没想到王夫人把邢夫人的陪房王善保家的也拉了进来。这王善保家的大概是过来打探消息的，一听王夫人请她"也进园内照管照管"，立马出谋划策，先向王夫人进谗言，恶语中伤晴雯："别的都还罢了。太太不知道，一个宝玉屋里的晴雯，那丫头仗着他生的模样儿比别人标致些，又生了一张巧嘴，天天打扮的像个西施的样子，在人跟前能说惯道，掐尖要强。一句话不投机，他就立起两个骚眼睛来骂人，妖妖趫趫，大不成个体统！"这一来触动了王夫人的往事，想起之前见过一个轻狂的丫头，也许就是这个晴雯。王善保家的建议把晴雯叫来，王夫人担心宝玉被她勾引带坏，立刻派人去叫晴雯过来。

　　王夫人一见晴雯"钗軃鬓松，衫垂带褪，有春睡捧心之遗风"，一时怒火攻心，冷笑道："好个美人！真像个病西施了。你天天作这轻狂样儿给谁看？你干的事，打量我不知道呢！我且放着你，自然明儿揭你的皮！宝玉今日可好些？"心思机敏的晴雯不敢说实话，只回应道"我不大到宝玉房里去""宝玉的事竟不曾留心"后，王夫人依然怒不可遏，已有了要赶走晴雯的意思："你们进去，好生防他几日，不许他在宝玉房里睡觉。等我回过老太太，再处治他。""去！站在这里，我看不上这浪样儿！谁许你这样花红柳绿的妆扮！"一阵雷霆之怒，晴雯只得出来，又气又恨又委屈，"一头走，一头哭，直哭到园门内去"。

　　晴雯走后王夫人怒气未减，向王熙凤埋怨道："这几年我越发精神短了，照顾不到。这样妖精似的东西，竟没看见！只怕这样的还有，明日倒得查查。"王善保家的趁机提议："太太请养息身体要紧，这些小事只交与奴才。如今要查这个主儿也极容易，等到晚上园门关了的时节，内外不通风，我们竟给他们个猛不防，带着人到各处丫头们房里搜寻。想来谁有这个，断不单只有这个，自然还有别的东西。那时翻出别的来，自然这个也是他的。"王夫人觉得很有道理，表示赞同，由此可以看出王夫人的担忧与愤怒是抄检大观园的直接原因。

三、晴雯的反击

　　抄捡大观园是在晚上从上夜的婆子处开始的，但只抄检出些多余攒下的蜡烛、灯油等物，没有什么发现。接着王熙凤等人来到了宝玉的怡红院，宝玉见王熙凤率众人来到，问起缘由，王熙凤以丢了东西需要查找为名敷衍宝玉，怕宝玉得知真相闹起来惊动贾母。等搜到晴雯的箱子时，王善保家的故意问："是谁的，怎不开了让搜？"袭人等人正想替晴雯打开时，"只见晴雯挽着头发闯进来，豁一声将箱子掀开，两手

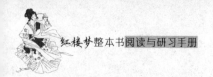

捉着，底子朝天，往地下尽情一倒，将所有之物尽都倒出"。王善保家的此时哑口无言。晴雯这么做无疑是发泄自己白天被王夫人责骂的不满，也表达了对王善保家的搬弄是非的愤怒，她用这种无言的行动，表现了自己的反抗精神，也用一股傲气打压下王善保家的嚣张气焰。接着众人一番搜捡，搜出的基本都是宝玉小时候的物件，王熙凤此刻如释重负，笑着带众人离开了怡红院。

四、黛玉的无言

接下来，抄检队又来到了林黛玉的潇湘馆。此时黛玉已睡，听王熙凤等到来便要起身，王熙凤怕黛玉受到惊吓，让她继续卧床，只让旁人去丫鬟住处搜查。那王善保家的从黛玉贴身丫鬟紫鹃屋中搜出了宝玉的荷包、扇子等物，自以为得计，待要兴风作浪，却被王熙凤制止。凤姐清楚宝玉和黛玉自幼青梅竹马、亲密无间，一块儿住了好几年，这里有宝玉的物品再正常不过，紫鹃也是这样回答，王善保家的一听也只好作罢。

林黛玉心思敏感，容易动气，这次她出乎意料地没有作声，就算当时不明就里，抄检过后也没看到黛玉有什么反应。此前连送宫花给她最后一枝她都觉得屈辱，人家拿她比戏子她都哭得泪流满面，为什么这次却能忍受？可能一是黛玉有超脱的一面，内心有种光明磊落的坦荡；二是黛玉深知贾府上下人心叵测，她目前寄人篱下，也不愿声张起来招人嫌怨。

值得注意的是，抄检潇湘馆前，王熙凤提醒王善保家的说："我有一句话，不知是不是。要抄检只抄检咱们家的人，薛大姑娘屋里，断乎检抄不得的。"王善保家的表示同意，笑道："这个自然。岂有抄起亲戚家来！"凤姐点头回应："我也这样说呢。"

这里有个问题，不抄检亲戚我们能理解，但宝钗是亲戚，黛玉又何尝不是？为什么不抄检宝钗却抄检黛玉呢？可能王熙凤考虑到王夫人和薛姨妈是亲姐妹，她又向来喜欢宝钗，所以王熙凤断不能去蘅芜苑抄检。而黛玉父母双亡，寄居在贾府中，没有多少依靠，抄检黛玉应该不会引起什么乱子。不过尽管宝钗没有被抄检，她却出人意料地在第二天一早就做出了一个决定，那就是搬出大观园。做这个决定她没有向王夫人和凤姐打招呼，只是向李纨说了一声，声称自己因为母亲生病无人照顾而搬出去住。李纨心知肚明，精明的薛宝钗此举是为了避嫌，我们也不得不佩服宝钗的当机立断。

五、探春的刚毅

探春是贾府的三小姐，是贾政与赵姨娘所生。她性格刚毅，精明强干，有"玫瑰花"之称。面对来到秋爽斋的抄检队，她心中十分不满，故意秉烛开门以待，表现出凛然不可侵犯的气势。王熙凤身为管家奶奶，平日里威风八面，在探春面前也只得小心退让，耐心解释。而探春态度强硬，根本不允许他们搜查自己丫鬟的东西，命丫鬟们打开自己所有的箱子叫王熙凤抄捡。未出阁的千金小姐身份尊贵，王熙凤自然不敢抄捡，只得小心陪笑。平儿等赶快帮着关上箱子。此时的探春悲愤不已，说出了一段著名的话来：

> "我的东西到许你们搜阅，要想搜我的丫头，这却不能！我原比众人歹毒，凡丫头所有的东西我都知道，都在我这里间收着，一针一线他们也没的收藏，要搜所以只来搜我。你们不依，只管去回太太，只说我违背了太太，该怎么处治，我去自领。你们别忙，自然连你们抄的日子有呢！你们今日早起不曾议论甄家，自己家里好好的抄家，果然今日真抄了。咱们也渐渐的来了。可知这样大族人家，若从外头杀来，一时是杀不死的，这是古人曾说的'百足之虫，死而不僵'，必须先从家里自杀自灭起来，才能一败涂地！"

探春这一番话道出了她反对抄检大观园的原因，她已隐约预料到贾府最终的结局逃不开抄家清算，只是没想到这抄检竟然先从自己家里人开始。她对于王夫人、王熙凤管家时贾府出现的种种弊端早已有心整改，且有过改革的举措，只是积重难返，无力回天，现在又遭遇这样的打击，怎么不令她痛心疾首、泪流满面？

此时王熙凤有些不知所措，周瑞家的直说不用搜了，探春不依不饶，连续追问他们是否搜明白了，明日再来可不依了，王熙凤连连答应。正待要离开，这时那个心里没成算的王善保家的挑起了事端，她觉得自己是邢夫人的陪房，连王夫人都对她另眼相看，还对付不了探春这个庶出的小姐？于是向前拉起探春的衣襟，故意一掀，还嘻嘻笑道："连姑娘身上我都翻了，果然没有什么。"话没说完，只听"啪"的一声，王善保家的脸上早挨了探春一巴掌。这一巴掌打出了三小姐的威风，出尽了探春心中的恶气，打完了还不算，探春还说："你是什么东西，敢来拉扯我的衣裳！"这话说得明白，你王善保家的只是贾府的一个老奴才，竟然敢拉扯千金小姐的衣服！接着探春又痛骂王善保家的"狗仗人势，天天作耗，专管生事"，探春心里明白，抄检大观园就是邢夫人和王善保家的挑起来的，怎能不令她怒气冲天？

在丫鬟侍书对王善保家的一番嘲讽之后，探春又说："明儿一早，我先回过老太太、太太，然后过去给大娘赔礼，该怎么，我就领！"探春可不会真去赔礼，她想的是叫这帮人给邢夫人捎个信儿，让她琢磨去，我打了你的奴才，为什么打？该不该打？怎么处理你看着办。后来邢夫人很快做出了回应，把王善保家的打了一顿，嫌她越礼

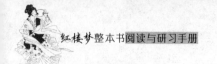

多事。这样一来，探春的这一巴掌宣告斗争的全面胜利，这朵"玫瑰花"真是又香又扎人。

探春这么做并不仅仅是为了维护自己的尊严，更多的是替整个贾府感到悲哀。贾府走向衰败，自家人又相互倾轧争斗，精明干练的她却无力改变现状，她痛苦、愤怒、挣扎、无助，正是"才自精明志自高，生于末世运偏消"啊！

六、惜春的孤僻

众人来到暖香坞，年少的惜春感到恐慌，凤姐还不住安慰，可没想到一番搜捡，竟在惜春贴身丫鬟入画的箱中寻出一大包金银锞子，还有一副玉带板子和一包男人的靴袜等物。这一来非同小可，入画跪下哭诉真情，原来这些东西是宁国府的贾珍赏给入画哥哥的。惜春胆小害怕，忙让王熙凤把入画带走责罚，凤姐觉得如果真像入画所说，那倒情有可原，有意为入画开脱，而惜春却态度坚决，不让凤姐饶她，还告诉凤姐帮他们传东西的肯定是后门门上的张妈。

惜春为什么不念主仆之情，态度这样决绝？这要从她和宁国府的关系说起。惜春是贾珍的胞妹，母亲去世后就被贾母接到荣国府来住，她对贾珍这个哥哥相当厌恶，看不得他的荒淫下作，把宁国府搞得乌烟瘴气、天翻地覆，惜春一直深以为耻。

抄检过后的第二天，她让贾珍的夫人尤氏赶紧把入画带走，说或打或杀或卖，她都不管，入画进来求情，惜春不听，尤氏劝解，惜春不理，不仅如此，她还把话说到明处，因为宁府名声不好，她以后不想再和宁府走动，免得清清白白的自己被连累了，气得尤氏最后说不出话，只得带走了入画。

抄检事件中，惜春骨子里的孤僻和爱惜羽毛的心理让她显得不依不饶、冷酷无情，而这冷酷的背后又有说不出的无奈与酸楚，惜春最后的结局是"勘破三春"，出家为尼，"可怜绣户侯门女，独卧青灯古佛傍"。

七、绣春囊的来历

抄检大观园的最后一站，是迎春的住处紫菱洲。此时迎春已经睡下，王熙凤等人便到司棋等丫头的屋中搜查。司棋是迎春的贴身丫鬟，而王善保家的正是司棋的外婆，搜查司棋时王善保家的心中有鬼，本想简单处理，蒙混过关，但王熙凤等人正要看她如何行事，哪里肯依？周瑞家的率先发难，亲自动手查检，果然在司棋的箱子里查出一双男子的袜子并一双缎鞋，还发现了一个小包袱，里面有一个男女定情信物同心如意结，还有一个传情的字帖，周瑞家的都递给了王熙凤。

王熙凤一看大喜，亲自将帖中内容念给王善保家的听，原来这信是司棋的表弟潘又安写给她的，信里面有这样的话："上月你来家后，父母已觉察你我之意，但姑娘未出阁，尚不能完你我之心愿。若园内可以相见，你可托张妈给一信息。若得在园内一见，倒比来家得说话。千万，千万! 再所赐香袋二个，今已查收外，特寄香珠一串，略表我心。千万收好，表弟潘又安拜具。"这里提到的香袋极有可能就是绣春囊，此前潘又安到大观园里和司棋幽会，没想到被贾母的丫鬟鸳鸯撞破，惊慌之际恐怕潘又安便把这绣春囊掉落，后来又被傻大姐拣到，至此绣春囊的来历算是有了着落。

司棋和潘又安算得上是自由恋爱，而在那个年代，贾府这样的所在，哪里能允许一个丫鬟自由恋爱? 他们做出这样的事自然要被严惩，王善保家的一心要拿别人的错，没想到却拿住了她的外孙女，一时羞愤难当，恨不得钻进地缝里去。王熙凤等人心里早就恼恨王善保家的，抓到了这样的把柄岂有不高兴之理? 她们笑着嘲讽打趣她，王善保家的气得无从发泄，只得边骂边打自己的脸，这可真是搬起石头砸了自己的脚。

再看司棋，遭遇这样惊天的变故并没有畏惧惭愧的意思，追求爱情自由的司棋刚强不屈，和懦弱的迎春形成了鲜明的对比，可叹后来司棋被赶出贾府，迎春也无能为力。

八、抄检的结局

从抄检大观园的结果看，众人不仅没有一个受益者，反倒都是受害者。邢夫人本想借绣春囊一事向王夫人发难，结果反倒是迎春的丫鬟司棋出了事，让身为迎春嫡母的邢夫人丢了面子，大为难堪。因邢夫人的发难、王善保家的进谗言，王夫人忧惧之余怒气攻心，发起抄检大观园的行动，尽管借机赶走了她担心的"狐狸精"们，但她挑起的冲突对贾府造成了无可挽回的破坏，最终她也无法独善其身。王熙凤一度因绣春囊事件受到牵连，加之她处在邢夫人、王夫人斗争的漩涡之间，真是左右为难，不得脱身，被迫带队抄检大观园，引发的矛盾接二连三，本就疲惫的身体难堪重负，以致忧劳成疾。此外，宝钗为避嫌搬出了大观园；晴雯因诬告而被赶走，最终郁郁而终；司棋被查，遭撵走，最终撞墙殉情。还有入画、芳官等被赶出大观园的丫头们，都是这场抄检大观园行动的受害者。抄检大观园更是贾府由盛转衰的一个标志性的转折点，从此贾府开始走向了衰败、消亡的结局，群芳凋敝，风流云散，千红一哭，万艳同悲，正是"三春过后诸芳尽，各自须寻各自门"，"好一似食尽鸟投林，落得个白茫茫大地真干净"。

【专家解读】

"绣春囊之变"并非一枝一节，而是牵动贾府全局或曰曹氏全书的悲剧大潮，是腐朽邪恶吞噬青春生命灵秀之美的悲怆大乐。浊浪排空，甚至把抄检大帅王熙凤一并席卷而去……这里只说"春意儿"闹剧中的主要起哄者。王善保家的，奴才小人，

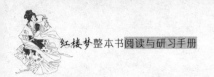

紧跟主子，诚心诚意起而哄之。升腾无望，图点小利而已，不足挂齿。凤丫头何等样人！嬉笑怒骂，俱藏杀机；粉面含威，千夫辟易。如今形格势禁，被揪到第一线做不光彩的恶人头，违心行事，有苦难言。只好说"可以理解吧"。（朱健《红楼梦我》，金城出版社）

这场抄检写的极具匠心，整个叙述始终抓住首恶人物王夫人和邢夫人，而荣府总管王熙凤不过是一个违心随行的不得已的执行者。王邢二妇的凶悍，走狗王善保家的和周瑞家的狗仗人势，凤姐的表面顺从和内心深处的不以为然，晴雯的桀骜不驯，司棋的坦然相对，探春的正义凛然，迎春的懦弱，惜春的自洁，袭人的心虚，宝钗的回避，以及黛玉湘云在联诗中的凄恻感伤和贾宝玉的悲痛欲绝，在第七十三回至第七十八回被一气写出，仿佛一套精深的剑法被一气呵成地舞将出来，淋漓尽致，剑气森然，不露丝毫破绽。（李劼《红楼十五章》，新星出版社）

（汪楠 撰）

比较阅读同类事

长篇小说事件众多，我们既不可能也没必要把大量的精力放在记忆这些纷繁复杂的事情上。除了上面聚焦一件事的读法之外，我们还可以针对长篇小说内容丰富、事情之间前后勾连的特点把文中相关联的事情单拎出来进行比较阅读。

比较阅读法是一种常见的重要的阅读方法，中学生在日常学习中会经常用到它。无论是赏析语句、写作手法还是解读内涵，都会涉及相关内容的比较。要熟练掌握这一阅读法，大家就要熟悉文本，能够敏锐地发现文字材料之间的关联，思考其中可以用来比较的关键点，或异中求同，或同中求异，由表及里，从感性到理性，多角度挖掘文本的深刻内涵，锻炼自己分析综合、鉴赏评价、探究表达的能力，综合提升自己的语文素养。

（刘智清 撰）

进贾府

【事件意义】

大家在通读阶段，已经读过第二回"冷子兴演说荣国府"的内容，对贾府尊贵的地位和奢华的生活，已经有了侧面了解。作为人物生活、故事展开的重要场所，贾府真实的情况究竟是怎样的，走进贾府的人又会有怎样的发现与感受呢？唯有追随小说人物的足迹走进贾府,借助他们的视角来观察,方能一睹其真容。

林黛玉、刘姥姥、薛宝钗三人均进过贾府,却因身份地位、性格素养、原因方式不同,导致她们对贾府的观察与感受大相径庭。对三人"进贾府"事件进行对比研读,我们不仅可以发现三人性格的差异,更能从三人各自的视角中以管窥豹,对小说中的其他人物有更为多面、立体的认识,同时还能以点带面,对人物性格形成与发展的环境背景有清晰的了解,甚至还能在文本的细处,见微知著,预见故事情节的发展走向。由此足可看出曹雪芹字字珠玑、一字千钧的笔力和"寓深厚于平淡,似无心而有意"的写法。

研读这部分内容,同学们可从"一人进贾府"的文本细读入手,也可从"多人进贾府"的横向比较切入,还可从"一人多次进贾府"的纵向往复中探寻,进而在人物形象的塑造、情节的走向与发展,贾府兴衰的变迁、小说主题的深入挖掘等方面有所收获。

【事件概述】

一、林黛玉进贾府

这一故事情节主要在小说第三回,回目是"金陵城起复贾雨村 荣国府收养林黛玉"。

黛玉的母亲死后,贾母怕她无人照顾,便派人接她到贾府入住。黛玉进贾府后先拜见了贾母、贾氏三姐妹、凤姐等人,然后到邢夫人、王夫人房间拜见母舅。稍事休息,在与贾府众人吃过晚饭后,回到贾母处与宝玉初见。最后,贾母为黛玉安排好住处,并将贴身的丫鬟赠与黛玉作为陪侍。

二、刘姥姥进荣国府

刘姥姥三次进入荣国府,其情节散布在书中的若干章回里。

刘姥姥一进荣国府出现在第六回,回目是"贾宝玉初试云雨情 刘姥姥一进荣国府"。京官后代王狗儿因祖上曾与王夫人、凤姐的娘家联宗,其岳母刘姥姥便到荣国府求助。刘姥姥在周瑞家的的引荐下见到了当家的王熙凤。凤姐说起家事的难处,刘姥姥以为告助无望,可凤姐还是给了二十两银子和一吊钱,刘姥姥感激满意而归。

刘姥姥二进荣国府出现在第三十九回后半部分、第四十回和第四十一回,回目分别是"村姥姥是信口开合 情哥哥偏寻根究底""史太君两宴大观园 金鸳鸯三宣牙牌令""栊翠庵茶品梅花雪 怡红院劫遇母蝗虫"。为答谢凤姐,刘姥姥带着丰收的瓜果二进荣国府。在稻香村,姥姥被凤姐插了一头菊花。在秋爽斋,贾母设宴款待,凤姐、鸳鸯合伙儿捉弄刘姥姥,刘姥姥却总能幽默的化解尴尬,引来了大观

园诸人史无前例的大笑。在行酒令期间，刘姥姥再次用妙趣横生的语言惹得众人大笑。

刘姥姥三进荣国府出现在第一百十三回，回目是"忏宿冤凤姐托村妪 释旧憾情婢感痴郎"。刘姥姥听说贾家被抄，心中担忧，赶到荣国府。此时贾家败落，贾母已死，凤姐病得骨瘦如柴，神情恍惚。凤姐见到刘姥姥，急忙将自己的独生女儿巧姐托付给她，刘姥姥推辞了酬谢，但爽快地答应了凤姐的请求。

三、薛宝钗进贾府

这一故事情节主要在小说第四回，回目是"薄命女偏逢薄命郎 葫芦僧乱判葫芦案"。

薛宝钗进京待选才人，恰逢她哥哥薛蟠惹了官司，需要暂避风头，而薛姨妈又想与书信往来频繁的娘家姐妹走动。于是宝钗就随母亲和哥哥进了贾府，在梨香院住下。

【研读重点】

一、林黛玉进贾府——见微知著，以点带面

林黛玉是小说主要人物之一，她身份特殊，既是贾母的嫡亲外孙女，又是贾赦、贾政的嫡亲外甥女。她的到来，能牵动贾府上上下下的各色人等，因此她的所见所闻必能展现贾府上下全貌。此外，作为饱读诗书、敏感细腻的花季少女，她具有敏锐的观察力和细腻的感受力，而黛玉寄人篱下的身世遭遇无疑又增强了她敏感的心性。因此她能对从未踏足过的贾府进行细致全面的打量。作者就是以黛玉进府的行踪为线索，通过她的视线来描写贾府这一典型环境——这也是作者第一次向读者展现小说的典型环境。同学们可透过黛玉的视角切入文本，对环境背景、主次要人物、礼仪文化、等级制度等方面对《红楼梦》进行深入分析，此可谓见微知著、以点带面。

1. 从建筑外观、陈设布局看贾府显赫的地位

透过黛玉的眼睛，我们首先感受到的是贾府这个簪缨世家的气派：看贾府的门外，是威严的大石狮子与兽头大门；看其院内，正房、厢房井然，雕梁画栋，游廊插屏，尽显奢华；屋内更有紫檀雕螭案、青绿古铜鼎、金钱蟒靠背、梅花式洋漆小几等珍奇精美的陈设。就连看门之人也是华冠丽服，仆妇小厮吃穿用度、交接礼节，也不是寻常人家可比。整个贾府奢侈、豪华，钟鸣鼎食之家的富盛一览无余。

宁荣两府是奉皇帝之命"敕造"的，"荣禧堂"的匾额是皇帝御笔所赐，室内陈设的"待漏随朝墨龙大画"显示着对君王的忠诚与尊敬，来往的宾客也都是"座上珠玑昭日月"的豪门贵族，这些陈设显示着贾府非同一般的地位。贾府并非一般商贾大家，它尊贵的地位与皇家背景紧密相关，财富的来源亦可由此推知。

通过黛玉的眼睛，我们看到贾府是一个社会地位和气派非比寻常的豪门旺族，是皇帝信任和赏识的簪缨世家，其与皇家来往甚密。这里礼节繁复，仆从如云，吃穿用度豪奢，这一切给年少的黛玉留下了深刻的印象，我们也借此获知贾宝玉和众女子们就在这样雍容华贵的环境中生活。

2.从居处安排、吃饭礼仪看贾府森严的等级

透过黛玉的眼睛，我们可以看出曹雪芹对贾府人物住所别具深意的安排："荣禧堂"的东边，贾赦一家独住；"荣禧堂"的西边，是贾母的住处；"荣禧堂"的主人是贾政。贾政的住处比贾赦奢华，与贾母处又不相同。在辈分与礼教中贾赦作为兄长，本应该住在正室，而实际上却没有，曹雪芹似乎在暗示着二人在家里的地位不同。贾政自幼勤奋好学，资质品性都优于贾赦，祖父也是最疼他。但在等级制度森严的封建社会，这也许并不能让他凌驾在长兄之上。细究深层原因，或许就是因为他的大女儿入选进宫，父凭女贵，在贾家贾政的地位方能高过他的哥哥贾赦，而且王夫人也能成为贾府的实际掌舵者。阶层与等级由此隐现端倪。

拜见邢王二夫人后，丫鬟回传吃晚饭的消息，王夫人便携黛玉前往。此处作者再次通过吃饭礼仪展现了封建大家族内部森严的等级秩序。李纨捧饭、熙凤摆放筷子，王夫人进羹，身份地位不同，伺候老太太的内容便也不同。此外，贾母正榻独坐，迎春坐右手第一位，探春坐左手第二位，惜春坐右手第二位，而黛玉因客人身份及贾母特意嘱咐，方坐上了左侧第一个位置。旁边众丫鬟端着拂尘、漱盂等物立于案旁。其余的媳妇丫鬟只能在外间伺候待命，连内屋都不能进入，甚至连一声咳嗽也不敢发出。整个饭间，贾母未发一言，众人也寂然无声。由此可见贾母在贾府至高无上的地位。王熙凤虽作为与三春同辈的女子，却有着高于三春姊妹的殊荣，而三春及黛玉的位置也体现出辈分的高低、关系的亲疏。吃饭于普通人家是再平常不过的事情，在贾府这个大家庭中，却成了关系和地位的体现，成了一件必须严格按"规矩"，即"等级"来安排的事情。

我们再看"宝黛见面"这一情节，在丫鬟通报"宝玉来了"之后，宝玉只是向在贾府中处于至高无上地位的贾母请了安。当时，黛玉就在宝玉的眼前，但是贾母并没有让二人正式见面，即使是简单的寒暄问候都没有。贾母掷地有声的一句"去见你娘来"，宝玉便乖乖地转身离开了。远道而来的妹妹就在眼前，"老祖宗"贾母却不让二人相互问候，而是命令宝玉先去拜见自己的母亲。由此，我们借黛玉之眼，窥见这个与"别家不同"的贵族之家森严的等级制度与封建礼俗。

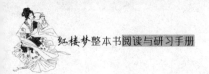

3.从言语外貌、心理动作描写看生动鲜活的人物

这一章回中，作者借黛玉的眼睛，刻画了一个生性泼辣、美貌艳丽、精明狡黠、机变逢迎的王熙凤的形象。黛玉正与贾母对话之时，突然听到后院有人笑道："我来迟了，不曾迎接远客！"她心里纳闷，不知是谁能在"敛声屏气，恭肃严整"的环境中如此"放诞无礼"。未见其人，先闻其声的写法与林黛玉的心理描写相结合，将王熙凤张狂泼辣的性格描绘出来。此外，借助黛玉细致的观察，王熙凤的外在形象也得到了鲜明地呈现。服饰方面，头饰、裙饰和服装描写，极力铺陈了王熙凤集珍珠宝玉于一身的华贵之气；容貌方面，她的一双"三角眼"、两弯"吊梢眉"、含威不露的"粉面"、未启先笑的"丹唇"，表现了她美丽的外表后隐藏着的精明和狡黠。王熙凤与贾母一番亲昵戏谑的对话，更说明她是深得贾母宠爱的特殊人物。她见黛玉后，先是恭维，继而拭泪，最后转悲为喜，其情感变化完全是揣度贾母的情感状态而定。与黛玉的第一次见面，王熙凤察言观色、八面玲珑的本领便一览无遗，而这也正是她在贾府中得宠的重要原因。

此外，曹雪芹也通过黛玉的心理描写将她小心谨慎、细心敏感的性格呈现出来。黛玉早听母亲说起过外祖母家与其他人家不同，所以进入贾府时，"步步留心，时时在意，不肯轻易多说一句话，多行一步路，惟恐被人耻笑了他去"。随后，在两次回答读书的说辞中，我们也可以看出她的这个特点。第一次贾母问她读什么书，她如实回答"只刚念了《四书》"，听到贾母说其他女子只不过不是睁眼瞎罢了，黛玉敏感地意识到贾母"女子无才便是德"的传统观念。于是当宝玉问她读什么书，她立即改了口说："不曾读，只上了一年学，些许认得几个字。"黛玉前后话语矛盾，正是她敏感地发现了贾家对男女读书识字的不同态度而做出的转变。因此，阅读时不可不从细处着眼，借林黛玉的眼与心对贾府众人及黛玉本人进行一番细致考量。

4.从虚实相生、详略结合的人物塑造看作者高妙的手法

这一回目人物纷繁，而曹雪芹写得一丝不乱，人物出场先后适宜，人物塑造详略得当、虚实相生。对王熙凤、贾宝玉、林黛玉等主要人物详写，对贾母、邢夫人、王夫人、李纨和贾氏三姊妹则略写；对贾母、王熙凤、林黛玉、贾宝玉等出场人物是实写，而对贾政、贾赦等未出场的人物则是虚写；对贾宝玉、王熙凤等是单独写，而对邢夫人、王夫人、李纨、迎春、惜春等只做集体介绍。这样描写不但笔法变化多姿，而且在众多人物中可使描写重点突出。

透过黛玉细心的观察，一个八面玲珑、精明能干、机变逢迎的王熙凤呼之欲出。可同样作为贾府的女当家，王夫人在辈分和地位上都要高于王熙凤，但有关她的文字

就很少，作者没有对其外貌进行细致描绘，更没有让王夫人隆重登场，只是在简短的对话中呈现了其在家庭里的权力地位和身为母亲对贾宝玉的疼爱。详略对比中，王夫人的形象亦可见出。在对王熙凤例行公事"月钱放过了不曾"的询问中，在狂诞泼辣的王熙凤毕恭毕敬、谨慎小心的回答中，又可见出王夫人家庭实际掌权者的地位。在嘱咐王熙凤拿出缎子给黛玉做衣裳的话语中，我们能感受到其沉稳周全的性格。在与林黛玉的交谈中，王夫人虽历数宝玉顽劣疯傻的个性，但言语中已透出一个母亲对儿子满满的疼爱。王夫人的话语不多，但第一次出场，其身份地位及与宝玉的母子关系已然明了。曹雪芹用举重若轻之笔，鲜活地塑造了同属大家庭管理者，但个性与王熙凤不同的王夫人形象。

林黛玉去拜见两位母舅，也就是贾政和贾赦时，两人均未接见黛玉，而是通过邢王二夫人之口转述他们对黛玉的嘱托，此二人可谓是黛玉未亲见的虚写人物。虽然他们的形象是侧面呈现，但亦可推知一二。在大舅母处，贾赦只是派人传话说"连日身上不好，见了姑娘彼此到伤心，暂且不忍相见"；在王夫人处，得到的回答是"你舅舅今日斋戒去了，再见罢"。自己的亲妹妹病故，外甥女来投靠贾府，按常理，两位舅父对丧亲之痛和迎接之期应记挂在心。而且，作者在本文一开始就说荣国府的车轿是在岸边"久候"的，这说明贾府上下是知道林黛玉会在今天到达的。但两位舅父都没有露面，这就是曹雪芹创作的精妙之处了。每个情节中有重点突出的形象，其他次要人物做"减法"处理，甚至可以虚拟出场，以避免主次轻重不分，扰乱章回主线。读者只有细细品赏，才能捕捉到作者如此处理人物的用心。

在这一章回的众多人物中，作者对贾宝玉、王熙凤等主角是单独刻画，细致呈现，而对于三春姊妹的描写，则采取群像呈现。三个人年龄相似，辈分相同，个性和境遇却大不相同。作者将三人放在一起刻画，更能凸显出她们各自不同的性格特点。迎春"肌肤微丰，合中身材，腮凝新荔，鼻腻鹅脂"，柔美可人；探春"削肩细腰，长挑身材，鸭蛋脸面，俊眼修眉，顾盼神飞"，精明强干；惜春"身量未足，形容尚小"，柔弱孤小的形象呼之欲出。曹雪芹秉持着"人各一面"的真实性书写，并没有将人物进行类型化、扁平化的处理，而是力求将每个人物的特征都烙印在读者心里，相似人物放在群像中去描绘更能鲜明地突出各自特点。由此看来曹雪芹塑造人物的手法丰富多样，笔法高妙，实非一般小说家所能驾驭。

二、林黛玉、薛宝钗进贾府——参差对照，主客互现

第四回薛宝钗入住荣国府，是她在小说中第一次出场。由此我们既可以了解主要人物薛宝钗的身份地位，也可以在她与黛玉进荣国府的对比中，窥见二人与贾府关系

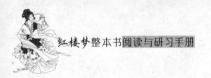

的亲疏，推测二人未来在贾府中的地位与生活状态。

　　仔细阅读会发现，黛玉和宝钗，同样进入贾府，作者所费笔墨明显不均。黛玉之进，前前后后近一万字。而宝钗之进贾府，作者则惜墨如金，仅在第四回末用百十来字简单地做了交代。作者这样安排的意图是什么呢？

　　从笔墨详略上，我们可以看出贾府招待林黛玉的级别更高，形式更隆重，关系更为亲近，贾母盛迎、熙凤登场、宝玉亮相、三春放假、拜见母舅等，作者借林黛玉之眼，将贾府上下里外打量了个遍。而宝钗毕竟是王夫人的外甥女，关系比黛玉疏远了些，其进入贾府的原因更与黛玉丧母来投奔不一样，因此贾府礼遇二人时有差别，曹雪芹便通过文字的多少呈现出来。

　　深读文本，我们还发现，黛玉深受贾府地位最高的贾母宠爱，整个接待过程，无论是熙凤出场时的嘘寒问暖，还是晚宴时贾母将其搂到身边就座，还是最后贾母将贴身丫鬟紫鹃赠与黛玉，种种迹象都能看出黛玉对贾母的重要性，以及贾母对这个外孙女的深爱。相比之下，宝钗进贾府，主动迎接、喜出望外的倒是王夫人，她和薛姨妈姊妹相见，悲喜交加，泣笑叙阔了一番，才去见贾母。由此可见，薛宝钗、薛姨妈与王夫人这边关系更为亲近。此外，借助后面章回，我们也可发现王夫人最喜欢的丫鬟就是袭人，并早就准备将其私配给宝玉当妾，而袭人性格与薛宝钗最为接近。因此宝钗深得王夫人喜爱与器重的情形似乎在她刚进贾府时已初见端倪，而这也为全书后半部分王夫人偷梁换柱将宝钗嫁给宝玉埋下了伏笔。

　　当然，有一种推测和说法是这样的：有研究者发现林黛玉进贾府走的是侧门——西角门，而根据薛宝钗随薛姨妈进贾府的形式来看，她走的应该是正门；黛玉拜见母舅的时候，两位舅舅都没有接见，薛蟠一来就拜见了贾政、贾赦、贾珍等人；此外，林黛玉正式到贾府之前，贾家就应有心理准备，该备好房间和相关衣物，可她的房间明显是到来后才定下来的。而薛宝钗则不同，王夫人预先早安排了梨香园。由此得出结论说贾家更重视薛家的到访。其实，仔细分析，则不然。古时候，达官显贵家的大门，只有在重大场合才开，例如贵妃省亲，贾府平时"正门不开，只有东西两角门有人出入"。贾府正是因为把薛宝钗当作客人，把林黛玉当作自家人，才会让薛宝钗走正门，林黛玉走侧门的。薛家在金陵是和贾家齐名的大家族，薛家三口贵客上门，开正门迎接乃正常的礼节。当然除王夫人外，曹雪芹在简省的笔墨间似乎呈现出贾家其他人的问候和接见，不过是尽形式上的礼节罢了，这与黛玉进贾府时特意安排的宝黛初会、三春迎接显然不同。由此可知，二人初进贾府时，已经暗示了黛玉在贾母心中的地位，及与宝玉的情缘，而宝钗只能依托姨妈王夫人的身份，在贾府暂留一席之地,而与宝玉终是无缘。

三、刘姥姥进荣国府——草蛇灰线,伏脉千里

黛玉是进了不出,宝钗是进而不离,而刘姥姥这个芥豆之微的小人物,几进几出,跨越了不知多少回,她如草蛇灰线一般贯穿全书,第六回的首次登场便直接为后文的情节发展埋下了伏笔。她不仅目睹了贾府由盛及衰的变迁,成为小说不可或缺的线索人物,更成为曹雪芹对贵族家庭内部进行审视的独特视角,丰富着小说的思想意蕴和文化内涵。

1. 从三进三出看贾府的兴衰变迁

刘姥姥一进荣国府,我们可以借刘姥姥之眼从内部、近处再一次体会"诗礼簪缨"之家的权势与气派。荣府门口大石狮子旁把守着众多颐指气使、说东谈西的豪奴,令刘姥姥望而生畏,见人就称"太爷",却仍旧被看门奴才撵到墙角;花容玉貌的丫鬟遍身绫罗绸缎,插金带银,差点被刘姥姥误当成凤姐,喊了姑奶奶;用餐完毕,抬出来的炕桌上碗盘森列,满盘珍馐仅略动几口;熙凤出场粉光脂艳,"带着秋板貂鼠昭君套,围着攒珠勒子,穿着桃红洒花袄,石青刻丝灰鼠披风,大红洋绉银鼠皮裙",着装珍奇奢华,雍容华贵无以复加,富贵人家当家媳妇的姿态毕现。

当然,从第三回中黛玉的眼里,我们已经能够强烈感受到贾府这钟鸣鼎食之家的氛围,但黛玉的视角是贵族的视角,从她的观察中写建筑布局的精巧、吃穿用度的讲究、起居的繁文缛节、陈设的尊贵奢华,是为了呈现贵族社会内部不同层面的生活。与之相比,刘姥姥以底层市民的卑微身份,从陌生化、异质化的视角来观察,较之黛玉更能形成一种反差,凸显出贾府豪奢的生活和贫富阶层间巨大的差距。

刘姥姥第二回进荣国府,接触人物之多、所见场面之广、感受惊叹之深,都远超第一次。一者此时贾家正值鼎盛之际,"元春才选凤藻宫",家族势力进一步增强,大观园建成,一派喜乐祥和。二是刘姥姥此番前来,目的并非像第一次那样是攀亲附贵、求取钱财,而是礼尚往来、知恩图报,将家里的粮食、瓜果菜蔬送到贾府,因此颇受贾府上下的欢迎。这次她还有机会陪老太太说说话、解解闷,在贾府留宿,甚至受到款待,畅游大观园。因此这次刘姥姥能够更深层地进入贾府的日常生活,展开对贾府的细致观察,进一步呈现贵族家庭穷奢极欲的生活。小姐们一顿螃蟹就是庄稼人一年的花费,贵妇们一盘茄鲞就得用十几只鸡来熬煮,一两银子一个的鸽子蛋,没听见响声就没有了,"软烟罗"没来得及穿就准备糊窗户了……贾府里山珍海味、锦衣玉食、奇珍异宝,应有尽有,刘姥姥置身其中,亲眼目睹了贾府的盛世繁华,体会了贾家"烈火烹油,鲜花着锦"的生活,更为日后贾府的衰败埋下了伏笔。

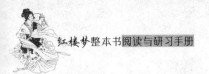

刘姥姥三进荣国府时，正是贾家由盛转衰的转折时期，昔日的辉煌早已无处可寻，荣国府上下一片萧索凄凉。贾府被抄，家道破落，贾母去世，熙凤卧病。曾经穿金戴银、雍容华贵的少妇此时已病入膏肓，"骨瘦如柴，神情恍惚"，只能将独生女巧姐"托孤"给她曾经戏弄过的乡野村妇。贾府世代积累起来的财富、建立起来的名望、往来频繁的王侯贵族，此时已化为过眼云烟，"好一似飞鸟各投林，落了片白茫茫大地真干净"！这真是大家族倾颓与衰败的悲惨写照。

刘姥姥三次进荣国府，代表了贾府三个不同的阶段。刘姥姥亲眼目睹了贾府从发展到极盛，再到败落的全过程。她不仅是贾府兴衰的见证人，同时也是封建时代的历史见证人。作者用她引出故事，推动情节发展，前后百十章节，若隐若现，又一以贯之，勾连起名门望族兴衰沉浮的始末，真可谓是一位举重若轻的人物。

2. 从刘姥姥身份的特异性看小说的丰富主旨

作者安排村妇刘姥姥三进荣国府，除了为叙事方便，用她穿针引线，推动情节发展以外，更是为了借她之眼揭示荣国府由盛而衰的原因。与此同时，这个人物的身份设定与"四大家族"差异较大，呈现出与贵族文化不同的另一种文化体系——市民文化。两种文化的碰撞体现着曹雪芹对雅俗文化的思考。

刘姥姥作为地地道道的农妇，她的语言中天然带着底层民众的生活经验与言语习惯，幽默风趣又朴实粗鄙。姥姥第二次进荣国府，因与贾母相聊甚欢，便受到宴请，成为座上宾。席间，王熙凤和鸳鸯合计戏耍刘姥姥，逗贾母开心，于是便单拿了一双老年四楞象牙镶金筷子给刘姥姥。刘姥姥看见了，回应道："这叉爬子比俺那里铁锨还沉，那里拏的过他。"她就近取譬，与生活经验勾连，风趣地表达了对筷子的看法，诙谐逗笑的功力可见一斑。随后，凤姐捡了一碗鸽子蛋放在刘姥姥面前，刘姥姥便站起来，高声说道："老刘，老刘，食量大似牛，吃个老母猪不抬头。"说完，"却鼓着腮不语"。结果众人短暂发怔之后，便全都失态地狂笑起来："史湘云掌不住，一口饭都喷了出来；林黛玉笑岔了气，伏着桌子嗳哟；宝玉早滚到贾母怀里，贾母笑的搂着宝玉叫'心肝'；王夫人笑的用手指着凤姐儿，只说不出话来。薛姨妈也掌不住，口里茶喷了探春一裙子，探春手里的饭碗都合在迎春身上；惜春离了坐位，拉着他奶母叫揉一揉肠子。地下的无一个不湾腰屈背，也有躲出去蹲着笑去的，也有忍着笑上来替他姊妹换衣裳的。独有凤姐、鸳鸯二人掌着，还只管让刘姥姥。"刘姥姥语言朴实，甚至略带粗鄙之气，将自己与牛相比，将美食与农家猪相比，其淳朴自然的白话表达，让习惯了诗词曲赋的贵族小姐、太太们感到新奇有趣又鲜活生动，因此捧腹大笑，雅俗文化的碰撞在这里鲜明地呈现了出来。此外，宴席间行酒令的环节，刘姥姥俚俗之语迭出，"大火烧了毛毛虫""一个萝卜一头蒜""花儿落了结个大倭瓜"，与湘云"闲花落地听无声"、黛玉"仙杖香挑芍药花"、宝钗"水荇牵风翠带长"的文雅之词形成巨大反差。通俗易懂、生动传神、富有生活气息的表达，相比于古奥晦涩、含蓄典雅、富于文学色彩的表达，更增添了文章的趣味性，彰显了民间文化的生命力。

雅俗文化的差异，不仅仅体现在语言上，更体现在不同的价值观念与人格塑造上。刘姥姥三进荣国府，她就像一面镜子，不仅照出了贾府的奢靡与走向衰败的现实，更照出了贾府上下各类人的真真假假、虚虚实实。刘姥姥一进荣国府时，通过周瑞家的的引荐，拜见二奶奶。初见王熙凤时，"凤姐也不接茶，也不抬头，只管拨手炉内的灰，慢慢的问道：'怎么还不请进来？'一面说，一面抬身要茶时，只见周瑞家的已带了两个人在地下站着呢，这才忙欲起身。犹未起身时，满面春风的问好，又嗔着周瑞家的怎么不早说"。这段动作、语言、神态描写极为传神，脂砚斋评曰"写尽天下富贵人待穷亲戚的态度"。的确，单从语言上看王熙凤数落埋怨平儿，似乎是对怠慢贵客的不满及表达自己等待的急切心情，然而她的动作和语态完全是一副漫不经心、心不在焉的样子，这和她言语中的关切有霄壤之别。此处细节活脱脱地将凤姐口是心非、虚情假意的形象刻画得惟妙惟肖。而另一头，刘姥姥此时早已在地下拜了数拜。随后，凤姐的尖酸刻薄更通过笑语道明，她先笑道："亲戚们不大走动，都疏远了。知道的呢，说你们弃厌我们，不肯常来。不知道的那起小人，还只当我们眼里没人似的。"明明是显赫的贾家不愿和八杆子打不着的穷亲戚走动，可王熙凤却倒打一耙，甚至胡诌出一个莫须有的"小人"，数落起刘姥姥嫌弃他们的不是。吓得刘姥姥心惊胆战，忙念佛道："我们家道艰难，走不起。来了这里，没的给姑奶奶打嘴，就是管家爷们看着，也不像。"显然，刘姥姥的回答不拐弯抹角，质朴真实，道出内中隐情。在与王熙凤的对话中，刘姥姥朴实善良的底层百姓性格与贾府贵族阶层装腔作势、虚情假意的性格第一次形成了鲜明的对比。

此后，刘姥姥二进荣国府，不为趋炎附势，不为继续向贾府打抽丰，而只是因为"今年多打了两石粮食，瓜果菜蔬也丰盛"，想要"孝敬姑奶奶、姑娘们尝尝"——她这次是带着感恩之心前来贾府看望。于富贵奢华的贾府而言，之前赠与姥姥的二十两银子实在不算什么，而对于刘姥姥来讲，这份恩情足可数年不忘。甚至在后四十回续书中，高鹗根据前五回的预判，延续刘姥姥的形象特点，叙述了贾府衰微、熙凤生命垂危之际，刘姥姥无惧牵连，一心忧虑，前往看望。而最终，也是刘姥姥救了巧姐。她的善良朴实、有情有义、知恩图报与见贾府败落唯恐避之不及者的薄情寡义相比，人格的尊卑、人性的善恶一目了然。"刘姥姥身上透露出来的野气、土气，正是贾府所

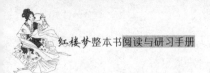

缺少的质朴、善良、真诚的人格美。"的确,曹雪芹在刘姥姥身上倾注了对于底层平民文化的理解与肯定,更表达了对上层贵族文化的审视与批判。

当然,曹雪芹还通过刘姥姥的视角,侧面写出了书中其他人物的特点,如王熙凤对下人的刻薄寡恩、宝玉的单纯率真、林黛玉和薛宝钗的满腹才学等,使这些人物的形象更加丰富立体。对这部分人物的分析思路与林黛玉进贾府时一致,前已详述,此处不再复述。

【专家解读】

按照曹雪芹原作手抄本(甲戌本)第三回的回目应是"金陵城起复贾雨村 荣国府收养林黛玉"(程高本改成"托内兄如海荐西宾 接外孙贾母惜孤女")。从这回目上也可以看出,这一回的情节是提供两条线索:一条向社会政治生活方面扩展开去,介绍贾府的显赫社会地位,即通过表现四大家族的贾、王二府并力把贾雨村起复为金陵知府,以维护他们在当地的统治和权益,揭露他们为非作歹的罪恶;一条是向贾府家庭生活深入,介绍这"风流富贵之家"的礼教习俗,揭示封建贵族的膏粱锦绣种种,为主人公们提供具体的生活环境,并借助于小说主人公林黛玉的眼睛,描绘了荣国府几个主要人物的出场。前者是虚写,一带而过,为第四回的具体展开埋下伏笔;后者则是实写。(李希凡《红楼梦人物论》)

作者还一再着力描写王熙凤的眉形目态,此回借黛玉所见,告诉读者,王熙凤有"一双丹凤三角眼,两弯柳叶吊梢眉"。在后文王熙凤素服赚尤二姐入大观园时,又一次写到她的眉眼:"眉弯柳叶,高吊两梢,目横丹凤,神凝三角。"两次描写,同中见异。第二次不仅写其形,更写其神。丹凤眼、柳叶眉,原是很美的,而曹雪芹却偏偏把美丽的丹凤眼配以三角,让秀气的柳叶眉高吊两梢,这就不尽美了。即便仍可算得上漂亮,但已决非温柔敦厚之形象。我们翻开麻衣相法,便会发现,"三角眼""吊梢眉"乃为狡黠、狠毒、性巧、通变、邪淫之相。曹雪芹不一定真迷信相法,但他把王熙凤眉目写成这般形状,似乎在依循这种普遍流行的唯心主义哲理,借以揭示王熙凤这"胭脂虎"的性格为人:美艳的外表下包藏着一颗丑恶的灵魂,奸诈、冷酷、阴毒。"心较比干多一窍"的林黛玉,初与王熙凤相见,就一眼看穿了这一点。(张超《浓妆淡抹各相宜——〈林黛玉进贾府〉中王熙凤、林黛玉肖像描写比较谈》,《名作欣赏》1996年03期)

荣国府毕竟何等情景?由姥姥先作一番感受。好像由她先来向我们"传达"这一人家的服饰、住处、饮食、礼数、习尚、心肠……一切跃然纸上,一切不离穷人对它的衡量和评价。(周汝昌《红楼小讲》,中华书局)

刘姥姥为归结巧姐之人，其人在若有若无之间。盖全书既假托村言，必须有村妪贯穿其中，故发端结局皆用此人，所以名为刘姥姥者，若云家运衰落，平日之爱子娇妻，美婢歌童，以及亲朋族党，幕宾门客，豪奴健仆，无不云散风流，惟剩此老妪收拾残棋败局，沧海桑田，言之酸鼻，闻者寒心。（王希廉《红楼梦三家评本·红楼梦总评》，上海古籍出版社）

（刘思伯 撰）

过生日

【事件意义】

《红楼梦》一书包罗万象，对贾府中的婚丧嫁娶、节日习俗都有涉及。而其中最容易引起同学们共鸣的，无疑是对主要人物生日场面的描写。书中的生日，与我们现实生活中一样是欢庆的场面，所以阅读中容易引起读者愉快的感受。除此之外，曹雪芹还利用生日的情节设计和场面描写来引发矛盾冲突，展现人物性格，表达主题思想。同时，《红楼梦》在设计、展示人物的思想性格特点时，往往使用隐喻手法，人物的生日正是其中显例。

在阅读过程中，同学们可以将书中几次生日场面进行对比阅读，体会作者在叙述情节、描写人物上的巧妙构思；也可以对主要人物如薛宝钗、贾宝玉的生日场面进行精读分析，以此更好地理解人物的性格特点，体会主要人物之间错综复杂的关系。有兴趣的同学，也可以对其中的生活细节、民间风俗、礼仪制度等方面进行更深入的探究。

【事件概述】

一、书中明确指出的生日

曹雪芹在第六十二回中宝玉生日之际，借探春等人之口梳理了书中主要人物的生日：

> 探春笑道："到有些意思，一年十二个月，月月有几个生日。人多了，便这等巧，也有三个一日、两个一日的。大年初一日也不白过，大姐姐占了去。怨不得他福大，生日比别人就占先。又是太祖、太爷的生日。过了灯节，就是老太太和宝姐姐，他们娘儿两个遇的巧。三月初一日是太太，初九日是琏二哥哥。二月没人。"袭人道："二月十二是林姑娘，怎么没人？就只不是咱家的人。"探春笑道："我这个记性是怎么了！"宝玉笑指袭人道："他和林妹妹是一日，所以他记的。"

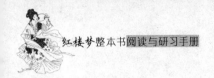
再结合散见于书中其他回目的记述，我们可以确定书中以下主要人物的生日：

元春：正月初一

宝钗：正月二十一

黛玉：二月十二

巧姐：七月初七

贾母：八月初三（此日期从七十一回之情节，与六十二回说法不合，当是作者错漏之处）

王熙凤：九月初三

二、书中未明确指出的生日

书中还有一些人物未明确指出其生日，杜景华先生在《红楼梦的叙事流年及其隐寓探考》中推断：

> 元春为正月初一，探春为三月初三……按推想迎春生日如写出来，大约是二月初二，惜春为四月初四或初八。

因为正月初一为元旦（即春节），二月二日为龙节（龙抬头），三月三日上巳节（上巳、清明、寒食日期往往接近甚至重合，故在清代时已合并为清明一节），四月八日为浴佛节。由此也可见《红楼梦》中不少生日都借节日节气而设置，应是作者有意为之。巧姐生于七夕乞巧之日，女子于此夜祈求心灵手巧、精于女工，正与薄命司正册上巧姐的配图"一座荒村野店，有一美人在那里纺绩"有关。

以此类推，四春生日可能与其命运相关：元春结局是"虎兔相逢大梦归"，生卒皆在元旦；探春判词明确说出"清明涕送江边望，千里东风一梦遥"之出嫁时间；惜春的配图是在古庙内"看经独坐"，判词则是"独卧青灯古佛傍"，可知结局与佛有缘。

书中第六十二、六十三两回大写特写贾宝玉的生日欢庆场面，且此日是宝玉、平儿、邢岫烟、薛宝琴四人共同的生日，然而作者却"将真事隐去"，对其具体日期隐而不谈，应有复杂考量在内。红学界对此考证说法很多，从情节、物候、前后日期等依据推断，大体可以确定是在四月底五月初，主要集中于"四月二十六（芒种节）、四月二十八、五月初三"等几种说法。

【研读重点】

一、塑造宝黛钗形象的生日

《红楼梦》第二十二回对薛宝钗生日有大篇幅描写，是宝玉与众姑娘进入大观园后第一个详写的生日场面。

薛宝钗虽说是进京"候选",却因为与王夫人的亲缘关系,吸引了贾府的高度关注,自然也引发了钗黛之间围绕宝玉爱情的矛盾。在本回之前,二人已经从各方面展开了对比:

林黛玉与宝玉"亲密友爱处,亦自较别个不同:日则同行同坐,夜则同息同止,真是言和意顺,略无参商"。但在前八十回中竟未有一次她的生日场面,甚至探春历数贾府生日,都说"二月没人",未将她列入,还是经与她同日出生的袭人提醒才想起,而袭人还特别强调黛玉"就只不是咱家的人"。其所遭冷落可见一斑。

而薛宝钗一出场便是"品格端方,容貌丰美,人多谓黛玉所不及""行为豁达,随分从时,不比黛玉孤高自许,目无下尘",二人自从出场,外在、内在都有着强烈的对比意味。随着情节的展开,围绕宝玉婚恋这一主线,二人的矛盾逐渐升级。此时,宝钗的盛大生日便成为冲突的诱因。

依照书中情节,这是宝钗的十五岁生日,正是及笄之年,也是她在贾府中过的第一个生日,受到重视,本是常例。但随着贾母发言,此生日的重要性被大大强调了,第二十二回中说:

> 谁想贾母自见宝钗来了,喜他稳重和平,正值他才过第一个生辰,便自己蠲资二十两,唤了凤姐来,交与他置酒戏。

贾母如此重视,操办此事的王熙凤自然格外用心,乃至于少有地拿不定主意,要与贾琏商议,第二十二回中说:

> 凤姐道:"二十一是薛妹妹的生日,你到底怎么样呢?"贾琏道:"我知道怎么样?你连多少大生日都料理过了,这会子到没了主意?"凤姐道:"大生日料理,不过是有一定的则例在那里。如今他这生日,大又不是,小又不是,所以和你商量。"贾琏听了,低头想了半日道:"你今儿糊涂了?有比例呀,那林妹妹就是比例。往年怎么给林妹妹过的,如今也照依给薛妹妹过就是了。"凤姐听了,冷笑道:"我难道连这个也不知道?我原也这么想定了。但昨儿听见老太太说,问起大家的年纪生日来,听见薛大妹妹今年十五岁,虽不是整生日,也算得将笄之年。老太太说要替他作生日。想来若果真替他作,自然比往年与林妹妹的不同了。"贾琏道:"既如此,比林妹妹的多增些。"凤姐道:"我也这么想着,所以讨你的口气。我若私自添了东西,你又怪我不告诉明白你了。"

既然"老太太说要替他作生日",而且场面还要"比林妹妹的多增些",于贾府众人而言,无疑显示着贾母对宝钗的偏爱。而宝钗也格外善于回报这种偏爱,"贾母因问宝钗爱听何戏,爱吃何物等语。宝钗深知贾母年老人,喜热闹戏文,爱吃甜烂之

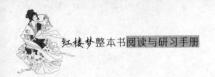
食，便总依贾母往日素喜者说了出来。贾母更加欢悦"。到了生日当天，"点戏时，贾母一定先叫宝钗点。宝钗推让一遍，无法，只得点了一折《西游记》。贾母自是欢喜"。又是"欢悦"，又是"欢喜"，贾母的态度是贾府的风向标，宝钗在此次生日中展示出的高超情商令人折服。

与以谦恭的态度迎合贾母不同，面对宝玉，宝钗敢于否定宝玉的意见，主动展示出自己过人的才华。宝玉以为《鲁智深醉闹五台山》这出戏不过是热闹戏文，不合心意，而宝钗不仅为他解说音律之美，还应宝玉之请吟诵《寄生草》一曲，"赤条条来去无牵挂"的潇洒气质，使宝玉"喜的拍膝画圈，称赏不已，又赞宝钗无书不知"。

宝钗如此德才兼备，岂非贾府上下众人眼中的宝玉佳偶？反观这一天的黛玉，则在如此巨大的压力下出现了诸多激烈反应。先是早起时不愿去参加此生日活动；贾母命其点戏时则极力推让；宝玉正被《寄生草》引得喜悦不已时，黛玉则嘲讽其"安静看戏罢，还没唱《山门》，你到《妆疯》了"，其心情虽不愉快，尚能顺应大局、维持面子。然引而不发，终非黛玉本色，果然在演戏结束后，矛盾激烈地爆发了：

> 至晚散时，贾母深爱那作小旦的与一个作小丑的，因命人带进来，细看时益发可怜见。因问年纪，那小旦才十一岁，小丑才九岁，大家叹息一回。贾母令人另拿些肉果与他两个，又另外赏钱两串。凤姐笑道："这个孩子扮上活像一个人，你们再看不出来。"宝钗心里也知道，便只一笑，不肯说。宝玉也猜着了，亦不敢说。史湘云接着笑道："到像林妹妹的模样儿。"宝玉听了，忙把湘云瞅了一眼，使个眼色。众人却都听了这话，留神细看，都笑起来了，说果然不错。一时散了。

凤姐不是语无遮拦之人，此处有心挑起话题，众人反应不一。宝钗是"不肯说"，宝玉是"不敢说"，唯有心直口快的湘云只当作玩笑，说出小戏子像黛玉的模样，引得众人"留神细看，都笑起来了"。这种嘲笑令压抑已久的黛玉终于发作："我原是给你们取笑的？拿我比戏子取笑！"甚至对宝玉说出"这一去，一辈子也别来，也别说话"这样的狠话。

钗黛之争，从这一回就奠定了基调。宝钗得众人之意，而黛玉只有宝玉的呵护、包容，即使宝玉坚定地选择"木石前盟"，又岂能让黛玉忘却"金玉良缘"的威胁？

二、预示人物命运的生日

《红楼梦》中篇幅最长的生日，莫过于第六十二、六十三回中以浓墨重彩书写的贾宝玉生日。这一天是宝玉、宝琴、邢岫烟、平儿四人共同的生日。没有隆重的礼节，没有丰厚的礼品，所参与者不过是府中的姑娘、丫鬟，然而浓墨重彩，寄寓无限，悲喜交加，值得精读。

第六十二回中写白天的庆贺、行酒令，便引出湘云醉卧芍药裀的美丽场景：

> 湘云卧于山石僻处一个石凳子上，业经香梦沉酣，四面芍药花飞了一身，满头脸衣襟上皆是红香散乱，手中的扇子在地下，也半被落花埋了，一群蜂蝶闹穰穰的围着他，又用鲛帕包了一包芍药花瓣枕着。众人看了，又是爱，又是笑，忙上来推唤挽扶。湘云口内犹作睡语说酒令，唧唧嘟嘟说："泉香而酒洌，玉碗盛来琥珀光，直饮到梅稍月上，醉扶归，却为宜会亲友。"

这已经是令人惊叹的妙笔。然而作者并未停笔于此。一片欢庆中，宝玉、黛玉二人却在花下谈论家计：

> 黛玉道："要这样才好，咱们家里也太花费了。我虽不管事，心里每常闲了，替你们一算计，出的多进的少，如今若不省俭，必致后手不接。"宝玉笑道："凭他怎么后手不接，也短不了咱们两个人的。"

平日里绝不关心的"仕途经济"，黛玉却在这样的时刻提出，不怕扫兴，可见二人之密切无间。而宝玉绝无担当家庭重负的念头，只惦记与黛玉长相厮守，亦是痴情之人。然而连黛玉这素来不问俗务的人，都看出贾府的隐患，又在这样一个有强烈象征意味的时候提出，二人未来的悲剧命运显然可见。

第六十二回还有几处为后文伏线之处，如写到晴雯自称"惟有我是第一个要去，又懒又笨，性子又不好，又没用"，以及宝玉掩埋了香菱的"夫妻蕙与并蒂菱"等，兹不详述。

宝玉生日的重点还是在第六十三回中的"怡红夜宴"。先有袭人、晴雯、麝月等怡红院中的八个丫鬟凑钱，"预备四十碟果子……抬了一坛好绍兴酒藏在那边了"，要在夜里给宝玉过生日。尚未开席，就觉得人少不够热闹，竟偷偷邀来黛玉、宝钗、探春、李纨、宝琴、香菱共同聚会庆祝。这一夜没有家长监督，没有外人打扰，完全是年轻人的欢聚，如同他们所玩的"占花名儿"一般，百花盛开，青春绽放，交相辉映，热闹非常！

然而热闹之外，曹雪芹还利用这众人聚齐的场面，借"占花名儿"的游戏，隐喻了众多女性角色未来的命运，正如蔡义江先生在《红楼梦诗词曲赋鉴赏》中所说：

> 夜宴中行酒令时所玩的象牙花名签子所镌的诗句，极大部分均可在旧时十分流行的《千家诗》中找到。因为人们比较熟悉，所以只要提起一句，就容易联想到全诗，这就便于作者采用隐前歇后的手法，把对擎签人物命运的暗示巧寓

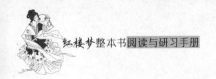

于明提的那一句诗的前后诗句之中，而达到雅俗共赏的目的。这种"诗谶式"的表现方法，其缺点是给人一种神秘主义的感觉，这多少反映了作者的思想有宿命论的成分。但从小说的情节结构的完整性和严密性来说，倒可以看出曹雪芹每写一人一事都是胸中有全局、目光贯始终的。

此回中共有八个女孩子抽得花签，在此仅以宝钗所掣的第一支签为例做解读示范：

宝钗抽得牡丹花，签上写"艳冠群芳"，诗云"任是无情也动人"。牡丹素来是百花之王，与宝钗在贾府姑娘中的地位相称。宝钗素来以德才兼备著称，而其美丽亦是有目共睹，"艳冠群芳"既可指其外在的美艳，亦可象征其内在的贤德。这是对宝钗形象的高度概括。而揭示命运的，则是这句"任是无情也动人"。此句出自唐代罗隐《牡丹花》诗：

> 似共东风别有因，绛罗高卷不胜春。
>
> 若教解语应倾国，任是无情也动人。
>
> 芍药与君为近侍，芙蓉何处避芳尘？
>
> 可怜韩令功成后，辜负浓华过此身！

此诗首联先写牡丹随东风来到而开放，美丽的花朵如同红色绫罗丝绸卷成。颔联用"若教""任是"二语拟人，写牡丹的无限魅力。这两联写牡丹之美，尤其是签中所引用的"无情也动人"，正合乎宝玉对宝钗的欣赏之意。

颈联以芍药、芙蓉衬托牡丹之出众。芍药，或正与前文湘云醉卧芍药茵相呼应，芙蓉则正是下文黛玉所得之花，故此句暗指湘云与宝钗亲近，黛玉则无处回避与宝钗的矛盾。

尾联用韩弘典故，事见《唐国史补》："京城贵游尚牡丹三十余年矣。每春暮，车马若狂，以不耽玩为耻……元和末，韩令始至长安，居第有之，遽命斫去。曰：'吾岂效儿女子邪？'"世人皆爱牡丹，"车马若狂"，然而韩弘偏偏不喜，甚至把宅第中的牡丹砍去，这无疑象征着宝玉不在乎贾府长辈同辈对宝钗的偏爱，而有着自己的判断，最终与宝钗断绝了关系，而宝钗也就像被抛弃的牡丹一样，只能寂寞地了却残生。这或是本书结局的一种可能。

其他七支花签，与此签的解读方法大同小异，只是所揭示之命运有明有暗：

第二支签，探春抽得红杏，明确说出她"必得贵婿"的命运，只是未如太虚幻境薄命司正册中点出远嫁，"一只大船，船中有一女子掩面泣涕之状"，所以众人都还为她欢笑贺喜。

第三支签，李纨抽得老梅，"竹篱茅舍自甘心"，写其甘于守寡之命运，如其自己所说："真有趣，你们掷去罢。我只自吃一杯，不问你们的废与兴。"

第四支签，湘云抽得海棠，诗云"只恐夜深花睡去"，苏轼原诗惋惜春意短促、美景不长，一般认为指湘云的婚姻虽美好而不长久。

第五支签为麝月所得，很是特别。麝月本非书中着力描写的丫鬟，此回中宝琴与晴雯尚无花签，而麝月竟有一签。其诗云"开到荼䕷花事了"，引得"宝玉愁眉忙将签藏了说：'咱们且喝酒。'"据脂砚斋评语所言，袭人出嫁后，麝月是最后留在贫穷潦倒的宝玉身边的唯一的丫头。"花事了"象征着大观园中女孩子们纷纷离去，宝玉无疑是对这种悲剧结局有了自己的预感。

第六支签，香菱抽得"连理枝头花正开"，貌似写夫妻恩爱，其实原诗下句就是"妒花风雨便相催"，隐藏了香菱为妒妻所害的命运。

第七支签，黛玉抽得芙蓉，后文宝玉则因晴雯之死作《芙蓉女儿诔》，作者明祭晴雯，暗写黛玉死亡的命运。黛玉花签诗是欧阳修的《明妃曲》，其尾联为"红颜胜人多薄命，莫怨东风当自嗟"，正与黛玉及众多红楼女儿之薄命呼应。

第八支签，袭人抽得桃花，诗云"桃红又见一年春"，预示袭人没有留在宝玉身边，而是嫁给了别人，或与前文中其将汗巾子先给了宝玉，后为蒋玉菡所得之情节有关。

掣签未了，已是二更，姑娘们散去了，怡红院中的宝玉与丫鬟们开始更欢乐的畅饮，袭人、晴雯唱起了小曲，宝玉、芳官相与枕藉而眠……

浮生若梦，为欢几何？鲁迅先生说："悲凉之雾，遍被华林，然呼吸而领会之者，独宝玉而已。"命运的迷雾笼罩着大观园中的一切青春生命，当她们为自己的未来无限期许之时，却不知其"千红一哭、万艳同悲"的宿命早已注定，而宝玉虽能懵懂感知此悲凉，却无意也无法改变此宿命。"欢乐极兮哀情多"，作者借宝玉生日之大欢喜，写人物命运之大悲剧，真可谓大手笔！

三、体现家族兴衰的生日

《红楼梦》中最隆重的一个生日，无疑是第七十一回中贾母的八十大寿。

贾府地位崇高，交际广泛，如贾敬、贾政等主子的生日尚且要大事操办，贾母八十岁的大寿，自然倍加隆重：祝寿者更多且地位尊崇，礼物更丰富精美，寿宴在宁荣二府同时举办，长达八天，各色礼物、演出丰富到令贾母疲惫。贾府表面上依旧是"鲜花着锦、烈火烹油"，形势一片大好，但第二回"冷子兴演说荣国府"中已经讲得清楚："（贾府）如今生齿日繁，事务日盛，主仆上下安富尊荣者尽多，运筹谋画者无一，其日用排场费用，又不能将就省俭。如今外面的架子虽未甚倒，内囊却也尽上来了。

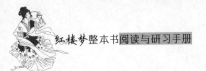

这还是小事。更有一件大事：谁知这样钟鸣鼎食之家，翰墨诗书之族，如今的儿孙，竟一代不如一代了！"正因为隆重操办贾母的生日，贾府内部的困难便充分暴露了出来，且后继无人，回天乏术，衰败已成定局。

具体来说，贾府的困难之一是权力矛盾。

其缩影就是同在第七十一回的"嫌隙人有心生嫌隙"。王熙凤在贾母和王夫人的支持下长期掌握理家大权，导致邢夫人、尤氏等早已不满，此时借机发挥：

> 邢夫人自为要鸳鸯之后讨了没意思，后来见贾母越发冷淡了他，凤姐的体面反胜自己，且前日南安太妃来了，要见他姊妹，贾母又只令探春出来，迎春竟似有如无，自己心内早已怨忿不乐，只是使不出来……近日因此着实恶绝凤姐。

邢夫人在贾母大寿这样重要的场合，当着众人奚落凤姐，使得她"又羞又气"，"越想越气越愧，不觉的灰心转悲，滚下泪来"，乃至落下病根。也为随后的"抄检大观园"埋下了伏笔，贾府内部的权力矛盾至此完全公开化。

困难之二则是经济困境。

府中早已青黄不接，然而为了给贾母祝寿，贾琏私下与管理贾母私产的鸳鸯商议偷当贾母的金银器物，贾琏对鸳鸯说：

> 这两日因老太太的千秋，所有的几千两银子都使了。几处房租地税通在九月才得，这会子竟接不上。明儿又要送南安府里的礼，又要预备娘娘的重阳节礼，还有几家红白大礼，至少还得三二千两银子用，一时难去支借。俗语说，"求人不如求己"，说不得姐姐担个不是，暂且把老太太查不着的金银家伙偷着运出一箱子来，暂押千数两银子支腾过去。

王熙凤则是明说靠了抵当才办起贾母大寿：

> 凤姐冷笑道："……前儿老太太生日，太太急了两个月，想不出法儿来，还是我提了一句，后楼上现有些没要紧的大铜锡家伙四五箱子拿去弄了三百银子，才把太太遮羞礼儿搪过去了。我是你们知道的，那一个金自鸣钟卖了五百六十两银子。没有半个月，大事小事倒有十来件，白填在里头。"

贾母此次生日之奢华宏大，从经济上来说，也是压倒贾府的稻草之一。正如冷眼旁观的林黛玉所说的，贾府"出的多进的少，如今若不省俭，必致后手不接"。然而为了维持自己的社会形象，为了保持元春在宫中的地位，为了贾府老爷夫人少爷姑娘们的生活享受，如何"省俭"？而贾府众多管事者，竟无一个有生财理家之道，只知道变卖财物，苟延残喘。甚至管家的林之孝向贾琏明确提出裁减人员、节约费用等建议，都被当作小事，无需计议。贾母虽知道自己的财物被偷出去抵当，也只装作不知，为的是避免更多人来索要。这样得过且过的心态，又岂是贾母一人独有？

在此回之后，书中再无欢乐气息：经济上，贾府入不敷出，全靠抵当各位主子的金银器物撑住门面，乃至要将迎春嫁给孙绍祖抵债；人事上，便是府中管理陷入一片混乱——第七十一回司棋偷情，第七十三回抓赌、绣春囊、累金凤，一件一件的大小事情，终于引出第七十四回最激烈的"抄检大观园"。贾母大寿的结束，便是这些无意、无力解决的困难逐渐暴露的开始。

四、从生日场面看《红楼梦》的写作技巧

1. 详略有致

生日是风俗所重，若以单一事件论，生日无疑是书中所写最多的事件。

《红楼梦》前八十回中，详细描写的生日场面有六处：第十一回贾敬的生日，第二十二回宝钗的生日，第二十五、二十六回薛蟠的生日，第四十三、四十四回凤姐的生日，第六十二、六十三回宝玉等人的生日，第七十一回贾母的生日。

一笔带过或侧面描写的是：第二回宝玉抓周、第十六回贾政生日、第二十九回薛蟠生日、第三十六回薛姨妈生、第五十三回元春生日。

脂砚斋曾点出书中生日"起用宝钗，盛用阿凤，终用贾母，各有妙文，各有妙景。（庚辰本第四十四回双行夹批）"在这些详写的生日之外，其余生日，或者一笔不写（如前八十回中没有林黛玉的生日场面），或者一语带过。这种灵活的详略安排，体现了曹雪芹高超的叙事架构技巧。

2. 同中求异

《红楼梦》中虽写了如此多的生日场面，却令人不觉累赘、重复，亦是作者高明之处。

论起生日场面，人无非是外人、家人，事无非是仪式、宴饮。然而每个生日各有不同，既能体现出人物的性格特点，叙事上也新颖奇妙、自然生动。

如贾敬和贾政，他们是宁荣二府同辈的男主人，写法却极不相同：

第十一回用了半回文字写贾敬生日，其人修道，并不在家，场面却极是隆重，"四王、六公、八侯"都来送礼，宁荣二府人也到齐，然而细看人们的反应，却并无任何为贾敬庆寿的诚意。贾珍等到了府上，先问："有什么顽意儿没有？"王夫人、邢夫人等则说："我们来原为给大老爷拜寿，这不竟是我们来过生日来了么？"众人只问行乐，与贾敬只要刻印他从前注的《阴骘文》，其他皆不挂怀，形成了强烈的对比。

第十六回写贾政生日，则极为简略："宁、荣二处人丁都齐集庆贺，闹热非常。忽有门吏忙忙进来，至席前报说：'有六宫都太监夏老爷来降旨。'唬的贾政等一干人不知是何消息，忙止了戏文，撤去酒席，摆了香案，启中门跪接。"于是引出元春册封、

省亲等无数大事。

又如几次写明费用的生日，对比中也颇耐人寻味：

宝钗十五岁生日，是贾母出资二十两，办了一日的戏和酒，足见贾母对宝钗的偏爱。

凤姐的生日，是贾母倡导凑份子，自己先出二十两，众人或乐意或无奈，凑了一百五十两有余，于是"不但有戏，连要百戏并说书的男女先儿全有，都打点取乐顽耍"。

宝玉生日，白天的费用未写，重头戏在晚上，袭人、晴雯、麝月等怡红院中的八个丫鬟凑了三两二钱银子，"预备四十碟果子……抬了一坛好绍兴酒藏在那边了。我们八个人单替你过生日"。丫鬟们自发地出钱给宝玉做寿，足见宝玉在她们心中的地位；"藏"起一坛酒，足见主仆心中的放松和平等；偷偷地去请来钗黛等人，足见红楼女儿之间心灵的默契。所以这次夜宴，钱最少，场面最小，然而人心最暖，各自尽欢，以至于连一贯沉稳厚重的袭人都要在平儿面前炫耀说："昨儿夜里热闹非常，连往日老太太、太太带着众人顽也不及昨儿这一顽。"从这句话所蕴含的意思上来讲，这才是《红楼梦》全书真正的"乐极"之处。

3.波澜起伏

乐极生悲是《红楼梦》安排情节的常用方式，在欢乐场面达到极致之后，危机突然暴露出来，给读者以强烈的震撼。例如贾敬生日后秦可卿重病至死、宝钗生日后宝玉因同时惹恼黛玉、湘云而开始参禅（"听曲文宝玉悟禅机"埋下出家伏笔）、薛蟠生日后金钏投井、宝玉生日还席未完就传来了贾敬暴毙的消息、贾母生日中邢夫人与凤姐的矛盾公开化……这种写法正体现了第一回中所说的"那红尘中有却有些乐事，但不能永远依恃。况又有'美中不足，好事多魔'八个字紧相连属。瞬息间则又乐极悲生，人非物换。究竟是到头一梦，万境归空。"

《红楼梦》中最喜悲起伏的生日，莫过于第四十三回中王熙凤的生日。

在刘姥姥二进荣国府，为贾家众人带来无限欢乐之后，贾府俨然是盛世之相。贾母风寒刚好，便决心为最宠爱也最辛劳的"凤丫头"大办生日。为了免俗，贾母提出"学那小家子大家凑分子，多少尽着这钱去办"的主意，于是此次生日引起了贾府上下各个阶层的波澜。

> 众人谁不凑这趣儿？再也有和凤姐儿好的，有情愿这样的；有畏惧凤姐儿的，巴不得来奉承：况且都是拿的出来的，所以一闻此言，都欣然应诺。

热闹好看，银子是要拿出来的，而且不是小数目，共计一百五十两有余：贾母率先表态拿出二十两，为众人定了调子；薛姨妈是客，正好送人情，也拿出二十两；王夫人、邢夫人自低一等，出十六两；尤氏、李纨十二两；赖大家的这一级别的管事人，各出十二两。这些银两数目或许不易体会其多少，比较直观的是迎春、探春、惜春这些姑娘们要拿出一个月的"月例"随份子，而丫鬟这一级别的"也有二两的，也有一两的"。须知贾府大丫鬟如袭人，因为王夫人的格外赏识而把工资拔高到"姨娘"级别，每月也不过"二两银子一吊钱"，刘姥姥更明确说过二十两银子够庄稼人过一年了。

有了如此丰厚的资金，此次生日自然极为热闹，甚至不用家里听腻了的戏班子，花钱从外面请了戏，还有男女说书唱曲的。酒宴亦丰盛，礼节也放松，众人分批给凤姐敬酒，凤姐喝得"自觉酒沉了，心里突突的似往上撞"，便借洗脸之名要回房休息。于是此次生日的欢乐戛然而止——凤姐这边欢乐之时，其丈夫贾琏竟偷出财物，找来鲍二的老婆偷情，还大言诅咒凤姐早死。貌合神离的夫妻从此翻脸，以至于贾琏借酒壮胆拔剑作势杀人，贾母发话，贾琏赔罪，遂两厢罢兵。直至鲍二的老婆自尽，此事方告终。

这一次生日可称大起大落，第四十三回先以贾母召集众人凑份子的欢乐场面开场，再写尤氏收钱办事，做足铺垫，却一反读者期待，不写热闹场面，而写宝玉偷偷溜出贾府去祭奠金钏之悲；第四十四回，宝玉归来后，先写众人给凤姐敬酒的热闹，转眼便是贾琏偷情的大风波。主线中间还穿插多条辅助线索：借尤氏之口多次告诫凤姐收敛锋芒，又以平儿忍辱负重的形象与凤姐对比，又以宝玉的痴情对比贾琏的无耻。此番情节，既展现了凤姐外强中干的实质，也借众人敢怒不敢言之态、贾琏阳奉阴违之状，铺垫了凤姐未来的悲剧命运。贾府金玉其外败絮其中的潜在危机，也从此可见。整个生日以喜剧为开场，以闹剧为高潮，以悲剧为结尾，一波三折，引人入胜！

生日作为《红楼梦》中多次书写的一类事件，对于叙述情节、塑造人物、展示主题都具有重要的作用。希望同学们在阅读过程中能有意识地关注其内容特点和写作技巧，由此更好地欣赏红楼细节之美，体会作者的匠心。

【专家点评】

《红楼梦》是以封建贵族大家庭的日常生活为主要题材的，所以经常描写到人物过生日的情景。在现实生活中，过生日本是司空见惯的事情，但是《红楼梦》中的生日描写却别开生面，令人耳目一新，不仅具有深广的思想内涵，也具有很高的艺术价值。这些生日描写对揭示主题思想，刻画人物性格，设置矛盾冲突，安排叙事结构等，都具有重要作用；同时，小说也借此表现了当时社会生活的风俗习惯，展示了传

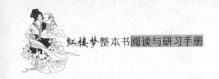

统的民族文化。(刘永良《〈红楼梦〉的生日描写》,《红楼梦学刊》1999年第二辑)

"夜宴"对宝玉来说是难忘的、愉快的,却应除去"占花名儿"的一段时光。作为最积极的倡议者,贾宝玉没有参与掣签,却对每一次掣签牵肠挂肚,(内心里)唏嘘感伤。生为男儿的他似乎不宜于享有一个花名,却也隔不断其爱花惜花之思……此时的宝玉,则与初游太虚幻境的"朦胧恍惚"大不相同,已能"呼吸而领会"到那如浓雾般扑簌簌涌来的悲凉。

这是无可逃避、无可化解的"妒花风雨",是如鬼如魅、如影附体的青春咒语。我们看书中的女儿们一个个被摧花之手扼杀,看所有的谶语都在一一果验,看理想信念和奋斗不断地化烟化灰,看春花般明艳鲜活的生命在无望地挣扎……心中充塞着感伤和痛惜。这不正是作者的感伤吗?(卜键《悲情如雾——第六十三回"群芳开夜宴"解读》,《红楼梦学刊》2020年第四辑)

从总体上看,《红楼梦》中的生日描写从生命的存在方式与死亡的特殊视角,直指着小说的悲剧意旨,那就是红楼世界所存在的三种生存方式:以宝玉、众女儿的"情"为表征的真生命形态,以贾政恪守封建纲常为代表的面具形式(假生命形式),以贾赦之流的"皮肤滥淫"为特点的行尸走肉般的空生命形式。由于宝玉等的"情"的生命形态是根连于贾府污浊的现实土壤的,因此这一真生命形态虽出污泥而不染,却难以斩断与腐朽现实的纽带。这就决定了贾府以"假"作"真",存"假"亡"真"的存在方式必然会毁灭那"真"的生命形态。于是当贾府只剩下形式和空架子,宝玉便通过大观园女儿世界的毁灭,体悟到那"空"的存在,从而回归"情根",回归本我,去追寻生命终极的存在意义。(张岳林《从民俗事象到小说悲剧景观——〈红楼梦〉中的生日描写》,《安徽教育学院学报》2000年第4期)

(初黎晨 撰)

诗社活动

【事件意义】

有学者说:"贾府里最雅致的娱乐当数大观园内的诗社。在《红楼梦》作者的眼里,贾府的少女们最有才情,吟诗作赋,不让须眉。"诗社表现了大观园女性可与男性文人雅士相比高的才情,同时也彰显了曹雪芹的诗才和诗学理念。我们通过研读诗社活动,可以领略红楼女儿的才情;通过诗社成员对诗歌的品评,可以了解曹雪芹的诗学观。

诗社中伏有贾府命运演变的脉线，诗社的兴衰就是贾府的兴衰。我们从这群少男少女们结社活动的内容、形式的变化中，可以观照贾府命运的演变，领会曹雪芹"草蛇灰线、伏脉千里"的小说笔法。

诗社中的诗带有鲜明的个性特征，有一样人物，便有一样作诗的口吻、一样的心事怀抱。小说中的人物形象塑造，在一定程度上就是通过诗社展现出来的。曹雪芹特别善于利用诗歌因语言的凝练所造成的歧义，来透露故事的走向，暗示人物未来的命运。通过研读诗社，可以加深对这些方面的理解。

此外，诗社还是明清时代家庭女性文化活动的客观写照。因此，研读诗社活动还能让我们管窥明清社会中的才女风采。

【事件概述】

大观园诗社倡议人是探春。第三十七回中探春以花笺邀约众人，倡议建立诗社。她送给宝玉的花笺上写着：

> 今因伏几凭床处默之时，因思及历来古人中，处名攻利敌之场，犹置一些山滴水之区，远招近揖，投辖攀辕，务结二三同志盘桓于其中，或竖词坛，或开吟社，虽一时之偶兴，遂成千古之佳谈。娣虽不才，窃同叨栖处于泉石之间，而兼慕薛、林之技。风庭月榭，惜未宴集诗人；帘杏溪桃，或可醉飞吟盏。孰谓莲社之雄才，独许须眉；直以东山之雅会，让余脂粉。

大观园诸女一邀即到，身为寡嫂的李纨和唯一的男性宝玉亦踊跃而至。黛玉建议诗社成员既为"诗翁"，便应洗尽姐妹叔嫂字样，另取雅号。此建议被众人采纳。于是李纨号"稻香老农"，探春号"蕉下客"，黛玉号"潇湘妃子"，宝钗号"蘅芜君"，迎春号"菱洲"，惜春号"藕榭"，贾宝玉名号未定（后号"怡红公子"）。

名号定下以后，众人推选了社长，"不能作诗"的李纨和迎、惜二春分别担任社长和副社长，由社长先做东道，负责提供宽敞的社所；副社长一个出题限韵，一个誊录监场；又确定了社规：诗社集会时，宝黛钗探四人必作，李纨、迎、惜可作可不作，以管理为主；诗社集会的时间为每月的初二和十六，一月两次，有兴可增；组织形式则有出题、限韵、监场，全部作完后根据诗作评判优劣，定出名次。第一次诗会以白海棠为题，社名"海棠诗社"。后来，湘云（号"枕霞旧友"）、香菱、王熙凤、薛宝琴、李纹和邢岫烟等人陆续加入了诗社。诗社成立以后，共发起了五次规模较大的集会作诗活动。

第一次集会：海棠诗社《咏白海棠》　对应回目：第三十七回

此次诗社成员共有八人，诗题是《咏白海棠》，由探春、宝钗、宝玉、黛玉和湘云五人作了六首诗。这是大观园众人第一次结社，发起人是探春，社长是李纨。先是探、钗、宝、黛四人各作了一首，李纨评定宝钗居首，宝玉落第。最后史湘云闻讯赶来，她依韵和的两首海棠诗被公评为压卷之作。同是咏白海棠的七律，黛玉的诗"风流别致"，宝钗的诗"含蓄浑厚"，湘云的诗潇洒飘逸，探春的诗清俊高远，宝玉的诗则浓艳婉约。不同的人写不同的诗，诗如其人，诗的风格、色彩、情趣、韵味不同，诗的艺术水平也互有差异。有学者对这六首诗有如下评价："这组咏海棠诗共六首诗，写得都很含蓄，但却言在此而意在彼，表面上看都是在描写白海棠，实际上是借物抒情，歌以言志。总的来说，这组诗都是借歌咏白海棠抒发个人的思想、品格、追求和情感，并可从各人诗中窥得个人将来的情形。原因是《红楼梦》中出现的诗、词、曲、赋都是曹雪芹代小说中各人物所拟，曹雪芹从书中人物的性格、遭遇出发，使诗词与人物形象相契合，诗词也成为刻画小说人物的一种方法。"海棠诗社成立后的这两次集会赋诗（包括接下来的菊花诗集会），代表着大观园一众儿女美好时光的开始。曹雪芹通过雅集及诗作中的众人表现，给群像中的个像烙上了鲜明独特的印记。

第二次集会：菊花诗　对应回目：第三十八回

湘云加入诗社之后，自罚东道，先邀一社，和宝钗商定，以菊花为题写诗。宝钗和湘云连夜拟了十二个"以菊花为宾，以人为主"的题目，要求"又是咏菊，又是赋事。只出题不拘韵，都要七言律"。有贾探春（簪菊、残菊）、林黛玉（咏菊、问菊、菊梦）、薛宝钗（忆菊、画菊）、贾宝玉（访菊、种菊）和史湘云（对菊、供菊、菊影）共五人十二首诗，最后是黛玉夺魁，宝玉又落第。接着是《菊花诗》过后的即兴创作《螃蟹咏》。宝玉曰："今日持螯赏桂，亦不可无诗。"宝钗的《螃蟹咏》以蟹喻人，借蟹讽世，被众人赞为"寓大意"于"小题目"的"食螃蟹绝唱"。有贾宝玉、林黛玉和薛宝钗共三人三首诗。

作海棠诗和菊花诗的诗社雅集时，贾家衰兆未显，因此诗社的气象如春天般美好，堪称是"诗社的春天"。

第三次集会：芦雪庵即景诗　对应回目：第五十回

芦雪庵即景联句发生在"香菱学诗"之后，香菱苦吟的第三首诗获得了大家的称赞，被邀请加入诗社。同时，薛宝琴、李纹和邢岫烟等人来贾家访亲。李纨提议大家凑个社，既替薛宝琴、李纹和邢岫烟她们一行人接风，又可以作诗，最后将地点定在了芦雪庵。李纨出题限韵，题目是"即景联句，五言排律一首，限'二萧'韵"，众人拈阄为序。有薛宝钗、王熙凤、李纨、香菱、贾探春、李绮、李纹、邢岫烟、史湘云、薛宝琴、林黛玉和贾宝玉共十二人参加，连不会作诗的凤姐也加入其中，为联诗开了一个非常恰当的首句。接着，黛玉建议让联句时较少发挥的人作《咏红梅花》，于是又产生了邢岫烟、李纹、薛宝琴三人各一首七律诗。在芦雪庵即景联句的过程中，宝玉又一次落了下风，因此被罚去向妙玉讨红梅，并罚作《访妙玉乞红梅》一首。

这次集会，由香菱学诗蓄势，芦雪庵即景联句铺垫，以《咏红梅诗》煞尾，随后众人所制灯谜十余首，又点燃了诗社的生命激情。这可称为"诗社的夏天"。但王熙凤的"一夜北风紧"已暗示出贾府潜伏的危机。

第四次集会：桃花社、柳絮词　对应回目：第七十回

初春时节黛玉创作了一首《桃花行》，得到众人赞赏，众人提议改海棠社为桃花社，黛玉任社主。但桃花社终因各种原因被耽搁。暮春之际，史湘云倡议大家填词咏柳絮，共有史湘云的《如梦令》，薛宝钗的《临江仙》，薛宝琴的《西江月》，贾探春与贾宝玉合作的《南柯子》，林黛玉的《唐多令》等六人五首柳絮词。

宝钗的《临江仙》"自写身份"，借物言志，虽"涉理路"，却"不落言筌"，作者言志之意与作品咏物之象融为一体，不露痕迹，读起来颇有韵味。由词知人，词如其人，宝钗其人十分理智，理重于情，其词也是言志重于抒情。

黛玉诗词内容多系自怨自叹、顾影自怜，其风格则是情胜于理，抒情重于言志。她的《唐多令》与宝钗的柳絮词同题同咏，风格却迥然不同。宝钗词以柳絮"自写身份"，重在表露自己的进取之心、"青云"之志；黛玉词以柳絮自况，重在抒发自己的身世之叹、愁苦之情。词旨侧重不同，词的意象也不同，黛玉词中粉堕香残、漂泊命薄、愁苦自叹的柳絮，作为黛玉的自我写照，与宝钗词中作为宝钗自我写照的春风得意、自信自强、踌躇满志的柳絮，恰成鲜明对比。

这次集会的时间，是冬去春来、万象更新之际，散了一年的诗社因为林黛玉的《桃花行》而重建，社因名桃花，林黛玉做了社主，却因故未能成社，已有不祥之兆；至暮春，则又以柳絮为题，众词虽缤纷而出，各呈风致，但已是衰飒之气难掩，"诗社的秋天"已至。

第五次集会：凹晶馆联诗　对应回目：第七十六回

抄检大观园之后的中秋，宝钗宝琴家去赏月，凤姐和李纨又皆生病。因此，虽是中秋佳节，诗社却无人张罗。湘云宽慰独悲寂寞的黛玉："可恨宝姐姐，姊妹天天说亲道热，早已说今年中秋要大家一处赏月，必要起社，大家联句，到今日便弃了咱们，自己赏月去了。社也散了，诗也不作了……他们不作，咱们两个竟联起句来，明日羞他们一羞！"于是，林黛玉与史湘云在凹晶馆即景联句，妙玉最后加入，三人合成《中秋夜大观园即景联句三十五韵》。至"寒塘渡鹤影，冷月葬花魂"句出，诗社之生

命已显出凄凉颓败的征兆。中秋月圆之夜并无团圆的喜庆，"凹晶馆联诗"，无社无名，是仅限于黛玉、湘云、妙玉三人的即兴联诗，也是前八十回中最后一次雅会，冷冷清清，弥漫着贾府衰落的气息，与海棠诗社建立时的热闹快乐形成鲜明对比。所谓"三春去后诸芳尽，各自须寻各自门"，伴随着贾府的衰败，诗社也步入衰败萧瑟的"寒冬"。

【研读重点】

一、诗社发起何由探

大观园众儿女皆有诗才，但有组织才能的却不多。宝钗应该有，但一来她是客人，二来这与她"女子无才便是德""一问摇头三不知"的人生哲学相悖。黛玉诗才出众，却也是亲戚身份，加之身体不好，她的心志也不在于和"臭男人"一较高下。李纨和迎、惜二春又诗才平庸。可见，只有"才自精明志自高"的探春才堪当此大任。由她首倡发起诗社，正是其不俗的资质和组织才能的表现。这也为后文她在协理大观园中"兴利除宿弊"埋下了伏笔。

二、建社用意须细看

就红楼儿女而言，建诗社的目的在于效法世俗雅集，驰骋闺阁才情。探春的花笺中透露了几个信息：雅集是文人雅士自觉的文化追求，是点缀生活的亮色；开展雅集活动方不辜负大观园的美景和薛宝钗、林黛玉的才华；雅集本是男人的盛会，探春不让须眉，希望有所作为，为大观园姐妹营造一个舞台，让她们尽情施展才华，欲与男人试比高。这也是小说作者"为闺阁昭传"的表现。

三、花草意象玄机现

海棠诗、菊花诗、红梅诗、桃花诗、柳絮词，诗社的几次集会，以上述花草植物作为吟咏的对象，是和作者的创作意图密不可分的。一方面，《红楼梦》的主题是表现"千红一哭、万艳同悲"的悲剧，而这些香消玉殒的花儿正是大观园中众女儿的象征。海棠自重身份，这像极了宝钗，因此"珍重芳姿昼掩门"，从不露才扬己的宝钗在海棠诗中夺魁；菊花有品格，这是黛玉的写照，因此"孤标傲世"，清高自许的黛玉在菊花诗中夺冠。托物言志，借物格衬托人格，这是曹雪芹一贯的创作手法。大观园女儿笔下的花草，和它们诗主的命运是息息相关的，这就是为人们所津津乐道的"诗谶"。此外，大观园众人借着两次集体创作的联诗、联句，对自身以及贾府的命运做了巧妙的暗示。曹雪芹如此设计安排，既是通过诗社及其创作的诗词诗化了小说中的意象，亦是透过原本平淡无奇的意象诗化了小说中的人物。在曹雪芹的生花妙笔之下，经过了雅集及其文学创作的熏陶与洗礼，小说里吟咏的意象被赋予了灵魂，小说中的人物更是笼罩了一层诗意的光辉。

四、诗评略识庐山面

海棠诗会上，李纨评定蘅芜君为冠，不仅因为蘅芜君描画的白海棠形象清洁淡雅，切合薛宝钗的"珍重芳姿"和素朴个性，亦符合诗会裁判李纨的生活态度，更因为蘅芜之作含蓄浑厚，典型地体现了"温柔敦厚"的传统诗教；而林潇湘的"偷来梨蕊三分白"与"借得梅花一缕魂"固然灵巧，但"怨女啼痕""娇羞倦倚"的形象却多多少少有点怨有点伤，对"怨而不怒、哀而不伤"的诗教是一种逾越。所以在稻香老农的审美视界里，潇湘妃子的风流别致要让位于蘅芜君的含蓄浑厚。其实，这也暴露了曹雪芹诗学主张的一个侧面。

菊花诗会中，林潇湘的诗作虽有"素怨""秋心""相思""幽怨"等触动伤感情怀之词，却都是在表达对菊花高洁情操的倾慕相思之情，而菊花在传统诗歌王国里一向是高洁人格的象征，在某种程度上是作者人格的代拟和书写，无关深闺怨慕；而薛作中"断肠""闷思""念念""寥寥""慰重阳"之语，却一反蘅芜君含蓄豁达的主体风格，显示了柔弱寂寞的思妇口吻。所以菊花诗会前三名都是林黛玉，而薛宝钗只列在第七、第八名。红梅诗会上，虽未一一评定名次，薛宝琴的诗作被公推最好，也反映了在众人心目中，凡涉血痕酸心、魂梦情愁之作，均不能及豁朗洒脱之境。柳絮词六人只作得五首，林潇湘之语悲，薛宝琴之声壮，枕霞妩媚，蘅芜欢愉；以欢愉之作为尊，仍是传统诗教观在作者笔下的惯性显现。

曹雪芹的诗学观，在香菱学诗的情节中也有体现，作者揣摩初学者习作中易犯的通病，仿效他们的笔调，把他们在实践中不同阶段的成绩都一一真实地再现出来，这其实是把自己谈诗、写诗的体会故事化了，其中传达的，正是曹雪芹自己的诗学主张。

五、妙玉续诗为哪般

湘黛二人在凹晶馆联诗的过程中，曹雪芹安排了妙玉续诗的情节。之所以让她最后续完残句，应该是与《红楼梦》前文的"金陵十二钗"前后呼应，倘若没有安排让妙玉一展诗才的机会，妙玉便没有资格成为十二钗中的一员了。如此煞费苦心的设计，正是呼应了曹雪芹"为闺阁昭传"，尽心竭力为笔下每一位具"小才微善"的女性著书立说的创作主旨。

【专家解读】

大观园少女们的才情，很大程度上反映在他们的诗社活动中。而他们最开心的娱乐，也在这作诗评诗的过程中体现出来。（王齐洲，余兰兰，李晓晖《绛珠还泪〈红楼梦〉与民俗文化》，黑龙江人民出版社）

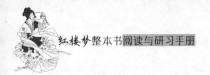

大观园儿女们结社作诗的种种情况，与当时宗室文人、旗人子弟互相吟咏唱酬的活动十分相似。如作者友人敦诚的《四松堂集》中就有好些联句，参加作诗者都是他们圈子里的诗伴酒友，可见文人相聚联句之风，在清代比以前任何朝代更为流行（小说中两次写到大观园联句）。如果要把这些生活素材移到小说中去，是不妨改芹圃、松堂、荇庄等真实名号为黛玉、湘云、宝钗之类芳讳的。《菊花诗》用一个虚字、一个实字拟成十二题，小说里虽然说是宝钗、湘云想出来的新鲜作诗法，其实也是当时已存在着的诗风的艺术反映。比如与作者同时代的宗室文人永恩《诚正堂稿》和永憲（嵩山）的《神清室诗稿》中，就有彼此唱和的《菊花八咏》诗，诗题有《访菊》《对菊》《种菊》《簪菊》《问菊》《梦菊》《供菊》《残菊》等，小说中几乎和这一样，可见并非向壁虚构。至于小说中写到品评诗的高下，论作诗"三昧"，以及谈读古诗的心得体会等，与其说是为"闺阁昭传"，毋宁说是为文人写照。（蔡义江《红楼梦诗词曲赋鉴赏》，中华书局）

（房春草 撰）

挨 打

【事件意义】

人口众多、诸事纷纭的贾府，并非每天都发生着新鲜热闹的事情，更多的是日常琐事——比如父亲教育孩子。无论豪族还是寒门，这都是再正常不过的，贾府自然也不例外。本书就写到了贾政打宝玉和贾赦打贾琏这两件事。父亲教育儿子以致要用到暴力的手段，不管怎么说都是某种或某几种矛盾激化的表现，真可谓"打出的文章"。所以，同样是挨了父亲的打，但两位"二爷"挨打的原因、经过、方式、影响都有很大的不同，再经作者的生花妙笔写来，煞是好看。

读书时，同学们既可以其中的一件事为主进行前后勾连的辐射式阅读，加深对小说人物、主题、谋篇布局的了解；也可以把两位"二爷"的挨打事件放在一起进行比较阅读，思考分析其内容与手法上的异同，串点成面，为今后自主深入地阅读《红楼梦》积累经验和方法。

【事件概述】

一、宝玉挨打

这一故事情节主要出现在小说第三十三回，回目是"手足耽耽小动唇舌 不肖种种大承笞挞"。但因故事内容的复杂性，阅读时还应前后照应小说第三十二、三十四回。

听说金钏自尽后惶悚不安的宝玉又被贾政撞见，贾政正在呵斥他见贾雨村态度不佳时，一向没什么来往的忠顺王府来人索要戏子琪官（蒋玉菡），贾政又惊又气。宝玉抵赖不成，贾政气得目瞪口呆。不料贾环火上浇油，告诉父亲金钏因宝玉强奸未遂投井自杀，贾政气急败坏，喝令众小厮不许传信，关起门来，将宝玉摁在板凳上，拿起大棍往死里打。宝玉被打得面白气弱，动弹不得。王夫人前来阻止，贾政一发要用绳子将宝玉勒死。最后，贾母前来，宝玉被接回贾母房中。

二、贾琏挨打

这一故事情节出现在小说第四十八回，回目是"滥情人情误思游艺 慕雅女雅集苦吟诗"。事情的经过是由平儿叙述出来的。

贾赦想要石呆子的二十把绘有古人写画真迹的旧扇子，逼贾琏想方设法弄来。无奈石呆子任贾琏软磨硬泡，死也不肯卖。得知此事的贾雨村耍了阴谋，诬陷石呆子拖欠官银，将其捉拿到衙门里，责其变卖家产赔补。最终扇子被抄，贾雨村作官价送了贾赦，石呆子结局不知。贾赦责骂贾琏无能，贾琏说为了几把扇子弄得人坑家败业，"也不算什么能为"，激怒贾赦，再加上其他小事，贾赦就把贾琏混打了一顿，贾琏的脸上被打破了两处。平儿为此去向宝钗要金疮药为贾琏治伤。

【研读重点】

一、宝玉挨打不寻常

宝玉挨打所在章回的回目是"不肖种种大承笞挞"，这句话用语精炼，既概括了情节又暗点了原因。其中，"不肖"一词多用来指子弟品行不好，这说明拿当时社会通行的标准衡量，宝玉在品行方面有很多污点，所以被父亲教训了。小说中宝玉因出身来历不凡，长得又最像爷爷，一直被贾府老祖宗史太君视为掌上明珠，是孙子辈里最娇生惯养的。但对父亲贾政来说，这个抓周时"伸手只把些脂粉钗环抓来"的儿子将来不过是"酒色之徒"，从小便不大喜欢。但贾政是孝子，自己的母亲爱宝玉如命根，也只得睁一只眼闭一只眼，平日里偶尔想起来呼喝一番，查查功课，也不敢真动手教训。这回宝玉闯的祸实在太大，旧愁新恨齐上心头，忍无可忍才亲自惩治。

阅读小说第三十三回，我们可以迅速找到直接导致宝玉挨打的几个原因。

一是宝玉当日去见贾雨村表现不佳，贾政心里已有不快；二是因为见过贾雨村后，宝玉得知金钏投井身亡后失魂落魄的样子被贾政撞见，贾政正想要教训他一番；三是向来不曾来往的忠顺王府居然派长史官前来索要一名戏子，而宝玉身上竟然

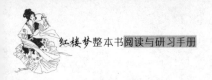

有戏子赠与的信物；四是贾政庶子贾环私告宝玉"淫辱母婢，强奸不成"，导致金钏自杀。

小说中，宝玉挨打时虽未明确交代其年纪，但根据前面各章节中的一些隐含信息来推算，大约十三四岁光景，和初中生岁数相当。站在今天青少年的立场来看，会觉得宝玉被打实在有些冤枉，贾政真是小题大做——不愿意见贾雨村不正说明宝玉正直清高有个性吗？听说金钏投井就神思不属，可见宝玉心地善良。已经告诉了忠顺王府蒋玉菡的下落，那还有什么可担心的呢？贾环的诬告只要去查问一番不就清楚了吗？哪里就犯了死罪，做父亲的何至于怒急攻心要打死儿子呢？况且，贾府中比宝玉恶劣的子弟多了："只一味高乐不已，把宁国府竟翻了过来，也没有人敢来管他"的胡作非为的贾珍；"虽不敢明言，却每每暗中算计"，要用热油烫瞎宝玉眼睛的阴险毒辣的贾环；调戏自己姨娘尤二姐，乱了人伦的贾蓉……哪一个不比宝玉更该打？怎么也没见大家长贾政动辄要用严厉的手段去管教训谁呢？

我们应在认真阅读原文的基础上提出自己的见解和认知。整本书阅读更要注意情节的前后照应，不能孤立地看待某一情节。读者要先回到小说的情境中设身处地地为人物着想，分析人物在当时环境中的作为，以便更好地揣摩人物的内心世界，领会作者的深意。所以，我们要先站在贾政的角度来看问题。

在贾政眼里，宝玉不学无术也还罢了，居然因私下结交优伶而得罪了其他势力集团的掌权人物，使贾府面临的政治威胁陡增；而且，在不管家事的贾政看来，自家乃诗礼簪缨之族，向来待下人宽厚，怎么儿子竟成了一个逼死人命的下流无耻之徒！更何况，大难临头时，庶子全然没有一点手足情谊，反而幸灾乐祸、落井下石！眼前的风险怎么躲过？贾府的尊严如何维护？庶子对嫡子的仇视如何化解？眼看祖宗出生入死积累下的偌大家业可能就要断送在自己儿子们手里，羞愤、怨恨、恐惧、绝望交织一体，贾政最终痛下狠手，封锁消息，要把亲儿子往死里打，以免他日后酿成"弑君杀父"的恶果。这么说来，宝玉该不该打？着实该打！为父的，希望孩子能够关心仕途经济，好好结交仕宦，做做道德文章，担起偌大家业，光宗耀祖；为子的，偏偏厮混内帷，"潦倒不通世务，愚顽怕读文章"，"于国于家无望"。父子两代的冲突是长期积压的不可调和的情感价值和思想观念的冲突。在"父为子纲"的伦理道德约束下，代表正统思想的贾政当然要动手教训儿子了。

但贾政真的要打死宝玉吗？仔细分析贾政之打宝玉，与其说要把他打死，不如说要把他打醒。且不说"虎毒不食子"，"自幼酷喜读书"，"最喜读书人，礼贤下士，济弱扶危"的贾政如何敢罔顾伦理道德、国家法度，将儿子打死呢？不过是急怒攻心，下意识里要教育儿子罢了。这恰恰表明，他心里是欣赏认可这个儿子的。这一点，我们也可以从前文得到一些印证。

第十七、十八回"大观园试才题对额"，贾政一路命宝玉题匾作联，虽说时时喝骂，到底也有"点头微笑"的时候，况且各处牌匾几乎都用了宝玉所题，虽说此中有考虑贵妃的因素在，但也能说明十几岁的宝玉才情不俗。

第二十三回，贾元春谕旨让家中能诗会赋的姊妹们入大观园居住，以免"佳人落魄，花柳无颜"。又怕宝玉冷清，也一并入园居住读书。贾政叫宝玉过来嘱咐时，小说写道："贾政一举目，见宝玉站在跟前，神彩飘逸，秀色夺人；看看贾环，人物委琐，举止荒疏；忽又想起贾珠来；再看看王夫人只有这一个亲生的儿子，素爱如珍，自己的胡须将已苍白：因这几件上，把素日嫌恶处分宝玉之心不觉减了八九。"

贾政也清楚，论相貌性格、灵气文采，宝玉都比贾环强出百倍。自带光环的宝玉，当然是未来贾府的当家人。所以，宝玉不能犯错，必须在各方面都成长为家族的骄傲。宝玉挨打，非比寻常。

二、众人之哭细参详

因老祖宗史太君和贵妃贾元春的缘故，宝玉在贾府里可谓举足轻重，外出一众小厮跟随，进内室数个丫鬟伺候，现在居然被父亲封锁了消息往死里打，这件事谁敢担责任，哪个脱得了干系？果不其然，贾府立刻就闹翻了天，与宝玉有关的各色人等齐齐登场（同时阅读小说第三十四回），各个落泪。这眼泪固然因宝玉挨打而起，却是"伤心人别有怀抱"，阅读时不妨细细体会。

作者不吝笔墨，一一刻画了宝玉挨打后贾府内室的一干女性人物，其中既有宝玉生母王夫人，也有贾府"实权人物"史太君，与宝玉关系亲近的小姐丫鬟们也是悉数到场，一个不落，使我们有机会近距离看看这些平日不轻易流露感情的人真实的内心世界；从手法来说，这段群像展示兼顾人物的动作、神态、语言等多方面描写。以下仅对王夫人、凤姐、宝钗、黛玉四位进行示例分析。

1. 王夫人的抱与哭

王夫人第一个得知了宝玉挨打的消息。身为贾母儿媳及贾府内室的负责人，她"不敢先回贾母，只得忙穿衣出来"，思考周详，行为分寸拿捏得准确；身为母亲，她"也不顾有人没人，忙忙赶往书房中来，慌的众门客小厮等避之不及"，爱子心切也顾不得严守规矩。只这两句，就可见作者深厚的功力。

从进门到贾母来到训斥贾政，王夫人有"三抱""四哭"。"三抱"，先是抱住贾政施暴的板子，阻止其继续打；然后是抱住贾政，免得他再去拿绳索勒儿子；一看贾政已放弃，再抱住被打得奄奄一息、"面白气弱"的儿子，大哭起来。"四哭"则是边哭边说，先回应丈夫所说的"气死我"的话，她并没有一上来就呼天抢地撒泼打滚，而是先认可丈夫教训得对，但更劝丈夫自我保重，主要目的还是搬出贾母的健康问题，暗示贾政继续打儿子是对贾母的不孝；等到贾政要换绳索勒死儿子的时候，她再次申明丈夫教训儿子是正确的，但也要替她考虑，既是提醒也是威逼丈夫：自己年过半百，膝下就这一个儿子，如果非要打死，"岂不是有意绝我。既要勒死他，快拿绳子来先勒死我，再勒死他。我们娘儿们不敢含怨，到底在阴司里得个依靠"。这番话击中要害，贾政立刻颓然长叹。阻止丈夫的目的已经达到，王夫人这才顾及儿子的伤势，抱着儿子放声大哭：一则心疼儿子受伤，二则又埋怨儿子不听话，以致今日遭遇此祸；又不禁哭起已逝的贾珠，深感自己年过半百，竟然也不能安心度日，家中还汹涌着妒恨中伤的暗流。

这段文字中的王夫人不可小觑！她不愧为贾府管事的儿媳，幸好日常代劳操心的是其内侄女王熙凤，否则谁能轻易唬弄得了她！贾母来后，作者对王夫人再无具体言辞描绘，她成功地劝阻了暴怒的丈夫，表现出了豪门贵族管家女性的头脑与能力，同时也让我们看到了在"夫为妻纲"的时代里，即使是封建大家族中的贵族女性依然有艰难的生存境遇。

2. 凤姐不哭

读宝玉挨打这段文字，可能大部分人都会疑惑：那个八面玲珑的凤姐呢？贾政贾母王夫人李纨都哭了，她怎么不哭？就不怕被人指责狠心？就不怕事后这些长辈们的批评？作者怎么会忘了她？实际上，凤姐笔墨很少，恰恰是深谙世情的作者的高明之处。凤姐是谁？贾母的孙媳妇、王夫人的内侄女、宝玉的表姐，现正代替王夫人实际管理府内诸事。论亲戚关系，她应是真心心疼宝玉；论利害关系，她今日无论如何也不能落泪，因为这是贾府家长也是她的二叔在为贾府利益教育自己的儿子，她若哭，便是否定贾政的做法，身为晚辈她没有资格——她和被勾起伤心事的李纨不同。她若不哭，确实又显得不近人情了些，所以凤姐要持中冷静，摆好自己的位置——既不能以下犯上，又要解决实际问题，顾及上下脸面。所以，她和王夫人一起先解劝贾母，又教训丫鬟媳妇们用藤屉子春凳抬出宝玉来，让长辈们明白她也是心疼宝玉的，只是不用眼泪。这回中的凤姐一共只说了三十九个字，就让自己在这尴尬局面中应对自如，实在令人叹服！

3. 宝钗的不哭与送药

"此时薛姨妈同宝钗、香菱、袭人、史湘云也都在这里"，第三十三回宝钗是事后到场的,但作者只是简单交代了一句。第三十四回一开始,宝钗才正式登场,作者用了两倍于黛玉的文字来写她的探视。

从宝玉被抬出来到宝钗探视,时间不过半日。这半日,前来问候的人不少,袭人还没来得及给宝玉处理伤口,宝钗过来的时间把握得真是恰到好处。你看她亲自"托着一丸药走进来",贾府当然并不少跌打损伤之类的药,但皇商家的药估计更是神妙非常。她三言两语交代袭人用药,大大方方地询问宝玉的身体情况,一时不慎说出"就是我们看着,心里也疼"的话来。这打住的半句话让她自己红了脸,让宝玉听出了"如此亲切稠密,大有深意",甚至眼见宝钗羞怯模样竟"心中大畅,将疼痛早丢在九霄云外",以致得出一番感慨:"我便一时死了,得他们如此,一生事业纵然尽付东流,亦无足叹惜,冥冥之中若不怡然自得,亦可谓糊涂鬼祟矣。"

这番感慨让贾政的施暴变得多么可笑!他的纵横老泪竟不如宝钗半句话!

宝玉挨打,宝钗没有落泪。大家闺秀的修养风范与严格自律让她不能轻易动情,更不能在众人面前露出丝毫对宝玉的心意。但说到底,她也只是十几岁的青春少女,"情动于中而形于言",这是连"冷香丸"也压不住的生命本真的热情。关心则乱,随分从时的宝钗到底是露了痕迹。尽管她嘴里劝的心里想的依然是"何不在外头大事上做工夫,老爷也欢喜了,也不能吃这样亏",可惜,连她自己也没料到,此番探视居然起到了反向的作用,从此宝玉在叛逆的路上义无反顾地越走越远了!

4. 黛玉哭肿了眼

从小说文字看,黛玉并没有第一时间得到宝玉挨打的消息,又或者得到了消息之后也不敢有所动作,毕竟有闺门的规矩礼仪在,亲密友爱如宝黛也不能不顾人议。所以,她一直等到众人都散去方才前来。

睡梦中的宝玉被悲戚的哭泣声惊醒,眼看黛玉"两个眼睛肿的桃儿一般,满面泪光",连作者都忍不住点评一句"虽不是嚎啕大哭,然越是这等无声之泣,气噎喉堵,更觉得利害"。宝玉顾不得身上伤痛,只顾关心妹妹不要中了暑热。听了宝玉的话,黛玉千言万语化作一句,半天才抽噎道:"你从此可都改了罢!"

读到这里,我们要留心揣摩了:黛玉来探视之前应该已哭了很久,她的哭完全出自一腔压抑不住的真情。从来贾府那一天起,宝黛二人情分就较其他兄弟姐妹不同。黛玉对宝玉时而耍闹脾气,时而揶揄讽刺,时而助力作诗,二人之间情意深厚。随着宝钗的到来,随着年纪的逐渐增长,潜藏的情愫虽未说破,彼此未必不知,黛玉也没少心内含酸,用言语试探。第二十回中,宝黛曾有几句对话:

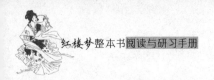

林黛玉啐道:"我难道为叫你疏他?我成了个什么人了呢!我为的是我的心。"宝玉道:"我也为的是我的心。难道你就知你的心,不知我的心不成?"

彼此心照不宣,彼此不能言说。黛玉让宝玉都改了"前非",宝玉心里自然清楚是让他去走父亲期望的仕途经济之路——当年他为此给湘云脸色,让宝钗难堪。心灵追求的同质性是宝黛情意的基础,如今为了宝玉不因叛逆受伤,黛玉也只得屈从于社会的规范,用宝玉当年斥为"混账话"的句子来劝说。真情如此,复待何言?果然,宝玉心有灵犀,一句"你放心"胜过万语千言。

哭也罢,不哭也罢,"宝玉挨打"事件背后,巨大的矛盾冲突让每个人物都走向了舞台的前方,给了读者细细参详的机会。

三、贾琏挨打有照应

贾琏是谁?贾母大儿子贾赦的儿子、贾政的侄儿、宝玉的堂兄。冷子兴演说荣国府时提到:"这位琏爷,身上现捐的是个同知,也是不肯读书,于世路上好机变言谈去的,所以如今只在乃叔政老爷家住着,帮着料理些家务。"这表明贾琏也不是等闲之辈,身为荣国府长房长孙,虽说也是不肯读书,但确实灵活聪明。小说中,他与精明强干的妻子王熙凤一起实际管理着荣国府,婚丧嫁娶、送往迎来、上下打点,各方面的事情都少不了他:你看,林如海患病,贾母偏要他送黛玉往返扬州;元妃省亲,他与贾珍等一起筹划建造大观园,仔细安排各处陈设;贾敬去世,他一同参与操办丧事……可以说,贾府与外交流的无数事情都离不了他。所以,他父亲贾赦要谋取石呆子的古扇,自然也要他前去想方设法弄来。

虽说小说中的贾琏贪财好色,连带也害死了鲍二家的、尤二姐,并不是个值得夸赞的正面人物,但到底也还是个有情意、懂是非之人。石呆子不卖扇子,他也没有仗势欺人,巧取豪夺。对贾雨村弄权枉法、阴险毒辣的手段,他在父亲面前公开批评"为这点子小事,弄得人坑家败业,也不算什么能为",连带赞赏贾雨村的父亲也一概否定了,其性格之爽直可见一斑。这样的贾琏毫无悬念地被父亲贾赦劈头盖脸"打了个动不得"。只有平儿心里记挂,来向宝钗寻棒疮药。知道了这件事情的宝钗也不过淡淡地让平儿回去时替自己问候。

从写作内容来说,"贾琏挨打"是对"宝玉挨打"事件的照应,体现了长篇小说遵照生活本来面貌的一面。总不能三百六十五天天天发生新鲜事儿,日常生活中当然难免有同样的事情发生,谁家的父子从来不起冲突呢?

从写作手法来说,曹雪芹真是一样事情两样文字,手段高明。宝玉挨打直接写,正面写,写得繁复;贾琏挨打就从侧面交代,简简单单,蜻蜓点水,避免了行文上的重复，使读者始终保持着阅读的新鲜感。同时，精明的读者会心生警惕："贾琏挨打"一定也是重要文字，需要打起精神认真思考。

四、比较阅读见真章

两位"二爷"的挨打，让我们看到了贾府父辈与子辈的代沟和在生活各方面存在的对立冲突。这种冲突在父权至上的时代，于日常生活中通常表现为父辈的严厉、强势和子辈的隐忍、顺从，但某个特殊时刻的爆发，会让我们看到矛盾冲突背后更多的东西。

1.二房当家

上文已经说过，贾琏夫妇是在贾政家里住并帮着料理家务，可见贾赦虽是贾母长子，但真正当家的是次子贾政。

小说中冷子兴和林如海都提到过赦、政两位老爷现在的官职：贾赦现袭着父亲的官，为一等将军，但有红学家考证这不过是个空有头衔的虚职罢了；贾政现任着工部员外郎，却是正经朝廷官员。所以，林如海推荐贾雨村直接去见贾政，随后贾政就轻轻松松给雨村谋了个职位，可见政老爷在朝中的份量。更何况比起享乐好色的贾赦，"为人谦恭厚道，大有祖父遗风"的贾政很可能早在青年时期就已经被指定为贾府的实际继承人了。

小说第三回，黛玉初来乍到，去拜见大舅贾赦，还需出门坐车经过荣府大门，再另进一个院落。黛玉聪明，"度其房屋院宇，必是荣府中花园隔断过来的"，可见贾赦并不和贾母住同一个院落，晨昏定省之类估计也就象征性地做做。黛玉去见二舅时，我们才随着她的目光见到荣府正室布局，一窥贾府煊赫。

宝玉挨打后，贾母怒斥贾政时有几句话："你原来是和我说话！我到有话吩咐，只是可怜我一生没养个好儿子，却教我和谁说去！"虽说贾母是一时怒极，斥责贾政，也犯不着连贾赦一并捎上，可见贾母对贾赦并不满意，而她又是贾府权势的象征，她与幼子关系的亲近也会直接反映在对待孙辈的态度上。小说中，并没有写身为长房长孙的贾琏受过贾母什么特殊的宠爱，他挨打之后没什么动静也就可以理解了。所以，作者对贾琏挨打事件相对简单的处理，也有可能是出于以上的考虑。

2.父辈无能

通读阶段我们绘制过贾府人物关系图，可知贾赦、贾政乃荣国府第三代，因祖上的功绩，恩享着浩荡皇恩、荣华富贵。两位老爷以父亲的身份与权利教训着儿子，当然是期望儿子按照社会通行的标准成长。贾政自不必说，就是贾赦，固然是因为古扇未能到手打了儿子，但也是在嫌贾琏没有贾雨村一样的办事能力，可见他内心对儿子

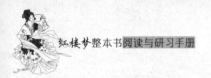

的成长是有范式要求的。但政、赦二位老爷自己如何呢？能成为子辈们为人处世的榜样吗？

小说写赦老爷"一味高卧"，年迈昏愦还贪恋女色，家中妻妾不少，仍觊觎鸳鸯，鸳鸯抵死不从，他仗势威逼，连贾母都对着熙凤直接说"你那没脸的公公"；鸳鸯不能到手，又花八百两银子买了一个十七八岁的丫鬟嫣红收在屋内；贾琏办事得其心意，他便"赏了他一百两银子，又将房中一个十七岁的丫鬟名唤秋桐者，赏他为妾"，全然置伦理道德于不顾；因一己私利就要巧取豪夺石呆子的古扇，丝毫不顾及他人死活。这样的家长还能教出什么样的儿子呢！

贾政又如何呢？贾政自幼酷喜读书，也最喜读书人，身边经常围着一堆吟诗作赋的清客相公。可见他是奉儒家思想为尊，以齐家治国为务，但小说中并没多少笔墨写他有怎样的治家良方、理政宏才，倒是有几处这样的文字：

> 虽然贾政训子有方，治家有法，一则族大人多，照管不到这些；二则现任族长乃是贾珍，彼乃宁府长孙，又现袭职，凡族中事，自有他掌管；三则公私冗杂，且素性潇洒，不以俗务为要，每公暇之时，不过看书着棋而已，馀事多不介意。况且这梨香院相隔两层房舍，又有街门另开，任意可以出入，所以这些子弟们竟可以放意畅怀的。因此，遂将移居之念，渐渐打灭了。（第四回）

> 贾政不惯于俗务，只凭贾赦、贾珍、贾琏、赖大、来升、林之孝、吴新登、詹光、程日兴等几人安插摆布。凡堆山凿池、起楼竖阁、种竹栽花一应点景等事，又有山子野制度。下朝闲暇，不过各处看望看望，最要紧处和贾赦等商议商议便罢了。（第十六回）

可见贾政虽说是荣国府当家人物，看来竟是徒有虚名，既不能训诫子弟，又不能担当俗务，不过是个凡事不管的"清静闲人"，以致于薛蟠来不到一个月，竟然被贾府青年子弟引诱得"比当日更坏了十倍"！更何况，他眼前就是水火不容的嫡庶矛盾，小妾和庶子虎视眈眈，随时预备谋夺家私。可见其在家庭教育方面实在是乏善可陈。宝玉挨打，贾政被贾母责骂时辩解道："为儿的教训儿子，也为的是光宗耀祖。"贾母瞬间回批："……你说教训儿子是光宗耀祖，当初你父亲怎么教训你来！"虽然这句话主要是批评贾政不该对宝玉下此狠手，但也可见贾母对贾政家庭教育方式的批评。

"上梁不正"、贪婪好色、罔顾道德的贾赦，虽以正人君子自居却"万事不关心"的贾政，二人正是贾府当值的家长，却一个只顾享乐，一个蒙在鼓里，偌大家业内里已空，子弟吃喝嫖赌，不思进取，这败家的账究竟要算在谁的头上？

3. 贾府堪忧

贾府第三代已成败落气象，这个家族的前途命运本可寄希望于年轻一代的进取，奈何第四代"玉"字辈少爷也难堪重任：宁国府贾珍荒淫奢侈，荣国府贾琏浪荡风流，宝玉无意仕途经济，贾环年纪虽小却同室相煎。正如第二回冷子兴说的"如今的儿孙，竟一代不如一代了"，这样一个"钟鸣鼎食之家，翰墨诗书之族"早就呈现出了下世的景象。

但读者也分明从宝玉和贾琏身上看到了一些闪着光芒的东西，不过这光芒必然要被淹没在那个社会巨大的黑暗里。那个社会吞噬了美与善，也因为这吞噬而更快地走向消亡。孟子言："君子之泽，五世而斩。"谁来为贾府的没落埋单呢？

4. 雨村非同小可

两次挨打事件中，两位父亲不约而同地扬起了棍棒——棍棒前立着的榜样是贾雨村！贾政呵斥宝玉见雨村时"葳葳蕤蕤"，表现不佳；贾赦嫌弃贾琏不如贾雨村有能耐，后者轻易就弄到了古扇。小说第四回"葫芦僧乱判葫芦案"一事中，读者就已经看到了贾雨村贪赃枉法、献媚权贵、忘恩负义的真面目，可无论是以道德学问自居的贾政还是荒淫无耻、贪财好色、为老不尊的贾赦，二人居然一力推崇贾雨村，不约而同地希望自己的儿子可以亲近、学习雨村，可见贾雨村实在非同小可。读书时，大家一定要"提高警惕"。

小说一开始，贾雨村相貌堂堂，文采风流，口占一绝，足见其志高远；能在探花林如海家教授聪慧灵秀的林黛玉，其学问可见一斑；听冷子兴演说荣国府，即道出洋洋洒洒一大篇"正邪两赋说"，其见识实在高妙；高中之后回娶娇杏，为人也是不凡；一见贾政，从此仕途春风得意，果真出类拔萃……

这样的贾雨村不正是封建社会知识分子成长的标杆吗？可惜他在小说中一再"黑化"，你看他考中进士一年后因为贪酷恃才被革职，受贾政帮助而被起用后徇私枉法，对苦难的香菱视若无睹，对"葫芦案"中提示自己的门子恩将仇报。这样的雨村一路加官进爵，"补授了大司马，协理军机，参赞朝政"。不过，在小说第七十二回里又有这样的文字：

> 林之孝说道："方才听得雨村降了，却不知因何事，只怕未必真。"贾琏道："真不真，他那官儿也未必保得长。将来有事，只怕未必不连累咱们，宁可疏远着他好。"林之孝道："何尝不是？只是一时难以疏远。如今东府大爷和他更好，老爷又喜欢他，时常来往，那个不知？"贾琏道："横竖不和他谋事，也不相干。你去再打听真了，是为什么。"

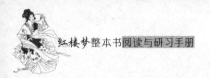

可见，贾雨村是个与贾府牵连极深的人物，是小说布局谋篇的重要线索，读书时不可轻易放过。看两位"二爷"挨打，我们也看到了那个若隐若现的贾雨村、看出了作者穿针走线的高明写法，看出了曹雪芹潜藏的创作意图。有才无德的贾雨村、众望所归的贾雨村、贪酷舞弊的贾雨村竟在官场如鱼得水，这样的贪官比昏官庸吏更可怕十倍！那么，重用这种官吏的社会能有更好的前途吗？作为封建文人的曹雪芹并没有向自己所处的社会与阶级宣战的思想和能力，但现实给予了他洞悉世态的清醒。可笑的是贾政、贾赦还希望儿子以贾雨村为榜样，官爵在身的老爷们竟还不如丫鬟平儿凭直觉看得清楚明白："都是那贾雨村什么风村，半路途中那里来的饿不死的野杂种！认了不到十年，生了多少事出来！"

以上，我们仔细分析了"宝玉挨打"与"贾琏挨打"事件，既立足每一件事做纵深分析，又对两件相关联的事情进行比较阅读，多角度、多侧面地探讨了其创作价值，对小说人物与创作主旨都有了更进一步的思考与发现。

歌德说："人对于人是最有兴趣的，并且应该只是对人感到兴趣。"读小说，要把重点放在人物身上，而人物又是在各种不同的事件中展现着他的性格与形象。对两个相似情节的比较阅读，让我们读出了文字背后深藏的诸多讯息。长篇小说的魅力在于它既能通过前后关联的情节塑造人物，又能通过一些相似情节的设置彰显主旨。本章对两位"二爷"挨打事件的分析只是提供了一个示范，希望大家日后在自主阅读时也能熟练运用以上阅读方法，做到上勾下连，同中求异，串点成面，由浅入深。

【专家点评】

至于说到《红楼梦》的价值，可是在中国底小说中实在是不可多得的。其要点在敢于如实描写，并无讳饰，和从前的小说叙好人完全是好，坏人完全是坏的，大不相同，所以其所叙有人物，都是真的人物。总之自有《红楼梦》出来以后，传统的思想和写法都打破了。（鲁迅《中国小说史略》，中华书局）

挨打一场感人，还因为一打，动了真情，是一次难得的感情交流，一百二十回《红楼梦》，哪一回见王夫人与贾政交流过感情？哪一回见"槁木死灰"般的李纨流露过感情？哪一回见宝钗流露过感情？哪一回见贾母、贾政这样激动过？打人的贾政的激动程度超过了挨打的宝玉。他说的话之决绝，亲自动手"掌板"与"气喘吁吁，泪如雨下"的样子，直到见贾母后的至诚至孝的大正人君子形象，怎不令读者泪下？看来贾政并不虚伪，他的正统是充满真诚和情感的，他律己与律自己的儿子都是严的。但为何这么好的一个人却听凭周围发生那么多卑污腐烂呢？难道只因为他清高？"不以俗务为念"？反正他的正统脱离了实际，对实际问题一筹莫展。而不联系实际的"正统"只能招致怀疑、嘲弄和厌恶。（王蒙《红楼启示录》，生活·读书·新知三联书店）

贾政是贾府里儒者气味最重，也最富有责任感的人。简单地说他是封建卫道者不太公平。正因为他有责任感，所以也就和他的家族命运息息相通。他常闷闷不乐，而且对贾宝玉特别"看不上眼"和特别严酷，这种严酷，反映出他的很深的"虑后"。他痛打宝玉，完全是"怒其不争"。因为他知道"断后"的严重性，所以最迫切地希望贾宝玉能像他那样支撑起贾家的大厦。然而，贾宝玉偏偏丝毫没有"立功立德"的念头，偏偏是那样一种拒绝功名、拒绝发达的脾气。这样一种不足以支撑大厦的材料，就不能不使贾政朝夕陷入大苦闷之中。我们可以感到，"断后"的阴影一直笼罩着贾政。（刘再复《红楼梦悟》，生活·读书·新知三联书店）

（刘智清 撰）

丧 事

【事件意义】

《红楼梦》是一部悲剧，最悲又莫过于其中的人物一个接一个走向死亡，小说中的人物和事件始终笼罩在不祥的阴影中。人物的死亡贯穿全书，成为了曹雪芹着笔的重中之重，不同人的葬礼也被赋予了不同的象征意义，暗示着这个簪缨世家从雍容华贵到衰落到最终土崩瓦解的过程。

《红楼梦》中的人物，小到丫鬟晴雯、司琪、赵姨娘，大到十二金钗中的林黛玉、秦可卿、王熙凤，再到位高权重的贾母、贾敬，甚至到贵妃贾元春等，他们的死亡曹雪芹都有提及或描写。但真正举办了葬礼且书中有细致描写的只有三人：一是第十三回秦可卿之死，二是第六十三回贾敬之死，三是第一百十回贾母之死。贾母之死虽由高鹗续写，但延续了曹雪芹在判词中对贾家运势和各个人物命运的安排。因此细究起来，不难发现这三桩葬礼虽各有侧重，但前后照应，与荣宁二府的命运走向几乎完全重合，不得不说其中蕴含着作者独运的匠心。

长篇小说中，对相似事件做不同处理既能显现出某些方面变化的迹象，又能体现出作者的写作意图。同学们要注意前后勾连，比较阅读，注意三次葬礼之异同，抓住其变化，方能读出其中深藏的内涵。阅读时关注点可以放在葬礼的规格用度、参加葬礼的人员、相关亲属的反应等方面，在前后对比中看贾府的财力、地位、人际关系之变化。

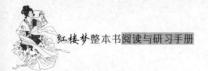

【事件概述】

一、秦可卿之死

秦可卿乃金陵十二钗之一，她是贾蓉的妻子、贾珍的儿媳妇、秦业的养女，有一个无血缘关系的弟弟秦钟。她出身平凡，父亲秦业为官清廉，宦囊羞涩，家境清寒，但十分重视对秦可卿姊弟俩的教育。她外貌出众，鲜艳妩媚有似宝钗，风流袅娜则又如黛玉，兼具钗黛之美；她聪明贤惠，死后托梦给王熙凤，教她为大家族的将来考虑，颇有远见；她性格大方开朗，行事温柔平和，被贾母赞为重孙媳中第一得意之人，也深受全族上下的喜欢。她的婆婆尤氏护着她，贾母怜惜她，刁钻犀利的凤姐与她感情尤深，时常去找她说话，而宝玉、黛玉也喜欢亲近她。在警幻仙界，她是太虚幻境之主警幻仙子的妹妹，乳名兼美，表字可卿。总体来看，在《红楼梦》众多人物中，秦可卿的特点是先天不足但后天出众，出身虽低但自身从外到内都不比钗黛等名门之后差。

但秦可卿的命运却颇令人同情，曹雪芹对她下的判词是"情天情海幻情身，情既相逢必主淫。漫言不肖皆荣出，造衅开端实在宁"，暗示了秦可卿的悲惨命运。她正值青春年华，不到二十岁，在小说第十三回"秦可卿死封龙禁尉 王熙凤协理宁国府"时就命归黄泉。究其原因，书中描写是因为经期不调，夜不能寐，肋下疼胀，心中发热，时常头目晕眩，常流虚汗，精神疲倦，四肢无力，不思饮食等症状，最终救治无效而死。

秦可卿死后，宁国府一片哀痛，书中形容哭声"摇山振岳"。贾家上上下下、老老少少一并聚集在宁国府。贾珍悲痛欲绝，要尽其所有为儿媳妇操办这场葬礼，因此，这场葬礼规格极高，用度极盛，参与人员极多。还专门请了荣国府最有才能之人——王熙凤管理葬礼事宜，棺材用的是一千两银子也买不着的"原系义忠亲王老千岁要的"上等寿材；超度法事极盛大庄重；送葬、路祭的人物惊动了王公贵族，四王八公都出动了，北静王水溶还专程路祭；最后，贾珍为了丧礼上能风光些，还通过关系，花钱为贾蓉捐了个五品龙禁尉的虚衔。这样前后用了好几个月时间才把秦可卿的葬礼办完。一个儿孙辈的媳妇死去，贾府动用的人力、物力、财力不可胜数，其中大有可说。

二、贾敬之死

贾敬是宁国公贾演的孙子、"京营节度使世袭一等神威将军"贾代化的次子，也是贾珍的父亲。他有真才实学，是乙卯科进士，但是不热衷功名利禄，却一味好道，一直在都外玄真观修炼，烧丹炼汞，别的事一概不管，可以说宁国府中诸后人品行不端、胡作非为，亦有贾敬不作为之缘由。他在《红楼梦》中出场次数极少，性格脾气都

174

无人了解，甚至书中提及他的次数都不多。他是因为吞吃秘制的丹砂烧胀而死，死后被追赐为五品之职。

贾敬的葬礼，曹雪芹正面着笔并不多，但从侧面透露了许多信息。首先是皇上御批了贾敬的葬礼规格。贾敬虽然没有袭爵，让给了儿子贾珍，却也是进士出身，虽对国家无功，皇上念及祖上的功劳，还是追赐他为五品之职，更是下额外恩旨曰："贾敬虽白衣，无功于国，念彼祖父之功，追赐五品之职。令其子孙扶柩由北下之门入都，入彼私第殡殓。任子孙尽丧礼毕扶柩回籍外，着光禄寺按上例赐祭，朝中由王公以下准其祭吊。钦此。"由此可知，这场葬礼，像北静王等身份的王公贵族是不能参加的，虽然也算气派，但比秦可卿的葬礼已是差了一大截。贾敬死后，贾珍虽然也"挂孝幔子，门前起鼓手棚、牌楼等事"，但是规模比秦可卿的要小多了。即便如此，宁国府也已经入不敷出，"所用棚杠孝布并请杠人青衣，共使银一千两，除给银五百两外，仍欠五百两。昨日两处买卖人俱来催讨"。后来，贾珍用了江南甄家送来的五百两打祭银才应付过去。另外，葬礼上，贾府地位最高的贾母、贾敬的女儿均未参加，而他的儿孙贾珍、贾蓉虽然飞奔回家吊丧，但转头一看尤二姐等人也在，立刻就换了笑脸。可以看出，贾敬的葬礼已然变了味儿，不但规格降低，也但少见有人悲伤。

三、贾母之死

贾母是贾府中地位最高、权力最大的长者，是见证了贾府四世同堂的重要人物。她是贾政的母亲、贾宝玉的祖母、林黛玉的外祖母、王夫人的婆婆，同时还是史湘云祖父的妹妹。从这几层关系来看，贾母是连接金陵几大家族势力和《红楼梦》中主要人物关系网的轴心点。

贾母活到八十三岁，在《红楼梦》中一直以一个极为端厚的长者形象出现，并且在处理事情时十分有主见，能够很好地把握住分寸。贾母十分宠爱宝玉，对大儿子贾赦是不满的，偏爱小儿子贾政及儿媳王夫人。

贾母能够察觉到贾府中的危机，但因为种种原因，也是无能为力。贾母去世，最直接的原因是贾府被抄，年老的贾母无力承受；其次，贾母一生都活在富贵显赫之中，她更害怕自己无颜面对列祖列宗，心理负担沉重；另外，林黛玉之死也让疼爱外孙女的贾母无比痛苦。

贾母葬礼之时已是贾府最为破落之时了，刚开始还可以说是办得秩序井然：举哀、成服、报丁忧、报丧、探丧、成殓、停灵、守灵、哭丧，步骤合乎礼法，有条不紊。可接下来却是一片混乱，上头一人一个主意：贾政怕招摇，主张贾母的丧事悲切才是真孝，坚决反对"糜费、图好看的念头"，怕再次惹祸上身；邢夫人私心作怪，巴不得留一点银子以便日后备用，反埋怨"凤丫头果然有些不用心"；王夫人只看表面，抱怨凤姐照应不周；底下的奴才更是无法无天。贾母已死，贾家气势不如从前，凤姐也失去了靠山，加上邢夫人等故意刁难，更加作践起她来。凤姐先前做事的爽利周到都不见了，她夹在矛盾的中间，有苦难言，最终被气病。贾母之丧正是在这样乱糟糟的气氛中收尾的，辈分地位最高的贾母的葬礼却办得最为凄凉，可谓树倒猢狲散。

【研读重点】

《红楼梦》重点描写了贾母、贾敬和秦可卿的三次葬礼，从死者的情况来看，贾母辈分、地位最高；贾敬虽不主事，可以说在贾家并无实权，但辈分尊贵，居于其次；秦可卿年不满二十，是外姓媳妇，辈分、地位最低。但从葬礼规模来看，秦可卿的葬礼规模最大，最为气派，贾敬次之，贾母最低。按照中国传统的丧葬习俗，按理说在同一个家族内，死者的年龄越大、辈分越高，丧礼的规模也应该越大，所以这三次葬礼的情况是不符合常理的。

《红楼梦》中描写葬礼主要集中在葬礼用度、贾府中人的表现以及参加或涉及葬礼的外人三个方面，因此我们将从这三方面来探究其中的奥秘。在用度方面，我们不难发现贾府的财务状况；古人讲究风风光光地死，所以一个人活着时周围人的态度不足以看出真心，死了以后他人的反应才最真实，因此贾府中各色人等的表现最能展现出府内人际关系的真实状态；而从府外人的参与中则能看出贾府社会地位、社会关系的变化，而这三点合在一起反映了贾府的盛衰情况。以下将从这三方面来研读书中的三次葬礼。

一、葬礼用度

贾家是皇亲国戚、簪缨世家，因此在举办葬礼的时候一定是尽可能地提高规格和用度，这在秦可卿的葬礼上可见一斑。秦可卿去世时，贾珍告诉王熙凤千万别想着替他省钱，说："如何料理，不过尽我所有罢了！"而秦可卿的葬礼，确实极度奢华。她死后，"择准停灵七七四十九日，三日后开丧送讣闻。这四十九日，单请一百单八众禅僧在大厅上拜大悲忏，超度前亡后化诸魂，以免亡者之罪；另设一坛于天香楼上，是九十九位全真道士，打四十九日解冤洗业醮。然后停灵于会芳园中，灵前另外五十众高僧、五十众高道，对坛按七作好事"。停灵四十九天已经是民间的最高标准了，而在这四十九天里，请来超度亡灵的和尚、道士加起来共三百余人，单这一项费用就所耗不菲。贾珍为秦可卿买的棺材，花了一千多两银子，原是义忠亲王老千岁要的，"帮底皆厚八寸，纹若槟榔，味若檀麝，以手扣之，叮珰如金玉"。为了在丧礼上"风光"一些，贾珍又花一千二百两银子给贾蓉捐了一个五品龙禁尉的官职。这种种情景，足见贾珍出手之豪奢。

到了贾敬、贾母辞世，棺材都是生前预备好的，不需要另外的花费。贾敬死后，如前所述，葬礼规模比秦可卿的小多了，即便如此，仍入不敷出。可见贾府的经济状况已经大不如前了。

贾母去世时，贾家已经被抄，人人都惶恐自危。除了朝廷赏赐的一千两银子，贾府并未拿出多少银子来办丧礼。贾母死后，鸳鸯曾央求凤姐说："我想老太太这样一个人，怎么不该体面些？我虽是奴才丫头，敢说什么？只是老太太疼二奶奶和我这一场，临死了还不叫他风光风光？"鸳鸯所谓的"风光风光"，当然是要求贾母的丧礼规模大一些，规格高一些。对于贾母这样一个在贾府辈分最高的人，又是在八十三岁高龄去世，鸳鸯的要求并不过分。凤姐一开始也认为，"老爷虽说要省，那势派也错不得"。可是实际上并非如此。贾政要把贾母留下的银子，在祖坟上盖房子、买祭田，不肯拿出银子来办丧礼。而没有了银子，丧礼上的许多事情都无法支持：棚杠上要支几百两银子，贾琏要了几次都要不出来；贾府招待亲戚的饭菜也不齐整，"来了菜，短了饭"；而仆人们也要拿到银子才肯供饭，"传饭是容易的，只要将里头的东西发出来，我们才好照管去"。没有了银子，奴仆们在丧礼上也没有了积极性，或"死眉瞪眼的"，或"答应着不动"，或"勉强应着"。凤姐要什么东西，也先"要去请示邢、王二夫人"，而邢夫人"素知凤姐手脚大，贾琏的闹鬼，所以死拿住不放松"。此时的凤姐已没有了主办秦可卿丧礼时的威严和令行禁止的威风，只得央求奴仆们说："大娘婶子们可怜我罢！我上头捱了好些说，为的是你们不齐截，叫人笑话。明儿你们豁出些辛苦来罢。"连不大管事的李纨都明白，"这样的一件大事，不撒散几个钱就办的开了吗？可怜凤丫头闹了几年，不想在老太太的事上，只怕保不住脸了"。因此，贾母的丧礼办得很不像样："虽说僧经道忏，上祭挂帐，络绎不绝，终是银钱吝啬，谁肯踊跃，不过草草了事。连日王妃诰命也来得不少，凤姐也不能上去照应，只好在底下张罗，叫了那个，走了这个；发一回急，央及一回；胡弄过了一起，又打发一起。别说鸳鸯等看去不像样，连凤姐自己心里也过不去了。"

种种不如意的事情，最后都压到凤姐身上，凤姐"又气又急又伤心，不觉吐了一口血，便昏晕过去"，而仆人们见凤姐不在，"也有偷闲歇力的，乱乱吵吵，已闹的七颠八倒，不成事体了"。送灵的时候，贾府的车子也不够用了，竟然需要到亲戚家去借车子。贾母生前留下的办理丧礼的银子，贾政没舍得用，反而被一帮强盗抢劫而去，而"外头的棚杠银、厨房的钱，都没有付给"。强盗的抢劫，对于抄家之后的贾府来说，无异于雪上加霜。

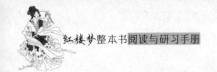

再说参加丧礼的人数和等级。秦可卿丧礼的时候，送殡的有"四王""八公"，其他侯爵、伯爵等就更多了，规格等级甚高。贾敬丧礼的时候，来的人就不如秦可卿丧礼时多。贾母丧礼的时候，虽说"王妃诰命"来得不少，但是抄家之后的贾府已经没有像样的接待能力了。

二、贾府众生相

秦可卿死时，贾家的族人，从辈分最长的贾代儒、贾代修到与贾政、贾赦同辈的贾敩、贾效、贾敦，一直到贾家辈分最低的贾菌、贾芝等都来了，一共列出了二十八人，许多族人的名字在整部《红楼梦》中仅此一见。秦可卿是贾蓉的妻子，她在贾府中的辈分甚低，许多长辈的族人一般情况下是不需要来参加丧礼的。族人参加者众多，反映出他们对秦可卿的重视。

贾敬是贾蓉的爷爷，他的丧礼按理来说应该比秦可卿隆重。可是，贾敬死时正赶上宫中一位老太妃薨逝，贾母、贾珍、贾蓉等人都去送丧。贾敬之丧，是由贾珍的妻子尤氏主持的，尤氏"只得将外头之事暂托了几个家中二等管事人。贾璃、贾珖、贾珩、贾璎、贾菖、贾菱等各有执事"。这次丧礼，贾家参加的族人比秦可卿丧礼的时候要少多了。

贾母是贾府的老祖宗，她在贾氏家族中辈分最长，她去世时八十三岁，其丧礼应该最隆重，来参加的族人应该最多，可是实际上来参加的贾氏族人，并没有多少。贾母死后"内里竟无一人支持，只有凤姐可以照管里头的事"，而此时贾府"统共只有男仆二十一人，女仆只有十九人，余者俱是些丫头，连各房算上，也不过三十多人"。

秦可卿丧礼时，宁国府一府可以分配任务的仆人就有八九十个，荣国府仆人的数目也应与此相当。贾母丧礼时，荣宁两府的仆人加起来只有四十多个，这些仆人"有钱的早溜了。按着册子叫去，有的说告病，有的说下庄子去了"，贾府的衰败由此可见。

三、参加葬礼的外族人员

荣宁两府直接联系着皇宫，因此贾家但凡有什么大事，朝中大臣、社会上各界要员都是要留心几分的。当然，此一时彼一时，当贾家败落之时，这些要员们也是避之唯恐不及，因此通过葬礼上外族人员参加的情况，贾家的地位和势头也就一目了然了。

秦可卿去世，忠靖侯史鼎的夫人亲自来祭奠，锦乡侯、川宁侯、寿山伯三家送来了祭礼。而在秦可卿停灵的四十九天里，"宁国府街上一条白漫漫人来人往，花簇簇官去官来"。在送殡的那天，镇国公、理国公、齐国公等公爵的后代都来了，南安郡王之孙、西宁郡王之孙也来了，北静王水溶甚至亲自来路祭，"连前面各色执事、陈设、百耍,浩浩荡荡,一带摆三四里远","压地银山一般从北而至"。秦可卿丧礼的规模甚大,规格甚高,可谓风光无限。

贾敬死后,朝廷"追赐五品之职",与秦可卿死后贾蓉所捐的品级相同,可是其丧礼的规模、规格比秦可卿要差多了。天子虽然破格允许"朝中由王公以下准其祭吊",可是实际来参加祭吊的人则没有提及,送殡的亲友也不多。与秦可卿丧礼的热闹相比,贾敬的丧礼冷清了许多。当然,贾府的空架子仍然未倒,在外人看来依然"丧仪焜耀,宾客如云"。

贾母死后,天子"念及世代功勋,又系元妃祖母,赏银一千两,谕礼部主祭"。从表面来看,贾母的丧礼由"礼部主祭",也挺风光的。可是,由于贾家刚刚经历了抄家之祸,来探丧的那些亲友,是"见圣恩隆重"才来的;否则,他们避之唯恐不及,是不会来参加丧礼的。

【专家解读】

因为《红楼梦》是曹雪芹"将真事隐去"的自叙,故他不怕琐碎,再三再四的描写他家由富贵变成贫穷的情形。我们看曹寅一生的历史,决不像一个贪官污吏;他家所以后来衰败,他的儿子所以亏空破产,大概都是由于他一家都爱挥霍,爱摆阔架子;讲究吃喝,讲究场面;收藏精本的书,刻行精本的书;交结文人名士,交结贵族大官,招待皇帝,至于四次五次;他们又不会理财,又不肯节省;讲究挥霍惯了,收缩不回来:以至于亏空,以至于破产抄家。《红楼梦》只是老老实实的描写这一个"坐吃山空""树倒猢狲散"的自然趋势。(胡适《〈红楼梦〉考证》〔节录〕,《中国章回小说考证》,北京师范大学出版社)

借可卿之死,又写出情之变态,上下大小,男女老少,无非情感而生情。且又藉凤姐之梦,更化就幻空中一片贴切之情,所谓寂然不动,感而遂通。所感之象,所动之萌,深浅诚伪,随种必报,所谓幻者此也,情者亦此也。何非幻,何非情。情即是幻,幻即是情,明眼者自见。(脂砚斋评秦可卿,戚序本《红楼梦》第十三回)

(任敏 撰)

诗词研读

🌀 **研读意义**

初读红楼时,红楼诗词可能让我们觉得生涩隔膜,接触久了,细细品味,又会让人觉得意蕴优美,如醇香美茗,让人回味无穷。读红楼诗词不仅可以让我们更深入地体会红楼人物的别样才情、别样神韵,走进他们的内心世界，更可以让我们体悟诗词创作之雅趣，品味诗词意境之优美，提升我们的审美。在灿若星辰的古典诗词作品中，红楼诗词或许并不是最厚重最精深的那一类，但它却绝对是最纯美、最别致的作品。在红楼的世界里，诗词创作与仕途经济无关，与获得价值认同无关，诗词已剥离了一切本应远离它的外物负累，还原到最本真的状态，只是诗人青春个性的真实流露，只是诗人对生命最真切的感悟。

研读对象

从赏析诗词的审美角度和深入体悟人物个性特点的分析角度出发，我们重点选择诗社中的诗词作品来供大家深入研读。诗社的诗词创作以咏物题材为主，如"咏白海棠""菊花诗""螃蟹咏""柳絮词"。除此之外，我们还选择了红楼第一才女林黛玉的代表作品《葬花吟》《题帕三绝》《秋窗风雨夕》《五美吟》《桃花行》，以及红楼中有关诗词创作的重要情节"香菱学诗"中的《吟月》（三首）。相信对这些作品的研读不仅能让同学们提升诗词鉴赏的素养和能力，还可以让同学们走进红楼人物的情感世界，体验他们的审美情趣，体悟他们的人格理想，进而丰富自己的生命体验，收获自己的青春雅趣。

研读方法

在语文课本中，我们领略过唐诗的博大厚重，体验过宋词的缠绵优雅，我们从中学习到的鉴赏诗词的方法完全可以用在研读红楼诗词的过程中。比喻、借代、拟人、拟物、夸张、反问、设问、双关、用典等修辞手法，托物言志、对比反衬、烘托映衬、虚实相生等表现手法，都是红楼才女和宝玉可以自如运用以表现情志的创作技巧，相信以这些诗词赏析的方法为突破口，同学们自然可以找到研读的门径。

研读示范

咏白海棠（其四）

林黛玉

半卷湘帘半掩门[1]，碾冰为土玉为盆[2]。

偷来梨蕊三分白，借得梅花一缕魂[3]。

月窟仙人缝缟袂[4]，秋闺怨女拭啼痕。

娇羞默默同谁诉？倦倚西风夜已昏。

【注释】

①湘帘：湘竹制成的门帘。这句说看花人，"半卷""半掩"与末联的娇羞倦态相呼应。

②"碾冰"句：因花的高洁白净而想象到栽培它的也不该是一般的泥土和瓦盆，所以用冰清玉洁来侧面烘染。

③"偷来"二句：意即白净如同梨花，风韵可比梅花，但说得巧妙别致。宋代卢梅坡《雪梅》诗："梅须逊雪三分白，雪却输梅一段香。"又雪芹之祖曹寅有"轻含豆蔻三分露，微漏莲花一线香"的诗句，可能都为这一联所借鉴。

④月窟：月中仙境。因仙人多居洞窟之中，故名。缟，白绢。袂，衣袖，亦指代衣服。苏轼曾用"缟袂"喻花，有《梅花》诗："月黑林间逢缟袂。"这里借喻白海棠，并改"逢"为"缝"，另藏深意。

【赏析】

黛玉的这首诗被李纨评价为"风流别致"，更是让宝玉钟情偏爱，其审美特色究竟是怎样的？让我们通过逐字逐句的赏析研读来细细品味。作为一首同题限时限韵创作的七律，要能体现出自己的艺术个性乃至人格特点，是非常不容易的，但黛玉几乎是不费神思，信手拈来般一挥而就，不愧为绛珠仙草，颇有一份谪仙式的天然才情。因为诗社竞技限"门""盆"韵，所以所有人的首联都会从白海棠的生长环境写起，都无可避免地会运用到侧面烘托的表现手法，可见从诗词的构思角度和表现手法上，黛玉并不具有任何优势，要想展现出自己独特的艺术个性是比较困难的一件事，但黛玉却巧妙地化解了这一难题。"半卷湘帘半掩门"，写出赏花人与白海棠之间若即若离的距离，这种最佳的观赏距离，本身就带有一种情趣、一种朦胧的美感。"碾冰为土玉为盆"，冰为土，玉作盆，这化腐朽为神奇的神来之笔以奇妙别致的想象，侧面烘托出了白海棠的冰清玉洁，无怪宝玉由衷地喝彩："从何处想来！"

创作律诗，颔联和颈联要求对仗严谨，最见诗人功力，若能自如运用对仗技巧，这两联常常会成为被人传诵的名句，但若刻意为之，只顾及对仗押韵，反而会束缚了手脚，作出佶屈聱牙的晦涩句子。黛玉的才情是与生俱来的，与她寄人篱下的遭际同在，与她敏感细腻的情感体验同在，对仗之句自不会刻意而为。颔联是最能体现黛玉"风流别致"风格的，"偷来""借得"用拟人手法，生动形象地表现了白海棠如梨蕊一般素雅洁白的外形特点，如梅花一般孤高傲世的精神特点，"偷来"写出了白海棠的俏皮，"借得"又显得其谦逊、庄重，可谓亦庄亦谐。这份俏皮、这份亦庄亦谐的雅趣，宝钗绝对无法为之，这也正是绛珠仙草的风流神韵，是宝玉钟情之所在。可见，宝黛之情在于心灵的契合，在于才情的欣赏。颈联用比喻，将白海棠比作正在缝制素

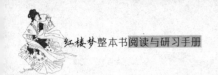

衣的月中仙子和正在抹拭眼泪的秋闺少女,生动形象地表现了白海棠高洁脱俗的气质和哀怨多愁的情感特点。颔联、颈联明写白海棠,暗写黛玉自己,处处不离黛玉自身气质特点,运用托物言志手法,表现了黛玉如白海棠一般高洁素雅、孤高傲世的品性和哀怨多愁的气质。

尾联,赏花人再次出现,"同谁诉"运用设问,自问自答,"倦倚西风"的赏花人正是花的倾诉对象,而且也暗示白海棠的倾诉对象只有赏花人。

从结构上看,本诗首尾呼应,首联从赏花人与花隔帘相望写起,尾联以花与人互诉衷肠融为一体收结,结构严谨。从思想感情上看,尾联紧承颈联"拭啼痕"所表现的白海棠哀怨多愁的情感特点,写白海棠像少女般羞涩地渴望一位知己的出现,而诗人作为赏花人恰恰就是这样的知己,她甚至不仅仅是知己,白海棠就是黛玉自己的化身,是她情感遭际、人格理想的写照。

这首诗歌的高明之处并不在创作技法有多么高妙,也不在表现的情感有多么丰富,主题有多么深刻,而在于"恰如其人",这首诗就是曹雪芹为黛玉量身定制的。

咏白海棠（其二）
薛宝钗

珍重芳姿昼掩门，自携手瓮灌苔盆①。

胭脂洗出秋阶影，冰雪招来露砌魂②。

淡极始知花更艳，愁多焉得玉无痕③。

欲偿白帝凭清洁④，不语婷婷日又昏⑤。

【注释】

①手瓮：可提携的盛水的陶器。

②"胭脂"二句：诗的一种修辞句法，意即秋阶旁有洗去胭脂的倩影，露砌边招来冰雪的精魂。洗出，洗掉所涂抹的而显出本色。露砌，带着露水的阶台边沿。北宋诗人梅尧臣《蜀州海棠》诗："醉看春雨洗胭脂。"

③"愁多"句：花儿愁多怎能没有痕迹。就玉说，"痕"是瘢痕，以人拟，"痕"是泪痕，其实就是指花的怯弱姿态或含露的样子。

④"欲偿"句：白帝，西方之神，管辖秋事。秋天叫素秋、清秋，因为它天高气清，明净无垢，所以说花儿报答白帝雨露化育之恩，也应使自身保持清洁，亦就海棠色白而言。

⑤婷婷：美好的样子。

【赏析】

宝钗的这首《咏白海棠》被李纨评为"含蓄浑厚"，且力压黛玉，被社长李纨评为此次最佳。其实，钗黛的作品各有千秋，创作水平难分伯仲，且都是个人气质风格、精神品貌最贴切的体现，李纨、探春与宝玉的评价有异，只是出于他们各自的审美偏好。在此次同题限时限韵的创作过程中，宝钗同黛玉一样能做到"戴着镣铐舞蹈"，能在诸多限制下自如运用创作技巧表现自己独特的个性。首联第一句在"门"字韵的限制下，宝钗选择的是"昼掩门"，白天把大门关上来赏鉴白海棠，即隔断了外界的喧嚣，表现了赏花者内心的沉静淡然，再配上"珍重芳姿"的赏花态度，更表现了赏花者大家闺秀的身份和端庄矜持的气质。"自携手瓮灌苔盆"表面以赏花人亲自提水浇灌海棠来写对花的珍爱，实则暗写诗人对自己高洁品性的自珍自重。

颔联使用倒装，所以在理解时需要调整语序，意为"秋阶之下洗出胭脂留素影，露砌之阶旁招来冰雪精魂"。诗人不明言白海棠的白，而是用"胭脂洗出"含蓄写其铅华洗尽、淡雅脱俗的姿态。白海棠的这一特点既暗合宝钗不爱俗艳装饰的特点，又象征了宝钗端庄脱俗的气质特点。"冰雪魂"用比喻，将诗人冰清玉洁的气质比作冰雪，生动形象地表现了宝钗精神气质上的高洁典雅。"秋阶""露砌"更是用白海棠生长环境的素洁、清冷来烘托映衬花的淡雅，以托物言志的手法表现宝钗与花相同的气质神韵。

颈联"淡极始知花更艳"在结构上承接颔联的"胭脂洗出"，紧扣白海棠颜色素洁的特点，以淡、艳二元对立的辩证联系，写出白海棠冷艳之美，亦是写出了宝钗冷艳的气质神韵，更是写出宝钗对自己安分随时、藏愚守拙、端庄矜持之处事风格的强大自信。"愁多"承接上联"冰雪魂"，以白海棠淡看愁怨、清洁自励来表现宝钗宁静自安、对情感总是保有一种矜持冷静的感情特点。这是李纨称赞的"含蓄浑厚"的气质特点，也是让宝玉内心深处对其敬而远之，不可能对其魂牵梦萦的原因。

尾联"欲偿白帝"一句可见白海棠对赏识自己的秋神满怀感激，对自己高洁矜持的人格也充满了自信，正是这句让人们明显可以读到被命运垂青的宝钗与社会环境相和谐的从容自得、自誉自信，这种心态让李纨由衷地称赞"到底是蘅芜君"，却让与封建价值观背道而驰的宝玉心生疏远，因此宝玉不可能对宝钗产生像对寄人篱下的黛玉那般的怜惜、呵护之意。

葬花吟

林黛玉

花谢花飞花满天，红消香断有谁怜？

游丝软系飘春榭①，落絮轻沾扑绣帘。

闺中女儿惜春暮，愁绪满怀无释处。

手把花锄出绣帘，忍踏落花来复去。

柳丝榆荚自芳菲，不管桃飘与李飞。

桃李明年能再发，明年闺中知有谁？

三月香巢已垒成，梁间燕子太无情！

明年花发虽可啄，却不道人去梁空巢也倾。

一年三百六十日，风刀霜剑严相逼；

明媚鲜妍能几时，一朝飘泊难寻觅。

花开易见落难寻，阶前闷杀葬花人。

独倚花锄泪暗洒，洒上空枝见血痕②。

杜鹃无语正黄昏，荷锄归去掩重门；

青灯照壁人初睡，冷雨敲窗被未温。

怪奴底事倍伤神③？半为怜春半恼春：

怜春忽至恼忽去，至又无言去不闻。

昨宵庭外悲歌发，知是花魂与鸟魂？

花魂鸟魂总难留，鸟自无言花自羞。

愿奴胁下生双翼，随花飞到天尽头。

天尽头，何处有香丘？

未若锦囊收艳骨，一抔净土掩风流。

质本洁来还洁去，强于污淖陷渠沟！

尔今死去侬收葬，未卜侬身何日丧？

侬今葬花人笑痴，他年葬侬知是谁？

试看春残花渐落，便是红颜老死时。

一朝春尽红颜老，花落人亡两不知！

【注释】

①榭：筑在台上的房子。

②"洒上"句：与两个传说有关：一、湘妃哭舜，泣血染竹枝成斑。所以黛玉号"潇湘妃子"。二、蜀帝魂化杜鹃鸟，啼血染花枝，花即杜鹃花。所以下句接言"杜鹃"。

③奴：我，女子的自称。　　底：何，什么。

【赏析】

《葬花吟》是《红楼梦》第一才女林黛玉最重要的一首诗词作品，从小说情节来看，这首诗是黛玉和宝玉产生误会后，将自己求知己而不得的满腔幽怨与触景而生的伤春愁思交融在一起，一气呵成的作品，情感喷涌而出。这首诗在体裁上采用歌行体，在韵律和平仄上较近体诗自由了许多，与黛玉宣泄情感的需要相契合。此诗名为"葬花"，实则花与人已融为一体，花的遭际与命运就是黛玉自己的人生写照，难怪此诗常被当成一首"诗谶"之作。首起两句"花谢花飞花满天，红消香断有谁怜"，"有谁怜"用设问，暗含诗人是落红的知己，对漫天飞舞的桃花充满了怜惜，也暗示诗人同落红一样的寂寥、落寞，唯有花与人相怜相惜，却再无他人是知音。后文宝玉闻此诗而悲恸，与黛玉一起埋落花，足可见偌大一座大观园里唯有宝玉是她的知己。"闺中女儿"以下四句直抒胸臆，抒发了诗人无法排遣的伤春之情。一颗敏感多情的少女心，面对象征美好青春的明媚花瓣的凋零怎能不伤感，不悲叹？

从"柳丝榆荚自芳菲"到"一朝飘泊难寻觅"这十二句写出了桃花与所处环境之间的矛盾，这种环境对桃花而言甚至可以称得上是严酷的。柳丝的轻浮、榆荚的媚俗与桃李的美艳，柳丝、榆荚的春风得意与桃李的飘零憔悴之间构成对比，表达了诗人对人格卑劣者人生顺遂、人格高洁者却命运坎坷的抑郁不平。诗人质问"梁间燕子太无情"，用拟人手法，将啄花的燕子赋予人的感情色彩，表达诗人对为一己私欲而无情践踏美好生命的世俗势力的强烈控诉。"桃李明年能再发""明年花发虽可啄"这两句借花可再开反衬青春不可再来、生命不可再复，抒发了诗人对青春乃至生命短暂的无尽悲叹。"巢也倾"也在暗示黛玉最终泪尽人亡，情感希望幻灭之时亦是贾家败落之日。"风刀霜剑"用比喻形象生动地表现出黛玉寄人篱下所处环境的严酷无情，"风刀霜剑"的环境与桃花"明媚鲜妍"的美好姿态之间形成了对比，强烈抒发了黛玉对于冷酷现实无情逼迫的控诉。身在贾府的黛玉看似过着锦衣玉食、众人关怀的幸福生活，但试问偌大的贾府之中有几人是真的关心她的悲喜、体贴她的多愁多病、体念她的寄人篱下？恐怕只有宝玉、紫鹃吧！难怪她在错会宝玉不愿开门而亲近宝钗时会那么委屈、绝望。

从"花开易见落难寻"到"随花飞到天尽头"这十八句从葬花人的角度写伤春之情，借"空枝""杜鹃""黄昏""重门""青灯""冷雨"一系列意象，描绘出诗人从黄昏到青灯独燃、冷雨敲窗的夜幕时分，伤春之痛一直萦绕心头，思虑重重，夜不成寐，多重意象渲染出了一种悲凉、凄清的意境氛围，抒发了诗人对落花、对自己薄命人生的深切叹惋。"知是花魂与鸟魂用设问，暗含花魂、鸟魂合而为一，让花具有了鸟可以悲鸣、飞翔的特点，引出下面的诗句"随花飞到天尽头"，自然过渡到结尾描写香冢，

扣合葬花主题。

"天尽头,何处有香丘"这两句用反问完成过渡,强烈抒发了落花与葬花人无人怜惜、无人珍重、无人守护的孤寂和伤痛。这之后的十二句,借锦囊收葬、净土掩埋的葬花痴行来表现花与人归宿的高洁与悲情。"锦囊""净土"借环境的郑重素洁来烘托落花的高洁品性,以"污淖""渠沟"来反衬落花"质本洁"的美好品质,表现诗人对落花不愿被世俗污染、不愿与世俗妥协的孤傲品性的赞赏与认同。

"他年葬侬知是谁""花落人亡两不知"直接表现了诗人对自身命运悲切甚至绝望的预见,在无情的现实面前,诗人只能秉持着自己高洁美好的人格走向悲剧的命运。

簪菊①
贾探春

瓶供篱栽日日忙, 折来休认镜中妆②。
长安公子因花癖③,彭泽先生是酒狂④。
短鬓冷沾三径露⑤,葛巾香染九秋霜⑥。
高情不入时人眼, 拍手凭他笑路傍⑦。

【注释】

①簪菊:插菊花于头上,古时风俗。《乾淳岁时记》:"都人九月九日,饮新酒,泛萸簪菊。"又史正志《菊谱》叙曰:"唐《辇下岁时记》:九月宫掖间争插菊花,民俗尤甚。杜牧诗曰:'黄花插满头。'"

②镜中妆:指簪、钗一类首饰,女子对镜梳妆时插于发间。这句说以菊插头,不要错认作是珠花。因男子也簪菊,并非为了打扮。

③"长安"句:疑指唐代诗人杜牧,他是京兆(长安)人。其《九日齐山登高》诗有"尘世难逢开口笑,菊花须插满头归。但将酩酊酬佳节,不用登临叹落晖"等句,与本诗中多以插菊、饮酒事并提相合。但"公子""花癖"之称,总无可征,或是泛说京都风气。

④彭泽先生:指陶渊明。陶除爱菊外,也喜酒,任彭泽令时,"公田悉令吏种秫(高粱),曰:'吾尝得醉于酒足矣!'"江州刺史王弘曾"留二万钱于渊明,渊明悉遣送酒家,稍就取酒。尝九月九日出宅边菊丛中坐,久之,满手把菊,忽值弘送酒至,即便就酌,醉而归"。又自酿酒,"取头上葛巾漉酒,漉毕,还复着之。"(南朝萧统《陶渊明传》)所以称"酒狂"。

⑤三径露:指代菊。因说"露"所以用"冷沾"。本句和下句都形容簪菊。

⑥葛巾:用葛布做的头巾。暗与陶渊明"葛巾漉酒"事相关。九秋霜:指代菊。九秋,

即秋天，意谓秋季九十日。秋称三秋，亦称九秋。

⑦"高情"二句：意思说，时俗之人不能理解那种高尚的情操，那就让他们在路上见了我插花醉酒的样子而拍手取笑吧。李白《襄阳歌》："襄阳小儿齐拍手，拦街争唱白铜鞮。傍人借问笑何事？笑杀山公醉似泥。"陆游《小舟游近村舍舟步归》诗有"儿童共道先生醉，折得黄花插满头"句。这里兼取两者意化用之。

【赏析】

探春的这首诗在此次菊花诗会中仅次于林黛玉的三首，可以说是亚军了。细想之下，菊花不同流俗的高洁风范与探春的心胸气质都是吻合的，也难怪蕉下客在此次诗赛中会有亮眼的表现。此次菊花诗会的新意就在于人菊同在，甚至是以菊花为宾，以人为主，诸诗并非常见的咏菊之作，又加之有不限韵的自由度，所以诗人的个人气质、意志风貌便是左右诗作品质的重要因素。此诗首联塑造了一位对菊花瓶供篱栽、日日殷勤呵护、钟爱有加的簪花人的形象，一句"休认镜中妆"将菊花与闺阁浮艳饰物明显区分开来。同为簪鬓之物，菊花是名士于清秋佳日所喜佩者，可见诗中的簪花人自比为古来名士，而不愿自降身份，混同于一般闺阁少女，由此可见探春不输于男子的志向、气概。

颔联用典，先用杜牧重阳日菊花插满头的花痴之典，再用陶渊明赏菊醉酒狂放不羁的典故。簪花人自比花痴杜牧、酒狂陶潜，既表达了自己对菊花真挚热烈的喜爱之情，又塑造了自己痴狂不羁的魏晋名士风范，恰到好处地体现了探春阔朗不拘的性格和大气豁达的生命格局。

颈联"短鬓""葛巾"既点明了"簪菊"的主题，又暗示出名士大夫外貌及穿戴上的典型特点，簪菊人已经将自己的精神风貌和审美品位完全与杜牧、陶潜等名士大夫融合为一，这是唯有"才自精明志自高"的探春才能想到、做到的。"三径露""九秋霜"不仅对仗工整，而且以所簪菊花带露含霜的外在特点，烘托映衬出菊花自身素洁高雅的特点，进而托物言志，表现了探春的脱俗气质与高洁志向。

尾联说"高情不入时人眼"，"不入时人眼"的既有爱菊如狂、品性高洁的杜牧、陶潜，亦有才志超群、不为世俗人所理解的簪花人。"拍手"句正常语序为"凭他拍手笑路傍"，此句更是表达了簪花人蔑视世俗偏见的放达傲岸的不俗气概。

此首《簪菊》写得傲岸磊落，眼界高远，气韵不俗，把精明干练的探春那平日间不常见的倜傥潇洒的魏晋名士风范都体现了出来，可谓是一首塑造人物形象的上乘之作。

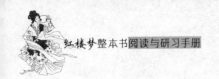
对菊

史湘云

别圃移来贵比金，　一丛浅淡一丛深。

萧疏篱畔科头坐[1]，清冷香中抱膝吟。

数去更无君傲世[2]，看来惟有我知音[3]。

秋光荏苒休辜负，　相对原宜惜寸阴。

【注释】

①科头：不戴帽子叫科头。这里指不拘礼法的样子，与下联"傲世"关合，取意于唐代诗人王维《与卢员外象过崔处士兴宗林亭》诗："科头箕踞长松下，白眼看他世上人。"

②傲世：菊不畏风霜，冒寒开放，有"傲霜枝"之称。

③知音：知己朋友。典出钟子期听伯牙弹琴能知其心意的故事。

【赏析】

在咏菊的系列组诗中，《对菊》的重点在于对菊花的欣赏，从菊花生长过程的角度来看可谓是正当其时，这份恰逢其时、珍视美好光阴的情怀正好符合史湘云虽身处困境却旷达乐观、疏朗豪放的天性。这首诗中，史湘云索性以男性主人公的身份来赏菊，一脱闺阁脂粉的偏狭拘谨。首联"别圃移来贵比金"写出此菊与众不同的来历，既表达了赏菊人对眼前之菊的珍重，又暗示了湘云自己"别圃"而来的身份。黛玉在贾府是身在异乡、寄人篱下，湘云又何尝不是？更可悲的是，湘云在贾府竟比本家本地要舒心安逸许多。就是面临这样的艰难处境，豪爽不羁的湘云并没有自伤自叹，而是倍加珍惜在大观园生活的时日。"一丛浅淡一丛深"既是写菊花被移来后迅速适应环境的从容自在，又是在象征赏菊人浅淡、深邃皆有的性格优点：湘云有女儿的敏感多情，珍重与园中众人相处的缘分；又有男儿的旷达豪放，心性开阔。

颔联并不紧承首联写菊的风华之姿，而是笔锋一转，写对菊痴赏之人。此次菊花诗会的新意本就在于人菊同在，甚至是花为宾，人为主。以"篱畔""清冷"写赏菊环境，表现的并非闺阁之态而是清幽野趣，借此烘托映衬出赏菊之人的潇洒，"科头坐""抱膝吟"是用动作上的细节描写，既写出了赏菊人由静坐而观到吟诵陶醉的痴赏姿态，又写出赏菊人不戴帽子、不正襟危坐的疏朗洒脱和不拘礼法的特点。这位别具特色的赏菊人不正是史湘云自身疏朗豪放、不拘礼法的个性写照吗？

颈联紧承"抱膝吟"，直写吟诵内容，此联方是菊之芳华的正面写真。但诗人言简意赅，遗形写神，直写其内在精神品质，暗合湘云直率豪爽的性情。"傲世"二字，加之"君"的称谓，使菊花象征的傲然独立、淡看尘俗、卓尔不群的美好品格赫然现于眼前,诗人对这种人格由衷的赞美与欣赏更是不言而喻。"惟有我知音"直抒胸臆,既抒发了诗人对于自己拥有与菊花一般傲世胸怀的自信,更抒发了诗人心中"知音世所稀"的孤寂。

尾联紧承赏花人与菊花知己相称的口吻,以秋光"休辜负","原宜惜寸阴"来勉励、劝慰彼此,珍惜这稍纵即逝的美好光阴,趁年华正好,彼此相惜,何不放任性情,豁达以待?湘云对菊花由衷地欣赏爱慕,这是她自我天性的自然流露、真我的无畏展现。

在此次菊花诗会中,大观园中的少女们充分利用菊花高洁、孤傲、清雅的气质品性,展现出了自身各自不同的魅力,这也正是红楼诗词独特的魅力所在,更是曹雪芹才情之所在。

(牛佳音撰,李江滨、包倩倩核对。本章注释参考自蔡义江《红楼梦诗词曲赋鉴赏》,中华书局)

拓展阅读

《红楼梦》包罗万象，内涵厚重深沉。因而对于《红楼梦》的解读自然也是言人人殊。鲁迅先生说："一部红楼，经学家看见《易》，道学家看到淫，才子看见缠绵……"那我们在《红楼梦》中看到了什么呢？青年男女的才情，官场中奸胥滑吏的弄权，市井中贩夫走卒的艰辛……在关注人物之余，我们还可以尝试从其他角度去探索红楼人物的生活情态，如匠作构造、服装饰物、节令风俗、对联匾额、花草植物、饮食医药……它们都可以帮助我们更立体多维地深入理解《红楼梦》。

本章以四个角度为例，通过助读文字或活动设计，对书中的典型片段以及专家学者的节选文章进行研读，试图为中学生呈现一个层次丰富和趣味盎然的红楼世界。

（张晶晶 撰）

《红楼梦》中的建筑文化

聊《红楼梦》中的建筑，我们是聊大木、小木、举架、斗拱、彩绘、开间这些建筑构造原理吗？不，那是建筑学家该做的事情。那作为文学阅读者的我们可以做些什么呢？我们应该如何以文学的方式进入《红楼梦》的建筑空间呢？

本节我们将循着曹雪芹笔下红楼人物的足迹去探查贾府的老老小小、主仆奴婢是如何在荣宁二府和大观园中过日子的。我们不仅可以了解到红楼建筑的中轴、左右、内外、上下这些"空间"之别，还将触碰到传统社会文化中亲属、奴仆制度的"位序原则"，宅院生活的真实面貌以及空间制度背后的文化意蕴。

推开三重门，看贾府内外

一说到《红楼梦》中的建筑，首先跃入我们脑海的就是荣宁二府和大观园了。作为《红楼梦》故事展开最为重要的布景，荣宁二府和大观园的各种相关描写、介绍自是费了曹雪芹不少笔墨。其中最出彩的，应是初入贾府的黛玉，以陌生而新鲜的视角，将荣宁二府的宅第真切地呈现在我们面前的那部分文字了。

【原文引读】

自上了轿，进入城中，便从纱窗向外瞧了一瞧，其街市之繁华，人烟之阜盛，自与别处不同。又行了半日，忽见街北蹲着两个大石狮子，三间兽头大门，门前列坐着十来个华冠丽服之人。正门却不开，只有东西两角门有人出入。正门之上有一匾，匾上大书"敕造宁国府"五个大字。黛玉想道：这是外祖之长房了。

（第三回《金陵城起复贾雨村　荣国府收养林黛玉》）

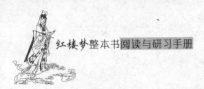
门口蹲着的两个大石狮子和三间"兽头大门"，曹雪芹只用寥寥数语，便已将宁国府的雍容气度勾勒了出来。这门，将深似海的宅院与繁华的街市、阜盛的人烟隔绝开来；这门虽不开，却已让黛玉心生敬畏之意。可为什么仅仅一扇"门"就足以让我们如此真切地感受到了庄严肃穆的氛围呢？"门"，这个我们司空见惯的建筑组成部分是否又携带着别样的社会文化意蕴呢？

这两个问题，还真有人想过。

【专家解读】

宁国府、荣国府是贾氏先祖宁、荣二国公在世时，官造留下给他们嫡系子孙的，依明律"其父祖有官身殁，非犯除名不叙，子孙许居原造房屋，不得以无官违式论"，清律"父祖有官身殁，虽曾经断罪者，其房仍许子孙居住"。事实上，房屋之外，其他车马、衣服等物也不禁止子孙及其家属使用。这些在生活享受上的特权，使得官吏的家属成为社会上一个特殊的生活群体。而府第、高墙、豪门自然亦成为一般百姓眼中敬畏羡妒之位势财富的象征了。

……大门，堪称整个府第对外极具象征性的部分了。所谓"侯门深似海"，除了门饰、间数制度之外，平常正门又不开，只留两旁东西角门出入，只有喜丧、年节或迎送高官时，才打开直通到底，更增加了神秘感及庄严气氛。譬如：第五十三回除夕祭宗祠，二府正门大开一路直到正堂，"两边阶下一色朱红大高照（庚辰本加一'灯'字），点的两条金龙一样"。两门间的街上也设着二府的仪仗执事乐器，来往行人皆不准过。第六十三回贾敬丧事，于宁府门前还起了鼓手棚、牌楼等。第七十五回尤氏由荣府返家，夜里省得套车，徒步过去时，两边的门子也把行人断住。这些事例都可见得二府正门甚至面临的街道，也都成为二府的外围领域，含蓄着威吓的意味。

府第其他的门尚有秦氏丧于会芳园围墙开了一门，起宣坛乐台（第十三回），尤二姐丧事停灵梨香院，临时开了对街一门（第六十九回）。这都是因为年轻媳妇、贱妾之丧不能由正门出灵所致，这也可见得正门的庄严性不容破坏。

（关华山《〈红楼梦〉中的建筑与园林》，百花文艺出版社）

在中国古代，礼仪制度是维系不同族群间关系的最有效途径。严格的等级制度推动了"门"的概念化意义的生成，也影响到了门的形制的固定性。

……另外，门的装饰和形制也可以昭示尊卑。二府的正大门是"黑油大门""三间兽头大门"。明清时期，皇宫正门漆正红色，公侯漆黑色；"兽头"指兽头样式的门环，是官宦富贵人家的标志。门的开扇数目也是身份的标志，荣国公、宁国公为世系公爵，正门的三间开扇符合礼制规定；宁、荣二府中，级别门制最高的是贾氏宗祠和大观园园门，都是五间开扇，初代宁国公和荣国公战功显著，有先皇御笔题字，五间门的制式符合规定；元妃是皇族成员，大观园的建成就是为其省亲而设，故而也是五间大门。

门可以体现尊卑秩序，门的开合与人的通过自然可以更加形象地说明。贾府正门只有遇到重大的事件才会打开，例如元妃省亲、贾氏祭祖等，平时都由正门旁的角门通行。《红楼梦》中还有许多走"后门"的例子，如第六回中刘姥姥是从后门寻了周瑞家的，才有了拜见凤姐的机会；第十二回中贾瑞被贾蓉、贾蔷羞辱后只得从后门回家；第十九回中宝玉从袭人家回来，为了避人耳目，从后门入园。走"后门"，要悄无声息，与走正门的光明气象截然不同，由此折射出的人物地位、心理也迥乎不同。

（陈梦盈《浅析〈红楼梦〉中的"门"对于文本叙事的作用》，长春师范大学学报，2016年）

原来这"门"，不只是一扇门，还是彰显家族财势的一张名片。它正在委婉地告诉读者这门内的大宅生活高贵不可侵犯。府门、高墙围起了一个有父子有"君臣"的小型"家国"，也让府外的世界对府内的生活充满了无尽的想象。

推开这扇"府门"，我们还会看到一道道"院门""仪门"，内外上下，井然有序。在严格区隔着生活界限的同时，这些门似乎也彰显了某种制度的力量：可以做什么，不可以做什么，什么事情只有你能做而他不可以……似乎都已经被规定得明明白白了。这一道道"门"究竟构建起了哪些分别呢？

【专家解读】

因为正院进数多，大门之内尚有一层仪门。三门之内称"内闱"，是主人的卧房起居区，女人们平日活动的区域。通常，花园也属内闱，提供主人、女人们休闲最佳之地。三门之外才是男主人平日对外活动的区域，有各层厅迎宾宴客，有书房供男主人平常与清客、管家人起坐闲谈、商量家事，平时此门都有男主人的小厮在此守候传话。

只有某些特殊状况，外面的男人才能进入内闱，譬如：医生进来看病，贾赦叫进奴仆金文翔问话（第四十六回）；大观园盖好，又要请花匠进来种些树，凤姐吩咐园内各女眷严紧些，还用帷幕一溜围起花匠工作的地方（第二十四回）。即使贾珍自己回上房，因为入三门走得急，里面近亲堂客内眷在座，听"有人报说大爷进来了，吓得众婆娘唿的一声往后藏之不迭"（第十三回）。贾政怒打宝玉一节，王夫人得了信，"只得忙穿衣出来，也不顾有人没人，忙忙赶往书房中来，慌得众门客小厮等避之不及"，也是同样的情形，显示了三门分内外男女的性质。

其实此门除了分内外，还有上下之分的意味，最明显的是第十一回的贾母生日，

在正堂开宴，奴仆们从此门跪至大厅磕头拜寿。此门同时也是奴婢等位的界限：金钏犯错被逐出内闱；第六十一回凤姐命将柳家的撵出去，打四十板，不许再进此门；第五十五回还提到下人试探李纨、探春办事如何，一出此门，便编出许多笑话来取笑，这些都是例子。

（关华山《〈红楼梦〉中的建筑与园林》，百花文艺出版社）

穿过这一道道门，想必你已经朦胧地感受到这其中的门道了。门里门外也好，还是屏风、床帐、窗子的这头那头，甚至是各人在室内该坐炕沿、椅子还是脚踏，这些建筑部件所区隔出来的"上上下下""里里外外"的不同尺度层次的空间，都符合贾府的生活基调，合乎每个人贵贱、尊卑、长幼、亲疏、男女的"位分"。建筑，甚至是家具，都制约着行走其间之人的行为、意识，而建筑本身的格局也呈现着这种意识的基调。

走进一座园，看红楼世界

通过上一小节的拓展阅读，我们理解了曹雪芹用"门里门外"构建起来的文化空间的社会意蕴。可当我们用这套说辞试图解释大观园的时候，却发现它似乎失灵了。不同于荣宁二府宅第的规整、严谨、"位序"分明，我们从平面图上一眼便可以看出大观园的随性、恣意、富于变化，曹雪芹笔下的"文笔园林"更是不乏腾跃的想象，这是平面图所无法呈现的意蕴空间。

为什么曹雪芹要使用这两类特点和意境截然不同的建筑来构成他完整的红楼景观呢？这种"住宅+园林"的套餐搭配也并不是曹雪芹的首创，它有着更为悠长的历史。那"住宅"和"园林"是否也在漫长的历史演进中具有了文化符号的功能，它们各自又对应着怎样的文化图式呢？我们来看看建筑史学家是怎么说的。

【专家解读】

人类建筑，有两个目的：其一为生活所必需，其一为娱乐所主动。就我国历史而言，其因形式而分类者，如平屋，乃生活所必须也；如台楼阁亭等，乃娱乐之设备也。其因用途而分类者，如城市宫室等，乃生活所必需也；如苑囿园林，乃娱乐之设备也。……中国文化，至周代八百年间而极盛，人为之势力，向各方面发展，大之如政治学问，小之至衣服器具，莫不由含混而分明，由杂乱而整齐。而生息于此世界者，长久缚束于规矩准绳之内，积久亦遂生厌，故春秋战国之际，老庄之学说，已有菲薄人为返求自然之势，人之居处，由宫室而变化至于园林，亦即人为之极转而求安慰于自然也。

（乐嘉藻《中国建筑史》第二编"苑囿园林"，贵州人民出版社）

在一座中国房屋中，花园以及人工景色是基于与所有建筑根本不相同的原则。我们曾经指出过中国的思想受到儒家和道家的双重影响。这种相反的二重性清楚地表现在中国房屋和中国花园以及它们的扩大，城市和园林之间互相对立、互为补充的关系上。房屋和城市由儒家的意念所形成：规则、对称、直线条、等级森严条理分明，重视传统的一种人为的形制。花园和风景由典型的道家观念所构成：不规则的、非对称的、曲线的、起伏和曲折的形状，对自然本来的种种神秘的、本源的、深远和持续的感受。即使规模不大，中国的园林都在追求唤起对原始自然的联想，以由此而引导出来的原则来模塑园林的风格：避免笔直的、一览无遗的园径和视线，无论何处都要使之望之不尽，尽量不致千篇一律：制造假山和起伏的地形，放置石块以及经常引入流水。园林成为一种成功的事物，它就是游山玩水经验的反映和模拟的创作。当人置身其境时有如在最荒寒的山水画中，其间差不多常常都有一些人物、茅舍、山径和小桥。建筑和自然之间是没有被分割开来的。中国的园林较之欧洲的有更多的建筑元素，这种合而为一的东西是中国传统上的一种伟大的成就。

（World Architecture, An Illustrated History. Paul Hamlyn. 转引自：李允鉌
《华夏意匠　中国古典建筑设计原理分析》，天津大学出版社）

乐嘉藻和Paul Hamlyn都不约而同地提到了住宅和园林建筑与儒、道文化的牵连。位序分明的传统住宅遵循着儒家的仪礼规范，因地相宜的园林设计却处处透现着道家"法自然"的意味。这个说法是符合我们对中国传统文化的体认的，但似乎又不够精到，"宅"与"园"，"儒"与"道"，好像并不是如此的泾渭分明，我们虽能敏锐地感受到二者相对独立的性格，但同时也清晰地体受到了"儒""道"调和统一的美学意蕴。那么"儒"与"道"在建筑史中是如何合流的？这个问题可能就要从建筑历史的基础谈起了。

【专家解读】

我国以四合院为基本单元的传统宅第，其雏形可以目前发掘的最早一座宫室建筑遗址为代表。这个遗址位于河南堰师二里头，推测为晚夏早商的建筑。大致上它该是栋长方形宫室，外围一圈廊道。值得注意的是：多处遗址的柱础与台基下，发现了人、兽骨等，这些很可能是牺牲，是基于原始信仰，宫室"奠基""定位"的方法之一。

至于《考工记》记述周代明堂，以及后来汉代出现的大夫士堂图，这些记录不仅显示了儒家礼仪已出现在我国宅第居住空间的功能分划上，还出现了阴阳五行、

节令天象等符号与地理方向配合的说法。笔者臆测，很可能这些想法接续了上述殉葬奠基的神秘信仰，并由儒家提倡厚葬的助长，进而发展出后来讲求阴阳宅的风水说。

民宅的设计与营造包含了相当多的风水与民间信仰、禁忌的观念。当然，儒家的位序观念在空间设计与使用上也占了相当分量。可以说这几种观念相辅相成，指导了传统宅第空间的成形与使用方式，服务了国人的终极价值观——传宗接代。

至于园林，我国周朝的灵台、灵沼，秦的上林苑，汉的太液池，一开始就是帝王好大喜功的结果。这些苑囿就像今日的动植物园，收罗奇花异草、珍禽异兽，还假造些海上仙山，作为帝王游赏、打猎，追求享乐、期希长生不老的境地。

演至魏晋南北朝，由于世局混乱，不少知识分子往山川求超脱，他们逃向了老庄、佛法与儒家相结合的玄学，化身形逍遥于自然万物之间。由汉代发轫的私家园林此时转为官僚、士大夫理想化、牧歌化的庄园。继而又出现了道观园林。东晋北魏更因佛法弘扬，兴建寺塔都选择坐落于名山大川间，好让僧、道远离人世，清静参禅、修炼。这种状况到宋更进一步促成僧道释三教混合的宗教圣地的出现，像五台、峨眉、九华、普陀山。另一方面，私家园林则随山水画的兴起，成为仕绅文人市隐的后园，他们希望在城市生活时仍能享受自然之趣，开了明清私园的先河。

（关华山《〈红楼梦〉中的建筑与园林》，百花文艺出版社）

按照关华山的说法，宅院脱胎于宫室的原型，园林则是帝王皇族显示权势、追求享乐的所在。无论住宅还是园林，似乎都与权、势有着或隐或显的牵连。只不过传统宅第更多地承袭了礼仪和原始信仰的部分，所以会更讲求位序井然，讲究风水吉凶。但是随着时光的流转，不断更新的儒家思想虽然依旧"重人世"，却也不会完全地"略自然"了。汉代董仲舒"天人合一"的说法就把阴阳思想纳入了儒家思想体系；宋明理学又引入了佛教、道教思想，这不仅新写了儒家的宇宙观，也在某种程度上为"风水"做了辩护。同时，从原始牺牲信仰发展而来的民间信仰继承了趋吉避凶的祈愿文化，而住宅又必然身处自然。因此，求风水得吉利也就是自然而然的事情了。

如此看来，风水住宅对于自然的态度似乎是有些功利的：强调利用，强调目的。相较之下，佛家、道家对于自然的态度显得更亲切一些：强调尊重，强调欣赏。所以在儒家与政治紧密结合的年代，中国传统知识分子如果想要摆脱现实人世的牵绊，就会选择遁入佛道或者艺术领域。园林所携带的文人气、风骨或禅意，自然成为了这些知识分子心向往之的好去处。

【表格示例】

	传统宅第	园林
源起	帝王财势、礼仪、享乐、原始信仰	
观念	享乐	成仙
	儒家礼仪	佛、道宇宙观
	风水、民间信仰	文人、艺术修养
设计手法	规则、对称、直线条、等级森严、条理分明	不规则的、非对称的、曲线的、起伏和曲折的形状
美学性质	端庄、明朗、秩序、理性、无私密性	幽深、朴素、自由、自在、感性、私密性
功用	生活/必需品	游赏/奢侈品

具体到《红楼梦》中，荣宁二府（传统宅第）和大观园（园林）是如何实现对照的呢？从20世纪20年代以来，许多学者对《红楼梦》的建筑地点进行了考证，提出了多种猜想：胡适——随园说、俞平伯——北主南从说、周汝昌——恭王府说、周冠华——自怡园说、赵冈——江宁织造署说……不过，我们需要明确的是，《红楼梦》毕竟是小说，因此，小说中的场景不可避免地需要具有为文学服务的功能。尽管《红楼梦》描写的传统宅第及其内部生活大致上是符合当时社会现实的，可以当成宽泛意义上的"实写"；不过大观园的形态则可能更有"文笔园林"的意味，虽然大观园中的人情世故也属于社会写实，园中的一些风光是曹雪芹从自己的游览经验中嫁接加工而来的。这可能就是陈从周所说的"《红楼梦》大观园假中有真，真中有假，是虚构，亦有作者曾见之实物，是实物，又有参与作者之虚构。其迷惑读者正在此"。

那为什么曹雪芹在描摹大观园时毫不吝惜自己的想象力，却在书写荣宁二府时收敛起了自己的想象呢？他又是如何将大观园的想象编织得合情合理，使人不知不觉融入情境共鸣的呢？

【专家解读】

园林的性质比宅第更近于艺术，也因此园林布景更可以供小说作者驰骋想象。《红楼梦》的小说结构有两大脉络：一是家族兴衰，另一是宝玉心性之旅。家族兴衰的脉络与府第的场景关系最直接，宝玉心性之旅的"园地"则由大观园来成就。

曹雪芹深知贾府有相当必要的理由来盖这个"大观园"：一方面它要销损贾府钱财，另一方面要为宝玉预设探索之园。大观园的虚构由此而出。

在大观园中，不仅各钗的生活空间扩大了，而且私密性增加了。这些在依礼制定

规空间与生活方式的宅第是很难得的。因为传统宅第的房子里外之门，通常是不关的，除非要睡觉了。而且所有的主子都有奴婢、小厮"贴身"侍候。这两项加起来，个人私密性就难得了。

为什么传统宅第会没有确实的个人私密的空间呢？因为没有个人空间，就很难培养出有个性的人。儒家思想的确不在培养"独立的个人"，它期望造就一个典范：君子，能在五伦关系中好好做人的君子。人活着，重点不在自己，而在与别人的关系上，能企及"仁"的理想境界。既然没有"个人"，当然，反映位序观念的传统宅第不必提供实质的个人私密空间，而是应用许多暗示如门帘、门槛、屏风等，来引发人"依礼举止"，希望由人的参与，也就是修养，来达成"非礼勿听，非礼勿视，非礼勿动"的私密。

然而，在儒教的大轨迹里，如果一个人不能修身至"君子"，大概只有往卑下做"小人"的路子走了，所谓大凶大恶由此出焉。而在读书人的仕途上，理想是君子修身治国平天下，现实里，多的却是听命木讷以及钻营功名利禄两类人了。小说的主人翁宝玉对于前者没有兴趣，对追求名禄更是不齿，唯一的出路只有展开个人心性的探索，尝试去寻找一些终极的目的与价值。很自然的，此项探索在位序严谨的宅第是无法展开的，府内的园子才可以担负起这个责任。

（关华山《〈红楼梦〉中的建筑与园林》，百花文艺出版社）

不齿追求功名，从儒家正统出逃的宝玉，跃入了大观园去展开自我心性的探索，这样的安排不禁令我们回想到之前所讲的我国宅第与园林分别牵连的佛道思想。曹雪芹透过宝玉，或许对人生多少表达了一项可能的看法：人间生老病死，儒家的一套思想与礼制是没办法——解除的，甚或反倒增添了许多不必要的苦痛，而最后的出路仍旧归之于佛道思想。

（谭璿 撰）

《红楼梦》中的节日风俗

节日之于中国人，向来是隆重的，充满人情味儿的。《红楼梦》被众多学者称为封建社会的百科全书，其中的故事，跨度八年，涉及很多节日和风俗，详加考究，可帮助读者深入理解人物性格、情节发展以及社会背景，更能见出中华风俗之传承和变迁，以及中华文化生命力之顽强。

限于篇幅，下面选取几个节日，做一番红楼风俗"小观"。

☁ 怎样过年

在古代，春节究竟有多长？有说二十多天的，也有说一个多月的。在我国大部分区域，腊月二十三（或二十四）为"小年"，古人要祭灶。之后的除夕和大年初一最为隆重，到元宵节过后，年味渐消，等到阴历二月二的春耕节，就该筹备农事了。

那么，作为名门望族的贾家，过年是番什么场景呢？检阅全书，第五十三回和五十四回，是贾家春节的集中呈现，而其他回目也有零星涉及。

第五十三回写道："当下已是腊月，离年日近，王夫人与凤姐治办年事。"可见，对于大富之家，一到腊月，过年事宜就提上日程了。论及过年这一盛大节日，序幕当属腊八。"小孩小孩你别馋，过了腊八就是年"，这首歌谣至今仍在流传。《红楼梦》第十九回中提到腊八粥，学者胡晓明对此曾有分析。

【专家解读】

节令粥是民间传统的一种，以腊八粥最为著名。相传腊月初八为佛祖释迦牟尼成道之日，佛家以香谷果实造粥供奉，因这种粥味道香甜可口，随着佛教的传播，后来广泛流传于民间，年岁渐久便相沿成习。到明朝，腊八粥成了皇上赏赐王公大臣的节令佳品。到清朝，宫廷还有隆重的做腊八粥的仪式，有大臣亲临现场监督，率雍和宫的僧人掌锅。粥成后，还要先祭神，再分发。第十九回里，宝玉杜撰了耗子精煮腊八粥的故事。他讲的腊八粥里除米豆外，还有红枣、粟子、落花生、菱角、香芋……

（胡晓明《红楼梦与中国传统文化》，武汉测绘科技大学出版社）

直到今天，此节令仍被重视，撇开私人不说，一些寺庙会在腊八节前后施粥，如北京的雍和宫、成都的文殊院等，很多人宁愿花上一两个小时排长队，也要去感受一下这热哄哄的仪式，喝一碗热腾腾的腊八粥。

腊八后半月，就是"小年"，流行较广的一个民谣版本为："二十三，祭灶官（也有

说"糖瓜粘");二十四,扫房子……"中国疆域广大,风俗各异,过小年的时间略有不同,但都会在小年祭灶、扫尘、吃灶糖。祭灶与中国民间多神信仰中的灶王爷崇拜有紧密关系。人们认为灶王爷要在小年那天上天庭,向玉帝汇报各家各户这一年的行为,因此百姓就用甜品等祭祀,希望灶王爷汇报时嘴巴"甜"一点。

【专家解读】

《红楼梦》中没有具体细写祭灶的事,只在腊月廿九日晚间的描述中道:"那晚各处佛堂、灶王前焚香上供。"二十三或二十四,祭灶是灶王上天,所以联语写"上天言好事,回宫降吉祥"。除夜迎神,再接新灶王回来。买一纸龛、一木板印彩色尺许高灶王像,谓之"灶马",贴于灶前,贴近一年,二十三祭灶时取下焚化。像作白面三捋髯官帽红圆领(明代官服),并作男女像,俗谓灶王爷、灶王奶奶,且谓姓赵,亦十分奇怪。

(邓云乡《红楼风俗谭》,中华书局)

祭祖是过年的一件大事,盖因由血缘而形成的祖先崇拜和家族制,是中国古代社会精神和社会结构的重要支撑。按风俗,一般由男性主祭,《红楼梦》中贾府祭祖时即是如此。

【原文引读】

里边香烛辉煌,锦幛绣幕,虽列着神主,却看不真切。只见贾府诸人分昭穆排班立定:贾敬主祭,贾赦陪祭,贾珍献爵,贾琏、贾琮献帛,宝玉捧香,贾菖、贾菱展拜毯,守焚池。青衣乐奏,三献爵,拜兴毕,焚帛奠酒。礼毕,乐止,退出。众人围随着贾母至正堂上,影前锦幔高挂,彩屏张护,香烛辉煌。上面正居中悬着宁荣二祖遗像,皆是披蟒腰玉,两边还有几轴列祖遗影。

贾荇、贾芷等从内仪门挨次列站,直到正堂廊下;槛外方是贾敬、贾赦;槛内是各女眷;众家人小厮皆在仪门之外。每一道菜至,传至仪门,贾荇、贾芷等接了,按次传至阶上贾敬手中。贾蓉系长房长孙,独他随女眷在槛内。每贾敬捧菜至,传于贾蓉,贾蓉便传于他妻子,又传于凤姐、尤氏诸人,直传至供桌前,方传于王夫人。王夫人传于贾母,贾母方捧放在桌上。邢夫人在供桌之西,东向立,同贾母供放。直至将菜饭、汤点、酒茶传完,贾蓉方退出下阶,归入贾芹阶位之首。凡从文旁之名者,贾敬为首,下则从玉者,贾珍为首,再下从草头者,贾蓉为首,左昭右穆,男东女西。俟贾母拈香下拜,众人方一齐跪下。将五间大厅,三间抱厦,内外廊檐,阶上阶下,两丹墀内,花团锦簇,塞的无一隙空地。鸦雀无闻,只听铿锵叮当,金铃玉佩微微摇曳之声,并起跪靴履飒沓之响。

(第五十三回《宁国府除夕祭宗祠 荣国府元宵开夜宴》)

这场祭祀仪式，谁主祭，谁陪祭，谁献帛，谁捧香，仪门内外、槛内槛外该站哪些人，传菜次序等，有条不紊，秩序井然，礼文化的等级森严，让人印象深刻。

贴春联也是过年的典型仪式。与此相关的最著名的古诗，要属王安石的那首《元日》了："爆竹声中一岁除，春风送暖入屠苏。千门万户曈曈日，总把新桃换旧符。"《红楼梦》中，贾府的对联是腊月二十九贴的，且荣宁两府都换了门神、联对、挂牌，新油了桃符，焕然一新。

俗话说"过年过在嘴上"，贾府的年夜饭叫"合欢宴"，宴上有屠苏酒、合欢汤、吉祥果、如意糕等。年夜饭之前，要先祭祖，贾府将菜饭汤点酒茶传至祠堂，贾母拈香，率族人拜祖。然后荣宁两府上下都来向贾母行礼，宁国府的尤氏早早准备好了针线礼物及压岁钱。贾母在除夕夜散发压岁钱、荷包、金银锞等。过年讲究新，贾府上下都着新衣，"打扮得花团锦簇"。晚上守岁，大观园人声嘈杂，灯火通明，爆竹声声不断，迎来新的一年。

大年初一，万象更新，这天主要是拜年、玩耍。而贾府在五更时，由贾母等人进宫朝贺，吃过酒宴回来又去宁国府祭祖。接着就是互相贺年，招待来府贺节的人，贾母将应酬交给晚辈，自己和薛姨妈李婶谈家常，小辈们则赶围棋、抹牌作戏取乐。

关于贾府里赶围棋这一娱乐项目，有学者做过研究。

【专家解读】

"赶围棋"在第十九回、第二十回都写到过，前面也引过，全称应是"掷骰子，赶围棋"，即先扔骰子，再走围棋子，两粒骰子同时掷，最大十二点，即"双陆"，最小两点，即"对么"。点大，围棋子即走在前面……前后你追我赶……后面的输钱，是一种赌注不大、输赢不大的游戏。虽是赌博，亦如游戏……不过斗牌（即"斗叶子"）只限四人同玩，而掷骰子、赶围棋二三人、五六人都可玩，更热闹。不过小赌也是赌，便有输有赢，便要动情绪，赢了便喜，输了便急，颇能显示人品。第二十回写晴雯道"等我捞回本儿再说。说着，一径去了"等语，颇能传神，写出晴雯性格。后面写贾环为输几个钱而发急赖账，亦可见贾环之猥贱神态。

（邓云乡《红楼风俗谭》，中华书局）

赌博和游戏，皆能凸显人品，且都具有致瘾性。虽说小赌能怡情，增添生活乐趣，但不加节制就会赌瘾变大，害处颇多，诸如荒废学业、耽误生计、负债累累、偷窃财物等，读者不可不慎。

进入正月后，第一个月圆之夜是正月十五，因此叫元宵节，又称上元佳节，此夜放花灯，也称"灯节"。汉代时就有开放三天宵禁的规定，《西都杂记》也记载："西

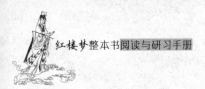

都京市街衢，有金吾晓暝传呼，以禁夜行。惟正月十五日夜，敕许金吾弛禁前后各一日。"像2019年热播剧《长安十二时辰》中的唐都长安，就因上元佳节赏灯而有三个晚上的"夜生活自由"。

《红楼梦》中写元宵节多达三次，盖过众多节日，且每次都有事端发生。第一回中写元宵节，英莲去看花灯走丢了，悲凉气息扑面而来，开启了甄士隐和英莲的悲惨命运。第二次是元妃省亲，这是书中写元宵节最奢侈豪华的一次。

【原文引读】

只见清流一带，势若游龙，两边石栏上，皆系水晶玻璃各色风灯，点的如银花雪浪；上面柳杏诸树虽无花叶，然皆用通草、绸绫、纸绢依势作成，粘于枝上的，每一株悬灯数盏；更兼池中荷荇凫鹭之属，亦皆系螺蚌羽毛之类作就的。诸灯上下争辉，真系玻璃世界，珠宝乾坤。

（第十七、十八回《大观园试才题对额 荣国府归省庆元宵》）

元妃省亲写出了贾府权势富贵的如日中天。而第三次写元宵节，集中在第五十三、五十四回，是庞大的群像描写，热闹非凡，但却以王熙凤的一个笑话和放炮仗作结。有学者指出，炮仗乃"一散之物"，如此作结，隐含"物极必反"的败落前景。

试看专家对这三次元宵节描写的分析。

【专家解读】

我们可以发现，每次描写都不仅实写了节日，而且为以后埋下了伏笔，提供了线索，留有读者回味的充分余地……第一次描写时，有癞头跛脚僧要化英莲，被士隐拒绝。其时那僧口念四句言词，有"好防佳节元宵后，便是烟消火灭时"……第二次则借元春点戏——《豪宴》《乞巧》《仙缘》《离魂》——暗示出贾府和主要人物的命运。脂砚斋批语中有：《豪宴》伏贾家之败，《乞巧》伏元妃之死，《仙缘》伏甄宝玉送玉，《离魂》伏黛玉死，"所点之戏剧伏四事，乃通部书之大关节、大关键"。这也符合中国小说对戏文运用的传统写法。第三次在凤姐讲的故事中，有"咱们也该'聋子放炮仗——散了'罢"的俗语。虽然使大家笑得前仰后合，引出了放烟花炮仗来，但从整个情节来看，却是表现贾家从此走向衰败的深层内容。……元宵节是紧接着春节的大节日，以娱乐性为突出的重点，给人以愉快的享受。可是曹雪芹偏偏选择这个愉快的节日，描绘了沉重的内容，表面上的轰轰烈烈太平幸福，到底掩饰不住贾府"百足之虫，死而不僵"的颓败之势。对比反差之大，写出了作者沥血的情怀。

（胡晓明《红楼梦与中国传统文化》，武汉测绘科技大学出版社）

贾府的新年跨度长,除了前面所述,还有很多风俗,到今天仍流行,比如学校(古代为私塾、学馆)要"放年学"。此外,还有很多禁忌文化。这与《易经》中"趋吉避凶"的思维意识有关。比如过年不动针,不能说"死"等不吉利的话,更不能哭。类似的新年禁忌文化,还有正月不动土,大年初一不能被喊名字催起床,早上病人不吃药,初一闺女不回娘家等。

第二十回写道:"彼时正月内,学房中放年学,闺阁中忌针,却都是闲时。"散落在各回的对话中,也有对上述禁忌的部分反映:

> 宝玉训贾环:"大正月里哭什么?"

> 凤姐训赵姨娘:"大正月又怎么了?环兄弟小孩子家,一半点儿错了,你只教导他,说这些淡话作什么!"

> 宝玉劝黛玉:"何苦来,大正月里,死了活了的。"

> 宝玉说:"我倒是为你,反为出不是来了。我要有外心,立刻就化成灰,叫万人践踏!"湘云回:"大正月里,少信嘴胡说。"

> 袭人见这话不是往日的口吻,因又笑道:"这是怎么说?好好的大正月里,娘儿们姊妹们都喜喜欢欢的,你又怎么这个形景了?"

【想一想】

比较一下贾府的春节和我们自己的春节,你觉得有哪些"年味"是我们需要重新拾起的,为什么?

你怎么看待中国的禁忌文化?

怎样过端午

农历五月初五为端午节。在讲《红楼梦》中端午风俗前,先来看看这一节日的缘起。

据考证,"端午"之名始见于晋代的《风土记》。农历以地支纪月,正月建寅,为寅月,二月为卯月,顺次至五月,为午月;端午的"端"与"初"的意思相同,"端午"犹如说"初五";五月五日,月、日都是五,故称重五,也称重午。

端午是节,但称不上是好日子。南北朝宗懔的《荆楚岁时记》说:"五月俗称恶月,多禁忌曝床荐席及盖屋。"古人认为端午为五毒尽出之日,尤需"祛病防疫"。对付恶月毒日,中国人有万物相生相克的古老信仰。《吕氏春秋》中《仲夏记》一章规定人们在五月要禁欲、斋戒。《夏小正》中写道:"此日蓄药,以蠲除毒气。"蓄药即采集草药,这可能是端午节最古老的习俗。这一点从民间谚语也可佐证,江浙有"五毒醒,

不安宁"，北京有"癞蛤蟆躲不过五月五"，温州有"家有三千艾，郎中不用来"……

【专家解读】

东汉应劭在《风俗通义》中记载："五月五日，赐五色续命丝，俗说以益人命。"《荆楚岁时记》中记载："以五彩丝系臂，名曰辟兵，令人不病瘟。"清人顾禄的《清嘉录·五月·长寿线》中也有记载："结五色丝为索，系小儿之臂，男左、女右，谓之长寿线。"用兰汤洗浴是端午节的一大习俗。汉代的《大戴礼记》中记载："午日以兰汤沐浴。"这里的兰非兰花，而是指属菊科的佩兰。佩兰香浓，又名鸡骨香，水香。以全草入药，有解热清暑、化湿健胃、止呕的作用，可煎水沐浴。到明代的《五杂俎》出现这样的记载："兰汤不可得，则以午时取无色草拂而浴之。"因佩兰难寻，所以此风俗发展至今，渐渐演变成用菖蒲、艾草煎水沐浴。

（王臣《岁时书——古诗词里的中国节日》，化学工业出版社）

简单讲，端午风俗本是为了驱邪避毒。而流传至今最普遍的莫过于挂菖蒲、艾叶，俗言有"清明插柳，端午插艾"一说。至于赛龙舟、薰苍术白芷、喝雄黄酒，如今已不太普遍了，给小孩子手脚系五色线，或弄个香囊挂身上的风俗也变小众了。

那《红楼梦》中的端午是怎么过的呢？

第二十四回中，贾芸为在贾府谋一份差事，借了银子，在端午这天以高价买了冰片、麝香去孝敬凤姐。贾府过端午，要采买大量香料药饵，贾芸这时送上这些冰片、麝香很是恰当，因此谋得了一个监种花木的差事。

而元春的端午节礼，更是显示了富贵人家对端午节的重视。

【原文引读】

"昨儿贵妃打发夏太监出来，送了一百二十两银子，叫在清虚观初一到初三打三天平安醮，唱戏献供，叫珍大爷领着众位爷们跪香拜佛呢。还有端午儿的节礼也赏了。"说着命小丫头子来，将昨日所赐之物取了出来，只见上等宫扇两柄、红麝香珠二串、凤尾罗二端、芙蓉簟一领。宝玉见了，喜不自胜，问："别人的也都是这个？"袭人道："老太太的多着一个香如意、一个玛瑙枕。太太、老爷、姨太太的只多着一个如意。你的同宝姑娘的一样。林姑娘同二姑娘、三姑娘、四姑娘只单有扇子同数珠儿，别人都没了。大奶奶、二奶奶他两个是每人两匹纱，两匹罗，两个香袋，两个锭子药。"

（第二十八回《蒋玉菡情赠茜香罗 薛宝钗羞笼红麝串》）

节礼中的香囊，一般内装朱砂、雄黄、香药等，用来避邪驱瘟。小孩子免疫力差，在端午节佩戴香囊很常见。而古代的青年男女，一般也会在端午节制作香囊并相互赠送。

元春的节礼中，每人都有两柄上等宫扇，两串红麝香珠。这宫扇，既是身份的象征，更是避暑神器，从这里可见端午赠扇曾十分流行。而红麝香珠是用麝香加上其他配料做成的红色念珠儿，也是为了避毒。

值得注意的是，元春送给大家的节礼，宝玉和宝钗的一样，这值得玩味。节礼之外，元春还送了一百二十两银子，叫在清虚观初一到初三打三天平安醮，贾母亲自去清虚观拈香。

"打平安醮"是种什么操作呢？"醮"按古义乃祭祀之意，据《红楼风俗谭》一书考证，《仪礼》中"若不醴，则醮用酒"是典籍中"醮"字的最早记载，汉魏道教盛行之后，"醮"逐渐成为道教特殊祭祀典礼的专用名词了。

而从端午节礼到这次打醮，元春、贾母、王夫人对宝黛婚事的态度表露了出来。试看专家分析。

【专家解读】

再是张道士提亲，引出贾母为宝玉择配的原则。清虚观的张道士当日是荣国公的替身，曾经先皇御口呼为"大幻仙人"，如今现掌"道录司"印，又被当今封为"终了真人"。因此，他不仅陪来打醮的贾母谈话叙旧，而且还想着哥儿也该寻亲事了，谈起"模样儿聪明智慧，根基家当，倒也配的过"的一位小姐。虽然未说名姓，但以林、薛论之，当属黛玉无疑。因林如海探花出身又官至巡盐御史，不仅是钟鼎之家，而且是书香之族……而薛家只系皇商，虽有百万之富，却无官宦之贵，商为市、农、工之末，难说根基相配。而贾母的择配原则却只有一句话，"模样性格儿难得好的"。这表示贾母不像元春已暗示选择了宝钗。而当其后贾母得知宝玉砸玉、黛玉剪玉上的穗子而生气后，说了"不是冤家不聚头"的俗语。"冤家"在古代戏曲、小说中是专指情人的，《红楼梦》中也是这样用的。第二十八回云儿唱的曲中就有"两个冤家，都难丢下"的句子。这里隐隐显示贾母还是对黛玉更有意思一些。

（胡晓明《红楼梦与中国传统文化》，武汉测绘科技大学出版社）

此外，曹雪芹以简练的笔法简述了端午节的其他风俗，"这日正是端阳佳节，蒲艾簪门，虎符系臂"。蒲艾即菖蒲、艾草，香味浓烈，挂在门楣上意在祛毒辟邪。虎符原是古代调兵的虎形信物，此处的"虎符系臂"是指用绫罗布帛制成小老虎形状，跟挂香囊一样，祈求消灾避恶。

第三十一回，林黛玉笑道："大节下怎么好好的哭起来？难道是为争粽子吃争恼了不成？"可见贾府端午要吃粽子，什么馅却不得而知。王夫人还治了酒席，请薛家母女等赏午（饮雄黄酒、艾叶酒等统称为赏午），只是大家各有心事在，坐了一会儿

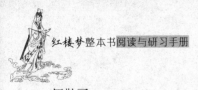

便散了。

古代端午风俗中，还有斗草游戏。《荆楚岁时记》中记载："四民并踏百草，又有斗百草之戏。"这里的斗百草，《红楼梦》中有两次提及，上至大观园中的宝玉和众姐妹，下到梨芳院中的戏子，都喜欢玩这种游戏。

【原文引读】

外面小螺和香菱、芳官、蕊官、藕官、荳官等四五个人，都满园中顽了一回，大家采了些花草来兜着，坐在花草堆中斗草。这一个说："我有观音柳。"那一个说："我有罗汉松。"那一个又说："我有君子竹。"这一个又说："我有美人蕉。"这个又说："我有星星翠。"那个又说："我有月月红。"这个又说："我有《牡丹亭》上的牡丹花。"那个又说："我有《琵琶记》里的枇杷果。"荳官便说："我有姐妹花。"众人没了，香菱便说："我有夫妻蕙。"

（第六十二回《憨湘云醉眠芍药茵　呆香菱情解石榴裙》）

时移世异，古人的这种游戏，对今天的读者来讲，已极为陌生了。来看看专家从风俗学所做的考证。

【专家解读】

"斗草"是我国很古老的游戏了。晋人宗懔《荆楚岁时记》说："五月五日，市民并赐百草，又有斗草之戏。"《事物纪原》中引此数句时，并云："竞采百药，谓百草以蠲除毒气，故世有斗草之戏。"宋人龚明之《中吴纪闻》中说："吴王和西施当年曾作斗草之戏，故刘禹锡诗有'若共吴王斗百草，不如应是欠西施'句。"宋人周密《武林旧事》中所辑"张约摘赏心乐事"篇中，有"四月孟春，芳草亭斗草"一条，均可见这种游戏在我国流传是很久远，而且是由"采百药"开始的。它有认识自然、提高知识、创造科学的积极意义，虽然是一种小小的游戏，但与民族文化的发展也是大有关系的。宋以后，斗草普遍是女孩子们的游戏了。

（邓云乡《红楼识小录》，山西人民出版社）

【想一想】

元春送端午节礼的礼单传递了什么信息？为什么贾母此时连平常的家宴都懒得参加，却要亲自去打醮？提亲这事是有人授意试探还是张道士偶然兴起？

怎样过中秋

中秋节，有多个别称，如仲秋节、祭月节等，据说这一节日源自上古的天象崇拜，最初为秋夕祭月。《礼记》中载："天子春朝日，秋夕月，朝日以朝，夕月以月。"汉代时，此风俗得到普及，唐代成为固定节日，宋代极为盛行。苏轼的那首《水调歌头·明月几时有》，可谓最著名的中秋诗词之作了。

按风俗，中秋节要全家团聚，吃团圆宴和月饼、祭月、赏月、赏桂花、饮桂花酒，浙江地区还流行观潮等。那么，《红楼梦》中人是怎么过中秋节的呢？她们吃月饼吗？什么馅的？喝的什么酒？望月怀思，她们又写了哪些赏月的诗歌？下面来探一探究竟。

宁国府这边，因贾敬过世，守丧期间，十四日就把中秋节过了。

【原文引读】

次日起来，就有人回西瓜、月饼都全了，只待分派送人……果然贾珍煮了一口猪，烧了一腔羊，余者桌菜及果品之类，不可胜记，就在会芳园丛绿堂中，展开孔雀，褥设芙蓉，带领妻子姬妾，先饭后酒，开怀赏月作乐。将一更时分，真是风清月朗，上下如银。贾珍因要行令，尤氏便叫佩凤等四个人也都入席，下面一溜坐下，猜枚划拳，饮了一回。……次日一早起来，乃是十五日，带领众子侄开祠堂行朔望之礼，细查祠内，都仍是照旧好好的，并无怪异之迹。

（第七十五回《开夜宴异光发悲音　赏中秋新词得佳谶》）

这里有几点值得注意，一是贾府中秋要吃月饼和西瓜。明代的《酌中志》载："八月宫中，十五日供月饼瓜果，候月上焚香，即大肆饮啖，竟夜始散。如有剩月饼，收至岁暮用之，'团圆饼'。"即明代宫廷已十分流行吃月饼了。二是"妻子姬妾"全部亮相，"先饭后酒"，即先吃团圆宴，再喝酒赏月。三是"开祠堂行朔望之礼"。

【专家解读】

祭祀祖宗是我国的传统，一年之中的重要节令都要如仪举行。中秋节是一年中的重大节日，在第七十五回写了十五日一早贾珍"带领众子侄开祠堂行朔望之礼"，这拉开了庆佳节的序幕。

（胡晓明《红楼梦与中国传统文化》，武汉测绘科技大学出版社）

而对荣国府的赏月，曹雪芹描写得要更细致，风俗也更多，试看历史悠久的祭月仪式。

【原文引读】

嘉荫堂前月台上，焚着斗香，秉着风烛，陈献着瓜饼及各色果品。邢夫人等一干女客皆在里面久候……地下铺着拜毯锦褥。贾母盥手上香拜毕，于是大家皆拜过……贾母便命折一枝桂花来，命一媳妇在屏后击鼓传花。若花到谁手中，饮酒一杯，罚说笑话一个。

（第七十五回《开夜宴异光发悲音　赏中秋新词得佳谶》）

这里的祭月，跟七夕节跪拜织女星类似，都是由天象崇拜衍生出的一种以女性为主体的节日风俗。明人著的《帝京景物略》中记载："八月十五日祭月，其祭果饼必圆……纸肆市月光纸……家设月光位，于月所出方，向月供而拜，则焚月光纸，撤所供，散家之人必遍。月饼月果，戚属馈遗相报，饼有径二尺者。女归宁，是日必返其夫家，曰团圆节也。"

此处贾母让人折挂花，第九回又写道："彼时黛玉在窗下对镜理妆，听宝玉说上学去，因笑道：'好，这一去，可是要蟾宫折桂了，我不能送你了。'"可见蟾宫折桂、月宫、嫦娥、桂花树等中秋神话，在那时也是家喻户晓的。

第七十六回中，贾母令丫头媳妇围坐赏月，并称"如此好月，不可不闻笛"，之后带众人赏桂花，她还吃了一个内造的瓜仁油松穰月饼，但书中没论及喝的酒是否为桂花酒。

关于赏月之所，书中颇费了些笔墨。

【原文引读】

贾母便说："赏月在山上最好。"因命在那山脊上的大厅上去……至山之峰脊上，便是这座敞厅。因在山之高脊，故名曰凸碧山庄。于厅前平台上列下桌椅，又用一架大围屏隔作两间。凡桌椅形式皆是圆的，特取团圆之意……湘云笑道："这山上赏月虽好，终不及近水赏月更妙。你知道这山坡底下就是池沿，山坳里近水一个所在就是凹晶馆。可知当日盖这园子时就有学问。这山之高处，就叫凸碧；山之低洼近水处，就叫作凹晶。这'凸''凹'二字，历来用的人最少……可知这两处一上一下，一明一暗，一高一矮，一山一水，竟是特因玩月而设此处。有爱那山高月小的，便往这里来；有爱那皓月清波的，便往那里去。"

（第七十六回《凸碧堂品笛感凄清 凹晶馆联诗悲寂寞》）

这段引读，内含对比，首先是赏月场地，一高一低。其次，赏月的氛围，一热闹一冷清。再者，赏月的人数，贾母身边是一群人，林黛玉身旁仅史湘云。

至此，我们可以看到贾府的中秋家宴，是喜气洋洋的乐景：瓜果月饼，祭月，饮酒，赏桂，品笛，击鼓传花……月饼是圆的，西瓜是圆的，桌椅形式是圆的，大家赏月玩游戏也要围成一个圆。大家庭的欢乐，中国风俗的人性之美，如此之活泼。

另外，中秋佳节，历代文人有吟月的传统。第一回中，贾雨村被甄士隐邀至家中过中秋，他当时是穷酸文人，又是孤家寡人，他的咏月诗中，既有"玉在匮中求善价，钗于奁内待时飞""天上一轮才捧出，人间万姓仰头看"这样自命不凡、野心勃勃的抒怀，又有"自顾风前影，谁堪月下俦？蟾光如有意，先上玉人楼"这样的对甄家婢女两次回眸的爱情憧憬。

而在荣国府这边，因部分人缺席，没法起社作诗，黛玉、湘云和妙玉三人躲开众人，在凹晶馆里，联成了《中秋夜大观园即景联句三十五韵》。

【原文引读】

三五中秋夕……更残乐已谖。渐闻语笑寂……空剩雪霜痕，阶露团朝菌……晦朔魂空存。壶漏声将涸……窗灯焰已昏。寒塘渡鹤影……冷月葬花魂……有兴悲何继，无愁意岂烦。芳情只自遣，雅趣向谁言。彻旦休云倦，烹茶更细论。

（第七十六回《凸碧堂品笛感凄清　凹晶馆联诗悲寂寞》）

黛玉、湘云、妙玉的吟月诗歌，凸显了各自的性情，迥异于贾雨村的咏怀，在曹雪芹的有意安排下，贾府团圆的中秋乐景增添了一丝悲音。

【专家解读】

其次作者以强烈的对比手法描写中秋赏月的诗歌吟咏，展现了人物的诗才和性格。常言"月到中秋分外明"，中秋佳节风清气爽，诗人们心旷神怡，妙句华章入诗来……历代诗人为中秋节所写的诗词多得不可胜数。张九龄的"海上生明月，天涯共此时"，李白的"举杯邀明月，对影成三人"，苏轼的"明月几时有，把酒问青天"……贾雨村在书中不仅是个为非作歹的酷吏，而且是个利欲熏心的文人。但他在未发迹之前，还是有才干和抱负的。甄士隐邀其来赏月，他"口占"了一首五律，当酒兴更豪时，又"口号"了一首七绝。这写出了他的多面性格。大观园中的黛玉、湘云两位女才子，都是依傍在亲戚家，中秋团圆之夜更泛起思念之情，只有诗最能表达心声。她们俩结伴来到凹晶溪馆赏月联诗，往复成篇凡22韵，最后以湘云的"寒塘渡鹤影"和黛玉的"冷月葬花魂"这样冠绝大观园的佳句作结，使她俩才貌双全的形象更丰满……她们唱出了颓败凄楚、清奇诡谲的诗句，将贾府这个团圆节笼罩上了一层孤寂的气氛。

（胡晓明《红楼梦与中国传统文化》，武汉测绘科技大学出版社）

而宁国府那边，中秋家宴的欢乐中夹杂着一阵诡异的叹息。这段描写，可谓神来之笔。先来看看是怎么一回事。

【原文引读】

那天将有三更时分，贾珍酒已八分。大家正添衣饮茶，换盏更酌之际，忽听那边墙下有人长叹之声。大家明明听见，都悚然疑畏起来。贾珍忙厉声叱咤，问："谁在那里？"连问几声，没有人答应。尤氏道："必是墙外边家里人也未可知。"贾珍道："胡说。这墙四面皆无下人的房子，况且那边又紧靠着祠堂，焉得有人？"

一语未了，只听得一阵风声，竟过墙去了。恍惚闻得祠堂内槅扇开阖之声。只觉得风气森森，比先更觉凉飒起来，月色惨淡，也不似先明朗。众女妇人都觉毛发倒竖。贾珍酒已醒了一半，只比别人撑持得住些，心下也十分疑畏，便大没兴头起来。勉强又坐了一会子，就归房安歇去了。

（第七十五回《开夜宴异光发悲音 赏中秋新词得佳谶》）

靠着祠堂、无人的墙根处传来长叹之声，这被很多红学家和读者视为贾家祖先的叹息。曹雪芹为何在这大好时节，写下这一出让人毛骨悚然的插曲呢？

在这个中秋节之前，贾府刚刚经历了一场"自杀自灭"式的查抄，江南甄家也被抄，贾母内心不安，想用中秋的快乐来抵制这不祥的气息，但事与愿违。至于曹雪芹为什么要在美好的节日中掺入几声悲音，有学者这样解读——

【专家解读】

为什么在传统的中秋佳节会有这样消极的伤感出现，这正是曹雪芹的匠心孤诣，他要精心绘制出一幅"忽喇喇大厦倾，昏惨惨似灯将尽"的生动社会长卷，这是值得我们认真体会和细心研究的。

（俞润生《红楼文化面面观》，南京大学出版社）

行文至此，我们可以看到，《红楼梦》中的风俗描写，并不仅仅是社会学意义层面的，而是与整部小说的人物、情节、主旨等紧密相连的，这也是此书美誉无数的原因之一。

（张晶晶 撰）

《红楼梦》中的楹联匾额

南怀瑾先生在《论语别裁》第一章谈及中国几千年文学形态的演变，下了一个判语，即汉文、唐诗、宋词、元曲、明小说之外，轮到清朝，当属对联。

《红楼梦》恰好成书于清代，而曹雪芹的同代人中，乾隆皇帝酷爱撰联，纪昀、袁枚、刘墉等都是写对子的高手。曹雪芹自然不会忽视这种文体，这也能解释为何《红楼梦》中的对联数量远超另外三大名著。

《红楼梦》中的对联很多，据统计，仅建筑楹联就有二十多副，内涵深浅不一，或是丰富人物形象，或是推动故事情节，或是蕴含人世道理，其中的思想性、艺术性，令历代读者回味不已。现在挑选三副脍炙人口的对联，略作分析，余下的见附录。

【专家解读】

楹联是中国传统文化的瑰宝。《红楼梦》中的楹联独具特色，它作为艺术手段，融入作家创作的典型环境和典型性格之中：联语即心语，如探春房内与秦可卿房内楹联风格迥异；联语即勉励、劝诫之语，如"贾氏宗祠"内的御笔对联；联语即景语，如大观园中的诸多对联。

（俞润生《红楼梦文化面面观》，南京大学出版社）

第二回《贾夫人仙逝扬州城 冷子兴演说荣国府》中，林黛玉在母亲病逝后，暂停了学业，坐馆老师贾雨村闲居无聊，去城郊散心时，偶入智通寺，看到山门两侧有如下一副对联：

身后有馀忘缩手，眼前无路想回头

此联乃警语。《易经》中有"吉凶悔吝"，这里说的正是那个"悔"字。世人从来都是不知足，接着就悔不当初，因为醒悟时，往往为时已晚。

【专家解读】

这寺名为"智通"，意思是人生的诸多道理，只要靠智慧去悟彻，才能通。这副对联正是诠释这"智通"二字的。中国的楹联与匾额，本应有这样一种相互补充，相互发明的关系。真正的智者就不会贪得无厌，对名利贫富也都应该看得很透很淡，而只有那些利令智昏者才一个劲儿地无休无止地去追逐名利。上联正是对利令智昏者的形象描绘。"身后有馀"是说财产多得到死也用不完，然而在敛财上还是不想缩手，好一副饕餮相！下联则是劝人皈依佛门，看破红尘，才能"回头是岸"。这当然是宗教的说教。然而这"回头"又是有条件的，只有碰得头破血流，再也无路可走了，才会"回头"。看来这是"智通"的结果，却又是被迫无奈的。

实际上，联语与匾额是矛盾的，额曰智通，但实为智不通……语含讽刺，其意甚深。有的探逸者认为这正是对全书情节线索的概括，指出了荣、宁二府的下场就像这荒凉的小寺，甄士隐与贾宝玉等的归宿只能是遁入空门，是有一定道理的。

（《红楼梦学刊》1989年第4辑）

联系小说情节来看，贾雨村辞别甄士隐后进京赴考，高中进士，获得知府一职。清代的知府，属于四品官，相当于今天的地级市一把手。但不到一年，他就成了"大老虎"，落马了，不过仅仅是解职，功名还在。书中对他有一个简单却关紧的描述："虽才干优长，未免有些贪酷之弊。且又恃才侮上。""有才干"，说明是能臣；"贪、酷"，说明有才无德；"恃才"，说明有傲气，以至于"侮上"。这次革职是贾雨村第一段仕途

的终结。此时看到"智通寺"的破败，又及这副警联，他可会念及自身际遇而醒悟？

考诸第一回中贾雨村的形象，即知他不会。为何？试看他的明志诗——"玉在匮中求善价，钗于奁内待时飞""天上一轮才捧出，人间万姓仰头看"，志气何等高，野心多么大！再加上他本生于没落的诗书仕宦之族，寒窗多年，终于有了功名，一次罢官，绝不会消解他的名利心。

看到对联，贾雨村抒发了一小段读后感："这两句话，文虽浅近，其意则深。我也曾游过些名山大刹，倒不曾见过这话头，其中想必有个翻过筋斗来的亦未可知，何不进去试试。"

"翻过筋斗"就是"栽了跟头"。"翻过筋斗来的"比喻饱经世事动荡或遭受重大挫折后"看破世情"的人。贾雨村进寺庙内，发现只有一个龙钟老僧在煮粥。"只有一个"这四字也值得揣摩，这个老僧之前经历过什么？书中没说。有索隐派红学家指这里隐含曹雪芹晚年"举家食粥"的潦倒写照。但笔者感兴趣的是，这个老僧，是不是也有点甄士隐的影子？

甄士隐的结局是什么？书中只说他跟疯道人飘飘而去。"禀性恬淡，不以功名为念"的甄士隐，是经历了大劫难、大悲苦，晚景凄凉、走投无路才被点化而彻悟的。这副对联对于贾雨村来说，犹如"天启"，他看得懂这副对联的深意，但并不会联系到自己身上。

这副对联，还可与书中诸多诗词歌赋并置而观，如《好了歌》《好了歌解注》《聪明累》等。

葫芦庙中的贾雨村，还看不出秉性的好坏，但一进官场，就糟了。依贾宝玉的说法是：女孩儿未出嫁是颗无价宝珠，出了嫁不知怎么就变出许多不好的毛病儿来，再老了，更不是珠子，竟是鱼眼睛了。而对于古代读书人来讲，求的是"货于帝王家"，但官场犹如宝玉说的"婚姻"，进去后很容易"就变出许多不好的毛病儿来"了。

这副对联，暗示了贾雨村日后的命运，因仕途取祸，由荣而辱，回头无路。

"智通寺"三字，大有深意。历史上有大智慧的人，会及时缩手，自留退路，像张良、范蠡。清代，曾国藩可谓一生谨慎、恪守持盈保泰之念，他在给诸弟家书中叮嘱道："盛时常作衰时想，上场当念下场时。富贵人家宜牢记此二语。"

《红楼梦》中秦可卿亦有此觉悟——

【原文引读】

秦氏道："婶婶，你是个脂粉队里的英雄，连那些束带顶冠的男子也不能过你，你如何连两句俗语也不晓得？常言'月满则亏，水满则溢'；又道是'登高必跌重'。如今我们家赫赫扬扬已将百载，一日倘或乐极悲生，若应了那句'树倒猢狲散'的俗语，岂不虚称了一世诗书旧族了！"凤姐听了此话，心胸大快，十分敬畏，忙问道："这话虑的极是，但有何法可以永保无虞？"秦氏冷笑道："婶子好痴也。否极泰来，荣辱自古周而复始，岂人力能可保常的？但如今能于荣时筹画下将来衰时的世业，亦可谓常保永全了。……

（第十三回《秦可卿死封龙禁尉　王熙凤协理宁国府》）

然而，看不破，忍不过，眼前无路，才想回头，这不正是诸多世人的写照吗？

第五回《游幻境指迷十二钗　饮仙醪曲演红楼梦》中，有六副对联。名气最大的是第一副和第三副。先看第一副：

世事洞明皆学问，人情练达即文章

回顾一下情节，秦可卿领着贾宝玉等人到上房，贾宝玉先看到一幅画，画功不错，但故事是《燃藜图》，令他心中有些不快。

这故事出处驳杂，有说来自六朝无名氏《三辅黄图·阁部》，也有说是东晋王嘉《拾遗记》里的记载。这图说的是汉代学者刘向在天禄阁校书，夜里常在暗中独坐诵书，某晚一位拄青藜杖的黄衣老者从天而降，自称"太一之精"，点亮藜杖一端，对刘向讲了一通开天辟地前的洪荒往事，并传授《洪范五行》，天明飞升而去。

图中故事是劝学之意，而对联更把"人情练达"和"世事洞明"这种庸俗化的入世方法称为知识，就更让本不喜仕途经济的贾宝玉觉得毁三观了。

【专家解读】

上房的对联，意取苏轼《祭任钤辖文》："更尝世故，练达物情。"这副对联又有所发展，它融合了"世情看冷暖，人面逐高低"的含意，又包涵了"万般思而行，一失废前功"和"闲事莫说，问事不知，闲事莫管，无事早归"的处事为人之道，范围更为广泛，说得通俗一些，就是教人多一些世故，多一些伪装，更自私一些，更狡谲一些。这和宁国府贾珍之流的行径是一致的。

（俞润生《红楼梦文化面面观》，南京大学出版社）

这副对联，也有人以为是正面的。刘再复先生有一段更不客气的阐释：

【专家解读】

贾宝玉最怕什么哲学？第五回作了揭示：

他随贾母来到宁国府，秦可卿引了一簇人陪他到上房间内，见到一副对联，写的是："世事洞明皆学问，人情练达即文章。"看了这两句，他便如见狼虎，顾不得室宇精美，铺设华丽，忙说："快出去，快出去！"（第五回）

见到一副对联，竟会产生如此的恐惧感与恶心感，可见他离这种哲学有多远。

这副对联鼓吹的是什么哲学？是世故哲学，是磨掉人的锋芒、人的良知、人的正义感的市侩哲学，是最精明又是最庸俗的处世哲学。可惜世人偏偏把这种滑头主义哲学当作宝贝当作座右铭，只有贾宝玉的天真心性才能一下子就感受到它的冲天臭味。

（刘再复《红楼哲学笔记》，生活·读书·新联三联书店）

联系书中情节，贾宝玉对这种劝学和处世哲学的鄙夷，有很多表征。比如薛宝钗、史湘云劝他读圣贤书，他便发脾气了。

下面这副对联流传同样很广：

假作真时真亦假，无为有处有还无

该联在文中出现了两次，均是梦中联。第一次在第一回《甄士隐梦幻识通灵 贾雨村风尘怀闺秀》中，甄士隐梦游，看到石牌坊上写着"太虚幻境"，柱上联即此两句，看完就醒了。第二次在第五回《游幻境指迷十二钗 饮仙醪曲演红楼梦》中，宝玉在警幻仙子的太虚幻境中见到此联。

"太虚幻境"，可以说是《红楼梦》中的第一个匾额，也是第一个横批（横联）。

通常认为，横批的"批"，含揭示、评论意，是对整副对联主题内容的补充、概括、提高。而这"虚""幻"两字，正可解释对联意，又跟书名中的"梦"字呼应，跟"空空道人"的"空"字接近。谈到梦，"南柯一梦""黄粱一梦"，是中国梦文化中最常见的意象，浮生若梦，富贵难久，情灭缘消，烟花易冷，回首皆如梦，万事皆为空。

对联的字面意思是，把假的当真，则真的就成了假的。视"无"为"有"，自以为"有"其实是"无"，要辨真假、别有无，才能不惑于假象，而找到真意。但何谓"真"？何谓"假"？此中的辩证关系，可以做许多层面的解释，而具体到书中人物命运，则似乎是讲慧眼难开，人生易迷，统摄在"虚幻"二字之下。

书中第二十二回，更有贾宝玉听曲文悟禅机，林黛玉做了点睛之笔"无立足境，是方干净"，薛宝钗又以六祖惠能的菩提偈偈做注脚。举凡种种，似乎都是在勘人生之谜，什么才是该追求的"真"，什么是"假"，心中该"有"什么，什么念头必须"无"……

像贾宝玉，是个葆有赤子之心的真人，但被视为废物，不中用。大而言之，对贾宝玉的评价可折射世情，那就是"真"的成"假"，变"无"用之"蠢物"了，而像贾雨村这些人，假仁假义，但"假"的成"真"，被视为"有"用之才。

有必要指出的是，《红楼梦》中游历太虚幻境的，只有甄士隐和贾宝玉两人。

甄士隐大半生享尽荣华，神仙一般度日，他的灾难始于宝贝女儿走失，遂昼夜啼哭,大病一场,情伤难愈,后来被一把火烧了富贵家,投奔岳父,因"不惯生理稼穑等事",穷困至极,最终被跛足道人的一曲《好了歌》点化。

在太虚幻境中,僧道称甄士隐与那块"通灵宝玉"有"一面之缘",两人都游历了太虚幻境,因此甄士隐的生平遭际,被不少红学家视为贾宝玉的命运缩影。要之,此两人都不懂生计,作为那世道的无用之人,且都深受世间情感的羁绊,一旦家道败落,即无可奈何了。稍有不同的是,贾宝玉命中自带灵气,常常有"曲终人散"的惶恐和忧伤,不像甄士隐,到潦倒晚年才萌发解脱意识。

这副对联,有专家从写作艺术的角度进行分析——

【专家解读】

小说中借"假语""荒唐言"将政治背景的"真事隐去",用意是为了避免文字之祸。如说曾"接驾四次"的江南甄家,也与贾府一样,有一个容貌、性情相同的宝玉,后来贾府也像甄家一样被抄了家,这些都是作者故意以甄乱贾,以假作真……

如果从文艺作品反映现实这一特点说,弄清"真"与"假"、"有"与"无"的辩证关系,也是十分重要的。对此,鲁迅曾有深刻的论述:"只要知道作品大抵是作者借别人以叙自己,或以自己推测别人的东西,便不至于感到幻灭,即使有时不合事实,然而还是真实。其真实,正与用第三人称时或误用第一人称时毫无不同。倘有读者只执滞于体裁,只求没有破绽,那就以看新闻记事为宜,对于文艺,活该幻灭。而其幻灭也不足惜,因为这不是真的幻灭,正如查不出大观园的遗迹,而不满于《红楼梦》者相同……我宁看《红楼梦》,却不愿看新出的《林黛玉日记》,它一页能够使我不舒服小半天……幻灭以来,多不在假中见真,而在真中见假。"

(蔡义江《红楼梦诗词曲赋全解》,复旦大学出版社)

《红楼梦》中的对联很多,但脍炙人口的,不到十对,以上选取了壁柱上的三副知名楹联进行了浅析。总的来说,这三副对联,都跟书中人物的性格或遭遇息息相关,背后更是蕴含了厚重的文化思想,以及褒贬不一的价值判断。此外,这些楹联又跟书中的关键"文眼"如《好了歌》《好了歌解注》《收尾·飞鸟各投林》等遥相呼应,都可作为解读这红楼一"梦"的一个个小切口。

【想一想】

贾宝玉见了上房内间的"世事洞明皆学问,人情练达即文章"直说"快出去,快出去",而见了秦可卿房里的"嫩寒锁梦因春冷,芳气袭人是酒香"却笑着说"这里好"。想一想,这两副对联分别写出了居室主人怎样的心语?从贾宝玉的不同反应中可以看出他怎样的人生追求?

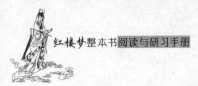
【附录】《红楼梦》中的楹联和匾额

回目	楹联
第一回、第五回	太虚幻境——假作真时真亦假,无为有处有还无
第二回	智通寺——身后有馀忘缩手,眼前无路想回头
第三回	荣禧堂——座上珠玑昭日月,堂前黼黻焕烟霞
第五回	《燃藜图》——世事洞明皆学问,人情练达即文章
第五回	《海棠春睡图》——嫩寒锁梦因春冷,芳气袭人是酒香
第五回	孽海情天——厚地高天,堪叹古今情不尽;痴男怨女,可怜风月债难酬
第五回	薄命司——春恨秋悲皆自惹,花容月貌为谁妍
第五回	幽微灵秀地,无可奈何天
第十七回	沁芳亭——绕堤柳借三篙翠,隔岸花分一脉香
第十七回	有凤来仪——宝鼎茶闲烟尚绿,幽窗棋罢指犹凉
第十七回	稻香村——新涨绿添浣葛处,好云香护采芹人
第十七回	蘅芷清芬——吟成荳蔻才犹艳,睡足酴醾梦也香
第十八回	顾恩思义——天地启宏慈,赤子苍头同感戴;古今垂旷典,九州万国被恩荣
第四十回	烟雨图——烟霞闲骨格,泉石野生涯
第五十三回	贾氏宗祠——肝脑涂地,兆姓赖保育之恩;功名贯天,百代仰蒸尝之盛
第五十三回	星辉辅弼——勋业有光昭日月,功名无间及儿孙
第五十三回	慎终追远——已后儿孙承福德,至今黎庶念荣宁
第一百一十六回	真如福地——假去真来真胜假,无原有是有非无
第一百一十六回	福善祸淫——过去未来,莫谓智贤能打破;前因后果,须知亲近不相逢
第一百一十六回	引觉情痴——喜笑悲哀都是假,贪求思慕总因痴
部分匾额	大观园、体仁沐德、苦海慈航、天仙宝境、旷性怡情、文采风流、文章造化、万象争辉、凝晖钟瑞、世外仙源、有凤来仪、蘅芷清芬、怡红快绿、杏帘在望、梨花春雨、桐剪秋风、荻芦夜雪……

（张晶晶 撰）

《红楼梦》中的植物文化

孔子曾说："小子何莫学夫诗？诗可以兴，可以观，可以群，可以怨。迩之事父，远之事君，多识于鸟兽草木之名。"自远古时期，自然界中的动物和植物就成为了人类社会重要的知识文化构成。《红楼梦》这部鸿篇巨制，也包含着丰富的自然博物学知识。中华书局曾出版过一套《〈红楼梦〉日历（2017）》，选取红楼植物二百余种，春日配以花卉，夏天配以草木，秋天配以果实，冬天配以松竹等耐寒植物，使时节、季节与植物相配。九州出版社2014年出版的《阆苑仙葩，美玉无瑕——红楼梦植物图鉴》依照回目顺序介绍小说所提到的种种花草树木。

《红楼梦》中的许多生活物件都与花卉植物密切相关，比如第三十四回中写王夫人给了宝玉两种贵重的香露，分别名为"木樨清露"和"玫瑰清露"；第三十八回写林黛玉吃了一口"合欢花浸的酒"，第三十八回中有一种供洗手用的"菊花叶儿桂花蕊熏的绿豆面子"；第四十四回中有一种供妇女擦脸用的玉簪花棒，是"紫茉莉花种研碎了，兑上香料制的"脂粉；第五十九、六十回中有擦癣用的"蔷薇硝"，不知道这些是否为当时实有之物，但在我们现代人看来，算是十分高级、优雅的东西了。还有，第六十三回写宝玉"倚着一个各色玫瑰芍药花瓣装的玉色夹纱新枕头"，这些描写不仅体现了书中人物生活中的雅趣，还为整部作品增添了美的意趣。

花品与人品

《红楼梦》中存在着以花喻女子的普遍现象，例如第六十三回描写了十余名女子在庆贺宝玉生日的宴席上掣花名签子的游戏场面，其中有八人占到了花名，而签子上的题字与这些女子的品行特点及人生境遇均有密切关联，现将人物与花名签上内容一一列举如下：

人物	所掣签子	签上题字	签上诗句
宝钗	牡 丹	艳冠群芳	任是无情也动人
探春	杏 花	瑶池仙品	日边红杏倚云栽
李纨	老 梅	霜晓寒姿	竹篱茅舍自甘心
湘云	海 棠	香梦沉酣	只恐夜深花睡去
麝月	荼蘪花	韶华胜极	开到荼蘪花事了

香菱——并蒂花——联春绕瑞——连理枝头花正开

黛玉——芙　蓉——风露清愁——莫怨东风当自嗟

袭人——桃　花——武陵别景——桃红又是一年春

注：具体解读见事件研读"生日"

清代中后期的诸联在《红楼评梦》（道光元年刊）中，分别以一种花来配《红楼梦》中的美女：

> 园中诸女，皆有如花之貌。即以花论：黛玉如兰，宝钗如牡丹，李纨如古梅，熙凤如海棠，湘云如水仙，迎春如梨，探春如杏，惜春如菊，岫烟如荷，宝琴如芍药，李纹、李绮如素馨，可卿如含笑，巧姐如荼蘼，妙玉如詹蔔，平儿如桂，香菱如玉兰，鸳鸯如凌霄，紫鹃如蜡梅，莺儿如山茶，晴雯如芙蓉，袭人如桃花，尤二姐如杨花，三姐如刺桐梅。而如蝴蝶之栩栩然游于其中者，则怡红公子也。

道光十二年刊行的"王希廉本"，其卷首绘有六十四个女性的像以及与各人相应的花，下面列出其中一部分人与花的组合，以供读者参考，括号中的是花名：

> 警幻仙姑（凌霄）、贾宝玉（紫薇）、林黛玉（灵芝）、薛宝钗（玉兰）、秦可卿（海棠）、元春（牡丹）、迎春（女儿花）、探春（荷花）、惜春（曼陀罗）、史湘云（芍药）、薛宝琴（梅花）、邢岫烟（野蔷）、妙玉（水仙）、李纨（梨花）、李纹（李花）、李绮（兰花）、王熙凤（妒妇花）、尤氏（含笑花）、尤二姐（桃花）、尤三姐（虞美人）……香菱（菱花）、平儿（夹竹桃）、鸳鸯（女贞）、袭人（刺蘼）、晴雯（昙花）、紫鹃（杜鹃）、莺儿（樱桃）……

大观园中的花草植物

《红楼梦》中所涉及的各类植物一般都是生长在大观园中的。这座园子是贾府为元妃省亲而特意建造的，一定程度上也具有皇家富贵气象，可谓是"天上人间诸景备，芳园应赐大观名"。这里汇聚了各类珍奇的花草植物，蔚为大观。园中"会芳园""沁芳桥""翠烟桥""稻香村""怡红院""蘅芜苑""潇湘馆"等标志性地名也体现了园中植物种类的丰富，下面对大观园中几处主要院落中的植物状况进行梳理：

怡红院——这里是贾宝玉的院子，因其中主要种植的西府海棠、桃花、蔷薇花等红色系花卉，与芭蕉、柳树、竹子等绿色植物的映衬，整个院子笼罩在一种红情绿意的氛围之中，因而最初命名为"红香绿玉"，在元妃省亲时将其改为"怡红快绿"，简称"怡红院"。

潇湘馆——这里是林黛玉的住处,其中有竹子、芭蕉、苔藓等,后院种有梨花,这些植物共同营造了清幽的氛围,书中曾提到贾政一见潇湘馆就赞叹极妙,甚至说:"若能月夜坐此窗下读书,不枉虚生一世。"

蘅芜苑——这里是薛宝钗居住的院落,无一株花木植物的点缀。苑中汇聚了多种香草类植物,例如蘅芜、薜荔、藤萝、杜若、紫芸、绿荑、风莲等,整个院落氤氲在清冷的异香之中。

秋爽斋——这里是探春的居处,种植着梧桐和芭蕉,两者都是高大、舒朗的植物,共同营造出开阔爽朗之感。

【想一想】

大观园中还有紫菱洲、藕香榭、稻香村、栊翠庵、芦雪庵等诸多居处,根据这些居所的名字,尝试推测一下其中分别种植了哪些植物。

毋庸置疑,《红楼梦》是中国古典小说经典中的经典。

它包罗万象,有深度、有广度,经得起推敲琢磨。因此,本章选取了建筑、节日风俗、对联和植物四个微观角度进行拓展阅读,希望呈现出《红楼梦》更富趣味又意蕴丰厚的一面。

(罗冰 撰)

同龄人研读小论文

研读《红楼梦》，在高中语文学习中具有重大意义。在研读过程中，如何在有限的时间内挖掘《红楼梦》无限的艺术美感与思想情感？打通课内与课外的壁垒，架起阅读与写作的桥梁，是名著阅读的有效方法之一，也是我们一直关注的。专题研读课上，理解、摘抄、批注，阅读讨论课上，充分交流，明确研究方向，课后查找资料，形成相对完整的认识，完成专题论文。待教师批阅评点完毕，在论文展示交流课上进行补充修正，进一步丰富或调整自己的认知。

专题论文写作参考角度：

1. 人生若只如初见——宝黛初会

2. 白玉为堂金作马——贾府布局

3. 凡鸟偏从末世来——熙凤出场

4. 花自飘零水自流——金陵十二钗

5. 横看成岭侧成峰——宝玉挨打中的贾府众生相

6. 玉是精神难比洁——黛玉教诗

7. 精华欲掩料应难——痴者香菱

8. 假作真时真亦假——我看《红楼梦》的小说艺术

本章选取的论文，有的评价人物，有的评价事件，有的评价文化现象，又或者同题异构，形成碰撞，希望能窥斑见豹，启发更多的中学生进行探究。

（张世珍 撰）

人物品评篇

孤标傲世偕谁隐
——我眼中的林妹妹

李梓璇

林黛玉为金陵十二钗之首，是实至名归。

林黛玉是极美的。曹公塑造她的美时毫不吝惜笔墨，如"林黛玉秉绝代姿容，具希世俊美"。宝玉赞她："两湾似蹙非蹙罥烟眉，一双似喜非喜含情目。态生两靥之愁，娇袭一身之病。泪光点点，娇喘微微。闲静时如姣花照水，行动处似弱柳扶风。心较比干多一窍，病如西子胜三分。"王熙凤也说："天下真有这样标致的人物，我今儿才算见了！"俗气的薛蟠一见也"酥倒在那里"。这般雅俗共赏的美是真真儿的美。

　　林黛玉的才华是大观园里最佳。从她循循善诱教香菱作诗，看出她品诗有自己的思考。陆放翁的诗她看不上，主张"不能见了浅近的就爱"，欣赏王维、李白、杜甫的诗，她能说出那些作品的妙来。到了写诗这步，黛玉也有一番见解——不以词害意、不流于辞藻。因此，每次在诗社写诗斗诗，黛玉的诗都脱颖而出，使人眼前一亮。诗写得好，还能把诗研究成理论的仅此一人吧！就连会作诗且做得好的宝钗也逊色几分。除了诗，她还善琴识谱，宝玉见了那琴谱觉是天书，黛玉却信手拈来。她不喜听戏，却也能领略"戏中也有好文章""世人只知看戏，未必领略其中滋味"。林黛玉酷爱读书，刘姥姥在参观潇湘馆时看到笔砚书籍，直以为是个哥儿的书房，一点不像小姐的绣房。另外，从正统的"四书"到《西厢记》《牡丹亭》《桃花扇》这些要"偷偷"读的书林黛玉都有涉猎，可见她有一个多么雀跃生动、惊世骇俗的灵魂。她将文学艺术变为知己，在这"女子无才便是德"的时代注定熠熠生辉。

　　林黛玉是有趣的，世人误解她病快快，实际上她是个活泼外向的少女。园子里赏花、作诗、聚餐向来少不了林黛玉，她与姐妹们打闹大笑到岔了气。众姐妹中她伶牙俐齿，一语惹得满堂笑。宝钗细数画画的颜料："生姜二两，酱半斤……"黛玉忙道："铁锅一口，锅铲一个。"宝钗说黛玉："真真这个颦丫头的一张嘴，叫人恨又不是，喜欢又不是！"而后便又与姐妹们闹作一团。她读《西厢记》时和宝玉互相取笑，还有午后慵懒地说道"每日家情思睡昏昏"，被宝玉听到点破，她惊诧忘情，可爱极了！

　　林黛玉是注重精神而不重功利的，她和宝玉的爱情，正是因为她注重平等和精神共鸣才如此美好。只有林黛玉懂贾宝玉的"女儿是水作的骨肉，男人是泥作的骨肉"。只有她懂他为何听到"仕途经济"就愤怒，这也是为何宝玉偏偏与她一人格外好。只有宝玉懂得黛玉的小脾气和泪流，只有宝玉懂得黛玉的敏感和难过，懂得她字里行间的情思愁绪，只有宝玉能看见她最闪光的地方。他们都是时代的奇葩，他们惺惺相惜，互相取暖，"知己"二字，岂是功名利禄可换的？

　　林黛玉是平和真挚、简单率真的。她不像宝钗打骂莺儿，她与紫鹃的相处更像姐妹；她教香菱作诗，体现她热情亲和；她向宝姐姐道歉："你素日待人，固然是极好的，然我最是个多心的人，只当你心里藏奸。"促成了金兰契。这样坦诚地推心置腹，对于寄人篱下又带几分清高孤傲的女孩子相当不易。

　　林黛玉洞悉世事，是一个知世故而不世故的赤子。她不像宝玉那样不懂事，不像宝钗那般入世，也不像妙玉那般厌世。她自有自己的风骨，看破不说破，在大局上处处宽和得体，照顾大家的情绪。在触及到自己的底线时，宁为玉碎而不妥协。她选"潇湘馆"，住一室清雅；她在"女子无才便是德"的时代饱览群书；她面对周瑞家的

"看人下菜碟"的不尊重硬气反击。她有足够的情商，本可以变成讨封建大家长喜爱的模样，却选择护住自己的一方净土和耀眼光芒，清高孤傲，真实坦荡。

林妹妹灵透如水，却燃着执着的火花；她病如西子，却充满遗世独立的力量。最后"白茫茫大地真干净"，"未若锦囊收艳骨，一抔净土掩风流"。

《红楼梦》中我最喜爱的女性人物——薛宝钗
曹书欣

《红楼梦》是一本复杂的书，然而一本小说，不免有冲突，有黑白忠奸。黛玉和宝钗各有可爱美好之处，只是世人定要分出个高下。如今，人们赞的是个性张扬，越礼教而崇自然，像宝钗这样行事得体的，便显得可疑了。但是在我看来，薛宝钗可说是《红楼梦》中最有深度的人物。她的身上蕴涵着许多封建时代淑女应有的品质，更有不逊于君子的宽宏和精明，因此，宝钗是我在《红楼梦》中最喜欢的女性人物。

很多读者不喜欢宝钗收买贾府上下的人心，认为她虚伪，喜欢讨好奉承别人。但要知道，薛宝钗一切的行事，也不过是基于自己的身份——贾家的外戚。大观园里住的少爷小姐，基本是与贾府有直系、旁系血缘关系的人，虽然黛玉常常说自己寄人篱下，但她毕竟也是贾母的外孙女，不过是抑郁的情绪夸大了她的可怜。贾母最疼爱的是宝玉和黛玉，与他们说话也更自然。而宝钗却与贾母极为生分，她不过是贾家儿媳的外甥女，住到亲戚家，自然得小心些，对亲戚和气些也是应该的。如果她看不清自己的位置，也像宝玉、黛玉那样动不动就将贾府弄个鸡飞狗跳，那么宝钗在贾府的生活就不能顺心如意。因此，在自己的生日会上，当贾母问她爱听什么戏、爱吃什么东西时，她按照贾母平时的爱好点了老年人喜欢的热闹戏文和甜烂食物。从常理来看，姨妈的婆婆出钱给自己张罗过生日，宝钗自然要表示谢意，点些老人爱看的戏文和爱吃的菜有什么不对？就像和朋友聚会时，有人只霸占着自己喜欢的歌使劲唱，只点自己喜欢的菜，在座的各位会不会为他喝彩，赞他真性情？博得老人开心，是敬老爱老传统美德的表现，也正因她为别人着想，宝钗才赢得了贾母的夸奖："提起姊妹……从我们家四个女孩儿算起，全不如宝丫头。"

然而，仔细看来，贾母对宝钗总有些隐约的冷淡和不喜。贾母直到带领刘姥姥游大观园，才第一次去了宝钗的蘅芜苑，但她对潇湘馆却熟门熟路，可见对宝钗、黛玉的情感差异。在蘅芜苑，她又把宝钗的品位当众批评了一通。当着太太、姐妹还有客人的面，被贾母这么批评，任谁都会觉得很尴尬，毕竟也许从此就在姐妹里抬不起头来了。若是黛玉，也许早就梨花带雨地哭了，但宝钗没有，夸奖也好，指责也好，她总是淡定平和。贾母不喜宝钗，宝钗却照样尊敬贾母，不但不怨恨她，还对她心爱的孙子宝玉、外孙女黛玉关心体贴。其实，比起宝玉、黛玉，宝钗更需要他人的关心和体贴。可是，宝玉跟她不亲，黛玉当她是情敌，湘云是孩子，袭人只关心宝玉，王夫人也同样，哥哥只会闯祸……宝钗把关怀给了所有人，却未表达自己的内心渴求。这种洒脱与宽容，岂是一般人能为？

宝玉之所以不亲近宝钗缘于宝钗对其苦口婆心的劝解，但他从来不明白处处为他着想的宝姐姐的苦心，使得宝钗得了个"国贼禄鬼"的称号。宝钗有时见机导劝，反生起气来，只说"好好的一个清净洁白女儿，也学的钓名沽誉，入了国贼禄鬼之流。这总是前人无故生事，立言竖辞，原为导后世的须眉浊物。不想我生不幸，亦且琼闺绣阁中亦染此风，真真有负天地钟灵毓秀之德！"可宝钗的规劝是不无道理的，谁都看得出，贾家在坐吃山空，宫里的靠山也要看皇上的心情好坏。黛玉也是知道这些的，她曾对宝玉说："我虽不管事，心里每常闲了，替你们一算计，出的多进的少，如今若不省俭，必致后手不接。"可惜她有病在身，身心无力，而且不喜欢操持这些家事。但宝钗不同，她父亲早丧，哥哥不成器，一个女儿家，为了一家子的生计，不得不抛下矜持操持薛家的生意。因此她对贾府的落败很敏感，深知这悠闲自在的生活是不长久的，宝玉也理应为贾家的未来着想。试问，谁不想和知己每日抚琴弄月，不问世事，但是又要如何维持这种生活呢？

薛宝钗劝说宝玉，只是希望他让贾府有稳定的依靠，告诫他啃老过下去，终有一天会深受其害……宝钗与宝玉的姻缘，结局残酷，也怪不得宝钗。从薛蟠与宝钗的对话中可看出，她实际上并不想以"金玉良缘"的名义决定自己的终身大事。薛蟠未曾想话之轻重，便说道："好妹妹，你不用和我闹，我早知道你的心了。从先妈和我说，你这金要拣有玉的才可正配，你留了心，见宝玉有那劳什骨子，你自然如今行动护着他。"话未说了，把个宝钗气怔了，拉着薛姨妈哭道："妈妈你听，哥哥说的是什么话！"宝钗满心委屈气忿，待要怎样，又怕母亲不安，少不得含泪别了母亲，独自回来，到房里整哭了一夜。薛蟠自然早就知道金玉良缘的起源，只是不知道具体的进展情况，更不了解宝钗的想法和苦衷。宝钗生薛蟠的气是自然，可"满心委屈气忿"又是为何？如果宝钗是金玉良缘的追求者，她还有什么委屈呢？我想这时的宝钗是想要直接表达出自己对金玉良缘的反对态度的，免得被外人调侃，被母亲逼迫，被哥哥挖苦。然而宝钗是个遵守孝道的至孝之人，不忍心让薛姨妈因为自己的事而不安，只好独自承受着这无人理解更无人分担的委屈和痛苦。

或许，宝钗也是爱上了宝玉的，只是尚未达到黛玉将这段感情视若生命的程度，况且由于封建道德观念的严重束缚，她连黛玉那样痛苦、曲折地表达自己感情的勇气也没有。在她看来，婚姻大事完全取决于父母之命、媒妁之言，如果表现出任何一点主动的意图和行动，都是伤风败俗的。

人有两条路要走，一条是必须走的，一条是想走的。把必须走的路走漂亮，才可以走想走的。每个女孩都应该像宝钗这样，先尽到一个女儿、妹妹、姐姐、妻子的责任，在此基础上再追求自己所向往的。

从《红楼梦》看贾宝玉的教育问题

孟凯闻

"葫芦僧乱判断葫芦案"中的那张护官符上说："贾不假，白玉为堂金作马。阿房宫，三百里，住不下金陵一个史。东海缺少白玉床，龙王来请金陵王。丰年好大雪，珍珠如土金如铁。"由此，贾府的阔绰程度可见一斑。但是贾家最后却落得了一个家破人亡的结局。我认为这不仅有政治因素，也与对子女教育不当有着密切联系。这里仅将贾宝玉作为分析对象。

在"林黛玉进贾府"中有对贾宝玉的相关描述：

（王夫人）"我有一个孽根祸胎，是家里的'混世魔王'……你只以后不要睬他，你这些姊妹都不敢沾惹他的。"黛玉亦常听得母亲说过，二舅母生的有个表兄，乃衔玉而诞，顽劣异常，极恶读书，最喜在内帏厮混；外祖母又极溺爱，无人敢管……"他与别人不同，自幼因老太太疼爱，原系同姊妹们一处娇养惯了的。若姊妹们有日不理他，他倒还安静些，纵然他没趣，不过出了二门，背地里拿着他两个小幺儿出气，咕唧一会子就完了。若这一日姊妹们和他多说一句话，他心里一乐，便生出多少事来。所以嘱咐你别睬他。他嘴里一时甜言蜜语，一时有天无日，一时又疯疯傻傻，只休信他。"

又及那《西江月》二词：无故寻愁觅恨，有时似傻如狂。纵然生得好皮囊，腹内原来草莽。潦倒不通世务，愚顽怕读文章。行为偏僻性乖张，那管世人诽谤！富贵不知乐业，贫穷难耐凄凉。可怜辜负好韶光，于国于家无望。天下无能第一，古今不肖无双。寄言纨袴与膏粱：莫效此儿形状！宝玉之所以成长为一个如此无能之人，与他的成长环境和教育有着密切的联系。

按理说居所的分配当是姊妹同处，兄弟别院另居，但贾宝玉却是"同姊妹们一处娇养"。无论是从"林黛玉进贾府""宝玉挨打"，还是"香菱学诗"，都可以看到大观园中的宝贝和其他女孩儿可以自由出入异性的卧房，使人不禁开始疑心：这是在

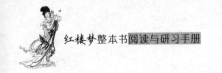

封建时代发生的事吗？这种成长环境使得贾宝玉的性别角色变得模糊不清。贾母、王夫人和贾政身为长辈却不能为宝玉提供一个正常的成长环境，不得不说是教育的一大失败。

此外，众人对贾宝玉的过分宠溺也是家庭教育的一大败笔。宝玉所处的环境本身就不利于他的成长，加之贾府中众女性对他的宠溺，宝玉想不成为"混世魔王"都难。先说贾母，作为大观园的老祖宗，他对自己的孙子爱得无以复加，如：在宝玉听说黛玉无玉而摔玉时，"贾母急的搂了宝玉道……"，一个"搂"字将贾母对宝玉的百般呵护展现得淋漓尽致；在贾政打宝玉时，贾母更是以"离家出走"相要挟。再说王夫人，王夫人已经失去了贾珠，自然要将后半生的希望寄托在宝玉身上，所以也要事事护着宝玉，却不知这样反倒使得自己的后半生没了依托。最后，还有宝玉的姐妹们，"宝玉挨打"一回中，宝钗、黛玉相继来嘘寒问暖，一个个娇羞怯怯的样子让宝玉不禁浮想联翩："我不过挨了几下打，他们一个个就有这些怜惜悲感之态露出，令人可玩可观，可怜可敬……我便一时死了，得他们如此，一生事业纵然尽付东流，亦无足叹惜。"明知宝玉疯癫却还总去招惹他，在不知不觉中助长了宝玉的恃宠生娇。

有唱白脸的，自然就有唱红脸的。贾政对宝玉的教育处在另一个极端上。不提宝玉挨打那段，贾政对宝玉的恶劣态度从挨打前那一段对话已经体现：只听那人喝一声"站住"，宝玉唬一跳，抬头一看，不是别人，却是他父亲，不觉的倒抽了一口气，只得垂手一旁站了。贾政道："好端端的，你垂头丧气嗐些什么？……你那些还不足，还不自在？"贾政见他惶悚，应对不似往日，原本无气的，这一来倒生了三分气。这还是在贾政不知道宝玉闯祸时说话的语气，在得知他闯祸后，更是管宝玉叫"该死的奴才""何等草芥""不肖的孽障"。到了上板子那段，贾政的残忍更是显露无遗。王夫人劝贾政停手时，先以贾母的身体健康要挟，又以自己的性命相挟，最后搬出死去的大儿子贾珠来软化贾政的态度。至此，王夫人除了"苦命儿"外几乎只字未提宝玉。但从她之后所说"若有你（贾珠）活着，便死一百个我也不管了""你替珠儿早死了，留着珠儿，免你父亲生气，我也不白操这半世的心了""不争气的儿"的这些话可以看出，贾珠于宝玉，大概就是那种"别人家的孩子"，处处压自己一头。由此一来，宝玉两头得不到肯定，加之他长期处于"女儿国"中，性情不似一般男儿，贾政那样的高压政策怎么能对他起到激励作用，又怎么能盼他能有动力奋发成长成贾珠那样的人呢？

综上所述，非常态的生长环境、教育环境导致了宝玉的一事无成。

末世凡鸟
——我看王熙凤

罗雅轩

"头上戴着金丝八宝攒珠髻，绾着朝阳五凤挂珠钗；项上带着赤金盘螭璎珞圈；身上穿着缕金百蝶穿花大红洋缎窄裉袄，外罩五彩刻丝石青银鼠褂；下着翡翠撒花洋绉裙。一双丹凤三角眼，两湾柳叶吊梢眉，身量苗条，体格风骚；粉面含春威不露，丹唇未启笑先闻。"

"彩绣辉煌，恍若神仙妃子"，这是凤姐第一次出场。她过的是烈火烹油、鲜花着锦的生活，是位物质生活的享受家。很难想象，判词中"一从二令三人木，哭向金陵事更哀"竟然是指她。

对这句判词，比较普遍的解释是：揭露了她和贾琏关系变化的过程，贾琏先是听从她，进而对她冷淡相待，最终休弃了她，她便落魄潦倒了。

她是如何落到这样地步的呢？

先要看看凤姐其人。"凡鸟偏从末世来，都知爱慕此生才"，她在理家上是有才能的，从她协理宁国府可以看出。一方面，她眼光犀利地看出宁国府的诸多问题，有针对性地对症下药，宁国府顿时井井有条。另一方面，她没有意识到秦可卿梦示的重要性，导致了贾府的衰落。如果她是在贾府极盛时期管家，自然可令贾府蒸蒸日上，可惜她出场已是"末世"，需要做更多长远安顿的打算。当然，对一个没有学习过"仕途经济"的女子来说，不能用现代的标准去苛求她。

若把目光放到一件似乎不那么重要的事上，则可以看出"转折"的迹象。读六十八回到七十回凤姐逼死尤二姐时，未免觉得鸡飞狗跳，又烦又乱，可仔细读来，也可以小见大。

贾琏与尤二姐看似深情，但秋桐来了后，便对尤二姐不再上心，他甚至在二姐流产后还去秋桐房间里歇，可以看出并非真的深情。只是因为尤二姐的温柔如水是他在凤姐身上得不到的，至于休凤姐另立她终不可信，而尤二姐也深知此事。她欲进入大观园，只是为了贾琏不会有一天因厌倦了抛弃她。她凭凤姐几句表白便深信凤姐，不愿给凤姐添麻烦，可以看出她并非一个狡猾有野心之人。

由此观之，尤二姐失宠，心肠也还不错，对凤姐没有威胁。即使有，她腹中孩子也是无辜的。我读时，实在不理解为何凤姐总有如此大的醋意？这种吃醋不能被提高到对封建时代三妻四妾的反抗，这种反抗应建立在两性平等基础之上。她对贾琏也并非不深情，只是她有一种极强的控制欲，甚至不安全感——无论是钱财，家中大

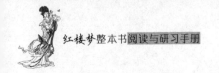

事小情，还是人，都需要被她牢牢掌控，她才会安心。

她对尤二姐下死手，因她向来不怕阴司报应，可见她狠辣狡猾的一面。若论手段，她表面体贴贤惠，手段高超，可实际上荣宁两府的人也并非傻子。被她揉得犹如面团的尤氏，不仅赔了五百两银子，而且妹妹也惨死，从此记恨上了她，使得日后凤姐在管家理事上的阻力增大。

贾蓉明明想讨好贾琏，却没得好处，自己付银子买通官府，还被凤姐一痛斥骂，从此也恨上凤姐。而此前他掌握了很多凤姐的秘密，日后定会报复。

贾琏也因贾蓉得知设计害死尤二姐的原凶是凤姐。在此之前，夫妇二人间关系也算融洽，可这一举动使贾琏恨上了凤姐，也使二人的关系越来越疏远。这样看来，逼死尤二姐是凤姐际遇的转折，可谓贻害无穷。

然而，王熙凤这种争强好胜的性格与狠辣的手段，最终令她无依无靠、落魄收场。但她的女儿巧姐，因为她当年善待刘姥姥而被搭救。这一切善恶，形成了完整的因果链。

昔日繁华盛景，犹如过眼云烟，可谓"万境归空"，而凤姐也是这"千红一窟，万艳同悲"群像中的一员。

当魏晋名士遇上南唐后主
——史湘云与林黛玉之人物形象比较

张函乐

漫漫长夜，独坐一隅，孤对红楼长卷，翻动纸墨，借一场古典的梦，看世间悲欢离合。作为我国古典文学宝库中的一朵奇葩，《红楼梦》中林黛玉与史湘云出身相似，性格、命运大相径庭，这共性与个性的并存吸引了我，令我在阅读过程中不断思索回味。

史湘云，本金陵名门史家千金，从小父母双亡，由叔父抚养，婶婶对她不佳，经常被贾母接到府中。林黛玉，生于诗书仕宦之家，年幼时，母亲病亡，外祖母接她来荣国府抚养。

湘云本比黛玉还要孤苦，家道中落，常做活至三更半夜，但她从不自苦命运，而对生活怀着乐观的态度。反是贾母最疼的黛玉，自认寄人篱下的孤儿，常叹"红消香断有谁怜"，感慨落寞与悲哀。

一切或许都源于二人体质的不同。黛玉从小就有病根，汤药一直服用，而相比之下，湘云显然拥有更健康的体魄。这影响了二人待人接物的方式，也让她们的美各有千秋。湘云"蜂腰猿臂，鹤势螂形"，还喜欢女扮男装。而黛玉"闲静时如姣花照水，行动处似弱柳扶风"，生来便是个弱女子。湘云有"霁月光风耀玉堂"的豪放之美，黛玉则是"病如西子胜三分"的婉约之美。

曹雪芹从魏晋时代汲取养料，倾注笔尖，塑造了豪放不羁、英气爽人的史湘云；又将自己经年累月的慨叹与愁思，全都寄托在林黛玉的身上，促成了她的多愁善感。如果说湘云是个"振衣千仞冈，濯足万里流"的魏晋名士，黛玉便是那位"问君能有几多愁，恰似一江春水向东流"的南唐后主李煜。

烧鹿肉大嚼，芍药茵醉眠，湘云的豪放酣醉之美，是其他闺阁女儿不能拥有的。她无视身份贵贱，不拘男女之别，与人相交，一片真心。香菱向湘云请教学诗，她"越发高兴了，没昼没夜，高谈阔论起来"。但她有时也因心直口快而失了大体。看戏时众人都知道凤姐儿指着的戏台上的小旦像谁，却怕得罪人而闭口，湘云却直言不讳："到像林妹妹的模样儿。"为此她不仅得罪了黛玉，还与宝玉发生了矛盾。"是真名士自风流"，她的率真，是天真，是真诚。

因一时冲动而铰破香囊，为小小宫花而无理取闹，黛玉情绪化的举动，是孤独的体现，也是真情的流露。黛玉为封建社会的叛逆者，与当时的社会环境格格不入，正如本应做一个诗人的李煜，根本无法成为一国之主。盘根错节、暗流涌动的贾府中，她太弱小了，她不是他人眼中的"好女子"，更不是掌权弄势的"女强人"。渴望展露一身才情，便无余力去了解他人。对着"寒塘鹤影"之景，只有她会吟出"冷月葬花魂"如此大悲之句，会因被晴雯拒之门外而伤心难眠。这种悲凉是注定一生的孤独，也造就了黛玉孤芳自傲的本性与多愁善感的性格。

同是悲惨的出身，同是寄居于贾府，二人的轨迹有交集；但因身体与性格的差异，她们的生命终将行走在不同的路上。面对相似的人生，黛玉选择保护自己，时时觉出寒气，而湘云大大咧咧行走其间，视艰辛若无物。

不同的待人处事之道，不同的情感心路，我们作为旁观者，无权评论正确与否，在有生之年与她们二人相遇于《红楼梦》中，实是人生之大幸。

《红楼梦》中我最心仪的女性——晴雯

吴穗雯

《红楼梦》中的女子不可谓不多，光是《金陵十二钗》的正册、副册、又副册中就有不下数十位，然而这其中最得我心的，当属位列又副册之首的晴雯。晴雯，既非宁国府、荣国府中的小姐，亦不是府上的奶奶，只是一个身份卑微的侍婢。然而就是这样处境下的晴雯，丝毫不改她的直爽与豪情、自尊与傲骨，自始至终保持着真我，让读者耳目一新、由爱生怜。

晴雯这个名字，在她的判词中得到了完美的解释：霁月难逢，彩云易散。如此看来，若想真真正正在天空中看到"晴天下的彩云"还并非一件易事。这"晴天下的云彩"，须等对了时候，仰望天空方能看到；亦如晴雯的好，无心者是无法注意到的，只有知己才能真正了解。对于名字这一点，晴雯与袭人更是有鲜明的对比。袭人，花气袭人，花香沁鼻，这似乎是花香主动迎人而去，有如袭人为众人费心费力，万事都先行一步，生怕有照顾不周的地方。或许这名字间就印证着性格，映照着命运：晴雯自尊，所以为人直爽，不阿谀奉承；袭人自知，所以做事谨慎，步步为营。

我心仪晴雯，因为她美。爱美之心人皆有之，但对于晴雯的美丽，曹雪芹用了很少的笔墨去进行正面描写，而从别人的只言片语中表露无遗。王夫人评价她：水蛇腰、削肩膀、眉眼有些像你林妹妹；凤姐评价她：若论这些丫头们，共总比起来，都没晴雯生得好；宝玉评价她：其为貌则花月不足喻其色。甚至在病重时被王夫人叫去的晴雯，也是一个绝色的病美人。晴雯的美，美得不落俗套，美得叫人不可否认，也美得叫人不住心生怜意。

我心仪晴雯，因为她真。《红楼梦》中对晴雯有详细描写的章回并不多，但是她的形象仅仅通过简单几回的描写便深深扎根于我的脑海中。比如在"撕扇子作千金一笑"中，晴雯敢说敢做、敢喜敢怒，虽为丫鬟却和宝玉无所避讳地交谈、打趣、顶嘴。又如抄检大观园之时，"晴雯挽着头发闯进来，豁一声将箱子掀开，两手捉着，底子朝天，往地下尽情一倒，将所有之物尽都倒出"，还当众把狗仗人势的王善保家的痛骂一顿。伶俐如晴雯怎么会不知道这样一来会被多少人记恨，借此在王夫人处被告上一状也不是不可能，但是晴雯不愿意因为自己出身卑微就把自尊也丢到九霄云外。晴雯的真，体现在她开心时即开怀地笑，不满时即破口就骂，难过时即捧面而哭。晴雯从不为巴结讨好而虚情假意，只为活得真实。

我心仪晴雯，因为她是性情中人。晴雯爱宝玉，爱得平平淡淡，不似袭人般偷偷摸摸，不似黛玉般柔肠寸断，也不似宝钗般以仕途为重，晴雯只伴在二爷左右，能为宝玉排忧解难即是那种安稳的幸福。然而，晴雯爱宝玉也爱得轰轰烈烈，"勇晴雯病补雀金裘"，在完成修补时元气大伤，"身不自主倒下"。连晴雯自己都说，她是"挣命"为宝玉缝补雀金裘。晴雯的性情还体现在她病重时被赶出贾府。当夜宝玉去探望她，晴雯说"今日既已担了虚名，而且临死，不是我说一句后悔的话，早知如此，我当日也另有个道理""论理不该如此，只是担了虚名，我可也是无可如何了"。临死前的晴雯仍希望宝玉念着自己,况且论理晴雯本应避嫌才是,可晴雯知道自己时日无多,与其担着莫须有的污名,倒不如尽量满足自己最后的愿望,死而无憾。

有人说,晴雯是黛玉的一个影子。我觉得,其实并不然。《红楼梦》中每个人的命运在第五回的判词中就已然决定了,无需其他的人物再来映衬。更何况,因为王夫人那句"眉眼有些像你林妹妹",或是因为晴雯是丫鬟、黛玉是姑娘而说晴雯是黛玉的影子。晴雯只是晴雯罢了,她无须活在"黛玉的影子"里,她是始终为自己而活的人。晴雯,和黛玉一样倔强,一样自尊自爱,却比黛玉更多了一份直爽和叛逆。晴雯,太难以描摹,甚至可以说是有些矛盾。出身卑贱却出奇自尊,身为奴婢却追求平等,机警伶俐却不谄媚奉承。因此,画晴雯者,是那副"又非人物,也非山水,不过是水墨瀚染的满纸乌云浊雾而已"。

思想内涵篇

《红楼梦》中的自由、平等和博爱理想

景然

为《红楼梦》写一篇评析,我不得不说,着实是一项浩大的工程。《红楼梦》在我眼中一直是神一般的存在,她的深、她的美绝不是三言两语或一篇文章所能匆匆谈尽的。在此我只有尽我所能,把我所感所想逐一分享。我常常自诩是个红迷,沉溺于其中的凄美爱情、绝代诗词,可我知道《红楼梦》绝不仅限于卿须怜我我怜卿的风花雪月、小情小调,而包含了一种雄浑磅礴的气度,包含了一种世间兴衰的必然。

"天下大势,分久必合,合久必分",没有永恒的存在,"自其变者而观之,则天地曾不能以一瞬",一切光辉灿烂在茫茫宇宙之中都只是昙花一现,稍纵即逝。纵然今日拥有如何的无上荣光,千百年后也都是一切又从头。"滚滚长江东逝水,浪花淘尽英雄。是非成败转头空,青山依旧在,几度夕阳红"。后世的人们遥望历史,终不过是物是人非,兴衰无常,"古今多少事,都付笑谈中"。凡事上升到了极点便会止步,由此一步一步跌入万丈深渊。唐代的安史之乱便是顶点,结束了贞观之治与开元盛世的繁荣局面,开启的则是中唐的下沉与晚唐的凄凉。其实朝代更迭都不过如此,雄心壮志、太平盛世却晚景凄凉。

回归红楼,这种历史的必然规律在书中于大于小都深刻地体现了出来,抛开其余的文字描写技巧不谈,仅凭这一点曹公就委实令人叹为观止。曹公最擅长的事便是以小见大。人物的名字性格、一颦一笑、一举一动都能映射出此人最后的结局。同样,小情节也能读出大悲剧。譬如黛玉葬花这一节。"花谢花飞花满天，红消香断有谁怜。"宝玉、黛玉由美想到了美的凋谢，由爱想到了爱的消逝，由今日的相会想到了永恒的分离，果真应了颦儿那句"天下没有不散的筵席，聚时欢喜，散时岂不冷清"。一个人在悲哀的境遇中自然很容易悲伤，然而有个词叫作乐极生悲，在欢乐的顶点有时候竟也会生出一种刻骨的悲凉。这种悲凉往往更加深刻，因为在那极乐之境人们摆脱了利害束缚，能体会到更加切身的喜怒哀乐。这与物极必反是一个道理。那也许是一种更高的境界、一个更遥远的世界，让人们更加清楚地思考自己的未来，看见未来的斗转星移、物是人非。"一朝春尽红颜老，花落人亡两不知。"于是最美好的事物反而变成了最悲痛的，今朝如何不舍，明日便会如何心痛，今朝如何害怕失去，失去之痛便会如何刻骨铭心。花有重开日，春有重归时。可是他年葬侬知是谁，无人知晓明日会不会人去梁空巢已倾。

　　这一切都是命运，我们无力阻挠的命运。人于快乐的最高点能清晰洞察到自己的宿命，尽管无力改变。分离聚合皆前定，颦儿深知自己的悲剧结局，却依然守着她的绝世孤高，等待着她最后的凄凉。宝黛的悲剧衬托了整个贾府的悲剧，影射了整个社会的悲剧。终于贾府也在那鼎盛的一瞬间之后渐渐颓败，家破人亡。为官的，家业凋零；富贵的，金银散尽；有恩的，死里逃生；无情的，分明报应；欠命的，命已还；欠泪的，泪已尽；看破的，遁入空门；痴迷的，枉送了性命。"好一似食尽鸟投林，落了片白茫茫大地真干净！"一部呕心沥血的《红楼梦》，反映了社会最本质的一面，同时又以文字反抗了旧社会的封建礼教。朱熹说的"存天理，灭人欲"其实是最没有天理的事，其实人欲本就是天理，人的一切所作所为都出自人的欲望，包括建功立业、功成名就。人欲灭不了，也不能灭，那是人们心中最朴实的感情。

　　在《红楼梦》中人们没有了明确的主仆界限，人们有了至真至纯的自由爱情，人们在一步步尝试男女平等。贾宝玉，其实是曹雪芹，在几百年前就已然有了现代人的思维与胸襟，敢于打破统治中国上千年的传统礼教。它只是一部小说，却又不只是一部小说，与另外三大名著一样，作者们希望用文字感染他人，用文字传播自由、平等、博爱的伟大理想。

　　张爱玲曾经说过，人生有三恨：海棠无香，鲥鱼多刺，红楼未完。其实对于真正的红迷、红学家而言，我只是个再普通不过的门外汉，一个再普通不过的凡夫俗子，没有权利去指责什么。我也不想人云亦云，许是对红楼的理解还不够深，我不免觉得人们如此指责高鹗未免有些过火，尽管他的续写有时的确违背了作者的先意。无论如何，人们愤怒的原因只有一个，那就是这部小说确实太过精彩，太过博大精深。

正所谓：爱之深，责之切。离恨无情天，总累有情人。世间万象，因有情，而叹时光有限，人事无常。一切的苦痛伤悲、恩怨忧愁都始于这个"情"字。由爱生恨，由爱生嗔，由爱生痴。

曹公瘦死西山，对月浩叹："都云作者痴，谁解其中味？"从古到今，可否有一人真正理解过曹雪芹的痴意？宝玉、黛玉、曹雪芹只怕都是万古云霄中的痴情人。读《红楼梦》，如人饮水，冷暖自知，既然宿命已定，我最大的收获便是珍惜。珍惜身边的一切细微，莫等时光老去、物是人非之时追悔莫及。流年似水，红了樱桃，绿了芭蕉，一去不复返。所以曾经拥有便值得庆幸，在鞴儿的惋惜声中，我们应反复练习珍惜。"劝君莫惜金缕衣，劝君惜取少年时。有花堪折直须折，莫待无花空折枝。"

品《红楼梦》之诗韵
陈悦甜

艺术鉴赏篇

无论是《红楼梦》的传奇故事，还是曹雪芹的精湛笔法，都是绝无仅有的。"金陵十二钗"出奇的美貌与绝代风华令人回味无穷，勾起无尽的遐思，可美女古来就有，杨贵妃、王昭君都不见得比十二钗差，而红楼之所以绝妙，金钗之所以独秀，在于大观园是凌驾于俗世之上的，是圣洁高雅、可望而不可即的。因为人世上的东西是没有哪个可以用那样的语言诗句描绘的，即使是再显贵的深宅大院里也不会拥有这般诗风诗韵。世上美貌女子虽有，倾城的才女却少之又少，即使有这样的奇女子，我们这样的肉眼凡胎也是不能一下找出十二个来的。

宁荣二府大到太太小姐，小到仆人丫鬟，个个都是出口成章、妙语连珠的。有了这样的人，再加上园里的奇观奇事，这里便染上了书香之气，所以一般的人是融不进这故事里的，或者说只要是凡人就会觉得还没迈进门槛就被抛到了九霄云外的另一个世界里去了，若想回到现世来还得颇费一番周折呢。十二钗的诗才绝学在秋爽斋已展现得淋漓尽致了。十二钗在诗词方面的天赋确实值得后人称美，后人很难判断她们作诗的才情究竟是同她们的闭月羞花之貌一样与生俱来，还是由于后天老师教学有方。但我更相信前者，仅以黛玉为例来谈，她自幼多病不必说，虽有贾雨村这样一等一的教师一对一地授课，可她长年怯弱多病，又多愁善感，想来能获得真知灼见的课也没上过几节，因此她的才学多半是自学，说的玄虚一些，大概是她骨子里就刻着诗。这倒不是说她一出生就能识字，而是说只要有什么触及了她敏感的骨子，这天赋

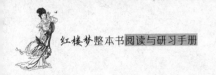

就一发不可收拾地使出来，只是心动的一瞬间，这能力就跳过了发育期，直接展现出成熟完美的结果，还可以运用自如。

也不只是黛玉，十二钗中的每一钗都能把这样的才学发挥到极致。她们当中每个人都没有刻意地作诗，按她们的话说是为了"顽"。其实她们也的确是为了玩，只不过是有别于我们今日的玩法，而且显然要高雅许多。而恰恰是因为这个"顽"，玩出了名堂，造就了极品。她们把诗玩得绝，似乎是从来也没有学过的，学过的也是没有大用的，而她们在玩的过程中其实正是最好地学着，是相互赏玩着，相互批评着，也是相互学着的。有时候人们不喜欢把自己喜欢的东西跟学习联系在一起，这也是为什么"不学"往往比"学"更能登峰造极的原因。这才有了"偶结"海棠社，有了一个"真正"的学堂。她们若是刻意地想结，谋划好了怎样结，那么这海棠社是定要结不成了，也就没有后续那么多好词佳作了。可见这一切都是浑然天成的。十二钗的才学还在于她们作诗无需见物，只要提起一物，就能展开联想，而且随便押上一韵即可成诗。这又要归功于她们的情。如果说作诗的天赋是与生俱来的有些荒谬，那么情则无可否认是天赐与人的，再有才的人没有情也作不出诗。而十二钗个个有丰富的情，特别是林妹妹本是水做的，每个细胞都离不了情，这样的人看到什么都能被打动，即使不触景，都时常生情，若不作诗，反而都无法泄泄自己的感情了，这样的人作起诗来怎能有人比得过呢？无论是悲情还是喜情都能作诗，情到深处，好诗就自然生成了。

《红楼梦》是诗做的。丫鬟们即使不具备小姐的天资，经过学习都能作出"精华欲掩料应难，影自娟娟魄自寒"的佳句，真可谓诗魂无处不在。而想想今天，看看我们广为传颂、津津乐道的很多恶俗用语都是些什么吧。我们确实应该捡起《红楼梦》好好读读了。我们读红楼诗韵不只为传承中华古典文化，更重要的是作诗需要素养，需要知识，更需要感情。若远离了诗，想必人世间便少了情。等到世态炎凉之日若再想拿起《红楼梦》，恐怕它只会离我们更远。

《红楼梦》的语言与人物性格

郭建男

一个人物的性格，如果单举一句话或一个词概括是容易的。但是一个富有生命力的形象一定有复杂特征。

黛玉是一个体弱多病、有大小姐脾气、心眼儿小、具有强烈自尊心和严重自卑感的女子，她多疑又容易嫉妒别人。她的言语尖酸，因为她的性格并不柔驯，在斗争的关头，她也常出言不逊。乳母劝阻宝玉喝酒，并让黛玉别向着宝玉，黛玉便冷笑道：

"我为什么助他？……如今在姨妈这里多吃一口，料也不妨事。"乳母听了，又是急又是无奈地笑道："真真这林姑娘，说出一句话来，比刀子还尖。"黛玉这是用危言把她和姨妈拴起来，让乳母吃不住。她这种说话带刺儿、得理不让人的做法，谁与她共事会感到舒服呢？

又有一次黛玉晚上到怡红院去，晴雯错把她当成了别的丫鬟，没有开门。恰巧碰到宝玉送宝钗出去，黛玉心生疑妒，等宝玉解释明白并发誓以后再也不会这样做，黛玉道："你的那些姑娘们也该教训教训，只是我论理不该说。今儿得罪了我的事小，倘或明儿宝姑娘来，什么贝姑娘来，也得罪了，事情岂不大了。"说着抿着嘴儿笑，宝玉听了又是咬牙，又是笑。作者给她这个人物安排了这些谈吐习性，不用再加按语，她在贾家的命运，已经很明朗了。

比起黛玉的阴阳怪气儿，宝钗的性格就显得敞亮多了。她聪明伶俐，有学识，不爱女孩子胭脂粉饰那一套，是个极为脱俗的女子，然而完美的形象无法塑造一个有立体感的人物，从宝钗的话语中也能寻找到她"冷"的一面。金钏投井而死，人人都感到悲伤，王夫人觉得良心受到谴责，袭人也"不禁流下了眼泪"。但是宝钗却能做出令众人意想不到的解释，她说："据我看来，他并不是赌气投井。多半他下去住着，或是在井跟前憨顽，失了脚掉下去的。他在上头拘束惯了，这一出去，自然要到各地去顽顽逛逛，岂有这样大气的理？纵然有这样大气，也不过是个糊涂人，也不为可惜。"面对着血淋淋的现实宝钗居然说得这么轻松自在，"冷"到连一丝一毫的人情冷暖也没有。我觉得这就正是语言的魅力所在，只有通过对语言的深刻体会才能感受到她的"冷"。宝钗比较寡言少语，但是一旦流露内心感受，就会使人觉得话语尖利，锋不可当。记得当宝玉无意间说出有人把她比作杨贵妃时，她就"不由的大怒"，立刻反击，冷笑了两声，说："我倒像杨妃，只是没有一个好哥哥好兄弟可以作得杨国忠的！"我想会有人把说出这样的话的人误认为是林黛玉。宝钗也有如此强烈的反应，实在让我感到她有锋芒却深藏不露。

（王限婷、张世珍、刘伊超 整理）

《红楼梦》考题集锦

对《红楼梦》一书的考查，既要促进学生对这部伟大著作的理解，更应激发学生读书思考的兴趣。考查分为阅读和写作两类：阅读类考题范围广、题型灵活；写作类考题包括微写作和作文两种，鼓励独到见解和个性抒发。二者结合，形成全面的考查体系。

所选试题分为论述类文本阅读、文学类文本阅读、古诗文阅读、微写作、作文等五部分。试题集锦既有全国高考题、北京高考及模拟题，也有学校自主命制的创新题，题型多样，覆盖面广，阅读写作相得益彰。

（王限婷 撰）

论述类文本阅读

❀ 北京市西城区一模

【材料一】

鲁迅先生曾说："《红楼梦》的要点在敢于如实描写，并无讳饰，和从前的小说叙好人完全是好，坏人完全是坏的，大不相同，所以其中所叙的人物，都是'真'的人物。"据此创作原则观察，红楼女子们构成了一个各美其美的真实世界。其显著特征有三——

特征一：美，是散落的，不追求集大成。《红楼梦》女性美是不偏不倚地散落在多数女子特别是少女少妇身上的。每个年轻女子都拥有某种单向优势，却没有全能冠军，是一种各美其美、美美与共的态势。

特征二：美，又是有分寸的、适度的，不追求绝伦超群。就像作者借石头之口所宣告的，他书中的女子没有班姑蔡女之类的女性样板，而是一群"小才、微善""或情或痴"的寻常"异样女子"，各有一份智慧，一份善良，一份真性情，是古往今来凡身心健康之女子人人拥有的普泛的基础的美。

特征三：红楼女子的美，又是有个别性、互补性的。小才，有种种；微善，有种种；真性情，更有种种。单以真性情而论，可谓千姿百态，呈现出中国文化人所喜爱的种种文化人格。有些女子，在不同程度上以不同方式展示着任情之美，而另一些女子则在不同程度上以不同方式展示着中和之美。少有重合，少有雷同。

任情美的性格核心是较多地推重个性和自我。这种女子或活得洒脱（如湘云、芳官等），或心智锐敏（如黛玉、龄官），或性格刚烈（如直面戕害的鸳鸯、尤三姐等），是古已有之的"不谄""不趋""不惕"的人文精神的自觉承传与任意流淌。

中和美的性格核心是尊重自己、体恤他人，是对儒家"修己安人""和而不流"

等积极内涵的认同与实践。这种女子大都活得安详（如李纨、麝月等），待人谦和（如薛宝钗、花袭人等），且品行坚韧（首推平儿，还有薛宝钗），是古已有之的"不矜不伐""不卑不亢"的人文精神的自觉承传与清醒高扬。

（取材于刘敬圻《〈红楼梦〉的女性观与男性观》）

1. 下列对材料一中加点字词的解说，不正确的一项是（2分）

A. "不偏不倚"中的"倚"，读音为yǐ。

B. "班姑蔡女"中的"班姑"，指《后汉书》作者班固。

C. "戕害"中的"戕"，最后一笔是"丶"（点）。

D. "不矜不伐"中的"矜"，意为"自夸"。

2. 根据材料一，下列对红楼女子之美的表述不符合文意的一项是（2分）

A. 各美其美　　　　　　　B. 美得适度

C. 都兼具任情之美与中和之美　　D. 体现了一些古已有之的人文精神

【材料二】

薛宝钗是一位"冷人"。曹雪芹写宝钗的冷性格，最为精彩的是写她有一种莫名的病症，需要服食一种名为"冷香丸"的药。

从第七回制药用药的叙述中可以看出，宝钗的天性并非真冷，她从娘胎里带出来的是热毒。她放不下世俗功名，总是劝宝玉走仕途经济之路，让宝玉觉得她也入了国贼禄蠹之流，这正是热的表现。"好风凭借力，送我上青云"，这分明也是热毒。但她为人处事却端庄大方，竭力掩盖自己内心深处对荣华富贵的追求与迷恋，这样就形成内热外冷的分裂，变得十分世故。"冷香丸"的意义，是解热毒的意义，也是治疗内外分裂的意义。

这种解释虽能自圆其说，但近乎苛评。我倒很欣赏胡菊人先生的另一种见解。他的立场有所不同，对宝钗有一种理解之同情。

他说："这药丸可非同小可，是全书大悲剧的象征。"薛宝钗是个才、德、貌三全的人物，但她毕竟是个青春少女。她和林黛玉等少女一样，有生命激情，有爱恋向往，但她接受了一套儒家的道德规范，竭力掩盖、压抑自己的内热，以至用"冷香丸"来化解自己的内热。在封建道德观的威慑下，她竟然把自己的生命激情视为一种病，需要药治。林黛玉的悲剧固然是悲剧，但她毕竟把自己的情感毫无掩饰地率性表露过、宣泄过，任自己的眼泪挥洒过、畅流过，而薛宝钗则把一切真情感深深地压在心底，然后装出一副冷清的面孔去对付那个虚假的缺乏真情真性的世界。她是真正的封建道德的点缀、牺牲品,她的心性表面上是被冷香丸化解掉的,实际上是被封建道德专制理念埋葬掉的。薛宝钗的悲剧是对青春热情自我压抑、自我消灭的悲剧,是自己屈服于外部社会规范而牺牲自身心性的结果。这种自我压抑、自我消灭的悲剧,是更深刻的悲剧,所以胡菊人先生称之为"大悲剧"。

以往的评"红"者站在批判者的立场上,太过强调薛宝钗是封建关系的维护者,而忽视了她是封建规范、封建理念的牺牲者。而胡菊人先生则站在同情者的立场上,发现宝钗是一个不得不用冷香丸来冰冻青春热情,又不得不带着"冷人"面具去面对邪恶社会的人。

(取材于刘再复《红楼人三十种解读》)

3.材料二中,胡菊人先生认为薛宝钗是大悲剧人物,下列说法不属于其理由的一项是(3分)

A.内热外冷的分裂,使其世故　　B.把生命激情视为疾病

C.只能用假面对付虚假的世界　　D.不曾像黛玉那样率性

4.根据材料二,下列与"冷香丸"有关的说法,不符合原文意思的一项是(3分)

A.曹雪芹创造出以"冷香丸"治疗宝钗的"热毒",是一种精彩的写法。

B."冷香丸"所解"热毒","病症"之一是追求功名,之二是为人端庄。

C.有人认为,"冷香丸"有治疗内热外冷分裂性格的意义,对宝钗有益。

D.有人认为,"冷香丸"是压制生命活力扭曲真实心性的,对宝钗有害。

【材料三】

薛宝钗多年来蒙冤最甚的便是说她"奸"。直到20世纪80年代还有人以此相责,说宝钗"孜孜以求的是'甜如蜜'的小人之交。她常常给人送东西,有时是有一定同情心的善行。但我们应看到,她的动机是复杂的。首先是求得美名,目的是邀时誉,笼络人心"。其实这说法有可商榷之处。

比如,说她破坏宝黛爱情,觊觎宝二奶奶的位置,甚至还为此耍了阴谋——移祸黛玉。我承认,宝钗是有缺点的。但读者如果不存先入之见,实事求是地分析此事的前因后果,则不难发现,指斥其"奸"过于严苛。那日正值芒种,宝钗与凤、纨、迎、探、惜等在园中玩耍,因独不见黛玉,故去潇湘馆找她。由于忽见宝玉进去怕自己也去"一则宝玉不便,二则黛玉嫌疑",她便抽身回来。这恰好证明她心地纯正,不存妒忌之念。接着见一玉色蝴蝶,十分有趣,遂追扑起来,又证明她当时并无醋意与不快。这时听见亭内红玉与坠儿说话,宝钗认为"奸淫狗盗",固然反映了她的封

建正统观念，实不足取，但她装着追寻黛玉，却是彼时彼境合乎实情之言。人们情急之下做出的反应往往与当时正在进行的事有关。宝钗当时就是为找黛玉而来，因此，说寻黛玉实在是最正常不过的。毕竟，处境窘急，脱口而出，情有可原。

比如，在金钏自杀的问题上，宝钗说她"纵然有这样大气，也不过是个糊涂人，也不为可惜"，确实是无情到了冷酷的程度。但说她将自己两套新衣拿来给金钏装裹，是为了对照贬损黛玉，实在有失偏颇。因为黛玉"素日是个有心的"之类的话是王夫人所说，且宝钗历来心胸宽大，从不计较琐事，连庭院花木、房间布置、衣服首饰等都不大讲究，所以在姨妈精神上承受巨大压力这一情境之下，她主动提出此议是十分自然的。她在宽慰王夫人时说的一席话，除了表现其惊人的无情外，确实有讨好巴结之嫌，但也仅仅是嫌疑而已。因为人们为了安慰亲人、朋友，有时会说一些减轻其责任的话，这并不能完全代表她心中真实的判断，只能说有讨好之嫌。断言其"奸"，并无铁证。

曹雪芹正是这样以严重缺点、微妙处境和几处嫌疑的模糊手法使宝钗形象复杂化，从而增加了对人物释读与评价的多种可能性，拓宽了审美的艺术空间。

（取材于周思源《探秘集》）

5. 根据材料三，下列证明宝钗不"奸"的理由中，与文意不符的一项是（3分）

A. 去潇湘馆寻黛玉，因见宝玉进去怕有不便，便没有前往，可见她不存妒忌。

B. 担心红玉与坠儿怀疑自己，便假装是在追黛玉，这是情急之下的正常反应。

C. 提出拿自己的新衣给金钏装裹，是为了给王夫人减压，不是为了贬损黛玉。

D. 认为金钏死不足惜，是特定情境下的话语，目的是安慰人，而不是讨好人。

6. 对薛宝钗这一人物形象的评价，历来众说纷纭。请综合以上三则材料，概括说明造成对宝钗的评价众说纷纭的原因。（6分）

7. 人物的复杂性是指文学作品中某个人物形象有丰富的释读和评价的可能，上面材料中所分析的宝钗就是一个复杂性人物。请从《红楼梦》《呐喊》《边城》《老人与海》《平凡的世界》《红岩》这六部作品中任选一个人物（宝钗除外），结合作品中的相关内容，谈谈你对该人物复杂性的理解。（8分）

北京市海淀区二模

大观园试才题对额（节选）

曹雪芹

贾政命贾珍在前引导，自己扶了宝玉，逶迤进入山口。抬头忽见山上有镜面白石一块，正是迎面留题处。贾政回头笑道："诸公请看，此处题以何名方妙？"众人听说，也有说该题"叠翠"二字的，也有说该题"锦嶂"的，又有说"赛香炉"的，又有说"小终南"的，种种名色，不止几十个。原来众清客心中，早知贾政要试宝玉的功业进益如何，只将些俗套来敷衍。宝玉亦料定此意。贾政听了，便回头命宝玉拟来。宝玉道："尝闻古人有云：'编新不如述旧，刻古终胜雕今。'况此处并非主山正景，原无可题之处，不过是探景一进步耳。莫若直书'曲径通幽'这句旧诗在上，倒还大方气派。"众人听了，都赞道："是极！二世兄天分高，才情远，不似我们读腐了书的。"贾政笑道："不可谬奖。他年小，不过以一知充十用，取笑罢了。再俟选拟。"

说着，进入石洞来。只见佳木茏葱，奇花闪灼，一带清流，从花木深处曲折泻于石隙之下。再进数步，渐向北边，平坦宽豁，两边飞楼插空，雕薨绣槛，皆隐于山坳树杪之间。俯而视之，则清溪泻雪，石磴穿云，白石为栏，环抱池沿，石桥三港，兽面衔吐。桥上有亭。贾政与诸人上了亭子，倚栏坐了，因问："诸公以何题此？"诸人都道："当日欧阳公《醉翁亭记》有云：'【甲】'，就名'翼然'。"贾政笑道："'翼然'虽佳，但此亭压水而成，还须偏于水题方称。依我拙裁，欧阳公之'【乙】'，竟用他这一个'泻'字。"有一客道："是极，是极。竟是'泻玉'二字妙。"贾政拈髯寻思，因抬头见宝玉侍侧，便笑命他也拟一个来。宝玉听说，连忙回道："老爷方才所议已是。但是如今追究了去，似乎当日欧阳公题酿泉用一'泻'字则妥，今日此泉若亦用'泻'字，则觉不妥。况此处虽云省亲驻跸别墅，亦当入于应制之例，用此等字眼，亦觉粗陋不雅。求再拟较此蕴藉含蓄者。"贾政笑道："诸公听此论若何？方才众人编新，你又说不如述古；如今我们述古，你又说粗陋不妥。你且说你的来我听。"宝玉道："用'泻玉'二字，则莫若'沁芳'二字，岂不新雅？"贾政拈髯点头不语。众人都忙迎合，赞宝玉才情不凡。贾政道："匾上二字容易。再作一副七言对联来。"宝玉听说，立于亭上，四顾一望，便机上心来，乃念道：＿＿＿＿＿，＿＿＿＿＿。贾政听了，点头微笑。众人先称赞不已。

于是出亭过池，一山一石，一花一木，莫不着意观览。忽抬头看见前面一带粉垣，里面数楹修舍，有千百竿翠竹遮映。众人都道："好个所在！"于是大家进入，只见入门便是曲折游廊，阶下石子漫成甬路。上面小小两三间房舍，一明两暗，里面都是合着地步打就的床几椅案。从里间房内又得一小门，出去则是后院，有大株梨花兼着芭蕉。又有两间小小退步。后院墙下忽开一隙，得泉一派，开沟仅尺许，灌入墙内，绕阶缘屋至前院，盘旋竹下而出。

贾政笑道："这一处还罢了。若能月夜坐此窗下读书，不枉虚生一世。"说毕，看着宝玉，唬的宝玉忙垂了头。众客忙用话开释，又说道："此处的匾该题四个字。"贾政笑问："那四字？"一个道是"淇水遗风"。贾政道："俗。"又一个是"睢园雅迹"。贾政道："也俗。"贾珍笑道："还是宝兄弟拟一个来。"贾政道："他未曾作，先要议论人家的好歹，可见就是个轻薄人。"众客道："议论的极是，其奈他何。"贾政忙道："休如此纵了他。"因命他道："今日任你狂为乱道，先设议论来，然后方许你作。方才众人说的，可有使得的？"宝玉见问，答道："都似不妥。"贾政冷笑道："怎么不妥？"宝玉道："这是第一处行幸之处，必须颂圣方可。若用四字的匾，又有古人现成的，何必再作。"贾政道："难道'淇水''睢园'不是古人的？"宝玉道："这太板腐了。莫若'有凤来仪'四字。"众人都哄然叫妙。贾政点头道："畜生，畜生，可谓'管窥蠡测'矣。"因命："再题一联来。"宝玉便念道：

宝鼎茶闲烟尚绿，幽窗棋罢指犹凉。

贾政摇头说道："也未见长。"说毕，引众人出来。

……

一面走，一面说，倏尔青山斜阻。转过山怀中，隐隐露出一带黄泥筑就矮墙，墙头皆用稻茎掩护。有几百株杏花，如喷火蒸霞一般。里面数楹茅屋。外面却是桑、榆、槿、柘，各色树稚新条，随其曲折，编就两溜青篱。篱外山坡之下，有一土井，旁有桔槔辘轳之属。下面分畦列亩，佳蔬菜花，漫然无际。

贾政笑道："倒是此处有些道理。固然系人力穿凿，此时一见，未免勾引起我归农之意。我们且进去歇息歇息。"说毕，方欲进篱门去，忽见路旁有一石碣，亦为留题之备。众人笑道："更妙，更妙！此处若悬匾待题，则田舍家风一洗尽矣。立此一碣，又觉生色许多，非范石湖田家之咏不足以尽其妙。"贾政道："诸公请题。"众人云："方才世兄有云，'编新不如述旧'，此处古人已道尽矣，莫若直书'杏花村'妙极。"贾政听了，向众人道："'杏花村'固佳，只是犯了正名，村名直待请名方可。"众客都道："是呀。如今虚的，便是什么字样好？"

　　大家想着，宝玉却等不得了，也不等贾政的命，便说道："旧诗有云：'红杏梢头挂酒旗'。如今莫若'杏帘在望'四字。"众人都道："好个'在望'！又暗合'杏花村'意。"宝玉冷笑道："村名若用'杏花'二字，则俗陋不堪了。又有古人诗云：'柴门临水稻花香'，何不就用'稻香村'的妙？"众人听了，益发哄声拍手道："妙！"贾政一声断喝："无知的业障！你能知道几个古人，能记得几首熟诗，也敢在老先生前卖弄！你方才那些胡说的，不过是试你的清浊，取笑而已，你就认真了！"

　　说着，引人步入茆堂，里面纸窗木榻，富贵气象一洗皆尽。贾政心中自是欢喜，却瞅宝玉道："此处如何？"众人见问，都忙悄悄的推宝玉，教他说好。宝玉不听人言，便应声道："不及'有凤来仪'多矣。"贾政听了道："无知的蠢物！你只知朱楼画栋、恶赖富丽为佳，那里知道这清幽气象。终是不读书之过！"宝玉忙答道："老爷教训的固是，但古人常云'天然'二字，不知何意？"

　　众人见宝玉牛心，都怪他呆痴不改。今见问"天然"二字，众人忙道："别的都明白，为何连'天然'不知？'天然'者，天之自然而有，非人力之所成也。"宝玉道："却又来！此处置一田庄，分明见得人力穿凿扭捏而成。远无邻村，近不负郭，背山山无脉，临水水无源，高无隐寺之塔，下无通市之桥，峭然孤出，似非大观。争似先处有自然之理，得自然之气，虽种竹引泉，亦不伤于穿凿。古人云'天然图画'四字，正畏非其地而强为地，非其山而强为山，虽百般精而终不相宜……"未及说完，贾政气的喝命："又出去！"刚出去，又喝命："回来！"命再题一联："若不通，一并打嘴！"宝玉只得念道：

　　新涨绿添浣葛处，好云香护采芹人。

贾政听了，摇头说："更不好。"一面引人出来。

　　（节选自《红楼梦》第十七回至十八回"大观园试才题对额　荣国府归省庆元宵"）

　　1.贾政与众人化用《醉翁亭记》中的语句，给大观园中桥上之亭拟名为"翼然""泻玉"。请在文中【甲】【乙】两处写出相关语句。（2分）

　　2.根据大观园"沁芳亭"周围景物的特点，选出贾宝玉为"沁芳亭"撰写的对联。（3分）

　　A.前门绿柳垂金锁　后户青山列锦屏　　B.麝兰芳霭斜阳院　杜若香飘明月洲

　　C.绕堤柳借三篙翠　隔岸花分一脉香　　D.三径香风飘玉蕙　一庭明月照金兰

　　3.小说多次描写贾政的"笑"，阅读相关内容，完成（1）（2）题。（8分）

　　（1）解说加点处"笑"所蕴含的不同意味。（3分）

　　（2）以贾政的"笑"为例，赏析曹雪芹刻画人物的独到之处。（5分）

4. 贾政率众人游览大观园，一见"潇湘馆"，众人都道："好个所在！"请根据小说内容，概括"潇湘馆"是个怎样"好"的所在。曹雪芹如此描写"潇湘馆"的匠心何在？（6分）

5.《红楼梦》第三回中写道：后人有《西江月》词批宝玉"纵然生得好皮囊，腹内原来草莽"。节选部分众人"赞宝玉才情不凡"。请结合节选部分的相关内容，说说你对宝玉这一人物的评价。（5分）

🌀 北京二中学段试题

贾政不是假正经

我读中学的时候，课本上节选了《宝玉挨打》。老师说：贾政打宝玉，是旧势力对新生力量的残酷镇压，集中体现了封建社会的父权。

近年有点心平气和了，再细读，发现这打人者，自己也又痛又泪，简直是遍体鳞伤。而且，打宝玉也算事出有因——先是素无往来的忠顺王府来寻琪官；再有金钏跳井死了，一向待下宽柔的贾府从未有过，贾环又趁机告黑状……而贾政，气得面如金纸，"喘吁吁直挺挺地坐在椅子上，满面泪痕"。待宝玉一来，便如箭在弦上，不得不发，这"又狠又快"的板子，竟一气呵成了。

宝玉被打得气息奄奄，小衣上全是血痕。王夫人赶来大哭，贾政也泪如雨下。贾母颤巍巍地赶来，贾政又是赔笑，又是苦苦叩求认罪。

王国维根据叔本华的理论，把悲剧分为三种：一是有极恶之人制造的；一是盲目的命运；一是普通人在普通境遇下，出于自然的反应，却相互对立，彼此制造了灾祸。第三种悲剧是最彻底的。

这场家庭悲剧，无一人有罪。

贾政，不是坏人，只是一个气急了的父亲。高明的作家，不人为划分人性的等级，制造善恶的对立，而是体察每个人的不得已，对所有人心怀慈悲。

再看贾家别的父亲，暴力简直是居家必备。贾赦只因为贾琏没买成石呆子的古扇，又说贾雨村做事太缺德，就把贾琏打得破了相。在清虚观打醮，贾珍嫌贾蓉懒：我还没说热，他倒乘凉去了。喝命小厮去啐他。后来听赖嬷嬷说起，贾家父亲对儿子粗暴是祖传，除了打骂，贾珍的爷爷待儿子像"审贼"一样。

贾赦是蛮不讲理，贾珍是人格羞辱，相比之下，贾政对宝玉，就只是误会和隔阂了。

隔阂是必然的。传统的大家庭，父子不只是父子，背后还有坚硬的权力结构——三纲五常，父父子子，更有家国同构，不孝就是不忠，孝顺得好还可以做官。血缘亲情不再单纯，混杂了道德、习俗和制度，父亲有绝对权威，对儿子不仅有处置权，还有所有权。

权力让人傲慢。于是，神州大地，盛产严父。

宝玉去上学，要跟父亲辞行。贾政冷笑道："你如果再提'上学'两字，连我也羞死了。依我的话，你竟顽你的去是正理。仔细看站脏了我这地，靠脏了我的门！"幸亏有众清客圆场，两个年老的赶紧拉了宝玉出去，不然不知如何收场。

宝玉当然怕这样的贾政了。只要一听见"老爷叫宝玉！"他就两眼发黑，连林妹妹都顾不上了。

贾母深知这一点，她最疼宝玉。幸亏有她，不然宝玉的人生一定千疮百孔。曹公也深知这一点，第三十七回就让贾政点了学差，外出公干去了，直到第七十回才回来。而这两年多，正是宝玉和姐妹们最美好的年华，也是大观园最鼎盛的时期。这样的时光，父亲一定不能在身边。

不过，贾政虽然是严父，但他紧绷的脸，其实是有表演成分的。

大观园刚落成，贾政因私塾先生赞宝玉会对对联，有"歪才情"，便命他跟来。这一回宝玉倒大放异彩。有意思的是贾政的表现，明明心里颇为赞许宝玉的"歪才情"，却总是板起脸，不是训斥，就是棒喝。宝玉写出"绕堤柳借三篙翠，隔岸花分一脉香"，贾政点头微笑，但接下来画风一转："畜生，畜生，可谓'管窥蠡测'矣！"然后又命：再来一个。

你看，明明想炫耀自己的孩子，却要摆出一副臭脸。一路下来，倒是照见了这个严父的另外一面：其实，他不暴躁，就是古板了点，嘴硬了点，架子也端得足了点。

脸虽然臭，说话也不好听，但省亲别院所有的门牌匾额，几乎都用了宝玉的提议。在第七十六回，黛玉和湘云在凹晶馆联诗，说起凹晶馆和凸碧堂名字的由来，我们才知道，原来黛玉拟的名字，贾政也一字未改，都用了。

他也懂得欣赏宝黛的笔墨趣味，也曾夸奖宝钗博学，实非迂腐之人。

宝玉虽怕贾政，但对这个父亲，也不乏亲情和敬意。宝玉对黛玉发誓，说的是：我的心里，除了老太太、老爷、太太，第四个就是妹妹你。即使贾政不在家，宝玉路过他的书房，也要下马致敬。

曹公是典型的中国作家，他写大家族的生活，写贾母、贾政和王夫人，下笔格外温润亲厚。中国式的家庭，既是伦理，也是情感依托，是可以提供情感庇护和安全的地方。西方文化中，"家"没有背负这样的负担。亚里士多德认为"家庭是人们为满足

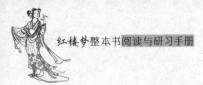

日常生活需要而建立的社会的基本形式",强调的是功用,而非责任。

传统大家族里的父子关系,是一个过于庞大的话题,对当事人来说,这两个角色恐怕都不轻松。

也有人说,贾政是"假正经",一个腐儒!

他哪里是"假正经"?

他是"真正经"好吧!在贾家,他最正经,最明白,也最有克制力。

他的哥哥贾赦,袭了爵,一大把年纪"苍白胡子",还要娶鸳鸯做小老婆,居然派邢夫人去说合。对子女也不负责,执意要把女儿迎春许给孙绍祖。贾母懒得管,只有贾政深恶孙家,知其非诗礼名族,劝过两次,可惜贾赦不听。

宁国府里的贾敬,索性到道观里炼丹,后来重金属中毒死相很难看。而贾珍无人管束,闹翻了天。他们都在尽情挥霍。只有贾政最正常,也最憋屈。

贾珍是族长,袭爵的是贾赦,贾政居的只是员外郎,是虚职,又非正经科举出身。而且上有老母,下有"逆子",贾赦对自己还满怀敌意,中秋节贾赦说"偏心"的笑话,这已经是当众表示不满了。

他又不能像他们那样,没脸没皮,放飞自我。

《红楼梦》一开始,他就是一个五十岁左右的中年人,意兴阑珊,人生乏味。他中规中矩,私生活毫无瑕疵。唯一让人不解的,是他似乎总在赵姨娘处歇卧,两人还拉家常,跟王夫人却很少说话。赵姨娘其人其事如此,让人很怀疑他的品位。不过,他也没什么选择,王夫人这块木头,比他还寡淡呢。赵姨娘虽是惹祸精,至少还有一股子奇异的活力。

那他日常的生活又是怎样的?不外派闲差的时候,就整日与清客们应酬往来,贾雨村也经常拜访,他很喜欢,每次贾雨村前来,都要拉出宝玉来陪客,宝玉不胜其烦。修建大观园,他并不参与,书中说他"不惯俗务",大概也不会。

一脸正经,专攻道德文章,无心事功,这就是儒家读书人了。儒家擅长描画理想和道德模范,喜大言,在事功方面却无甚心得,少建树,再加上对人性有过高的期待,显得过于务虚。所以庄子讽刺儒家,"明乎礼仪而陋于知人心"。

贾政的人生轨迹,书中说:"近日贾政年迈,名利大灰,然起初天性也是个诗酒放诞之人,因在子侄辈中,少不得规以正路。"这实在是我们最熟悉的人——沿着前人的老路,捧着圣贤书,目光笔直,不怀疑,不恐惧,一路走下去。然后人到中年,一事无成,再告诫孩子:"什么《诗经》,古文,一概不用虚应故事。只是先把"四书"一气讲明背熟,是最要紧的!"

这是中年的哀歌，也是规矩人的哀歌。

上元节大家做灯谜，他做的是："身自端方，体自坚硬。虽不能言，有言必应。"谜底是砚台，正合他自己的样子。他也想活泼一下，讲了一个笑话，是一个妻管严回家迟了，又是怕老婆，又是喝洗脚水，这笑话其实是有点恶趣味的。何况贾母、王夫人、邢夫人，以及姑娘们都在一旁。

无趣的人玩幽默，恶俗的人装风雅，都是事故现场。

有人说，贾政年轻时也是"诗酒放诞之人"，就是宝玉，而宝玉长大了，会成为贾政。大观园终会烟消云散，每个人也都要告别青春，走向灰暗的中年。所以，黛玉也会长成宝钗。

说这话的人，你确定自己了解宝玉、黛玉？

写诗、葬花、读禁书，爱上宝玉的黛玉，不会主动搬离大观园，也不会写"好风凭借力，送我上青云"。同理，宝钗也写不出《题帕三绝》，写不出"半卷湘帘半掩门"。对女儿情深意重，说"女儿是水做的骨肉"的宝玉，即使老了残了，也爱过，活过，心中自有玫瑰，不会成为贾政。

你可以相信现实逻辑无比强大，但请不要为宝黛代言。成为宝钗的黛玉，成为贾政的宝玉，压根就不是黛玉和宝玉。

宝玉之所以是宝玉，不是因为他诗酒放诞，青春年少，而是因为他的爱与温柔，以及在所有美好面前低下头来的谦卑，这是他的生命哲学。他说：文死谏武死战，最沽名钓誉。看透了道德的把戏和历史的虚妄。他也最懂得黛玉的诗意和孤独，听见黛玉"一朝春尽红颜老，花落人亡两不知"，他恸倒在山坡之上。这是对死的观照，对生的觉解。

《红楼梦》是一面镜子，有人看见了生活，有人看见了命运，也有人看见了超越自身局限的可能。而我们大部分人，跟贾政一样，选择了默默顺从，深信不疑。

宝玉永远成不了贾政。贾政也永远不可能理解宝玉。

宝玉写《姽婳词》。贾政先是嫌第一句粗鄙，他和众清客一样，只会计较辞藻和叙事，关心用字用句。而宝玉写的："何事文武立朝纲，不及闺中林四娘！我为四娘长太息，歌成馀意尚彷徨"，这里面的愤怒、同情与惋惜，他并不懂。

贾政其实是后四十回的甄宝玉。他也曾和宝玉一样，后来却深悔年少轻狂，而把显亲扬名视为正业，并称以前的自己是"迂想痴情"。

每个人心中都有一座大观园。大观园终将崩塌，是悲剧。遗忘她，否定她，则是更深的悲剧。

那天，众人在一起过元宵节。贾政看小辈们出的灯谜，元春是"炮仗"，迎春是"算盘"，探春是"风筝"，惜春却是"佛前海灯"。他觉得，怎么都是不祥之物呢，愈觉烦闷，大有悲戚之状。大厦将倾，别人还在醉生梦死，他却从灯谜看出谶语，然而，却又无能为力。

贾府之衰落，贾政并非导致家族崩溃的暴君，却是一个无能为力的好人。

正因为如此，这大厦倾覆树倒猢狲散的大悲剧，于他，显得格外悲凉。他主动告别过去，死过一次，也没换来好结局。最后"白茫茫大地真干净"，宝玉还有爱与美的记忆，而他，却空空如也。这真是一个悲哀的故事。

（选自刘晓蕾同名文章，有删改）

6.《红楼梦》第十七、十八回"大观园试才题对额　荣国府归省庆元宵"中，宝玉、元春等人曾为大观园中的主要景观命名。下列各项中景观与命名对应错误的一项是（3分）

A.佳木茏葱，奇花炯灼，一带清流，从花木深处曲折泻于石隙之下……两边飞楼插空，雕甍绣槛，皆隐于山坳树杪之间。俯而视之，则清溪泻雪，石磴穿云，白石为栏，环抱池沿，石桥三港，兽面衔吐。桥上有亭。（沁芳亭）

B.一带粉垣，里面数楹修舍，有千百竿翠竹遮映……入门便是曲折游廊，阶下石子漫成甬路……后院墙下忽开一隙，得泉一派，开沟仅尺许，灌入墙内，绕阶缘屋至前院，盘旋竹下而出。（怡红院）

C.一带黄泥筑就矮墙，墙头皆用稻茎掩护。有几百株杏花，如喷火蒸霞一般。里面数楹茅屋。外面却是桑、榆、槿、柘，各色树稚新条，随其曲折，编就两溜青篱。篱外山坡之下，有一土井，旁有桔槔辘轳之属。（稻香村）

D.一株花木也无，只见许多异草：或有牵藤的，或有引蔓的，或垂山巅，或穿石隙，甚至垂檐绕柱，萦砌盘阶，或如翠带飘飘，或如金绳盘屈，或实若丹砂，或花如金桂，味芬气馥，非花香之可比。（蘅芜苑）

7.《红楼梦》中的节庆内容在书中占了相当比重，为我们展示了那个时代节庆的丰富内容。下列关于节日的叙述和描写，对应正确的一项是（3分）

A.这一日，两府中都换了门神、联对、挂牌，新油了桃符，焕然一新。宁国府从大门、仪门、大厅、暖阁、内厅、内三门、内仪门并内塞门，直到正堂，一路正门大开，两边阶下一色朱红大高照，点的两条金龙一般……两府男妇小厮丫鬟亦按差役上中下行礼毕，……摆上合欢宴来。男东女西归坐，献屠苏酒、合欢汤、吉祥果、如意糕……（中秋节）

B.可巧这日，贾琏已备下年例祭祀，带领贾环、贾琮、贾兰三人去往铁槛寺祭柩烧纸。宁府贾蓉也同族中几人各办祭祀前往。也是这日,杏子阴假凤泣虚凰,藕官烧纸祭同伴。此外,在第五回的判词中和第二十二回的谜语中也都提到了该日的一项活动——放风筝。(清明节)

C.此日堪称中国的"狂欢节"。在《红楼梦》中,它也是提到次数最多的节日。甄士隐曾在该日命家人抱英莲去看社火花灯。是日之夕,贾母曾在大花厅上命摆几席酒,定一班小戏,满挂各色佳灯,带领荣宁二府各子侄孙男孙媳等家宴。其间,既有看戏的,也有击鼓传梅讲笑话的,一直玩到四更,最后放烟花。(除夕)

D.这一日,蒲艾簪门,虎符系臂。午间,王夫人治了酒席,请薛家母女等赏午。贾宝玉这一日和晴雯拌了嘴,被林黛玉笑着调侃,"大节下怎么好好的哭起来?难道为争粽子吃争恼了不成。"(重阳节)

8.元宵节制灯谜贾政悲谶语,下列谜面与作者对应正确的一项是(3分)

甲　阶下儿童仰面时,清明妆点最堪宜。

　　游丝一断浑无力,莫向东风怨别离。

乙　能使妖魔胆尽摧,身如束帛气如雷。

　　一声震得人方恐,回首相看已化灰。

丙　前身色相总无成,不听菱歌听佛经。

　　莫道此生沉黑海,性中自有大光明。

丁　天运人功理不穷,有功无运也难逢。

　　因何镇日纷纷乱,只为阴阳数不同。

A.元春　迎春　惜春　探春

B.惜春　迎春　探春　迎春

C.探春　元春　惜春　迎春

D.迎春　元春　惜春　探春

9.《红楼梦》中很多人名可以构成巧妙的对仗关系。下列选项中,对仗不够工整的一项是(3分)

A.巧姐VS板儿

B.河东狮VS中山狼

C.甄士隐VS孙绍祖

D.夏守忠VS乌进孝

10.下列和贾政有关的事,叙述不正确的两项是(4分)

A.元妃送出灯谜让大家猜,宝钗一猜就着,却故作难猜之状。贾母见元春喜欢,

也命人制作灯谜让大家猜,还请来了贾政,整个聚会的气氛融洽欢快。

B.贾政长女元春被册封为妃,皇帝恩准探亲。荣国府为了迎接这一大典,修建极尽奢华的大观园,又采办女伶、女尼、女道士,出身世家、因病入空门的妙玉也进了荣府。

C.大观园试才题对额,贾宝玉大展风采,贾政也很欢喜,还破天荒地夸了宝玉几句。

D.贾政昧于识人,没有分辨真伪的能力。围绕在他身边的清客,如詹光(沾光)、单聘仁(善骗人)、卜固修(不顾羞)等,没有一位是端人正士。而他所信任的人多是些俗物、小人和蠢妇。

E.宝玉挨打后,贾母吩咐贾政的亲随小厮们,以后贾政若唤宝玉便以她的名义加以拒绝。宝玉自此以后甘为诸丫鬟充役,宝钗等偶尔劝他留心仕途经济,他便斥之为"入了国贼禄鬼之流",不留情面。

11.结合本文和《红楼梦》原文,简述宝玉挨打的直接原因与根本原因。(4分)

_____

_____

12.文章认为"贾政不是假正经",你是否认同?试结合《红楼梦》中的内容,谈谈你的看法。(6分)

_____

_____

_____

古诗文阅读

☁️北京二中学段试题

阅读《红楼梦》第三十七回(节选),完成后面的题目。

却说贾政出门去后,外面诸事不能多记。单表宝玉每日在园中任意纵性的旷荡,真把光阴虚度,岁月空添。这日正无聊之际,只见翠墨进来,手里拿着一副花笺送与他。宝玉因道:"可是我忘了,才说要瞧瞧三妹妹去的,可好些了,你偏走来。"翠墨道:"姑娘好了,今儿也不吃药了,不过是凉着一点儿。"宝玉听说,便展开花笺看时,上面写道:

　　娣_探谨奉

　　二兄文几：前夕新霁，月色如洗，因惜清景难逢，讵忍就卧。时漏已三转，犹徘徊于桐槛之下，未防风露所欺，致获采薪之患。昨蒙亲劳抚嘱，复又数遣侍儿问切，兼以鲜荔并真卿墨迹见赐，何痌瘝惠爱之深哉！今因伏几凭床处默之时，因思及历来古人中处名攻利敌之场，犹置一些山滴水之区，远招近揖，投辖攀辕，务结二三同志盘桓于其中，或竖词坛，或开吟社，虽一时之偶兴，遂成千古之佳谈。娣虽不才，窃同叨栖处于泉石之间，而兼慕薛、林之技。风庭月榭，惜未宴集诗人；帘杏溪桃，或可醉飞吟盏。孰谓莲社之雄才，独许须眉；直以东山之雅会，让余脂粉。若蒙棹雪而来，娣则扫花以待。此谨奉。

宝玉看了，不觉喜的拍手笑道："到是三妹妹的高雅，我如今就去商议。"一面说，一面就走，翠墨跟在后面。刚到了沁芳亭，只见园中后门上值日的婆子手里拿着一个字帖走来，见了宝玉，便迎上去，口内说道："芸哥儿请安，在后门只等着，叫我送来的。"宝玉打开看时，写道是：

　　不肖男_芸恭请

　　父亲大人万福金安。男思自蒙天恩，认于膝下，日夜思一孝顺，竟无可孝顺之处。前因买办花草，上托大人金福，竟认得许多花儿匠，并认得许多名园。因忽见有白海棠一种，不可多得。故变尽方法，只弄得两盆。大人若视男是亲男一般，便留下赏玩。因天气暑热，恐园中姑娘们不便，故不敢面见。奉书恭启，并叩

台安

男_芸跪书

宝玉看了，笑道："独他来了，还有什么人？"婆子道："还有两盆花儿。"宝玉道："你出去说，我知道了，难为他想着。你便把花儿送到我屋里去就是了。"一面说，一面同翠墨往秋爽斋来，只见宝钗、黛玉、迎春、惜春已都在那里了。

1.下面加点词语的解释，不正确的一项是(3分)

A.前夕新霁，月色如洗　　　　　霁：雨后初晴

B.致获采薪之患　　　　　　　　致：兴致

C.复又数遣侍儿问切　　　　　　数：屡次

D.孰谓莲社之雄才，独许须眉　　须眉：古时成年男子的代称

2.下列加点词语意义和用法相同的一组是(3分)

A.兼以鲜荔并真卿墨迹见赐　　　娣则扫花以待

B.或竖词坛，或开吟社　　　　　帘杏溪桃，或可醉飞吟盏

C.虽一时之偶兴　　　　　　　　娣虽不才

D.而兼慕薛、林之技　　　　　　若蒙棹雪而来

3.简述探春花笺表达了哪些内容。（4分）

_____

_____

4.蒋勋评说探春花笺和贾芸之帖"一雅一俗"，请结合相关文本谈谈你的理解。（4分）

_____

_____

_____

阅读《红楼梦》节选文字，完成后面的题目。

侍书一样预备下四分纸笔，便都悄然各自思索起来。独黛玉或抚梧桐，或看秋色，或又和丫鬟们嘲笑。迎春又令丫鬟焌了一支"梦甜香"。原来这"梦甜香"只有三寸来长，有灯草粗细，以其易烬，故以此烬为限，如香烬未成便要罚。

一时探春便先有了，自提笔写出，又改抹了一回，递与迎春。因问宝钗："蘅芜君，你可有了？"宝钗道："有却有了，只是不好。"宝玉背着手，在回廊上踱来踱去，因向黛玉说道："你听，他们都有了。"黛玉道："你别管我。"宝玉又见宝钗已誊写出来，因说道："了不得！香只剩了一寸了，我才有了四句。"又向黛玉道："香就完了，只管蹲在那潮地下作什么？"黛玉也不理。宝玉道："可顾不得你了，好歹也写出来罢。"说着也走在案前写了。

李纨道："我们要看诗了，若看完了还不交卷是必罚的。"宝玉道："稻香老农虽不善作却善看，又最公道，你就评阅优劣，我们都服的。"众人都道："自然。"于是，先看（一）的稿上写道是：

咏白海棠

斜阳寒草带重门，苔翠盈铺雨后盆。

玉是精神难比洁，雪为肌骨易销魂。

芳心一点娇无力，倩影三更月有痕。

莫谓缟仙能羽化，多情伴我咏黄昏。

次看（二）的是：

珍重芳姿昼掩门，自携手瓮灌苔盆。

胭脂洗出秋阶影，冰雪招来露砌魂。

淡极始知花更艳，愁多焉得玉无痕。

欲偿白帝凭清洁，不语婷婷日又昏。

又看（三）的是：

秋容浅淡映重门，七节攒成雪满盆。

出浴太真冰作影，捧心西子玉为魂。

晓风不散愁千点，宿雨还添泪一痕。

独倚画栏如有意，清砧怨笛送黄昏。

大家看了，宝玉说探春的好，李纨才要推宝钗这诗有身分，因又催黛玉。黛玉道："你们都有了？"说着提笔一挥而就，掷与众人。李纨等看他写道是：

半卷湘帘半掩门，碾冰为土玉为盆。

看了这句，宝玉先喝起彩来，只说："从何处想来！"又看下面道：

偷来梨蕊三分白，借得梅花一缕魂。

众人看了也都不禁叫好，说"果然比别人又是一样心肠。"又看下面道是：

月窟仙人缝缟袂，秋闺怨女拭啼痕。

娇羞默默同谁诉，倦倚西风夜已昏。

众人看了，都道是这首为上。李纨道："若论风流别致，自是这首；若论含蓄浑厚，终让蘅稿。"探春道："这评的有理，潇湘妃子当居第二。"李纨道："怡红公子是压尾，你服不服？"宝玉道："我的那首原不好了，这评的最公。"又笑道："只是蘅、潇二首还要斟酌。"李纨道："原是依我评论，不与你们相干，再有多说者必罚。"宝玉听说，只得罢了。

5.文中（一）（二）（三）对应的分别是（2分）

A.宝玉　宝钗　探春

B.探春　宝玉　宝钗

C.探春　宝钗　宝玉

D.宝钗　宝玉　探春

6."偷来梨蕊三分白，借得梅花一缕魂"一联历来为人称道，请从手法技巧的角度进行赏析。（4分）

7.李纨说："若论风流别致，自是这首；若论含蓄浑厚，终让蘅（宝钗）稿。"你是否同意？结合诗句具体分析。（4分）

☁ 北京市东城区一模

归辋川作

王维

谷口疏钟动，渔樵稍欲稀。悠然远山暮，独向白云归。

菱蔓弱难定，杨花轻易飞。东皋春草色，惆怅掩柴扉。

8.《红楼梦》中林黛玉对王维的诗十分赞赏。结合这首诗的思想内容和艺术手法，以及你对林黛玉这一人物形象的理解，分析林黛玉赞赏王维诗的原因。(6分)

微写作

☁ **人物**

【2019高考北京卷】从下面三个题目中任选一题，按要求写作。

①《呐喊》中哪一篇作品的结尾，令你印象深刻，给你带来启迪？要求：复述大致内容，陈述理由，150字左右。

②在《红岩》《平凡的世界》《老人与海》中，选择一位"内心强大"的人，写出其"内心强大"的表现。要求：写出人物姓名，150字左右。

③在《边城》《红楼梦》中，谁是"心清如水"的人？写一首诗或一段抒情文字赞美他（她）。要求：写出赞美对象的姓名和特点，不超过150字。

【2018高考北京卷】从下面三个题目中任选一题，按要求作答。

①在《红岩》《边城》《老人与海》中，至少选择一部作品，用一组排比比喻句抒写你从中获得的教益。要求：至少写三句，每一句中都有比喻。120字左右。

②从《红楼梦》《呐喊》《平凡的世界》中选择一个既可悲又可叹的人物，简述这个人物形象。要求：符合原著故事情节。150—200字。

③读了《论语》，在孔子的众弟子之中，你喜欢颜回，还是曾参，或者其他哪位？请选择一位，为他写一段评语。要求：符合人物特征。150—200字。

【2017高考北京卷】从下面三个题目中任选一题，按要求作答。180字左右。

①《根河之恋》里，鄂温克人从原有的生活方式走向了新生活，《平凡的世界》里也有类似的故事。请你从中选取一个例子，叙述情节，并做简要点评。要求：符合原著内容，条理清楚。

②请从《红楼梦》中的林黛玉、薛宝钗、史湘云、香菱之中选择一人，用一种花来比喻她，并简要陈述这样比喻的理由。要求：依据原著，自圆其说。

③如果请你从《边城》里的翠翠、《红岩》里的江姐、《一件小事》里的人力车夫、《老人与海》里的桑地亚哥之中，选择一个人物，依据某个特定情境，为他（她）设计一尊雕像，你将怎样设计呢？要求：描述雕像的体态、外貌、神情等特征，并依据原著说明设计的意图。

【2017北京市通州区一模】请从《红楼梦》《呐喊》《红岩》中任选一部书，以"这部书让我如痴如迷"为开头，写一段话。要求：不少于150字，结合书中的人物、情节或细节，写出痴迷的状态。

【北京二中月考题】某校研究性学习专题小组即将结课，小组研究的内容分别是：沈从文、鲁迅、曹雪芹、卡夫卡、加西亚·马尔克斯等作家。请任选其一，替研究小组写一段人物评论。

要求：内容具体；语言个性化，有文采。不少于150字。

情节

【2017北京市海淀区二模】《鸡鸭名家》中陆长庚和《红楼梦》中王熙凤的出场都很有特色。从你读过的小说中，任选一个印象深刻的人物出场加以介绍（陆长庚和王熙凤除外）。要求：写出书名及人物名字，中心突出，条理清晰。180字左右。

【2017北京市西城区二模】《红楼梦》《呐喊》《边城》《红岩》《平凡的世界》《老人与海》等经典名著以其独特的魅力为人们所熟知。有人说："大师的笔触，处处惊人。"请从这六部作品中任选一处笔触（可以是情节设置、细节刻画、手法运用、遣词造句等），阐释其"惊人之处"。要求条理清楚，言之有物。180字左右。

环境

【2017北京市海淀区期末】《家山》中说，地坛是史铁生生命的重要组成部分。在很多文学作品中，某个地方也与某个人物关联密切。请从下列提示中任选一个，谈谈你的理解。150字左右。

提示：

①潇湘馆与林黛玉（《红楼梦》）　　②未庄与阿Q（《呐喊》）

③茶峒与翠翠（《边城》）　　④渣滓洞与小萝卜头（《红岩》）

⑤黄原与孙少平（《平凡的世界》）　　⑥大海与桑地亚哥（《老人与海》）

主题

【2017北京市丰台区二模】不久前,《红楼梦》被网友称为读不下去的名著,这让作家王蒙难以理解:"如果连这点累劲儿都没有,我们的精神生活就完蛋了,我们就都变成了懒汉、傻子。"你是否同意王蒙的观点?请结合《红楼梦》相关内容阐述理由。要求观点鲜明,自圆其说。不超过150字。

艺术风格

【北京二中月考题】当代著名画家吴冠中说:"今天中国的文盲不多了,但美盲很多。""美"是一个见仁见智的概念。请以《红楼梦》为例,从饮食、建筑、诗词文化等方面,任选一个角度,谈谈它带给你的审美感受。不少于150字。

作文

【2017北京市春季会考】阅读下面的材料,按要求作文。

在"名著阅读"选段一中,宝玉不喜欢热闹的戏,宝钗便举出《寄生草》的例子,令宝玉称赞不已。可见,热闹的戏也有热闹之外的妙处。

在选段三中,宝钗说:"……所以昨儿那些笑话儿虽然可笑,回想是没味的。你们细想颦儿这几句话虽是淡的,回想却有滋味。我倒笑的动不得了。"可见,平淡的背后也有无穷的滋味。

上述材料也可以启发我们认识艺术作品中的"热闹"和"平淡"。请结合你的阅读或欣赏经验,写一篇文章,或讲述你的这类体验,或谈谈你对这个启示的思考,题目自拟。

【北京二中学段试题】阅读下面的材料,根据要求写作。

① 世事洞明皆学问,人情练达即文章。

② 好风凭借力,送我上青云。

以上两句皆出自《红楼梦》,你是否认同其中的观点?请就其中的一句,谈谈你的思考与感悟。要求自选角度,明确文体,自拟题目;不要套作,不得抄袭;不少于800字。

【2019高考江苏卷】1.《红楼梦》"寿怡红群芳开夜宴 死金丹独艳理亲丧"一回中,群芳行令,宝钗摇得牡丹签,上云"任是无情也动人"。请结合小说概括宝钗的"动人"之处。

【2018高考江苏卷】2.《红楼梦》"散馀资贾母明大义 复世职政老沐天恩"一回中,贾母得知府中库藏已空、入不敷出的实情后,将自己多年的积蓄拿出来,以渡难关。请结合这一情节,分析贾母的形象特点。

（王限婷、张世珍、刘伊超 整理）

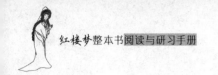

参考答案

论述类文本阅读

1.B　2.C　3.A　4.B　5.D

6.要点一：从创作原则看，《红楼梦》是要塑造"真的人物"，人物形象不再单一、单薄。

要点二：从读者角度看，读者选取的立场及对人物的评价是否先入为主，都会影响对宝钗的评价。

要点三：从写作手法看，《红楼梦》运用了严重缺点、微妙处境和几处嫌疑的模糊手法，使宝钗形象复杂化。

【评分参考】每个要点2分，意思对即可。

7.【答案示例】略

【评分参考】对人物复杂性的理解4分，联系作品内容4分。

文学类文本阅读

1.甲：有亭翼然　乙：泻出于两峰之间（每空1分，多写且正确不扣分）

2.C

3.（1）示例：第一处"笑"，贾政以客套示人，而内心对宝玉题"曲径通幽"颇为满意，还因众人夸赞宝玉而得意，也有敲打宝玉不要自得的意味；第二处"微笑"，贾政对宝玉的"沁芳"题名及题对看似未置可否，实则非常满意；第三处"冷笑"，贾政对宝玉评价众客拟题"都似不妥"的轻狂似乎颇为不满，内心实则无太多责备。（每处1分，意思对即可）

（2）评分要点：观点明确（1分），有理有据（2分），分析合理（2分）。

4.特点：翠竹掩映，清幽雅致；泉水绕竹，自然灵动；布局讲究，精巧不俗（3分）。匠心：营造幽静清雅的氛围，映衬人物清高孤傲的性格、自然脱俗的高雅品位（3分）。（意思对即可）

5.评分要点：观点明确（1分），理由充分（2分），分析合理（2分）。

6.B　通过竹联想到"潇湘妃子""斑竹"，可知不是怡红院。

7.B　A.桃符、屠苏——春节　C.花灯、英莲——元宵节　D.粽子——端午节

8.C　甲：探春，风筝　乙：元春，爆竹　丙：惜春，佛前海灯　丁：迎春，算盘

9.C　士隐（主谓关系）　绍祖（动宾关系）

A.（巧）姐、（板）儿——偏正关系　B.（河东）狮、（中山）狼——偏正关系　D.守忠、进孝——动宾关系

10.AC　A.气氛并不融洽　C.贾政并未夸宝玉

11.宝玉挨打的直接原因主要有三个：其一是宝玉会见官僚贾雨村时无精打采，令贾政很不满意。其二是宝玉与琪官的交往激怒了忠顺王爷，给贾政无端招来政治纠纷。其三是贾环搬弄是非，污蔑宝玉逼死了金钏。

根本原因：父子间价值观念的差异造成了严重的冲突。

12.开放性试题。言之成理，持之有故即可。

不认同：①贾政总在赵姨娘处歇卧，说明他生活并不检点；②他只会端父亲的架子，呵斥儿子，却不懂得如何教育自己的儿子，说明他只是封建纲常教条的执行者；③他喜欢结交清客，可这些人并没有真正的品行和才学，说明他也没有学到儒家的正经，不过是附庸风雅。因此，贾政是假正经。（其他《红楼梦》中的事例也可）

认同：①贾政和其他男性相比，最有克制力，生活相对检点；②贾政平时专攻道德文章，不理俗务，交往文士，是典型的儒家读书人的做派；③贾政并不迂腐，对于宝黛的笔墨趣味不但能欣赏，还能加以采用；④在思想层面，他是封建纲常礼教的信徒，把显亲扬名视为正业，主动和年少轻狂的过去告别。因此，贾政是真正经。（其他《红楼梦》中的事例也可）

古诗文阅读

1.B 致：致使、招致

2.C 虽：虽然

3.这是一封邀请函，也是诗社的倡议书，又是园中女孩子的宣言书。内容分为两部分：第一部分自述得病经过，以及感谢宝玉对自己的关爱。第二部分转入正题，提出结诗社的建议，并邀请宝玉参加。引经据典，说理透彻，表达探春不让

须眉的胸怀和豪情。

4.从身份、意图、内容（辞藻、用典）、形式（风格、句式）等方面进行分析，任选两个角度，具体分析即可。

5.C

6."偷来梨蕊三分白，借得梅花一缕魂"一联，前句以梨花之白形容白海棠的"白"之洁净，后句再以梅花之魂赋予了白海棠孤高傲世的精神；"偷来""借得"，巧用了拟人手法；且"偷来"一词，贬词褒用，想象新颖，灵巧别致。

7. 结合诗句具体分析。

"风流别致"，就是构思新巧，潇洒通脱；如"偷来梨蕊三分白，借得梅花一缕魂"等诗句表现黛玉潇洒、机灵、高洁、哀愁、深情的形象。

"含蓄浑厚"，就是温柔敦厚，哀而不伤。如"淡极始知花更艳"等诗句表现宝钗端庄矜持、稳重和平、淡雅宁静、清洁自诩的形象。

8.（6分）评分标准：对林黛玉形象及诗歌创作观的理解符合原著（2分），对《归辋川作》赏析准确（2分），二者能形成合理的逻辑联系（2分）。

附加题

1.容貌妍丽，行止娴静；才能出众，处事得体；善解人意，关怀他人。

2.处变不惊，性格坚强；处置果断，能力出众；分配得当，处事公平；轻财重义，顾全大局。

图书在版编目（CIP）数据

红楼梦整本书阅读与研习手册 / 钮小桦主编. — 北京：中华
书局，2020.3（2024.5重印）
ISBN 978-7-101-14378-2

Ⅰ. 红⋯　Ⅱ. 钮⋯　Ⅲ. 阅读课—高中—教学参考资料
Ⅳ. G634.333

中国版本图书馆CIP数据核字（2020）第015600号

书　　名	红楼梦整本书阅读与研习手册（全二册）
主　　编	钮小桦
责任编辑	杜国慧
责任印制	管　斌
出版发行	中华书局
	（北京市丰台区太平桥西里38号 100073）
	http：//www.zhbc.com.cn
	E-mail：zhbc@zhbc.com.cn
印　　刷	中煤（北京）印务有限公司
版　　次	2020年3月第1版
	2024年5月第8次印刷
规　　格	开本/ 710×1000毫米　1/16
	印张22　字数304千字
印　　数	110001-130000 册
国际书号	ISBN 978-7-101-14378-2
定　　价	46.00元

红楼手账

- 阅读时间：　　　年 月 日—　　　年 月 日
- 出版社：
- 版本：
- 第（　　）次阅读
- 阅读整体感受：

第（　　　）回情节卡片（填表示例见《红楼梦整本书阅读与研习手册》第57页）

情节点 1 内容概括

情节点 2 内容概括

情节点 3 内容概括

情节点 4 内容概括

情节点 5 内容概括

情节点框架图：

回目名称： 阅读时长：

前后勾连

前后勾连

前后勾连

前后勾连

前后勾连

本回内容概括： 阅读感受：

第（　　　）回情节卡片

情节点 1 **内容概括**

情节点 2 **内容概括**

情节点 3 **内容概括**

情节点 4 **内容概括**

情节点 5 **内容概括**

情节点框架图：

回目名称：

阅读时长：

前后勾连

前后勾连

前后勾连

前后勾连

前后勾连

本回内容概括：

阅读感受：

第（　　　）回情节卡片

情节点 1 内容概括

情节点 2 内容概括

情节点 3 内容概括

情节点 4 内容概括

情节点 5 内容概括

情节点框架图：

回目名称：

阅读时长：

前后勾连

前后勾连

前后勾连

前后勾连

前后勾连

本回内容概括：

阅读感受：

第（　　　）回情节卡片

情节点 1 内容概括

情节点 2 内容概括

情节点 3 内容概括

情节点 4 内容概括

情节点 5 内容概括

情节点框架图：

回目名称：

阅读时长：

前后勾连

前后勾连

前后勾连

前后勾连

前后勾连

本回内容概括：

阅读感受：

09

第（　　　）回情节卡片

情节点 1 内容概括

情节点 2 内容概括

情节点 3 内容概括

情节点 4 内容概括

情节点 5 内容概括

情节点框架图：

回目名称：

阅读时长：

前后勾连

前后勾连

前后勾连

前后勾连

前后勾连

本回内容概括：

阅读感受：

第（　　　）回情节卡片

情节点 1 内容概括

情节点 2 内容概括

情节点 3 内容概括

情节点 4 内容概括

情节点 5 内容概括

情节点框架图：

回目名称：

阅读时长：

前后勾连

前后勾连

前后勾连

前后勾连

前后勾连

本回内容概括：

阅读感受：

13

（　　　　　）**其人**（填表示例见《红楼梦整本书阅读与研习手册》第60页）

相貌

才情

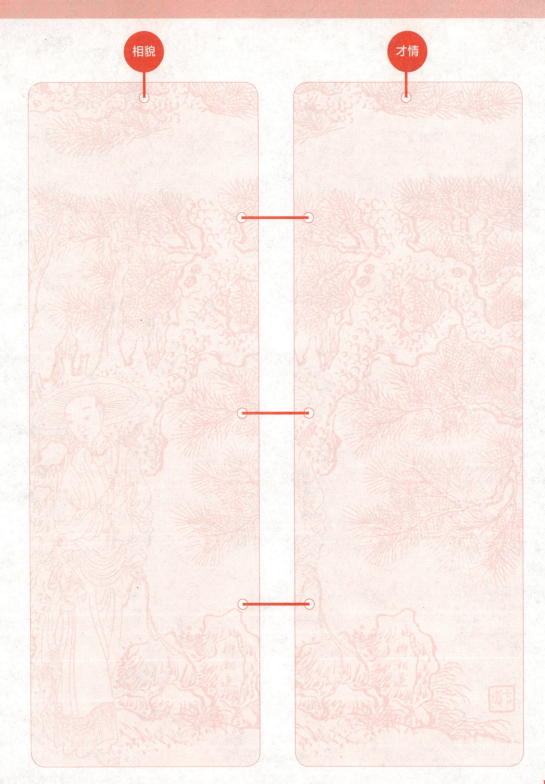

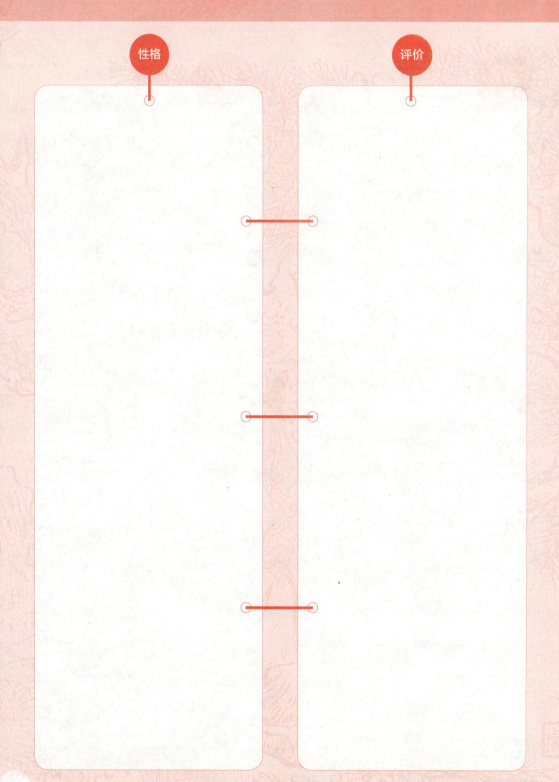

性格

评价

（　　　　）的亲人圈

亲人

原文摘录

人物形象

亲人

原文摘录

人物形象

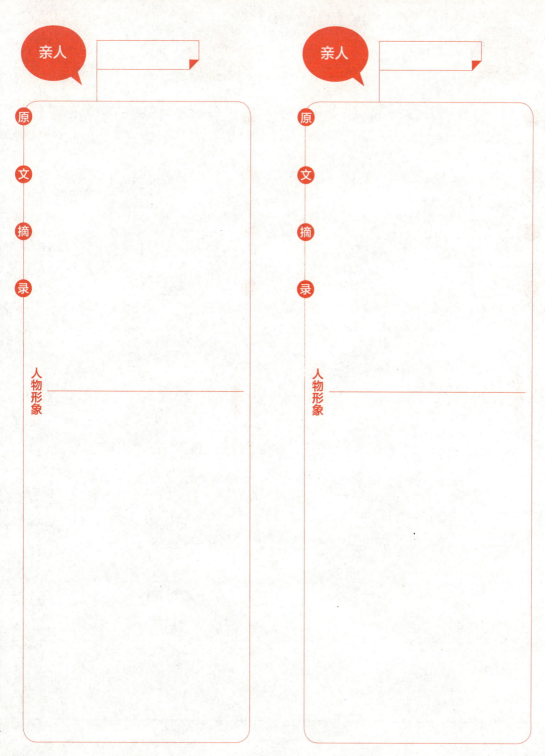

亲人

原文摘录

人物形象 _____

亲人

原文摘录

人物形象 _____

（　　　　）的朋友圈

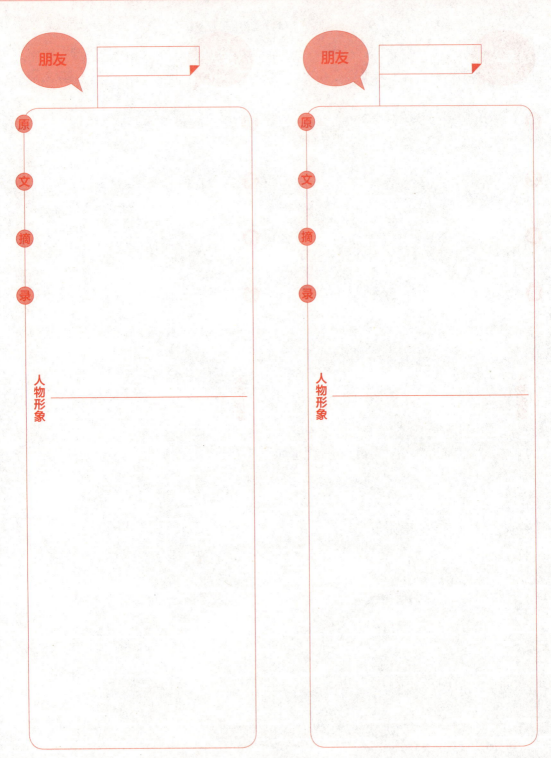

朋友

原文摘录

人物形象

朋友

原文摘录

人物形象

原

文

摘

录

人物形象 _____

朋友

原

文

摘

录

人物形象 _____

(　　　　)其人

相貌

才情

性格

评价

（　　　）的亲人圈

亲人

原

文

摘

录

人物形象 _____

亲人

原

文

摘

录

人物形象 _____

亲人

原
文
摘
录

人物形象 _____

亲人

原
文
摘
录

人物形象 _____

(　　　　)的朋友圈

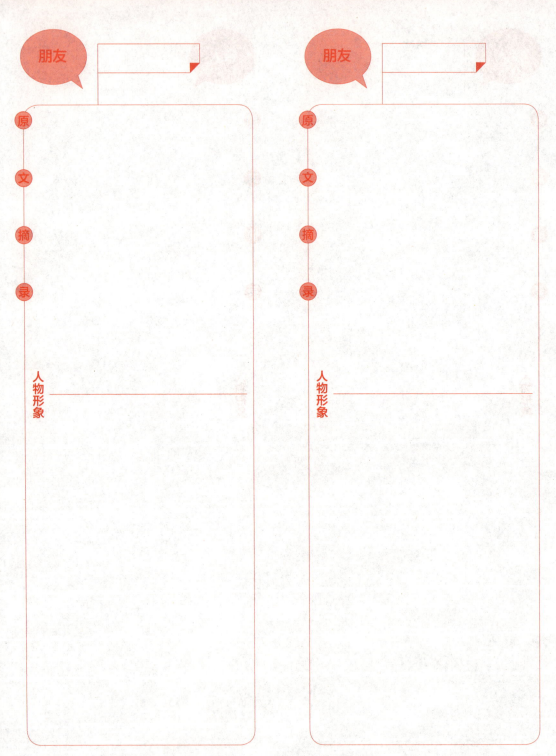

朋友

原文摘录

人物形象

朋友

原文摘录

人物形象

朋友

原文摘录

人物形象

朋友

原文摘录

人物形象

（　　　　）其人

相貌

才情

性格

评价

(　　　　)的亲人圈

亲人

原
文
摘
录

人物形象

亲人

原
文
摘
录

人物形象

亲人

原文摘录

人物形象 _____

亲人

原文摘录

人物形象 _____

（ 　　　　 ）的朋友圈

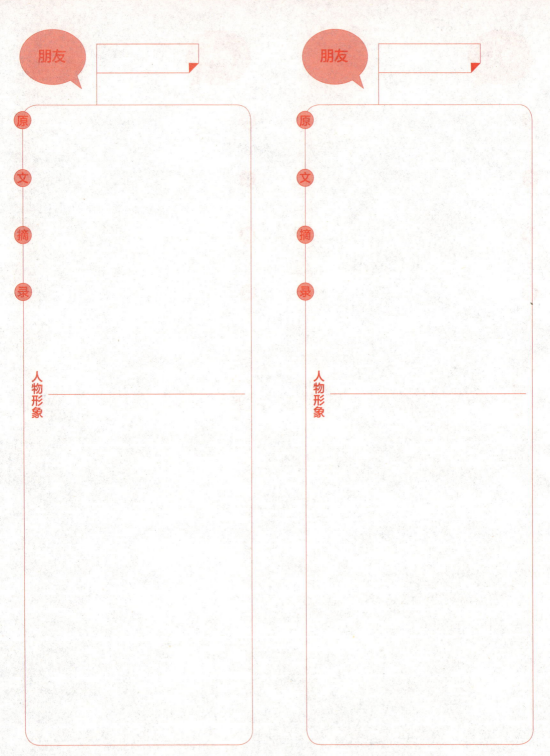

朋友

原

文

摘

录

人物形象 _____

朋友

原

文

摘

录

人物形象 _____

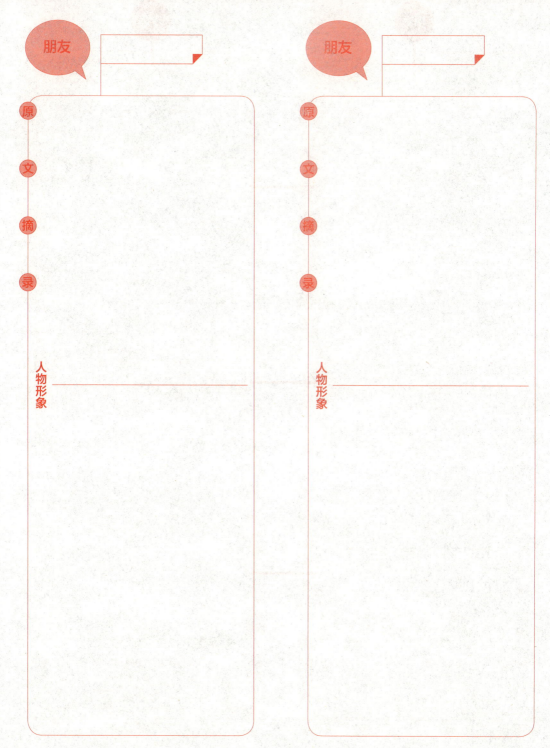

朋友

朋友

原文摘录

原文摘录

人物形象

人物形象

（　　　）其人

相貌

才情

性格

评价

（　　　　）的亲人圈

亲人

原文摘录

人物形象

亲人

原文摘录

人物形象

亲人

原文摘录

人物形象

亲人

原文摘录

人物形象

（　　　　）的朋友圈

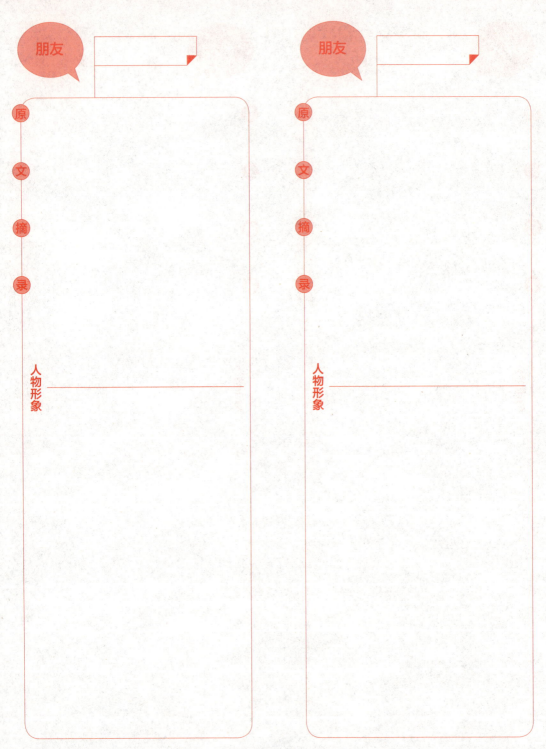

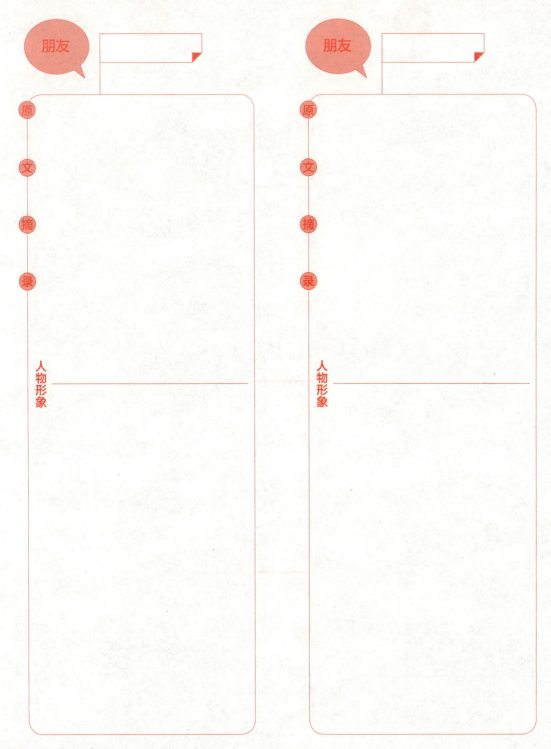

朋友

原
文
摘
录

人物形象

朋友

原
文
摘
录

人物形象

（　　　）其人

相貌

才情

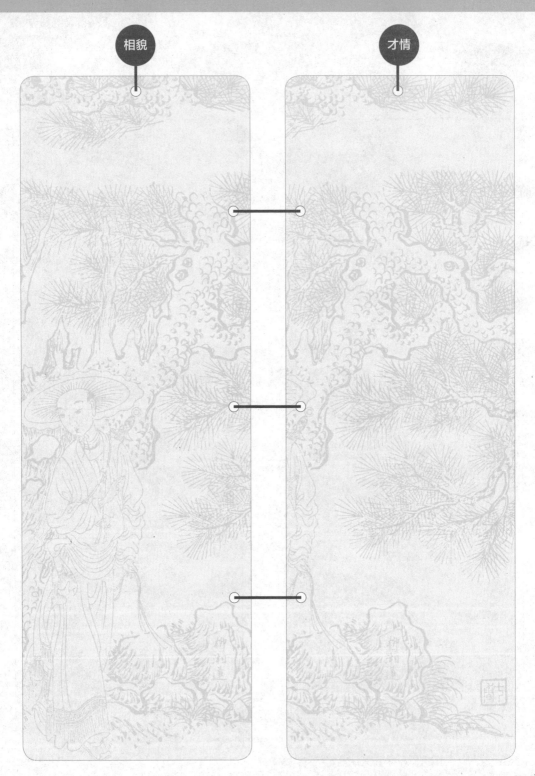

性格

评价

（　　　　）的亲人圈

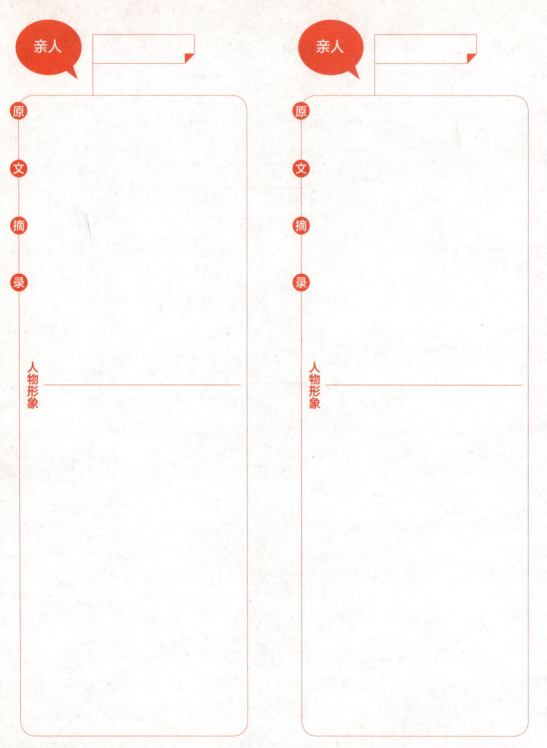

亲人

原文摘录

人物形象

亲人

原文摘录

人物形象

亲人

原文摘录

人物形象 _____

亲人

原文摘录

人物形象 _____

（　　　　）的朋友圈

朋友

原文摘录

人物形象 _____

朋友

原文摘录

人物形象 _____

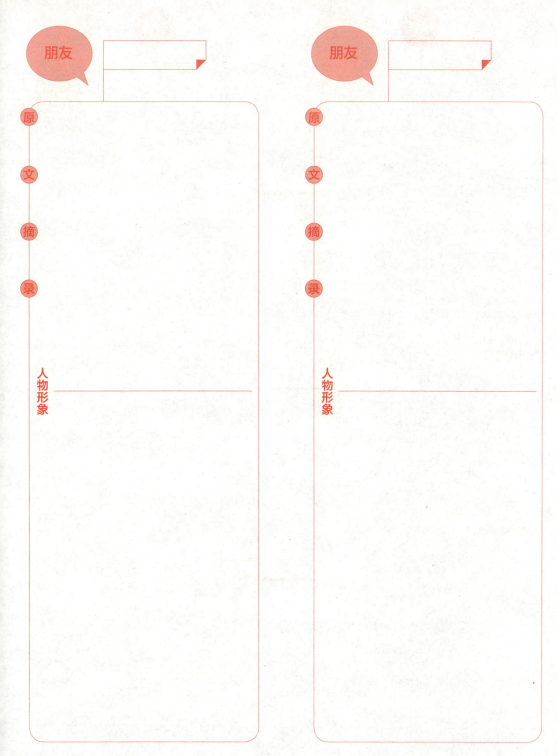

朋友

原文摘录

人物形象

朋友

原文摘录

人物形象

（　　　）其人

相貌

才情

性格

评价

（　　　　）的亲人圈

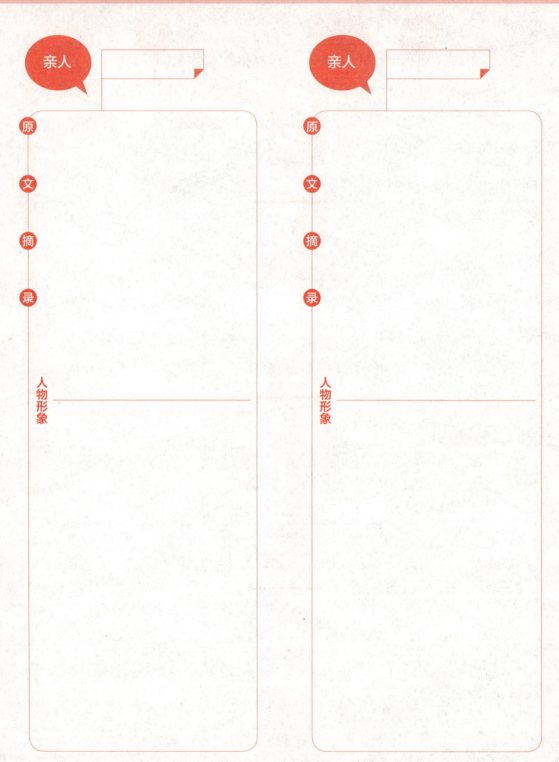

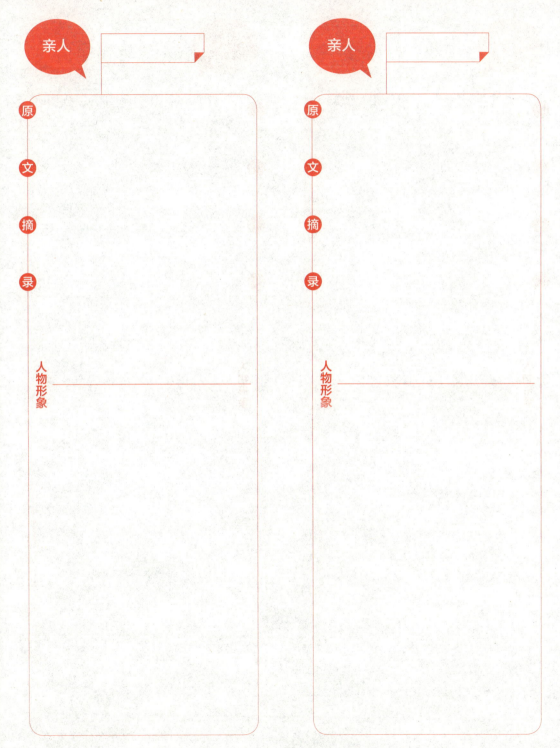

亲人

原文摘录

人物形象

亲人

原文摘录

人物形象

(　　　　)的朋友圈

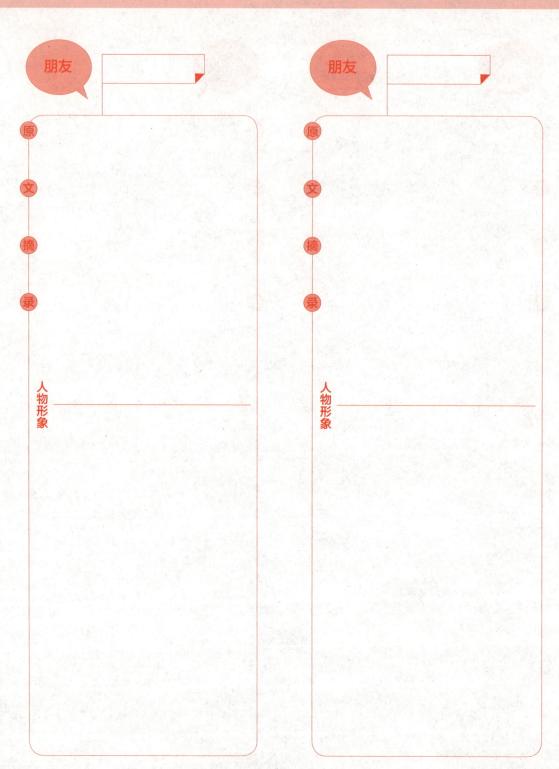

朋友

原文摘录

人物形象 _____

朋友

原文摘录

人物形象 _____

朋友

原
文
摘
录

人物形象

朋友

原
文
摘
录

人物形象

事件中的人物表现

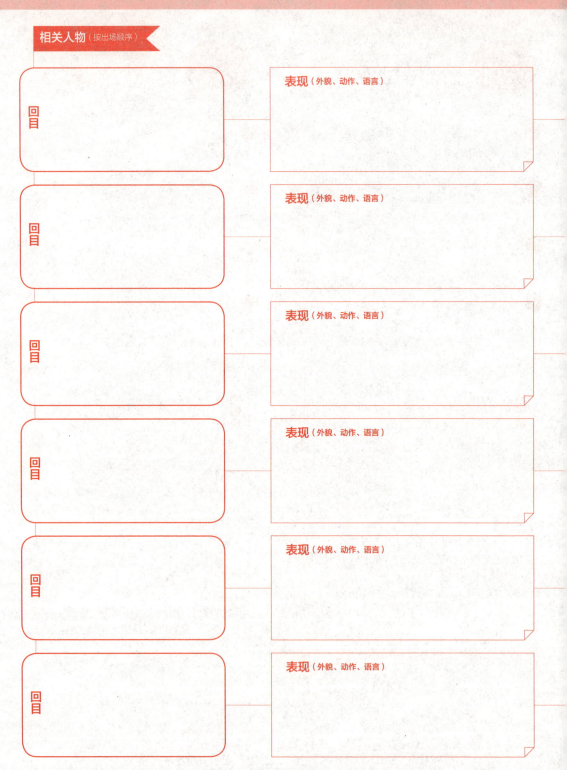

相关人物（按出场顺序）

回目

表现（外貌、动作、语言）

回目

表现（外貌、动作、语言）

回目

表现（外貌、动作、语言）

回目

表现（外貌、动作、语言）

回目

表现（外貌、动作、语言）

回目

表现（外貌、动作、语言）

人物分析

人物分析

人物分析

人物分析

人物分析

人物分析

事件中的人物表现

相关人物（按出场顺序）

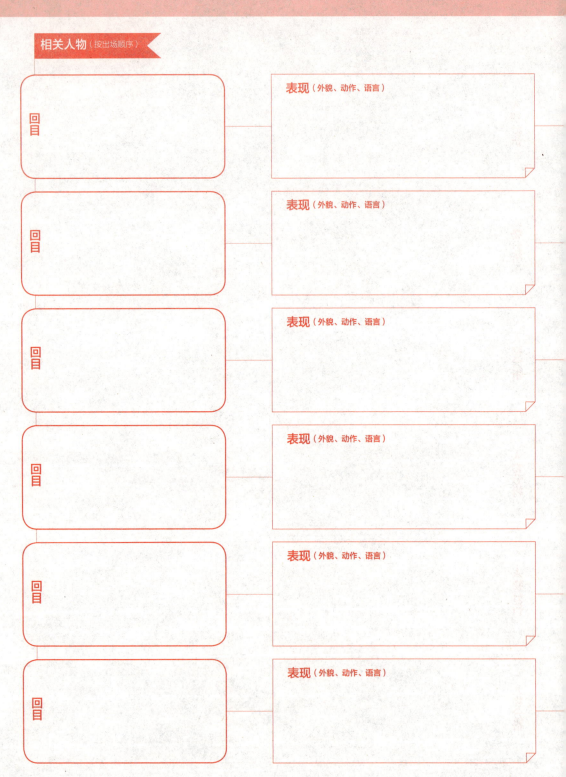

回目

表现（外貌、动作、语言）

回目

表现（外貌、动作、语言）

回目

表现（外貌、动作、语言）

回目

表现（外貌、动作、语言）

回目

表现（外貌、动作、语言）

回目

表现（外貌、动作、语言）

人物分析

人物分析

人物分析

人物分析

人物分析

人物分析

事件中的人物表现

相关人物（按出场顺序）

回目

表现（外貌、动作、语言）

回目

表现（外貌、动作、语言）

回目

表现（外貌、动作、语言）

回目

表现（外貌、动作、语言）

回目

表现（外貌、动作、语言）

回目

表现（外貌、动作、语言）

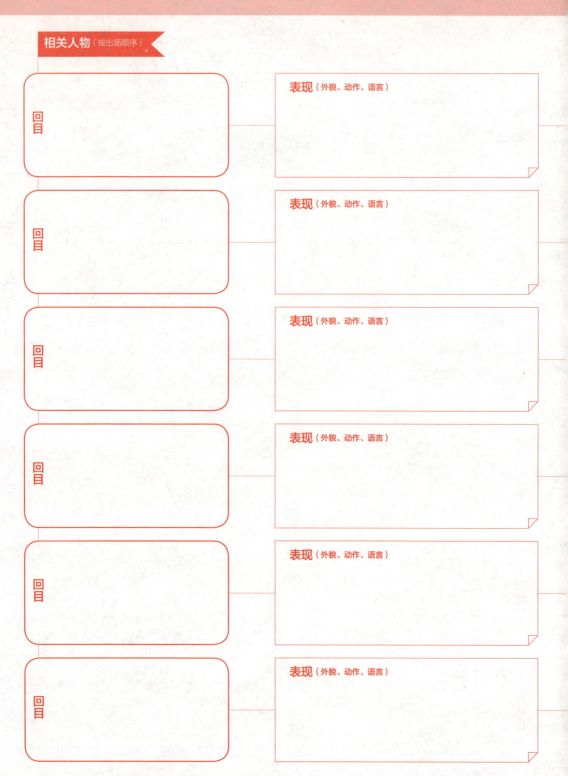

人物分析

人物分析

人物分析

人物分析

人物分析

人物分析

事件中的人物表现

相关人物（按出场顺序）

回目 — **表现**（外貌、动作、语言）

回目 — **表现**（外貌、动作、语言）

回目 — **表现**（外貌、动作、语言）

回目 — **表现**（外貌、动作、语言）

回目 — **表现**（外貌、动作、语言）

回目 — **表现**（外貌、动作、语言）

人物分析

人物分析

人物分析

人物分析

人物分析

人物分析

事件中的人物表现

相关人物（按出场顺序）

回目

表现（外貌、动作、语言）

回目

表现（外貌、动作、语言）

回目

表现（外貌、动作、语言）

回目

表现（外貌、动作、语言）

回目

表现（外貌、动作、语言）

回目

表现（外貌、动作、语言）

人物分析

人物分析

人物分析

人物分析

人物分析

人物分析

诸绣
鸾